El Mariachi

El Mariachi

SÍMBOLO MUSICAL DE MÉXICO

Jesús Jáuregui

Instituto Nacional
de Antropología
e Historia

Consejo Nacional
para la
Cultura y las Artes

taurus

EL MARIACHI. SÍMBOLO MUSICAL DE MÉXICO

D. R. © Jesús Jáuregui, 2007

D. R. © De esta edición:

Santillana Ediciones Generales, S.A. de C.V., 2007

Av. Universidad 767, Col. del Valle

México, 03100, D.F.

Teléfono 54 20 75 30

Fax: 56 01 10 67

www.editorialtaurus.com.mx

Instituto Nacional de Antropología e Historia, 2007

Córdoba núm. 45, Colonia Roma, Delegación Cuauhtémoc,

C.P. 06700, México, D.F.

sub_fomento.cncpbs@inah.gob.mx

Primera edición: noviembre de 2007

ISBN 970-770-924-1

978-970-770-925-6

D.R. © Diseño de interiores: Luis Almeida y Ricardo Real

D.R. © Diseño de cubierta y guardas: José Francisco Ibarra Meza y Jaime Yair Cañedo Camacho

Selección de fotografía: Luis Almeida

D.R. © Fotografía portada: Ernesto Villa Pérez, archivo José Villa (hijo).

Lo poco que sabemos lo sabemos entre todos.

FELIPE PEDRELL, ápud López de Osaba, 1983:I

El progreso de la ciencia, en tanto forma fructífera de indagación, requiere algo más que nuevos datos; necesita nuevos marcos y contextos, nuevos modos de pensamiento, nuevas estructuras intelectuales que superen el coleccionismo de datos.

GOULD, 1995 (1985): 117, 127 y 353

Ninguno de nosotros podrá afirmar jamás que el nivel en donde escogió situarse sea el más profundo, el que merezca ser calificado de definitivo; o si, por debajo de ese nivel, se puede alcanzar otro, y así indefinidamente. Lo único a lo que podemos aspirar, y en ocasiones pretender, se limita a dar cuenta de una multiplicidad de fenómenos de un modo más económico y satisfactorio para el espíritu que el anterior. Pero con la certeza de que tal fase es provisional y que otras le sucederán.

LÉVIS-STRAUSS, 1987 (1984):26

ÍNDICE

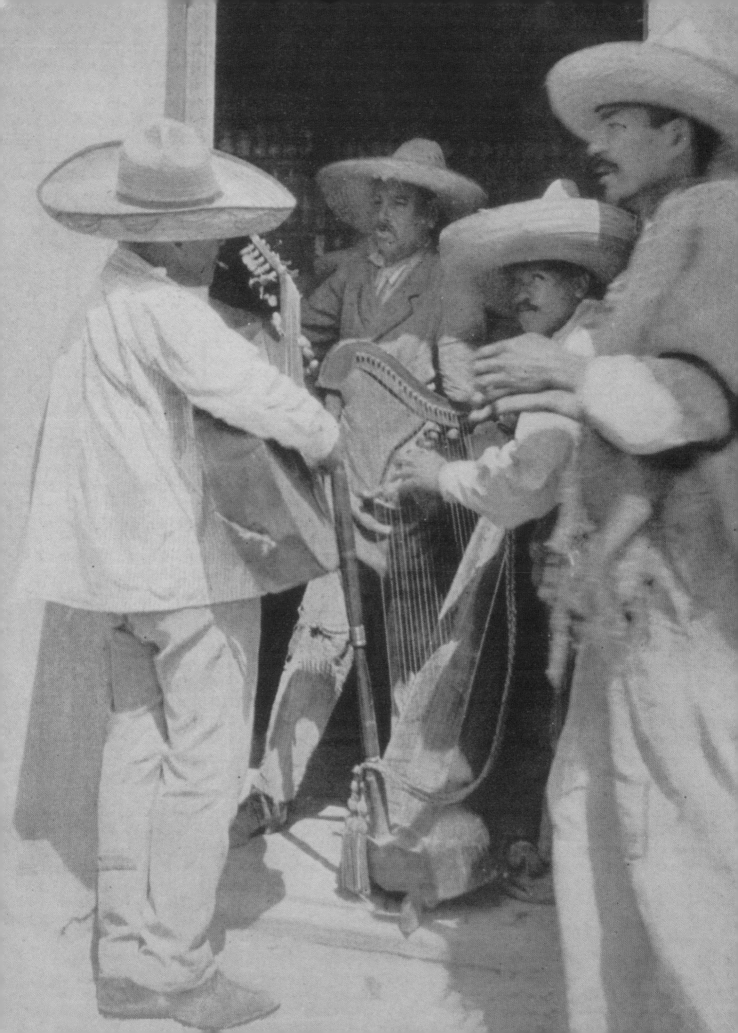

INTRODUCCIÓN

UN ANTROPÓLOGO ESTUDIA EL MARIACHI

El tema del mariachi se presenta como sintomático de la ceguera ante ciertos problemas nodales en la antropología mexicana. Sería de esperar que en los ensayos etnográficos sobre el México del siglo XX, con frecuencia hubiera referencias al mariachi, tanto en el ambiente rural como en el urbano. Paradójicamente no es así. Pareciera que los especialistas en analizar la cultura mexicana contemporánea han puesto especial empeño en omitirlo, quizá debido a su casi omnipresencia y porque ha llegado a ser como la tortilla de maíz —"el pan de la tierra"— en nuestra culinaria: un elemento cuyo sabor en las fiestas se da por entendido y no se considera pertinente mencionarlo en el menú.

El análisis del mariachi no sólo contribuye a la fundación del estudio profundo del México mestizo, sino que rompe con el esquema ilusorio del "laboratorio social", asociado a la circunscripción geográfica de una isla, una comunidad, un barrio o un reclusorio. En este caso, se trata de un fenómeno cultural con vigencia en una sociedad compleja, con diversas clases sociales, y multiétnica. Se encuentra bifurcado en una tradición de cultura oral-gestual y en otra vinculada orgánicamente con los medios de comunicación masiva. El mariachi es, por un lado, una institución fragmentada y dispersa a lo largo y ancho de una vasta región y, por otro, manifiesta una difusión nacional e internacional.

Al examinar un fenómeno propio del mundo contemporáneo globalizado, la antropología se ve obligada a trascender la fachada de la "cultura nacional" mexicana para acceder a las comunidades y tradiciones regionales y locales, que no corresponden con la imagen difundida como típica:

> Las naciones modernas [...] reclaman generalmente ser lo contrario de la novedad, es decir, buscan estar enraizadas en la antigüedad más remota, y ser lo contrario de lo construido, es decir, buscan

ser comunidades humanas tan "naturales" que no necesitan más definición que la propia afirmación. [Pero …] estos conceptos en sí mismos incluyen un componente construido o "inventado" (Hobsbawm, 2002 [1983]: 21). [De hecho] hay que destacar que las "tradiciones inventadas" son muy importantes para la innovación histórica relativamente reciente que supone la "nación" y sus fenómenos asociados: el nacionalismo, la nación-Estado, los símbolos nacionales (ibídem: 20). En la medida en que existe referencia a un pasado histórico, la peculiaridad de las "tradiciones inventadas" es que su continuidad con éste es en gran parte ficticia (ibídem: 8). La antropología puede ayudar a dilucidar las diferencias […] entre las prácticas tradicionales antiguas y las inventadas (ibídem: 17).

De esta manera, aunque en el trabajo de campo he utilizado fundamentalmente la técnica de la observación participante y la entrevista informal, no he seguido un esquema ortodoxo. En retrospectiva, mi labor de investigación puede considerarse como un encuentro con variadas voces —algunas vivas y otras que sólo permanecen a través de la escritura, las imágenes, las grabaciones y las transcripciones musicales—, cuyos testimonios el "autor" ha ido integrando en un nuevo discurso. Considero oportuno aclarar las diferentes facetas que se fueron entrelazando en esta experiencia antropológica, aunque soy consciente de que:

> No es lo mismo […] observar, aplicando la técnica del "field work", partiendo de un mundo lejano, más o menos burocrático o universitario, que observar dentro del ámbito que uno vive, contrastando experiencias de muchos años, visiones de la infancia, de la juventud, distinta y distante, con las de la madurez. Lo que en un caso debería ser técnica serena en [el] otro se puede considerar como una forma de pasión o de angustia existencial: ni más ni menos. Yo escribo ahora en estado semejante y no quiero ocultarlo (Caro Baroja, 1974: 124).

Mi descubrimiento del mariachi tradicional tuvo lugar en 1975, en Nayarit, durante la temporada de lluvias. Había llegado al ejido de Playa de Ramírez, en la margen izquierda del río Santiago, ya muy próximo al mar. Iba a aplicar una encuesta sobre el grupo doméstico y la unidad económica de ciertos ejidatarios tabacaleros, seleccionados por estricto muestreo estadístico.

Después de preguntar por el primer personaje de mi lista, me presenté ante un octogenario que descansaba del calor del mediodía en la hamaca del tejabán de su casa. De inmediato llamó mi atención su antiguo traje de manta costeño: cuello redondo, manga corta y calzón a media pierna. En realidad a quien debía entrevistar era a un hijo suyo, homónimo, de cincuenta y tantos años. Cuando me di cuenta del error, ya era tarde y no me quedó más que aprovechar la circunstancia para que me contara cómo era la vida de quienes cultivaban tabaco cuando él era joven.

Habló de las casas comerciales que a principios del siglo XX habilitaban las siembras desde el puerto de San Blas. Recordó los tabacales criollos, enormes en comparación con las plantas híbridas de entonces... Bruscamente cambió la conversación hacia el acontecimiento que todos esperaban durante el año: la feria. En familia hacían tres jornadas para llegar a pie

Mariachi de Las Peñitas, Tuxpan, Nayarit, 1928. "Mi papa se llamaba Francisco Hernández Sojo [primero de izquierda a derecha], él está allí de 42 años y duró hasta los 92. Él era el jefe del mariachi, era muy famoso en su destino: hacía hablar el violín. A veces le quitaban el instrumento, pa' que se subiera a la tarima a zapatear, porque él también bailaba sones" (Domingo Hernández Jiménez, 1987).

Mariachi cora de Jesús María (Chuísete'e), El Nayar, Nayarit, 1996. "El zapateo sobre el tronco ahuecado produce un sonido profundo y monótono, aunque no desagradable, el cual se armoniza con la música. En estas danzas hay elementos hispánicos, pero con bastantes vestigios aborígenes" (Hrdlička, 1904: 744-745).

hasta Santiago Ixcuintla. Llevaban a vender algunas cargas de frutas y allí se abastecían de lo que carecía la planicie costera, en especial metates y piedras de afilar, que provenían de la bocasierra. Pero lo más importante era bailar sones en la tarima con la música de los mariachis. "¡Viera qué chulada, amigo!". De tal manera fue subiendo su emoción que me invitó a tomar cerveza en la cantina. Era un típico jacal de la zona costanera con techo de palapa y piso de tierra, pero había tarima. Los músicos acostumbraban merodear dichos lugares a esas horas. Llegó un "mariachillo". Sólo eran tres: violín, guitarra y guitarrón.

Me extrañó que pidiera el son de *El triste*, cuya copla se me quedó grabada:

> ¡Qué bonitas campanitas
> se tocaban en Tepic!
> Ahora repican en mi alma,
> acordándome de ti.

Para mostrarme cómo se festejaba en sus tiempos, el anciano subió a la tarima con el segundo son que pidió y, apoyando ambas manos en su bastón, tembloroso, inició un brioso zapateo con sus huaraches de suela sencilla y una cara de niño travieso.

El hijo entró de repente. Ya se había enterado de que su padre estaba "pisteando" con un fureño barbón. En tono de extrañeza me espetó: "¿Qué le hizo usté a mi 'apá?". La primera idea que se me ocurrió fue que me estaba reclamando el gasto de la música y la bebida. Pero antes de que pudiera esbozar una respuesta, ya estaba sentado a mi lado y, cerveza en mano, me aclaraba complacido que desde que había muerto su madre, hacía más de un año, no había manera de hacer salir de casa al viejo. Cuando éste regresó jadeante a la mesa, su hijo lo abrazó y le pidió que cantaran juntos su canción preferida. Entonces mi sorpresa fue absoluta. Las coplas que entonaban —en lo que después entendí que era la ceremonia de clausura del luto— no eran las que yo conocía como canónicas del son *Las olas de la laguna*. Emitían los "Ay, ay, ay" a capella y, en lugar de hablar sólo de las lagunas de Sayula y Zapotlán, también hacían referencia al entorno costero:

> Ya no pesco en los esteros,
> pesco en la orilla del mar.
> ¿Cómo puede ser que el mero,
> teniendo tan duro el cuero
> se haya comido al caimán?

Sus reclamos amorosos se transmitían por metáforas de un doble sentido, pleno de poesía:

> Chinita, vamos p'al mar
> pa' que juntes caracoles,
> yo junto coloraditos
> y tú de todos colores;
> chinita, vamos p'al mar.

> Chinita vamos p'al mar,
> allá nos embarcaremos,
> tu cuerpo será el navío
> mis brazos serán los remos;
> chinita, vamos p'al mar.

Mariachi en Zapotiltic, Jalisco, 1927. "También en las estaciones del ferrocarril había mariachis esperando que llegara el tren y les tocaban a los pasajeros que llegaban o se iban... a centavo o dos centavos la pieza" (René Rivial Gauthier [1905-1991]).

¿Cómo no suponer que con tales versos había enamorado el viudo a la mujer ausente? La tentación era grande... pero el antropólogo debe asumir la primera lección del arte de preguntar: callarse, controlar su ansia de saber y no ser impertinente.

La vivencia de aquella tarde significó para mí una revelación. Soy de la generación de mexicanos rurales que creció con las canciones del mariachi en la radio, en los tocadiscos, en las películas, en las cantinas... y en los corrales y el río a través del canto de las lavanderas. Exigíamos que las interpretaciones de los mariachis de carne y hueso —cuando se daba uno el lujo de pagarlos— coincidieran con los éxitos difundidos por los medios de comunicación masiva. Por primera vez escuché, en ese apartado ejido costeño, un mariachi "de los de antes". Mis anfitriones me hicieron ver que hubo un tiempo, hacía dos o tres generaciones, cuando sólo existía ese tipo de conjuntos. No había una letra fija para cada son, sino que se adecuaba al

paisaje y los gustos de cada región. Además, el mariachi tocaba música para ser bailada y no sólo para ser cantada.

Cuando los encontré, en Ixtlán del Río hacia 1982, don Lázaro García (1906-1984) y sus hijos —tres de ellos eran también mariacheros— me aseguraron que cada año en su ranchería de origen, en la Sierra Madre Occidental, se tocaban minuetes toda la noche, desde el atardecer hasta el amanecer, a San Nicolás Tolentino. En El Juanacaxtle descubrí al mariachi tradicional vigente, pero tan sólo en su parte religiosa, pues para el "baile de parejas" se utilizaba música ranchera con un tocadiscos que funcionaba mediante una planta de gasolina, transportada a lomo de mula. A partir de las entrevistas con estos mariacheros, llegaría a comprender la naturaleza de los minuetes, género religioso —exclusivo para comunicarse con lo sagrado—, contraparte de los géneros seculares, para la diversión de los vivos.

¿Por qué los antropólogos no se habían fijado en el mariachi? ¿Por qué los mexicanos habíamos aceptado como supuesta tradición centenaria un tipo de conjuntos y de géneros musicales que apenas tenían medio siglo de existencia? Por esas fechas Hobsbawm aclaraba, al referirse a las "tradiciones inventadas" dentro del contexto de los nacionalismos —en donde se utiliza "la historia como legitimadora de la acción y cimiento de la cohesión del grupo" (2002 [1983]: 19)—, que "la novedad no es menos nueva por el hecho de haber sido capaz de disfrazarse fácilmente de antigüedad" (ibídem: 12). ¿Cómo era posible que, en su propia región de origen, los mariachis tradicionales llegaran a ser unos insignes desconocidos? Era indudable que los mariachis de este tipo estaban en extinción; pero ¿cuántas subtradiciones era posible todavía rescatar por la vía de las grabaciones de campo? Y, para comenzar, ¿cómo encontrar otros mariachis "sin trompeta"?

Una mañana de 1983, de paso por el Instituto Cultural y Artístico de Nayarit, escuché acordes de música de cuerdas y entré al local donde ensayaba la Orquesta de Cámara. Todos sus integrantes eran hombres maduros y, como en varios se podía percibir un origen campesino, tuve una corazonada. Extrañados de que alguien se interesara por sus interpretaciones, se esmeraron en las partituras de música clásica. Al final, para regresarme la cortesía, el director me preguntó si quería escuchar algo en especial.

—¡Un minuete!— le pedí.

Desconcertado, tartamudeando me especificó: "¿Un minuete... clá-clásico, verdad?".

—¡No!, ranchero— le contesté con firmeza.

Volteó hacia sus compañeros y, una vez que se pusieron de acuerdo sólo con la mirada, dos violines comenzaron a escoletear la tonada de *El buey*, el minuete más difundido en el actual Nayarit. Otros músicos iniciaron el acompañamiento con armonías y unos más con bajos.

Mi suposición resultó cierta. Varios de ellos se iniciaron durante su niñez o adolescencia en mariachis tradicionales; posteriormente aprendieron notación musical y se incorporaron a otro tipo de agrupaciones. Esos músicos me indicaron cuáles mariacheros "de los de antes" todavía sobrevivían en el altiplano nayarita y en qué poblados. Obtuve biografías, historias de algunos grupos y, en la mayoría de los casos, grabaciones de sus repertorios. Por fortuna también pude conseguir registros fotográficos e, incluso, algunos me proporcionaron fotografías de sus mariachis en épocas pasadas. Con tales maestros pude redondear una concepción acerca del mariachi tradicional y de sus diferencias con respecto al moderno.

Mis ancianos informantes mencionaban a una legendaria mariachera, fallecida hacía tiempo, Rosa Quirino (1891-1969).

> Doña Rosa, la mariachera, tocó conmigo. Ella era de La Escondida. Andaba con los hombres y usaba pistola. Con ella no se podían pasar de listos, ella decía: "muchachos, andamos trabajando y si alguno quiere, nada más párese…" y sacaba la pistola. Doña Rosa vestía de guaraches, rebozo cruzado, enaguas largas, trenzas […] Yo la conocí en una velada en Navarrete. Era una mujer respetuosa: se animaba a matar o a que la mataran (Refugio Orozco Ibarra, entrevista de 1983).

> Me tocó tocar con Rosa en La Escondida, era mariachera, tocaba violín primero. Tenía su mariachi y ella lo dirigía. Ella andaba pa' donde quiera, era mariachera por derecho: ése era su destino (Sabás Alonso Flores, entrevista de 1983).

Busqué a sus descendientes en La Escondida, donde encontré a su hija. Conmovida porque había ido sólo para platicar acerca de su mamá, me regaló una expresiva fotografía de doña Rosa tocando el violín en sus últimos años y me confió su versión.

A mi mamá le gustaba mucho tocar. Agarró el destino desde muy chica, tendría doce o trece años. Ella tocó todo el tiempo, dondequiera encontraba compañía pa' tocar. Salía a lo lejos, toda la costa. Mi mamá todo el tiempo arrió ese destino. Era una señora que le gustó mucho el destino de los hombres (Refugio Gómez Quirino, entrevista de 1984).

Años después un campesino de Lo de Lamedo —en peregrinación al santuario de Huaynamota—, al tomar sombra juntos en medio de la sierra, me ofreció su vibrante recuerdo infantil:

Doña Rosa cayó a mi rancho un 3 de mayo a tocar minuetes: la Santa Cruz es la patrona de Lo de Lamedo.

No se me olvida, tenía yo la mollera [mente] fresca; tenía unos seis años de edad por 1944. Ella era delgadita, altota, con falda larga y blusa, usaba guaraches de baqueta con "garbancillos" [estoperoles, cuyas cabezas metálicas permiten una mejor adherencia]. En ese tiempo los mariachis eran dos guitarras, uno con violón, un violinista, uno con vigüela; así eran los mariachis que había en ese tiempo.

Por 'ai en la amanezca andaban unos de los hombres que les dicen galanes, llamados Ricardo Talamantes y Filiberto Aguayo, hombres bravos en aquellos tiempos, que ponían [clavaban] un machete en medio del camino a ver quién lo quitaba... Era de la gente que se cree ser los amos y señores del pueblo: bravucones, a según ellos no se les rezongaba... eran gente abusiva.

Filiberto la quiso abrazar a fuerzas y la señora, doña Rosa, sacó

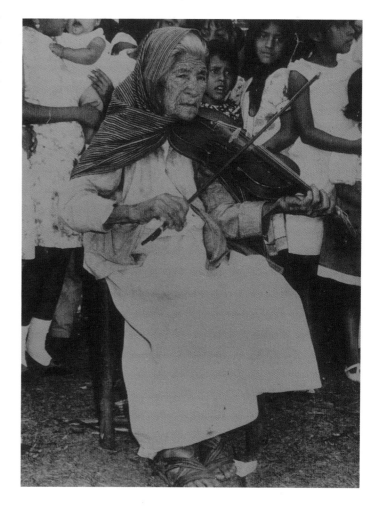

Doña Rosa Quirino al final de sus días, tocando como solista durante un ensayo de la Danza de Arco en Puga, Tepic, Nayarit, 1968.

una daga de las que había en aquellos tiempos, de cacha blanca con una bolita de bronce en la punta de la cacha. Al ver la daga, el hombre le tira con furia un cuerazo con el machete pa' tumbársela y la señora se quitó el golpe. Filiberto ya encabronado le tiró por lo menos 40 golpes a todo lo que da el brazo y nunca le pudo pegar. Doña Rosa empuñó la daga con la punta para abajo, recargada en el antebrazo para tener apoyo y con la hoja de la daga se quitaba los golpes... la señora se la jugaba, porque los golpes van desde abajo hasta arriba. Al sentirse incapaz, Filiberto se le arrimó a quererla abrazar. Al arrimarse el hombre en cortito le dio con la bola de la cacha en la quijada y el hombre rodó por el suelo. Y le dijo: "Mira, hijo de la chingada, no porque veas que soy mujer... yo con el que quiero, hasta me le arrastro, ¡pero a güevo, no!". Los rodeantes de la velada le palmearon, viendo la gracia de que una mujer le haya pegado al más bravito de mi rancho... ella ya era viuda y estaba grande [de edad].

Ricardo Talamantes, su amigo que andaba con él, lo recogió y Filiberto ya jamás volvió ese día a la fiesta. Como dice el dicho, ese señor quedó muy humillado, porque siendo carbonero una vieja lo 'bía tiznado (Juan Solís Mariles, entrevista de 1994).

Paralelamente, en 1984 inicié mi aventura serrana. Fue don Refugio Orozco (1894-1985) quien me señaló que, si quería escuchar mariachis "de pura cuerda", tenía que ir a Huaynamota en la Semana Santa, pues allí se juntaban huicholes, coras y "vecinos" y que, de tanto grupo que se ponía a tocarle al Santito, no se podía escuchar bien a ninguno. Comprender esa Semana Santa me tomó seis estadías de campo a lo largo de diez años.

Huaynamota, un pueblo que apenas pasaba de 500 habitantes, congregaba a diez mil peregrinos en la Semana Santa. La fiesta es un intenso fervor a tres voces étnicas: danzas de arco, alabados, judea cora, velaciones con minuetes mariacheros; mandas de rodillas, procesiones cuyo trazo ha sido establecido por la reinterpretación aborígen del drama de Cristo, comuniones de peyote, sacrificios de toro; quema del Judas y baile de parejas, en el barrio mestizo; tejuinada y banquete comunal en el huichol.

El miércoles y el jueves santos se vela a Nuestro Padre Jesús en el atrio, donde no cabe un alma más. Por grupos familiares, los peregrinos colocan velas y veladoras en el suelo y se sitúan atrás. Las encienden al anochecer y permanecen allí hasta que se consumen. Los mariachis tocan por manda propia o por paga, para que el creyente cumpla su promesa. Se ejecutan tandas de cinco minuetes, entre los que se intercalan valses —de ritmo más lento— para descansar un poco.

El aspecto trascendente que logré reconocer fue la manera en que los huicholes solicitan y adquieren el don de la música. Porque para ellos el aprendizaje no es un asunto técnico, sino ritual y eminentemente simbólico: "El Señor de Huaynamota de la mitad para el lado derecho es gente, pero de la mitad para el lado izquierdo es el Árbol del Viento, el Kieri" (Martín Aguirre Díaz [Xuite], entrevista de 1993). No voy a discutir la coincidencia, sólo diré que hasta mi sexto año —plazo cuando se "cumple la manda"— el Huaynamoteco me reveló el secreto, por boca de Primitivo de la Cruz Díaz. Su rememoración, además de íntima, es elocuente:

> Sí, yo velé mi instrumento cuando recién lo compré… no era violón, únicamente era violín. Al saber un instrumento, ya en la mente viene de todos los instrumentos. Así entrega la imagen. Tú al ofrecerle un violín o una guitarra, lo que sea, se te va a venir en

El Nazareno de Huaynamota, El Nayar, Nayarit, 1994.
"El Señor de Huaynamota es por mitad, porque tiene un brazo para saludar y otro en alto que está canijo. Un lado [el derecho, *ne-tserie*] es mansito como un venado, pero el otro [el izquierdo, *ne-uta*] es más trabajoso, […] ¡es más bruto! Le gusta la música del mariachi, porque ésas son las palabras que él entiende" (Martín Aguirre Díaz [Xuite], ápud Aedo, 2000: 187).

Cómo velé mi violín

No pos yo velé mi violín cuando formamos el grupo, cuando armamos el mariachi, pa' que se oyera bonito la música, para tener suerte y para tener mucho trabajo, por eso me velé 'ai en [cerro de] Picachos.

Trai uno su violín y se amanece allí —lo mismo se hace pa' ser un "cantador" [*mara'a-kame*], un curandero bueno, se hace el mismo sacrificio. Allí, en una cueva de Picachos, velé mi violín. Tendí un paño negro y puse mi violín —era violín huichol [*rawere*]—, pero la gracia que me dieron fue pa' todo, como era música, pa' todo se me concedió.

Vela uno con la Hoja del Viento. Es un arbolito que se parece al camichín, pero no crece, está chiquito [señala como cuarenta centímetros de altura] y no tiene más de cinco o seis hojas... es chiquito, tiene el tronco como un pechito de venado y, a veces, dos ramitas como cuernos de venado. Es el Kieri —el patrón, el jefe, la Hoja del Viento—, él fue el que me dio todo lo que le pedí. La Hoja del Viento es propia para todos los trabajos en lo obscuro, en la calle, pa' que la música mestiza se oiga bonito cuando anda uno tocando. En la claridad el Kieri no se deja ver, es cosa de las tinieblas.

Y allí en Picachos, abajo de donde está la Hoja del Viento, allí está la imagen de la Virgen de Guadalupe. Y allí también velé mi violín. 'Onde está la Virgen nomás puse agüita... de paso mi violín y yo también.

Al otro día le corté una hojita al kieri y la goma que le sale me la unté en todas las coyunturas de los dedos, pa' que estén ligeritos. Bañé mi violín con el agua de la Virgen, pa'

que en las fiestas huicholas se oyera bonito. Y jué cierto, cuando en las fiestas tocaba, se oyía bonita mi música.

Luego durante seis años no se deben hacer actos con otra mujer que no sea su propia compañera; si lo hace uno, 'ai queda lo que uno pidió. Mientras se está uno velando no puede uno ni estar con su esposa, ni comer sal... comiendo uno hasta mediodía [...] puro sacrificio. A los doce días, ya se baña uno —porque andaba uno sin bañarse— y ya duerme uno con su compañera.

En el siguiente año, de vuelta, en el mismo día del mes en que uno vino. Van a ser seis presentaciones con él, es ir a pedir la gracia pa' ser un buen músico. Le da poder a uno, de saber para que no se le acabe a uno la música. Pero nomás le jierras, no cumples, y te vuelves loco o te da parálisis en un pie...

Pero a veces el mismo "compañero" [el Kieri] le propone a uno mujeres y, si uno no lo logra, ni vive uno; si lo logra, sí es uno buen músico. Yo entonces no tenía esposa todavía. Pero si está uno casado uno tiene que poner de acuerdo a la esposa, porque mañana o pasado no se queje de uno, porque son cosas pesadas. Si la mujer de uno peca con otro, si por 'ai hace su burrada —porque también a ellas las molestan—, también se acaba todo. A ella no le pasa nada, pero uno pierde lo que pidió. De los tres años en adelante, las mujeres lo cargan a uno a fuerzas y si uno no viene aguantando, ya no vive o anda uno pando, chueco.

Así estuve llendo a velar hasta los seis años. Venían por mí para tocar en las fiestas de huicholes en El Colorín, La Joya, Ahijadero,

Huamiloya, Aguamilpa... de lejos, para que tocara en las fiestas con el *mara'akame*.

También tuve la molestia de las mujeres, me molestaban, pero yo no les hice caso, me aguanté. Ya al último, me faltaban dos meses, cuando durmió una vieja conmigo y no le hice el favor, nomás durmió conmigo. Fue al acabar una fiesta, había durado tres días y estábamos todos durmiendo en el patio, alrededor de la lumbre. Cuando desperté me tenía bien abrazado por atrás la cabrona. Sentí los pechos duros en la espalda, me empezó a cambiar la temperatura... no, pos uno nuevo [joven].

— Luego, ¿qué andas haciendo?

— Pos vine a dormir contigo.

— Ta' bien 'ai estate.

Ya se estaba llegando la hora de levantarse a moler [el nixtamal]... y como lo que ella quería yo no se lo concedía, se paró y me dijo:

"Yo pensé que 'bía dormido con un hombre y dormí con una vieja".

Me metió tres patadas en el lomo. Todos estaban dormidos, ni cuenta se dio la gente. Me faltaban dos meses pa' despedirme de con el patrón, el Kieri, la Hoja del Viento... el que me dio todo lo que le pedí. Se me hacía triste pecar y perder mi gracia. Me acuerdo de esa mujer... de no 'berle hecho el favor.

Cuando ya vine con el patrón y me despedí de él, como a los dos meses fui con ella; ya sabía yo 'onde iba ella a l'agua. Llegué y le dije los motivos por los que no le hice caso y cómo estaba yo. Me oyó, llenó el bote de agua y se fue. Nomás eché el viaje y estaba lejos, desde Cerritos hasta La Joya. Era cosa que el jefe me 'bía puesto allí, pa' hacerse de mi alma. ¿Cómo cuando fui a moverle a la vieja, no quiso? Ni siquiera cruzó palabra, agarró el bote de agua y se fue. Todavía vive, ella le dio ai pa' Ixcatán, pa' Acatán de las Piñas, por 'ai vive...

Cómo velé mi violín. Cuadro de estambre (*niérika*) de Juan Ríos Martínez (Tuaxi Tumuani [Pintado de Rojo]), 1995.

Retrato de Juan Ríos Martínez (Tuaxi Tumuani [Pintado de Rojo]), fotografía de Javier Medina Cárdenas, 1996.

Feria en El Platanar, Tuxpan, Jalisco. Pintura al óleo de Víctor Campos, mediados del siglo XX. Museo Regional de Guadalajara.

la mente todo el sonido de los instrumentos. Así es que puedes tocar el instrumento que sea, porque a ti ya te van a entregar todo, no nomás para saber un instrumento, sino que para poder tocar de todo. Cuando vas a presentar tu instrumento, tienes que ayunar cinco días. A los cinco días tienes que venir a presentar tu violín o tu guitarra, o tu violón, o lo que sea; pero después de que ayunes, sin comer sal. De ese modo es como pide uno para poder

Gran Feria Comercial en Platanar del Municipio de Tuxpan, Jal, en los días 5 y 6 de Febero, motivo a las Festividades Religiosas.

saberle a la música. Los ayunos que da uno es para dar más paz, para agarrar más ampliación en la mente y que obedezca, más energía para tomar todo, porque así en las noches cuando te duermes, te acuestas, [...] en el mismo sueño va a llegar el imagen y te va a enseñar cómo de este modo le hagas, de este otro [...] así, en el sueño. A mí así me pasó. Y ya al despertar entonces agarras el instrumento y pos voy a hacerle como me enseñó y tienen que salir los tonos bien, la pieza bien. Así es como se enseña uno, así enseña la imagen a uno (entrevista de 1994).

Mis intenciones etnográficas pronto fueron rebasadas por la necesidad de fuentes históricas. Aunque el mariachi tradicional corresponde a segmentos sociales ágrafos —precisamente subsumidos en una sociedad con registros escritos—, era necesario realizar trabajo de archivo y de hemeroteca para localizar las referencias que los sectores letrados habían dejado de manera incidental sobre esa institución de grupos sin escritura. Por otra parte, el interés sobre el mariachi no sólo se había generalizado, sino que se había convertido en un asunto entrañable para muchos, de tal manera que cada quien defendía sus propias opiniones. Prácticamente toda persona —académico o no— con quien hablaba del tema manifestaba su versión sobre dos problemas que hasta cierto punto yo había desdeñado, pues sólo los había considerado de manera lateral: el origen del mariachi y la etimología de la palabra que lo designa.

Al principio me interesé por el mariachi moderno sólo en tanto contraparte del tradicional. Pero poco a poco se fue imponiendo como una institución relevante en sí misma. No sólo era interesante comprender el proceso de su conformación y de su constitución en símbolo musical de México; fue sorprendente llegar a conocer su difusión y arraigo mundial.

Debo reconocer que he realizado poco trabajo de campo propiamente dicho para este tipo de mariachi, aunque no me faltan experiencias en la Plaza de Garibaldi, en el Parián de San Pedro Tlaquepaque, en la Plaza de los Mariachis de San Juan de Dios (Guadalajara), en la Plaza de San Francisco (en Puebla) y, sobre todo a partir de 1994, en los encuentros internacionales de mariachi de Guadalajara, de los cuales soy uno de los fundadores e inicial asesor académico. Sin embargo, mis conocimientos sobre este tipo de mariachis se sustentan, más bien, en vivencias personales y en las enseñanzas de especialistas como Galdino Gómez en lo que concierne a la filmografía, e Ignacio Orozco y Chris Strachwitz en discografía, así como Jonathan Clark y Juan Mercado sobre el ambiente mariachero de la Plaza Garibaldi y la historia del Mariachi Vargas de Tecalitlán. He compensado mi falta de investigación directa sobre el mariachi moderno con el acopio y lectura de un vasto material sobre el tema. De hecho, la recolección de artículos periodísticos se fue convirtiendo de curiosidad en una labor sistemática. Acerca del mariachi encontré una variedad de noticias y artículos breves de periodistas, aficionados, poetas, folcloristas, literatos, filólogos, músicos, mariacheros, historiadores y musicólogos (Jáuregui, compilador, 1999).

He trabajado en las principales bibliotecas públicas del país y en algunas privadas, como la de don Salvador Gutiérrez Contreras, en Compostela, la de Pedro López González, en Xalisco, y la Biblioteca "Lic. Guillermo Romo Celis" de Tequila Herradura, en Amatitán, en la cual se conserva el "Fondo Dávila Garibi". También he revisado con éxito varios archivos, como el Fondo Reservado de la Biblioteca Nacional de México, el Archivo Histórico de la Arquidiócesis de Guadalajara y el Archivo de la Parroquia de Santiago Ixcuintla, en donde, en la navidad de 1993, compartí con Laura Magriñá y nuestro hijo, Juan Pablo, la satisfacción de descubrir 126 actas de bautizos, entierros y matrimonios, en las que aparece nombrado 246 veces el rancho Mariachi, entre 1832 y 1843.

Ante el hecho insólito de que en ninguna biblioteca de México existe un fondo específico acerca del mariachi, tuve que diseñar una estrategia para acceder aleatoriamente a los materiales pertinentes. Por un lado, he realizado una investigación constante en las librerías "de segunda" y en los "tianguis de libros usados" de la ciudad de México, en especial en la extensa red de la familia López Casillas y en "México y lo mexicano" de Rubén Montero, "In tlilli in tlapalli" de Víctor García y en las de Guadalajara (en particular en las de Alberto Cervantes y Macario Madrigal); allí he comprado joyas bibliográficas sobre el mariachi. En algunas ocasiones, ante la imposibilidad de adquirir el material, agradezco que me hayan permitido fotocopiarlo o fotografiarlo.

Por otro lado, desde hace más de veinte años, todos los fines de semana he realizado investigación en los baratillos ("mercados de pulgas") de la ciudad de México (el de La Lagunilla, el de la colonia Portales, el de la avenida Cuauhtémoc y el de la Plaza del Ángel) y, cuando las circunstancias lo han permitido, en los de Guadalajara (el de la calle 38 y el de la avenida México) y en el de Puebla (el Mercado de los Sapos). Allí he obtenido —además de impresiones fotográficas, pinturas, grabados, exvotos, esculturas, bandejas, charolas, platones y portarretratos— ejemplares de revistas, cancioneros, folletos, catálogos de subastas de arte, cromos, calendarios, programas de ferias y de fiestas municipales, carteles de películas, programas musicales, partituras, tarjetas postales, discos de acetato, volantes de películas y de "conciertos". Sin estos materiales es imposible recuperar la historia del mariachi.

Mariachi Obregón. Huatabampo, Sonora, circa 1940. "Nos fuimos tres de aquí de Nayarit —uno de Compostela, otro de Tepic y yo de Ahuacatlán— y allá en Sonora nos acompletamos. Andaba un vigüelero yaqui con nosotros. No había entonces trompeta" (Avelino Curiel Gómez, segundo a partir de la izquierda, 1990).

Mariachi de Jerez, Zacatecas, 1926. "El del guitarrón canta corridos llenos de amor y de amargura. La mujer del triángulo cierra los ojos para cantar en segunda y como un metrónomo perfecto va marcando la monotonía del aire popular. El viejecillo del arpa aprendió de niño las canciones [románticas] de hace cien años. El más serio tiene rostro de seminarista menesteroso. Su violín llora las coplas con el mayor deleite. El mariachi zacatecano es el alma del pueblo" (Orta, 1926: 17).

Hasta donde llega mi "leal saber y entender", presumo de haber conseguido todos los artículos y ensayos académicos, tesis inéditas, números de revistas, memorias de simposios, compilaciones documentales, libros temáticos y obras que dedican un capítulo o un fragmento al mariachi. El aporte de cada autor a mi propuesta está indicado a lo largo del presente libro.

La discusión con los aficionados que en México se han dedicado a escribir sobre este tema continúa siendo problemática, porque se trata de autores que no han profesado el oficio de la ciencia. En la mayoría de ellos prevalece alguno de los sentimientos polares que han cautivado el imaginario de los mexicanos. Por un lado, el exacerbado orgullo localista que incita a buscar un origen parroquial para las instituciones culturales. Por el otro, el sometimiento extranjerizante, incapaz de aceptar la trascendencia cultural de las tradiciones aborígenes y mestizas. No falta, asimismo, la proyección de la ideología individualista, que traslada el supuesto

de la autoría personal sobre procesos a todas luces colectivos y, por lo tanto, anónimos.

Opté por preparar una primera síntesis general sobre el mariachi desde la antropología. El hilo conductor es el proceso mediante el cual, a partir de una tradición regional, surge el mariachi moderno y se convierte en símbolo musical de México, para luego difundirse a nivel mundial, destacando la permanencia de la vertiente original en algunas regiones del Occidente mexicano, y su extensión y consolidación en ámbitos indígenas. De hecho, el mariachi es un tema cuyos senderos la antropología no había transitado previamente y, por lo tanto, no me brindaba antecedentes directos teóricos o etnográficos.

De esta manera, desde la tradición de la etnología, forjada básicamente en el estudio sincrónico de sociedades lejanas y diferentes, he procedido al estudio diacrónico de un tema de nuestra propia sociedad, próximo no sólo en el espacio y el tiempo, sino en gran medida compartido, pues forma parte de nuestra conciencia colectiva e identitaria. A partir de la disciplina etnológica, he buscado la lejanía aun en la proximidad. Me ha sido posible reconstruir, así, el proceso de conformación histórica de un discurso mítico complejo: verbal, sonoro, visual, gestual y rítmico.

La obra incorpora suficientes testimonios gráficos, pues ya Caro Baroja había señalado que

> en la lucha contra prejuicios, supersticiones, creencias vanas y errores en general, han valido más una buena sátira, unas páginas de humor o un cuadro pintado con brío, incluso una simple caricatura [o una fotografía, añadiríamos], que muy ordenadas disertaciones, que tratados sistemáticos (1974: 13).

> El caricaturista es siempre un alterador, un crítico y en esto estriba el valor de colaborar a la transformación, negando en última instancia la simple realidad, al dibujar la ausencia de lo que a simple vista se aparece. El caricaturista hiperboliza, amengua, o menoscaba no porque busca la deformidad como fin, sino porque tiene la certeza de que a veces lo grotesco es uno de los rasgos substanciales de la verdad de la existencia (Schneider, 1989: [9]).

Tal como lo propone Lévi-Strauss (1976 [1971]), al discutir los mitos de la propia sociedad, sólo se logra transformarlos. Mi pretensión, en este caso, es haberlo hecho con las reglas científicas —complementarias— de la etnología y de la historia. Pero, a pesar de las intenciones de objetividad, mis preferencias por ciertos valores, emblemas, ídolos y subregiones dotan a este texto de un cierto carácter de variante mítica.

El mariachi hizo posible que yo pudiera vivir —en términos teóricos y personales— el significado de la antropología en tanto "espejo del hombre". Además, las circunstancias me han permitido disfrutar al mariachi sin prisas ni plazos. En más de una ocasión —particularmente una vez que me extravié y tuve que pernoctar en una solitaria majada— he recitado a la antropología, rodeado por la inmensidad serrana, el verso de Amado Nervo:

> Llegaré a tu santuario casi viejo,
> y al fulgor de la luz crepuscular;
> mas he de compensarte mi retardo
> (1943 [1916], II: 315).

El tema del mariachi presenta una extensión y complejidad que supera con mucho las capacidades de un solo investigador. El mariachi tradicional, como elemento de la cultura mestiza, permanece, con variaciones, en Nayarit, Zacatecas, Aguascalientes, Jalisco, Colima, Michoacán, Guerrero y Oaxaca; como tradición indígena se encuentra entre los coras, huicholes y mexicaneros, así como entre los mayos y los yaquis, los purépechas y los nahuas. El mariachi moderno se ha difundido prácticamente por todo México y en el extranjero por Norte, Centro y Sudamérica, Europa y Asia; es uno de los pocos géneros musicales que difunde canciones en castellano en ámbitos sajones y asiáticos. Su temática implica los aspectos musical, coreográfico, literario, religioso, simbólico, ritual y sociológico, entre otros. Como lo sugiere Pedro Carrasco (1995), se puede escribir toda una enciclopedia sobre el mariachi.

El mariachero Francisco Yáñez Chico había comentado que en la Plaza de Garibaldi,

> cuando los viajeros son dihabla española, y se interesan por nosotros [los mariachis], a'i platicamos; algunos periodistas nos preguntan... nos han pregunta'o ¡ha-aáa-artas! veces por la historia del mariachi, y siempre les hemos dicho, cada cual, lo que sabemos (ápud Gabaldón Márquez, 1981: 363).

A nosotros, los mariachis, tam'ién nos da curiosidá el asunto ése, de la palabra que s'iusa para distinguirnos; [...] y como a veces nos decían que era tan seguro que la palabra mariachi fuese un recuerdo de los tiempos de Maximiliano, pos, pensábamos: "¡y si alguien, algún escritor d'ésos, algún maistro de la Universidá, que aceptara ocuparse dihacer la aviriguación! ¡Qué güé-eee-enoo!".

[En 1959,] El año en que murió el licenciado José Vasconcelos [que había sido rector de la Universidad, y que había dicho que la Universidad debía trabajar por el pueblo], varios mariachis [...] 'iz-

Mariachi Potosino, Plaza de Garibaldi, ciudad de México, 1994. "Esos señores llegan a la Plaza Garibaldi, escogen un conjunto, le pagan por unas horas, pa' que se dejen tomar unas vistas [...] y nos pagan por el color, la figura, los sombreros, las caras feas, impresionantes. A nosotros, los mariachis, nos han puesto en muchas películas, porque les parecemos decorativos a quenes las hacen [...]; el conjunto de los mariachis se ve como un paisaje pinta'o en una lona; pero nuestra música es mucho más que eso" (Francisco Yáñez Chico, ápud Gabaldón Márquez, 1981: 362).

que jueron a hacerle una visita a ese señor, en su domicilio; 'izque jueron a pedirle que les diera razón d'esa palabra: todos sabían qu'él era un hombre sabio.

Pos, cuál no jué la sorpresa con qu'el licenciado Vasconcelos no los supo recibir ni con cariño, ni con respeto; 'izque les dijo qu'él mismo no sabía el origen de la palabra mariachi, y que no'staba intersa'o en averiguarlo; aquellos compañeros lamentaban la indiferencia por un asunto di'ún hombre tan importante, en cosa que no deja de tener su valor.

Pero, es que nosotros somos hombres de muy pocas letras, y podría perdonársenos que nos equivoquemos asina; lo que sí no podemos almitir es que personajes de la grandeza mexicana, gentes de fama, gentes sabias, gentes que han aspirado a la presidencia de la república, hayan tenido tan poco aprecio por nosotros, que no somos sino los trabajadores de la música y de l'alegría (ibídem: 368-369).

"Don Alfonso Reyes. Ministro de Méjico en la Argentina". Caricatura de Eduardo Álvarez, publicada en *Caras y caretas*, año XXX, vol. 4, núm. 1490, Buenos Aires, 1927: portada.

Académicos de prestigio mundial han asumido acríticamente la posición galicista. En su memoria del viaje a California en 1941, para recibir el doctorado honoris causa en Berkeley, Alfonso Reyes (1889-1959) recuerda lo que sostuvo en la Universidad de Stanford, durante una conferencia sobre la Intervención Francesa: "la rauda incursión de las armas francesas dejó ciertos rasgos en […] nuestra lengua: […] el término mariachi para la murga de los festejos familiares, y que todos convienen en derivar de la palabra *mariage*" (1953: 29). Aun en este intelectual no hay referencia a fuente alguna ni más razonamiento que la invocación de un presunto consenso. Esta postura galicista sobre la etimología de la palabra mariachi no constituye un desliz pasajero de Reyes, pues en su ensayo sobre "Nuestra lengua", plantearía que "la misma Intervención Francesa dejó residuos entre nosotros ('mariachi' —música para la boda o *mariage*—.)" (1959: 34).

¿Cómo extrañarnos de la gran aceptación de la postura galicista acerca de la derivación del término mariachi a partir de la palabra francesa *mariage*? La propia Secretaría de Educación Pública, con un pregonado aliento patriótico, distribuyó un folleto de Alfonso Reyes entre los alumnos del ciclo de escuela secundaria en 1959 —momento clímax del mariachi, en tanto símbolo musical de México—, en el que se aseguraba que la palabra provenía de la lengua gala y databa de la época de la Intervención Francesa. Además de las sucesivas ediciones, este texto fue publicado en 1982 por la Asociación Nacional de Libreros, en una edición para su distribución gratuita, con un tiraje de cien mil ejemplares.

Con cada avance, la comprensión del mariachi plantea nuevos retos e interrogantes, tal como lo manifiesta el tierno recuerdo del coculense Francisco Hernández Nande:

> Aquel día muy temprano mi padre [el violinero Merced Hernández Cabrera (1901-1969)] se arregló y era para ir a la casa de don Jesús [Salinas]. Según él me dijo:
> — Pos que vinieron a grabar. ¿Qué es eso? Que un disco.
> —¿Me llevas? Llé-eee-vame...
> —Pos, que te arregle tu madre.
> Yo tendría unos ocho años de edad, a lo mejor todavía no los cumplía. Debe haber sido por 1954 o 1955.
> Ya acudieron ellos [los mariacheros]. Yo recuerdo que cuando llegaron, en la casa de don Jesús Salinas [1885-1990] había un sin fin de aparatos, luces y cintas grabadoras. Ya empezaron a tocar ellos; había un gringo joven que le pidió a don Jesús —a través de un intérprete— que no "chiclearan" el guitarrón [que no le azotaran las cuerdas contra la madera].
> A la mitad de la grabación, ellos mismos llevaron el refresco, para hacer un receso. Y les tomaron varias fotografías; y yo me senté a los pies de mi padre y Ezequiel Cisneros, a los pies de don Pancho Cisneros, que entonces tocaba la vihuela (entrevista de 2006).

¿Quién fue el etnomusicólogo estadounidense que realizó esas grabaciones? ¿Dónde están archivadas las cintas y las fotografías? La aventura por el mariachi continúa.

Sangre latina

(LATIN BLOOD)

Romanisches Blut

Vals para Piano por IGNACIO T. ARAGON.

Propiedad de los Editores para todos los países. Depositado conforme á la léy.
Gran Repertorio de Música y Almacén de Instrumentos.

A. WAGNER Y LEVIEN SUCS

Fábrica de Pianos-Zuleta-Nº14. MEXICO, IIª Calle de San Francisco Nº 11.

PUEBLA.   GUADALAJARA.

LEIPZIG, FRIEDRICH HOFMEISTER.

Copyright 1898 by Lyon & Healy, Chicago.

B 44.

ENTRE LA INDEPENDENCIA Y LA REVOLUCIÓN

DE LO POPULAR A LO PINTORESCO

La rebelión que condujo a la independencia de México se prolongó durante más de una década. Los frecuentes combates entre insurgentes y realistas determinaron la desaparición de muchos pueblos, villas y rancherías y la formación de otros nuevos. Para la historia del mariachi resulta de especial interés el caso de los habitantes de Cuyutlán y otras localidades de la bocasierra de Nayarit.

Temerosos, se habían dispersado por las llanuras costeras y solicitaron, a la Intendencia de Guadalajara, autorización para fundar un pueblo en el paraje de Rosamorada, que quedaría en la jurisdicción de Santiago Ixcuintla. Considerando las circunstancias del momento, se les eximió, en febrero de 1813, de las diversas diligencias acostumbradas, "sin perjuicio de proporcionarse de contado á aquellas gentes capilla ó pieza en que se les diga misa y sobre que se ocurrirá por el cura territorial al Illmo. Sr. Obispo para la providencia correspondiente" (Velazco, ápud Meyer, 1989: 43).

Se trata, pues, de un pueblo conformado, desde su inicio, por emigrantes de diferentes localidades de una comarca, en la que el componente demográfico de indígenas coras y tecualmes (hablantes del náhuatl) era importante.

El 27 de marzo de 1852 se hizo cargo de la parroquia de Rosamorada el presbítero Cosme Santa Anna, quien había nacido el 28 de septiembre de 1825 y recibió la unción sacerdotal el 22 de julio de 1848 (de León Arteaga, 1990:1). En aquel entonces esta población estaba bajo el gobierno eclesiástico de Guadalajara y formaba parte del Séptimo Cantón del estado de Jalisco. El 7 de mayo el padre Santa Anna dirigió una carta al obispo Diego Aranda y Carpinteiro (1776-1853) en la que presentaba detalladamente su versión sobre: "los hechos que han ocurrido en este lugar y que han ocasionado diferencias mías para con las autoridades de esta mi feligresía y que han instruido queja al Supremo Gobierno del Estado" (ápud Meyer, 1981: 41).

PÁGINA ANTERIOR: A finales del siglo XIX las escenas y los tipos costumbristas, en el occidente de México, fueron destacados por los viajeros extranjeros como representativos de lo regional. Las peleas de gallos, los juegos de baraja y el jarabe —con los músicos mariacheros de trasfondo— eran de los motivos recurrentes.

En este sentido le informaba que:

> Al acabarse los divinos oficios en mi Parroquia en el sábado de gloria encuentro que en la plaza y frente de la misma iglesia se hallan dos fandangos, una mesa de juego y hombres que a pie y a caballo andan gritando como furiosos en consecuencia del vino que beben y que aquello es ya un desorden muy lamentable: sé que esto es en todos los años en los días solemnísimos de la resurrección del Señor y solo que ya sabemos cuantos crímenes y ecsesos se cometen en estas diversiones, que generalmente se llaman por estos puntos mariachis.
>
> Yo fui luego a la Autoridad local y le supliqué se sirviera impedir estos males, principios de otros muchos mayores y no logré mi deseo pues se me alegó la costumbre y perjuicios que seguirían a los comerciantes interesados en la venta de licores.
>
> El desorden crecía por momentos yo deseaba en cada instante evitarlo. No accedía la Autoridad y entonces me dirigí al lugar en donde se hallaban los fandangos, pedí los instrumentos y me los dieron, supliqué a los que jugaban naipes que dejaran de hacerlo y se abstubieron y luego también rogué que se levantara del suelo a un infeliz que se hallaba tirado ahogado en vino, y lo levantaron.
>
> Después de esto el Alcalde me puso el oficio que original acompaño a V.S.I. el cual me pareció prudente no contestar. Luego el mismo Sôr reunió una contribución pecuniaria para traer nuevos músicos que vinieron y formaron un fandango que duró desde el sábado hasta el lunes.
>
> Cuando me ví así burlado por la Autoridad que debía sostenerme en un caso en que solo se trataba de evitar desórdenes y escándalos públicos, toqué las campanas y reunidos que fueron mis feligreses les anuncié que me retiraba al Pueblo de San Juan Bautista que dista de la cabecera de cuatro a cinco leguas, y que ahí auxiliaría a los que lo necesitaran, y así lo verifiqué (ápud Meyer, 1981: 41-42).

En su respuesta, fechada en Guadalajara el 18 de junio de 1852, el prelado le reprocha su conducta al cura Santa Anna y se solidariza con la posición del alcalde:

A U[sted] no correspondía suspender con autoridad propia las diversiones que fueron ocasión del escándalo que dió al pueblo; sino representar a la autoridad civil la inmoralidad e inconvenientes de ellas, y en caso de no ser oído elevar su queja al S. Gbño para que el desorden se corrigiera por las vías legítimas y ordinarias: orando entre tanto como Pastor para que Dios remediara los males que no estaba en su órbita quitar, pues [...] la experiencia ha probado que exceder estos límites que señala la misma naturaleza del ministerio parroquial acarrea funestas consecuencias dividiendo las autoridades e inquietando al pueblo (ápud Meyer, 1981: 42).

El padre Santa Anna continuó al frente de su parroquia. Años después, enfermo, dejó el curato a cargo de un vicario y marchó a residir a Guadalajara, donde murió el 23 de marzo de 1892 (de León Arteaga, 1990: 1).

"También se llama mariachi amanecerse en una parranda, en un baile. Se decía: 'amanecí en un mariachi', 'vengo de un mariachi'" (Graciano Amparo Díaz, 1989).

De acuerdo con el estado actual de la investigación historiográfica, ésta es la primera fuente escrita —absolutamente segura— en la que se menciona la palabra mariachis en un contexto festivo. El hallazgo de este documento se debe al historiador Jean Meyer y el original se encuentra en el Archivo Histórico de la Arquidiócesis de Guadalajara.

Con este testimonio queda claro que el grupo de músicos era "el alma del mariachi", pues se dice que los "músicos […] formaron un fandango"; se deduce, asimismo, que en Rosamorada, durante dicha festividad, había por lo menos dos grupos musicales, en la medida en que se precisa que había dos fandangos; se infiere que los fandangos-mariachis ya eran una tradición en aquel entonces, pues el sacerdote menciona que se verificaban "todos los años" y aclara que en su contra "se le alegó la costumbre"; y esta tradición no era exclusiva de Rosamorada, sino que se extendía por la región, pues el padre dice de manera rotunda que "estas diversiones […] generalmente se llamaban por estos puntos mariachis".

La segunda fuente escrita acerca del mariachi corresponde a un episodio acontecido en la Tierra Caliente del estado de Guerrero, durante uno de los recrudecimientos de las luchas entre liberales y conservadores. El padre Ignacio Aguilar —quien nació el 16 de febrero de 1831 y se ordenó sacerdote el 30 de julio de 1854— fue hecho prisionero en Zitácuaro, ante su negativa a entregar el curato al sacerdote protestante Manuel Gómez. El prefecto local lo desterró a la Isla de los Caballos, cerca de Acapulco.

Durante el trayecto, el prefecto del Distrito de Minas le ordenó permanecer en Tlalchapa (Guerrero), su cabecera, desempeñando el ministerio sacerdotal.

En su diario el padre Aguilar narra que, durante su estancia en dicho poblado, el 3 de mayo de 1859, día de la Santa Cruz:

> Como á las 4 h. y media de la […] tarde fue el Prefecto á caballo y convidó al P. Aguilar, para ir al paseo y berbena á un bosque de árboles seculares.
>
> En aquel ameno lugar se levantaba, en un pedestal de canteras con dos gradas, la hermosa cruz hecha de la misma piedra […]
>
> Las músicas, ó como allá se dice el Mariache, compuesta ne [sic] arpas grandes, biolines y tambora tocaban sin descansar. Para llegar á la Santa Cruz había dos hileras paralelas de puestos de Aguas frescas en vasos de colores, otros con frutas de tierracaliente y otros con pasteles y empanadas y dulces (Aguilar, s. f. [circa 1909]: 125-126).

El autor no precisa el tipo de música que se tocaba ese día de la Santa Cruz. Es posible que no se tratara de sones o jarabes (no menciona que se cantara o bailara en dicha ocasión), sino de minuetes: la plegaria musical típica del mariachi.

El mismo padre Aguilar cuenta que después se fugó de Tlalchapa hacia la capital de la república, donde sirvió en la Villa de Guadalupe. Regresó a Michoacán en 1861 y, en 1866, con la creación de la nueva diócesis de Zamora, fue nombrado canónigo el 26 de diciembre de dicho año. Falleció en su pueblo natal, Zináparo, el 24 de mayo de 1909.

La vigencia de los mariachis en el territorio de Tepic durante el "reino de Lozada" (1856-1873) fue atestiguada en forma conmovedora por una hija del general, Catalina Lozada:

El general Manuel Lozada (1828-1873) fue un líder agrarista que encabezó un movimiento autonomista en Jalisco, entre 1856 y 1873, en el territorio que a la postre, en 1917, se constituiría en el estado de Nayarit. Conjuntó en sus ideales y en sus tropas a los indígenas y a los mestizos. Era aficionado a los mariachis.

En aquel tiempo de la revolución lozadeña, mi padre el Sr. Don Manuel Lozada, al llegar a Tepic con su artillería, repartía dinero a los pobres, regalaba ropa, comida y tequila a todo mundo; gozaba de fama de enamorado. Por eso las muchachas cuando arribaba mi padre, se arreglaban con sus mejores ropas y se echaban a pasear al cuadro para verlo. Mi madre que tenía 12 años, vivía al lado de sus padres que eran pobres, pero honrados. Como mis tíos, hermanos de mi madre, eran músicos y formaban un buen mariachi, los servicios de ellos eran muy solicitados por el que después habría de ser mi padre: en esta forma conoció a mi madre y en una de sus visitas ocasionales se la llevó hacia rumbo que no puedo precisar. Ella lo acompañó en sus correrías por Guaristemba, Santiago y diversas partes

D. MANUEL LOZADA

de la Sierra, tocándole presenciar y actuar en algunos de sus combates. Al año de vida marital vine yo al mundo; nací en el monte al abrigo de una simple cueva; mi madre nunca me pudo explicar con seguridad el lugar de mi nacimiento. Cuando fusilaron a mi padre yo tenía un año de edad (ápud Rosas, 1949; ápud Meyer, 1989: 380-381).

Si doña Catalina Lozada afirma que "cuando fusilaron a mi padre [1873] yo tenía un año de edad…" y que "al año de vida marital [entre Manuel Lozada y Valentina Madrigal] vine yo al mundo", el episodio sobre los servicios del mariachi de sus tíos al general Lozada debe situarse alrededor de 1870.

Poco después, el periódico *El Progresista* de Morelia publicó una nota referente a la Tierra Caliente michoacana, en la que "los más respetables vecinos" de Coalcomán agradecen al gobierno el nombramiento de Narciso Garcilazo como prefecto del distrito. Por el respeto y la simpatía para con el funcionario "en tan apartadas regiones":

> El 29 de Noviembre, día del nombre del C. Garcilazo, se le obsequió con una comida de cincuenta cubiertos y con un baile por la noche. Aparte de esto, el pueblo se le presentó con su Mariachi, música sencilla y encantadora, propia de nuestra costa, que siempre que la oimos nos trae dulcísimos recuerdos (23 de noviembre de 1874: 4).

La fecha del 29 de noviembre constituye una errata obvia. La comida a que se hace referencia debió realizarse el 29 de octubre: ese día se celebra, según la liturgia católica, la fiesta de San Narciso.

Durante un viaje alrededor del mundo, el general Ignacio Martínez (nacido en 1844 y asesinado por motivos políticos en Laredo, Texas, en 1891) visitó Guadalajara en 1875. En su libro *Recuerdos de un viaje en América, Europa y Africa* cuenta que

> el día que yo llegué [a Guadalajara], varios jóvenes habían circulado, entre las familias, tarjetas de invitación para una magnífica serenata que se daría en la noche en la plaza principal, acompañando el programa de las piezas que se debían ejecutar.
>
> La concurrencia fue numerosa, y llegada la hora, resultó en vez de orquesta lo que ellos llaman un *mariage*, una especie de murga, compuesta de tres o cuatro músicos de la legua con instrumentos desafinados.
>
> Las familias desde luego comprendieron el chasco y rieron de buena gana.

El general Ignacio Martínez proporcionó en 1875 el testimonio más antiguo sobre el pretendido bautizo francés del mariachi.

Un jefe militar que con mando de fuerzas llegó accidental-
mente ese día, y concurrió a la serenata, lo tomó como insulto a su
persona. Los tapatíos (llaman en México tapatíos a los hijos de Guadalajara) rieron también de esto (1884: 16).

Su reseña es, quizá, la referencia indirecta más antigua sobre el carácter
francés del término mariachi. Es necesario subrayar que este incidente
aconteció en la urbe más importante del occidente de México, no en las
zonas rurales; que la designación corresponde a la elite —"las familias"—,
la cual, por supuesto, no participaba de la tradición del mariachi y la veía
con desprecio; que el autor del relato (oriundo de Tamaulipas y avecindado en Texas) era ajeno a la denominación de "mariachis" para esos grupos
musicales y, sobre todo, que el suceso referido es posterior a la Intervención Francesa.

La *intelligentsia* tapatía no ocultaba su aversión por el mariachi. *El
Litigante* —semanario editado por el notario Cenobio I. Enciso (1849-1903),
portavoz de los abogados de la región, entre cuyos colaboradores estaban
José López Portillo y Rojas (1850-1923) y Luis Pérez Verdía (1857-1914)—
incluyó la siguiente queja a principios de 1888:

Los días de función en Apolo, molesta la empresa de ese teatro á los
vecinos con hacer que todo el día toque en la calle un miserable y
ridículo MARIACHI, y la tambora se oye á 400 varas á la redonda [...]
¿Tiene la bondad el Señor Jefe político de impedir ese abuso? (*El
Litigante*, V, 1, 10 de enero de 1888: 8).

Después de la derrota del movimiento agrarista encabezado por Manuel Lozada, el ex cantón de Tepic se convirtió durante once años en distrito militar y, en diciembre de 1884, fue declarado territorio de la federación. Ya en plena época del porfiriato, el general Leopoldo Romano (1844-1907) —jefe político
del territorio— encargó a Julio Pérez González (1830-1908) que coordinara
la información que los ayuntamientos y las autoridades políticas proporcio-
narían para formar un ensayo estadístico. El resultado fue una excelente
obra informativa, aun cuando manifiesta un permanente tono antilozadista
y un etnocentrismo europeizante con afanes "civilizatorios".

En el inciso correspondiente a la "Salud pública [...]" del pueblo de
Rosamorada, en los *Datos geográficos y estadísticos del Territorio de Tepic*
se asienta que:

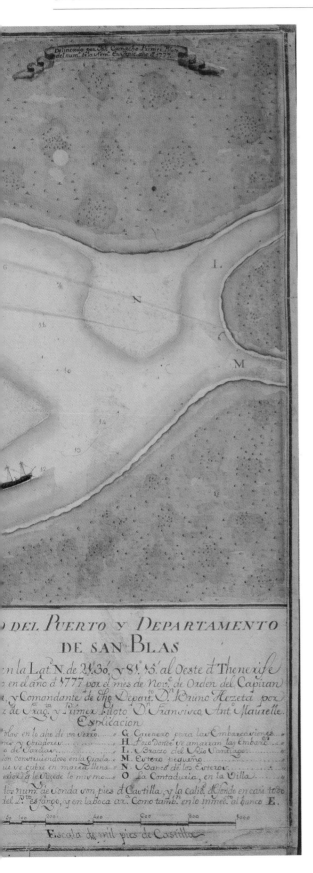

... DEL PUERTO Y DEPARTAMENTO
DE SAN BLAS

Las enfermedades endémicas son las mismas de toda aquella costa, de las que se ha hecho especial mención al tratar de las villas de San Blas, Santiago Ixcuintla y Acaponeta; y aquellas enfermedades causarían muchos menos estragos de los que producen, si no tuvieran por colaboradoras á ciertas costumbres perniciosas que contrarían la higiene pública: alejada dicha localidad de las poblaciones de más consideración del territorio, aquellos campesinos habitantes están ávidos de diversiones, y con el fin de procurarse alguna distracción forman bailes públicos, que llaman "Mariaches", con una músicá rústica, al aire libre; y se entregan con frenético entusiasmo á ese género de entretenimiento, en el que se abusa de las bebidas alcohólicas, y regularmente, el baile se prolonga por dos ó tres días consecutivos; y de allí, además de los que quedan heridos o maltratados por las riñas que siempre se suscitan en aquellas reuniones, resultan muchos enfermos de fiebre, neumanía [sic] ó disentería, que son allí las enfermedades reinantes. Por desgracia esas costumbres son generales en todas las poblaciones pequeñas y rancherías de la costa relacionada (Pérez González, 1893: 3-4).

El Puerto de San Blas fue fundado por la Corona española en 1768, con el objetivo de colonizar la costa del Pacífico norte y frenar las incursiones de rusos, ingleses y franceses. Durante la segunda mitad del siglo XVIII y todo el siglo XIX fue un punto clave en la ruta marítima del occidente novohispano-mexicano; de hecho, era el embarcadero para las Californias y, por temporadas, el punto de llegada de la nao de China.

El abogado zacatecano Enrique Barrios de los Ríos fungió como juez federal en el territorio de Tepic, en la última década del siglo XIX. Publicó, en 1908, *Paisajes de Occidente*, sobre las vivencias de su estancia tepiqueña. De 1892 a 1895, años de sus observaciones en la región costeña (Santiago Ixcuintla, San Blas, Tuxpan, Mexcaltitán y Rosamorada), tuvo oportunidad de asistir a cuatro "ferias de mayo" y a tres "fiestas patrióticas" de septiembre. Da la impresión —por la estructura del capítulo "Santiago Ixcuintla" y por la animosa perspicacia de su descripción (acorde con lo vivido "la primera vez")— que la narración corresponde a su primer año en dicha villa, esto es, a 1892, aunque pudo haber tomado en cuenta observaciones de los años siguientes.

Allí describe los combates rituales de los gremios durante el "martes de antruejo" (carnaval) al ritmo de las "sonatas" (sones) de papaqui. Luego, entre sus recuerdos de la feria de mayo, narra que:

Enrique Barrios de los Ríos (1868-¿1925?) dio testimonio de que a las tarimas, sobre las que se zapateaban los sones y jarabes, se les denominaba mariaches.

"En medio de la calle, escasamente iluminada, se coloca una tarima o 'piso de madera elevado'. Un arpa, una guitarra y una jarana son los instrumentos que se tocan. Los músicos ejecutan piezas vibrantes, muchas de ellas adaptadas a danzas pantomímicas, como el jarabe. La gracia y destreza de los danzantes consiste en mantener el ritmo e imitar las melodías con los solos de sus pies" (García Cubas, 1876: 21-22).

En torno del jardín de la plaza principal se levantan tiendas de campaña, y dentro de éstas se suspenden lampiones; se arman poyatas, anaquelerías y mostradores; se colocan mesas y sillas. En una calle

cubren el pavimento de guijarros las frutas y hortalizas; en otra las pescaderías, en una tercera se alinean, en doble fila, numerosos tabancos, abastecidos de fiambres y fritangas, y entre una y otra tienda hay un *mariache*. Es éste una tarima de pie y medio de alta, dos varas de longitud y una de anchura, donde toda la noche, y aun de día, se bailan alegres jarabes al son de arpa, ó de violín y vihuela, ó de violín, redoblante, platillos y tambora, en cuarteto aturdidor. Bailan hasta cuatro personas á la vez en cada tarima, y resuena por plaza y calles circunvecinas el estruendoso tableteado del atronador jarabe. Acompáñanle á veces sobre su cabeza un vaso colmado de aguardiente ó una botella destapada y colmada de licor, y no se le caen, ni se derrama una sola gota, en las vueltas vertiginosas y otros movimentos rapidísimos del baile. Rodeados están los *mariaches* de una multitud agradablemente entretenida y absorta en aquel bailar regocijado y ruidoso (1908 [circa 1892]: 43-44).

Para la noche del 15 de septiembre, refiere que:

En aquella plaza [de Morelos, *vulgo dicto* de Las Sandías], agrupado á las mesas de juego y de licores, en derredor de los *mariaches*, entre músicos de acordeón y cantarinas, pasa el pueblo la noche, entregado á la báquica expansión de su regocijo patriótico, hasta saludar el alba sonriente del día del aniversario, con la beodez más loca y delirante (íbidem: 52).

Y agrega:

Renuévanse en la del diez y seis las noches de mayo; transcurren todas en una sola; se condensa en ésta la disipación de aquellas.

A las dos de la mañana, rendidos por el vino y fatigoso jarabe, se han abandonado á su pesada somnolencia, y tendidos en la plaza de Morelos duermen profundo sueño, hombres, mujeres y niños, sin que falten grupos de ebrios más desvelados, en torno de los *mariaches*. Cubierto está el suelo de cuerpos humanos, sobre frazadas, en el desnudo empedrado, en la hierba que á trechos se extiende, encogidos ó estirados como cadáveres que quedaran en abandono después de sangrienta riña de mil ebrios (íbidem: 53-54).

El periódico *Lucifer*, fundado por Antonio Zaragoza (1855-1910), se publicó en Tepic desde 1880 hasta 1913, si bien se suspendió entre 1881 y 1886. Sus crónicas y avisos son una fuente importante para reconstruir la vida económica, social y festiva de la época.

CONDICIONES.

Se publica los domingos. Vale tres centavos. Los remitidos y avisos se publicarán á precios convencionales. Pagos precisamente adelantados. No se admiten palizas. Registrado en la Administración local de Correos como artículo de 2ª clase. Tip. de la V. de Legaspi.

—Año 8.°— Tepic, domingo 29 de enero de 1893. —Num. 279.—

CIFER.

TEMPORADA DE BAÑOS.

GRANDES FIESTAS EN SAN BLAS, DEL 15 DE ABRIL AL 5 DE MAYO.

La Empresa, después de vencer diversas dificultades que se le presentaban, ha organizado convenientemente para el próximo mes de abril, LA FERIA que con motivo de los baños de mar, se efectúa anualmente, y á fin de que sea más espléndida y concurrida la temporada de Verano, se propone no omitir gasto alguno, y las diversiones públicas serán las siguientes:

Corridas de Toros

De las acreditadas razas de las Haciendas "Navarete" y "San Lorenzo," los cuales serán jugados por una compañía de lidiadores acreditada.

SERENATAS, MARIACHES Y BAILES DE SALON, REGATAS DE BOTES Y CANOAS, CARRERAS EN BURROS.

Habrá hermosas carpas, bien servidos restaurants, elegantes cantinas, funciones de teatro, juegos permitidos por la ley y toda clase de diversiones que formarán el deleite de la concurrencia.

En la orilla del mar, habrá magníficas carpas ó tiendas de campaña, que servirán de baños para las personas que vengan á dicha fiesta.

No obstante la proverbial seguridad de este puerto, el Sr. Prefecto Político dictará las medidas de su resorte, para garantizar la tranquilidad y el orden públicos.

San Blas, enero de 1893. LA EMPRESA. 8 y I.

AVISS

CINCO DIAS DE ANIMADAS FIESTAS

EN SANTA MARIA DEL ORO.

Del 11 al 15 del próximo mayo.

No sin luchar con serios obstáculos ha podido la Empresa que suscribe organizar la festividad que aquí se anuncia; pero, al fin, hoy tiene la honra de hacer un llamamiento en nombre de este vecindario á las poblaciones circunvecinas, primeramente, y en general, á todas las personas amantes de estos espectáculos, para que se sirvan honrar con su presencia esa misma festividad.

La temporada, aunque breve, será muy variada. Así lo ha procurado la Empresa, y como resultado de sus trabajos, puede anunciar lo siguiente:

¡CUATRO CORRIDAS DE TOROS!

Para esas corridas se cuenta con una cuadrilla de excelentes aficionados, y con abundantes toros de las muy afamadas ganaderías de La Labor y Mojarras.

Serenatas, Mariachis, Bailes, Carreras de caballos y Fuegos artificiales

El lucimiento mayor de las fiestas serán

LAS REPRESENTACIONES DRAMATICAS.

Estas representaciones se harán por una compañía jalisciense, contratada al efecto y la cual se propone representar las obras más selectas de su repertorio.

Para mayor garantía de los visitantes, se hace saber que el Sr. Subprefecto Político, de conformidad con la Empresa, ofrece todas las seguridades apetecibles, dentro y fuera de la población.

Santa María del Oro.—LA EMPRESA.

El semanario *Lucifer* cubrió periodísticamente toda la época del porfiriato para el territorio de Tepic. En sus páginas aparecen con frecuencia noticias acerca de las actividades musicales "de elite": zarzuelas que presentaban las compañías de paso por Tepic, programas de serenatas dominicales a cargo de la banda militar, anuncios de academias de música, de maestros de piano, canto y solfeo; también crónicas de los bailes de la "gente acomodada". Las actividades festivas del pueblo se reportan esporádicamente y casi por accidente.

Así, en el año de 1893, a partir del último domingo de enero se reprodujo durante siete semanas el aviso de la "Temporada de baños. Grandes fiestas en San Blas del 15 de abril al 5 de mayo". Y el primer domingo de mayo se publicó el aviso de "Cinco días de animadas fiestas en Santa María del Oro. Del 11 al 15 de mayo próximo". En el programa de la fiesta de San Blas aparecen enlistadas "Serenatas, mariaches y bailes de salón" (*Lucifer*, VIII, 279, 29 de enero de 1893: 2). Y en el de Santa María del Oro "Serenatas. Mariachis. Bailes" (*Lucifer*, VIII, 293, 7 de mayo de 1893: 2).

"Los ritos y ceremonias que celebran, cuando se casan, son los mismos que usan los indios en todas partes y se reducen á matar una res para la funsion y comida, á la que concurren convidados los justiciales y los viexos; tocar con una viguela, o una guitarra, y un violín y dansar y cantar sus versos rusticamente y con lo dicho solemnisan su fandango" (Bugarín, 1993 [1768-1769]: 71, 78, 84 y 161-162). Boda indígena, posiblemente en Tuxpan, Jalisco (García Cubas, 1885: II).

De esta manera, se manifiestan como contemporáneas y en una misma región las dos formas alográficas: mariache y mariachi, pero en ninguno de los casos se precisa cuál es su significado. A diferencia de otras fuentes, no se trata de gente fuereña —viajeros— sino de locales, para quienes no era pertinente aclarar lo que designa una palabra bien conocida por todos. Por el contexto (serenatas, bailes, [...]) se puede deducir que mariachi se refiere a "algo" relacionado con música, canto y danza. La acepción precisa no se puede establecer: bien pudo ser la de "música" o "grupo de músicos" (que ya aparecen en Guerrero y Michoacán con anterioridad), la de "tarima" (como lo señala Barrios de los Ríos para esa época en Santiago Ixcuintla), o la de "baile público" (como lo plantea en esas fechas Pérez González para Rosamorada). Con este último significado concordaría el *Diccionario de mejicanismos* de Ramos i Duarte: "Mariache [...] Fandango, baile de la gente del pueblo" (1895: 350). Aunque en la segunda edición de su *Diccionario* añadiría la siguiente acepción aclaratoria: "MARIACHI [...] Diversión en que se baila i canta al son de una orquesta compuesta de dos o tres violines, un redoblante i un bombo" (1898: 569).

Como en el caso de San Blas se habla de una feria que "se efectúa anualmente", se puede suponer que los mariaches no fueron una novedad por aquel entonces.

En noviembre de 1895, con el fin de esclarecer el lugar de la muerte del famoso insurgente Francisco Guzmán (1773-1812), el carpintero Tomás García —entonces de 90 años— rindió testimonio oficial al respecto y sostuvo que

> conoció a la perfección á D. Francisco Guzmán y á su hermano D. Gordiano, y se acuerda muy bien cuando siendo estos Señores regadores en la hacienda del Salto, se levantó en armas el primero contra el Gobierno Virreinal, secundando el movimiento proclamado en Dolores: que dicho Señor anduvo á la cabeza de una regular cantidad de hombres, expedicionando por varios puntos del país, pero principalmente por poblaciones cercanas á Guadalajara; que en sus expediciones le causó bastantes males al bando contrario, y con este motivo lo perseguían con mucho encarnizamiento: que una vez que regresó á esta población [Tamazula], tal vez envalentonado de sus triunfos é ignorando probablemente que era perseguido de cerca, se entregó al placer, mandando poner *mariaches* y dar francos a los soldados para que gozaran de esta distracción: que

embriagada la mayor parte de la fuerza, fue sorprendido por otra que la acechaba, y en tal estado tuvieron que sucumbir una parte considerable de éstos, y entre ellos el expresado D. Francisco que quedó muerto en el callejón que cierra al lado Poniente de la calle de Abasolo, que de allí fué arrastrado su cadáver, á cabeza de silla, como todos los de sus compañeros, para reunirlos debajo de un grande camichín que había en esa época en el cementerio, en donde después de identificarlo, con las señas arrancadas por la fuerza á su propia madre, le cortaron la cabeza y se la llevaron ensartada en una lanza (ápud Santoscoy, 1986 [1896], II: 495).

En noviembre de 1896, *El Litigante* publicó otra nota despectiva sobre un grupo musical de La Barca: "Durante nueve días del mes de octubre, se estuvo permitiendo que se quemaran en la plaza varios toritos encoheta-

Boda tepiqueña hacia 1892. "La música contaba con dos violines de rancho, con arcos cortos y muy primitivos; un pistón lleno de abolladuras; dos guitarras remendadas intencionalmente, pues es fama que así suenan mejor, y un contrabajo monumental. Y los bailadores avanzaban cadenciosamente hasta la mitad del espacio que los dividía, retrocedían, intentaban abordarse de nuevo y se esquivaban con leve rodeo" (Nervo, s. f. [circa 1892]: 56-57).

Herradero en una hacienda ganadera (García Cubas, 1885, II). "Las voces agudas de los cuernos, las luminarias en los cerros y los peones que corren esparciendo la animación por donde pasan, llevan a todos los puntos de la comarca esta especie de convocatoria salida de una de las haciendas agrupadas: ¡Al rodeo!" (Quevedo y Zubieta, 1884: 201).

dos, y un miserable *mariache* recorriera la población, desvelando y molestando gravemente á los vecinos" (*El Litigante*, VIII, 2, 15 de noviembre de 1896: 20).

Corroborando el carácter rural del mariachi, Velázquez Andrade aclara que, en el periodo de 1896 a 1900: "El conjunto de música 'Mariachi' no era de la ciudad de Colima. Sus componentes venían de otras partes. No recuerdo el lugar de su procedencia" (1949: 264).

Y en 1901 el gobierno de Michoacán expidió una circular con la intención de prohibir los mariaches-fandangos:

En algunos pueblos de poca importancia, haciendas y ranchos del Estado, especialmente en los de tierra caliente, se verifican bailes que denominan *mariaches*, y en otros lugares *fandangos*, á los que generalmente concurren personas de costumbres que nada tienen de morigeradas, y en esta circunstancia, así como la excitación que producen las bebidas embriagantes, motivan los escándalos que casi

siempre resultan de esas reuniones, los cuales no pueden reprimirse oportunamente porque la acción de la autoridad difícilmente se hace sentir en lugares apartados. No es remoto el caso de que además de los escándalos resulten de dichos bailes desgracias personales que es necesario evitar.

El Gobierno del Estado [...] ha tenido á bien disponer, para cortar radicalmente el mal, que ninguna autoridad permita esas reuniones escandalosas, sea cual fuere el nombre que se les dé y el motivo con que pretendan organizarse.

Para que no haya dudas en cuanto á la aplicación de este acuerdo, que se tendrá como adición á los bandos de policía, se advierte que deberán exceptuarse de esta prohibición, los bailes propiamente dichos que se verifican en los centros de las poblaciones que, por su categoría y por los medios de que disponen sus autoridades para una vigilancia eficaz, dan las garantías necesarias para mantener inalterable la tranquilidad; pero, se repite, estas licencias se negarán siempre tratándose de pueblos pequeños y apartados, haciendas y ranchos (Valdés, ápud Coromina, 1903: 84-85).

Al año siguiente, la presión económica de los hacendados consiguió que este decreto fuera matizado. En este sentido, se expidió una nueva circular en la que, para evitar el perjuicio a los ganaderos, se permiten los

bailes en las mismas fincas [rústicas], con objeto de reunir los vecinos de los ranchos inmediatos para que ayuden á ciertos trabajos de campo, como las llamadas corridas de ganados, en que sólo prestan servicios dichos vecinos, por costumbre muy arraigada en varias haciendas y ranchos, mediante el atractivo del baile (Valdés, ápud Coromina, 1903: 419-420).

A principios del siglo XX se dio un viraje en la actitud de las elites hacia el mariachi. Comenzó a ser considerado como un grupo de músicos pintoresco, representante típico de una región.

En septiembre de 1905, Juan Villaseñor, Administrador de la Hacienda de La Sauceda perteneciente a Cocula, por instrucciones de la familia Palomar, propietaria entonces de dicha finca, llevó a Guadalajara y de ahí a México el Mariachi de Justo Villa, a tocar tanto en el onomástico del Presidente, general Porfirio Díaz, como en las fiestas patrias de aquel año. Su actuación fue todo un éxito, pudiendo decirse que de este primer conjunto de músicos autóctonos llegados a México procedentes de Jalisco, parte la fama del Mariachi Coculense, causando admiración de propios y extraños, además de por lo alegre, emotivo y único de sus sones, corridos y canciones, por el afinamiento y sonoridad de sus violines, vihuelas y guitarrones, por lo raro y típico de su indumentaria lugareña: sombrero grande de soyate, con barboquejo y toquilla; poncho colorado o cobija de lana negra, doblado al hombro; calzón de manta, largo y de corte balón ancho y parejo; cotón o camisa blanca igualmente de manta; ceñidor colorado, en la cintura; y huaraches sencillos.

Al año siguiente y ya por su propia cuenta, Justo Villa volvió a México, acompañado en esta ocasión por Cristóbal Figueroa, Chon García y Mariano Cuenca, quienes tocaban, respectivamente, vihuela, guitarrón, violín primero y violín segundo, habiendo logrado otro resonante triunfo (Méndez Moreno, 1961: 132-133).

Dentro de la corriente decimonónica de la estilización culta del folclore mexicano, con el objetivo de asistir a la Exposición Universal de Nueva Orleans, en 1884 se fundó la Orquesta Típica Mexicana, tomando como base a músicos y maestros del Conservatorio Nacional de Música. Su primer director fue Carlos Curti (circa 1855-1926), quien "tuvo la idea de vestirlos con traje de charro" (Sordo Sodi, 1999: 330) y arregló un popurrí de Aires Nacionales Mexicanos, "que abrieron en los Estados Unidos un camino, tanto para las orquestas Típicas como para las Bandas Militares de música" (Baqueiro Foster, 1964: 546). La moda de las orquestas típicas se extendió a la segunda ciudad del país, de tal forma que en 1893 se conformó en Guadalajara la Orquesta Típica Jalisciense, bajo la dirección de Antonio G. García, organizada expresamente para concurrir a la Exposición Mundial de Chicago. En este caso también se presenta la conjunción de la imagen del charro —prototípica de lo mexicano desde el Segundo Imperio— con la música, que se expone como representativa del país, ya que a sus integrantes se les vistió con el traje del jinete nacional.

En 1907, Porfirio Díaz ofreció una de las fiestas más importantes de su gobierno, en honor del secretario de Estado norteamericano, Elihu Root

Orquesta Típica Jalisciense.
ORGANIZADA EXPRESAMENTE PARA CONCURRIR Á LA EXPOSICION DE CHICAGO.
Maestro Director, ANTONIO G, GARCIA.

PÁGINA SIGUIENTE:
La Orquesta Mariachi
y parejas de bailadores
jaliscienses de jarabe,
durante la *garden party*
en Chapultepec, 1907.
Esta orquesta típica
es una de las "más
caracterizadas del país.
[Sus miembros] visten el
traje característico,
consistente en chaqueta
y pantalonera de cuero;
las parejas de baile, también
usan trajes típicos"
(*El Imparcial*, 3 de
octubre de 1907: 6).

(1845-1937), quien por esas fechas realizó una visita "de buena amistad" a las ciudades de México, Puebla y Guadalajara.

> La nota más saliente de los festejos que reseñamos fué, a no dudarlo, el *garden party* que se verificó la tarde del miércoles [2 de octubre] en el bosque de Chapultepec, encantador sitio de recreo embellecido ese día por infinidad de focos de luz que le daban un aspecto fantástico.
>
> Frente a las tribunas desfilaron […] pequeñas embarcaciones enfloradas, llevando á bordo, unas, orquestas típicas; otras, parejas de indígedas [*sic*] que vestían las clásicas prendas regionales. Un mariachi jalisciense que vino ex profeso de Guadalajara, tocó sones y jarabes, y dos charros y dos tapatías estuvieron bailando al compás de las arpas y de los violines (*El Mundo Ilustrado*, 6 de octubre de 1907: s. p.).

La información sobre este mariachi se presenta con detalle en la crónica "La 'mariachi' en el *garden party* de Chapultepec":

> Procedente de Guadalajara llegó á esta capital una de las mejores orquestas típicas, conocida en algunos pueblos de Jalisco con el nombre de Mariachi.
>
> Esta orquesta que llamó justamente la atención en México por lo característico de su conjunto, su indumentaria netamente nacional y por el sabor regional de su música, está formada de ocho individuos, cuyos nombres son los siguientes: Director, Cesáreo Medina, Narciso Castillo, Félix Vidrio, Filomeno Rodríguez, Juan Rodríguez, Ladislao González, Agustín Pérez é Hilario García.
>
> A la orquesta acompañan dos parejas de bailadores tapatíos, reputadas como los mejores bailadores de jarabe en Cocula, tierra clásica del sugestivo bailable nacional. Estas parejas las forman Catalina Batista y Peña y Miguel T. Rubio, Andrea Ramos y Santos López.
>
> El comisionado por el Gobierno del Estado de Jalisco para traer á la orquesta, fué el señor D. José Martín Oliva (*El Imparcial*, 3 de octubre de 1907: 6).

Todo da lugar a pensar que no se trataba de un mariachi estrictamente tradicional, sino de un conjunto más amplio y mixto. En aquel entonces los mariachis "grandes" eran de cuatro o cinco músicos, mientras que se mencionan —para la orquesta mariachi— ocho integrantes, si bien en las fotografías sólo aparecen siete. Para lograr esta "orquesta típica" se combinaron instrumentos de la tradición arribeña (como el guitarrón), con otros de la tradición abajeña (como el arpa). Parece, asimismo, que el atuendo uniformado "de lujo" fue proporcionado para la ocasión, pues no corresponde al que acostumbraban los mariacheros y se asemeja al que ya usaban las orquestas típicas porfirianas.

Tal vez, como lo plantea Baqueiro Foster (1965a: 13) se conjuntaron músicos de Cocula con otros de la región abajeña. No provenían originalmente de Guadalajara, pues los mariachis no eran aún costumbre en dicha ciudad. Cervantes Ramírez, quien visitó Guadalajara y Zapopan en 1905, durante un día de fiesta, y recorrió puestos de vendimias, volantines de caballitos, loterías, ruletas callejeras, fondas y cantinas, aclara que: "En cuanto a mariachis, no los ví, ni supe de su existencia" (1962: 32).

"Entre el otoño de 1908 y la primavera de 1909 las tres principales compañías estadounidenses de fonógrafos —Columbia, Edison y Victor— realizaron grabaciones en la ciudad de México con el [denominado] Cuarteto Coculense" (Clark, 1998: 2). El número de elementos, la dotación instrumental y la vestimenta parecen indicar que se trata del mismo conjunto de Justo Villa (Méndez Rodríguez, 1988, 1989 y 2004: XV), si bien "el misterio

rodea el destino posterior [de este] mariachi [...] y se inicia su leyenda" (Méndez Rodríguez, 2004: XV). La veintena de sones expresamente denominados "abajeños" —y, por lo tanto, correspondientes a una tradición regional—, recopilados con este grupo fue el primer testimonio de la vertiente mariachera de los mestizos.

Con anterioridad, en 1898, el viajero noruego Carl Lumholtz (1858-1922) había registrado sones de la tradición huichola (Luna, 2005: 34-42) y, en 1906-1907, el antropólogo berlinés Konrad Theodor Preuss (1867-1938) había obtenido en cilindros de cera 15 piezas y transcrito en notación otras 20 de carácter profano —entre ellas algunas canciones amorosas— que, a diferencia de las que se bailan alrededor del cantador y del fuego sagrado, "pueden ser tocadas en muchas ocasiones a cualquier hora del día" (Preuss, 1998 [1907]: 175; 1998 [1908]: 226); esta danza "consiste en saltar siempre en el mismo lugar y [...] va acompañada por melodías rítmicas tocadas por violines y guitarras" (ídem).

La búsqueda sistemática de las fuentes escritas previas a 1910 redundará en un material abundante y variado y, por lo tanto, en una perspectiva más completa sobre la historia del mariachi a lo largo y ancho de su región. Sin embargo, con lo que se dispone en la actualidad, es legítimo extraer algunas conclusiones.

En el siglo XIX, el mariachi era una tradición difundida por el occidente de México, al menos desde el actual estado de Nayarit hasta Guerrero. Esta institución ("costumbre general") comprendía al mariachi-fandango (baile público de la gente del pueblo, con música rústica, al aire libre), el mariachi-conjunto de músicos (que no tocan instrumentos de aliento, sino de cuerdas), el mariachi-música sencilla (sones y jarabes) y el mariachi-tarima (para bailar zapateando).

El mariachi formó parte de la cultura popular al distinguirse claramente de las costumbres de las elites. Si bien era una institución principalmente rural (de regiones apartadas, poblados pequeños y rancherías), incursionaba por ciudades importantes (Tepic, Guadalajara, Colima...) y recorría las principales ferias regionales.

Con el nombre de mariachi las fuentes no hacen referencia directa a una institución indígena, sino de las poblaciones mestizas, pues sólo mencionan "al pueblo", a los "vecinos", a "los feligreses" o a "los campesinos". Sin embargo, a finales del siglo XIX, los sistemas musicales y dancísticos de los indígenas del occidente de México incluían transformaciones —instrumentales, melódicas, letrísticas y danzarias— del mismo complejo del que

Orquesta Típica Jalisciense, o mariachi, "traída ex profeso del Estado de Jalisco para que tomase parte en estos festejos" (*El País. Diario Católico*, 3 de octubre de 1907: 1). Chapultepec, 1907.

formaba parte el mariachi de los mestizos. Incluso ya había indígenas, como Inés Ríos (¿1850-1920?) que habían aprendido a manejarse en las dos variantes musicales (Jáuregui, 1996: 310-314). Asimismo, los coras y los huicholes concurrían a la feria de Santiago Ixcuintla (Dollero, 1911: 403), en donde una de las atracciones era bailar sones mariacheros sobre la tarima.

Mientras el mariachi era combatido (por un cura), despreciado (por la elite tapatía) y prohibido (por el gobierno de Michoacán), era extensa e intensamente disfrutado por el pueblo y por algunos de sus líderes genuinos, como Manuel Lozada. No obstante, los grupos hegemónicos requieren símbolos con raigambre popular y llegó el momento en que los hacendados jaliscienses presumieron con un mariachi ante Porfirio Díaz. Después el gobierno de Jalisco lo mostró —como algo pintoresco— en la fiesta que el dictador ofreció al representante de la potencia estadounidense… Su suerte estaba echada.

El jarabe

Un recuerdo infantil en Zapotlán el Grande (circa 1880)

No morirás aunque muera
yo, recuerdo de la infancia;
Te dejo aquí, encomendado
al santo ángel de mi guarda.

Domingo de octubre. Grupos
de rancheros en la plaza…
a un lado y otro los "salones"
hechos con vigas y tablas,
y al extremo de la calle,
donde se juntan las casas,
un cielo en el cual las nubes
parecen arder en llamas.
En los "salones" al fondo,
sobre "morillos" las gradas,
y sobre ellas unos hombres
que beben, tocan y cantan.
Abajo, en el suelo, un hoyo;
cubriendo el hoyo, una larga
tarima a donde convergen
—haz de flechas— las miradas.
Las mujeres, de rebozo
con las puntas a la espalda,
camisa con lentejuela
y enagua de olán planchada.
Los varones con sombrero
de alta copa y anchas alas,
pantalón con reluciente
botonadura de plata,
y chaqueta de gamuza
ocre encendido, bordada.
Yo, que soy chico, me agarro
a las piernas de mi "nana"
y entre asustado y curioso
vuelvo al "mariachi" la cara;
miro en el arpa dos manos
que corren como tarántulas,
y otras manos que se mueven
sin cesar en las guitarras.

En los violines, el arco
incansable sube y baja
y las bocas de los músicos
sueltan chorros de palabras
que vibran con el estrépito
de una tormenta en las almas.

De súbito una pareja
se abre paso y se adelanta
a la tarima. Los vasos
colma el "ponche" de granada,
y son como corazones
hipertrofiados que sangran;
el "mariachi" su "valona"
corta, y entonces las arpas
cambian el "aire", la brisa
vuélvese cálida racha,
y las pupilas se encienden
y los pechos se dilatan.
¡Es el "jarabe"! Es la copa
en donde bebe mi raza
el almíbar de sus dichos
y la hiel de sus desgracias;
en él ha puesto Jalisco,
ese florón de la patria,
cantos de amor y ventura
y alaridos de venganza.
Tiene arrullos de paloma
reclamos de macho en brama;
suspira como arroyuelo,
ruge como catarata;
sus notas vierten efluvios
que confortan y embalsaman
o bien tósigos que enervan
como la "ortiga escarlata";
porque pone el pueblo en ese
milagroso pentagrama,
—según la vida que vive,
según el tiempo que pasa—

todo el fuego de su sangre
y toda el alma de su alma.
Hay gritos y palmoteos…
inyecta el "ponche" en las caras
carmín, y enciende en los ojos
fulguraciones extrañas,
que la música desgrana…
"Él", parece que se quiebra;
se encoge; luego se alza
sobre los pies […] ambas manos
cruza abajo de la espalda…
sus piernas son como apéndices,
que se acortan y se alargan:
hacen arcos de paréntesis,
hacen equis de tenaza,
en tanto que la bruñida
botonadura de plata
luce y suena con alegres
retintines de sonaja.
"Ella" es la hembra. Rehusa
al macho; sobre las tablas,
con sus pies que se deslizan
como en un vértigo, traza
líneas y líneas que forman
una invisible maraña
en que el amor se revuelve
como pájaro en la trampa.
El "palomo" a la "paloma"
sigue: baja el pico, el ala
tiende, y la "rueda"
es un cúmulo
de apetitos y de ansias.
Y veo en el arpa las manos
que corren como tarántulas,
y las manos que se mueven
sin cesar en la guitarra.
Y en medio de todo, el mágico
imán que junta las almas […]
las dos cabezas muy cerca;

ella como desmayada
sobre el pecho jadeante
del macho que la reclama.
Él, satisfecho, la cubre
echándole la frazada
encima. Súbitamente
los dos cuerpos se separan,
y la hembra ya vencida,
cae al suelo arrodillada;
se abate, dobla los brazos,
de codos sobre las tablas;
se para el macho en las puntas
de los pies; luego levanta
la pierna; gira y describe
con ella sobre la espalda
de la "paloma" una curva
—mejor, mientras es más amplia—
que quiere decir dominio
de la prenda conquistada.
Y los músicos entonces
sueltan chorros de palabras
que vibran con el estrépito
de una tormenta en las almas.

Hoy que soy hombre, el recuerdo
de aquella tarde se agarra
a mí como yo a las piernas
de mi nana me agarraba.
Y vivo con él. Si muero.
—oh, santo ángel de mi guarda—
recógelo y acarícialo,
porque el "jarabe" es la patria
que espera y crece; que al cielo
vuelve los ojos y canta.
Cuatro siglos condensados
en un instante. Es la raza
con todas las desventuras,
con todas las esperanzas,
que han forjado sobre el yunque
del dolor y la desgracia,
golpe por golpe, el cerebro
¡y el corazón de la Patria!
(Gómez Ugarte, 1920: 191-196).

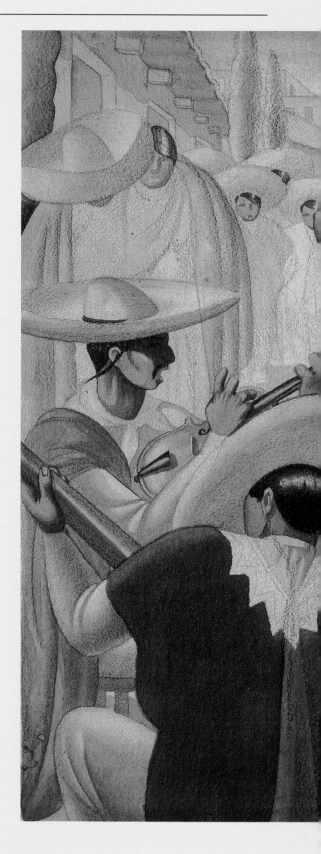

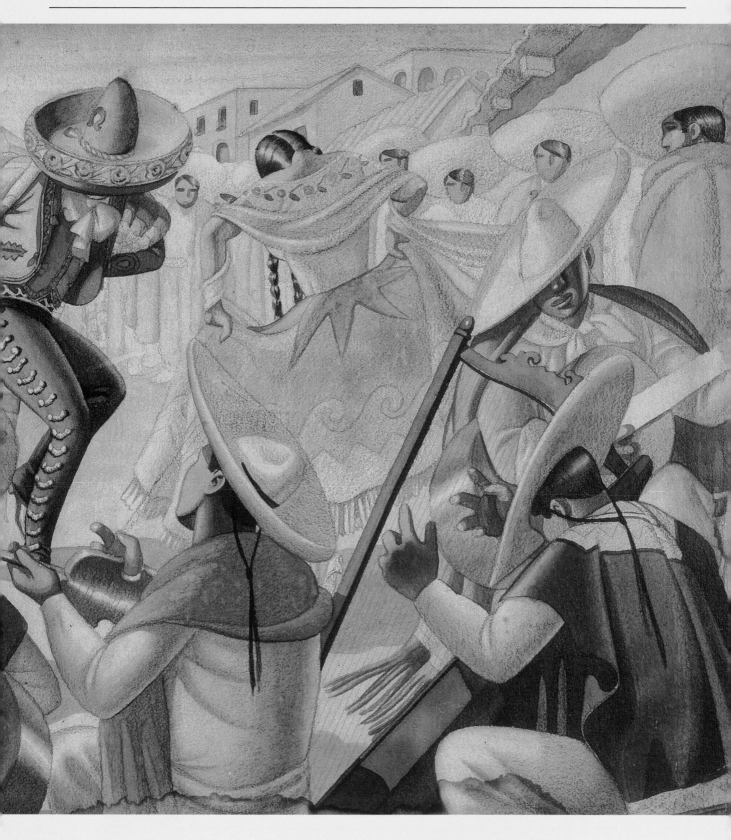

Manuel M. Ponce.

2 Canciones Mexicanas

Estrellita.
(ORIGINAL)
Oye la voz.

Propiedad del Autor

Depositada conforme a la ley

DE VENTA UNICAMENTE EN LOS GRANDES REPERTORIOS DE MUSICA DE

A. Wagner y Levien Suc.

1a. Capuchinas 21.— MEXICO—Apartado núm. 353

Puebla, Guadalajara, Monterrey

EL MÉXICO POSREVOLUCIONARIO

EL MARIACHI EN LAS GRANDES CIUDADES

Con la Revolución de la segunda década del siglo XX, se afianza una nueva tendencia nacionalista que determinará transformaciones importantes en la música mexicana. Debido a los constantes traslados de los contingentes armados de ambos bandos y a los desplazamientos de la población civil, se vivió una gran interacción entre las diferentes regiones del país, de tal manera que el norte, el centro y el sur se reconocieron y en algunos aspectos se mezclaron como nunca antes.

En el contexto de la revuelta que envolvía todo el territorio mexicano, la música popular tuvo un florecimiento inusual, especialmente los corridos, ya que en ellos se relataban los acontecimientos políticos y

PÁGINA ANTERIOR:
"El interés [folclórico] de Ponce radicó [más que en lo indígena] en lo criollo y mestizo" (Castellanos, 1969: 12). "*Estrellita* se ha editado por millones. Grabaciones y arreglos para distintas tesituras e instrumentos. Sin complicaciones contrapuntísticas [Ponce] siguió los lineamientos de la canción mexicana. Las palabras sencillas de los versos también se apegan a la tradición ranchera" (López Alonso, 1950: 53-54).

Música de Vicam, Sonora. Esta orquesta-mariachi militar es una representación fiel del ambiente que se vivía en la época revolucionaria, ya que sus integrantes están con una mano en su instrumento musical y, con la otra, exhibiendo el fusil "a bayoneta calada". "Y eran intérpretes de los cantos surgidos del alma popular las bandas de música de las divisiones [del ejército revolucionario] del Norte, del Noroeste y del Noreste [de la República mexicana]" (Baqueiro Foster, 1954: 14).

Un drama mariachero

En el barrio de San Juan de Dios en Guadalajara, circa *1917*

Está bonita la tarde, con aire en sol, ligero. ¡A qué horas comenzarán a salir los muchachos! Ya me anda porque salgan.

Jugaremos bonito porque la tarde está suave. Con el chiflido del pájaro clarín le hablamos al vale Cosileón; luego, juntos, iremos a buscar al Tigre, a la Hiena, a Juan Leopardo y al vale Viborilla: todos entendemos el chiflido del pájaro clarín: corneta, himno y santo-seña de nuestra palomilla, la brava palomilla del barrio de San Juan de Dios.

En bolita nos vamos a juntar al Ardilla, al Buey y al Puerco-espín; hemos de andar tres cuadras y a la vuelta, en el mesón del Arenal, toca un mariachi abajeño el son del *Venadito*:

Soy un pobre venadito
que habito en la serranía;
como no soy tan mansito,
no bajo al agua de día:
en la noche, poco a poco,
y a tus brazos, vida mía...

Unos arrieros, borrachos, echan gritos de gusto; gritan junto a ellos el Águila y el Tejón. Un arriero viejo, barbón con barba blanca y ojos lagañosos, calzonudo y con huaraches retejidos, echa el brazo en el hombro del Tejón...

—Muchachitos lindos, me lleva el maiz. Éntrenle al buen tequila de mi tierra, que es el lindo Amatitán. Así me gustan los güenmozos que no se pandean en lo tupido del tecuarnís. Ora, mariacheros, hijos de su mamacita linda, échenles a estos niños el guas [vals] de la *Alejandra*, pa'acordarme de mi vieja que

se quedó en el pueblo y griten que Amatitán es lindo, tapatíos catrines.

Yo me corveo. También se corvean la Hiena, y el Tigre y el Tejón y el Águila descalza. Pero ninguno dice nada, ni nadie se retira.

—Viva el mesón del Arenal adonde llegan los hombres del mero Amatitán y vivan las muchachas lindas. Ora tóquenme *Las alteñas*, hijos de su mamacita chula.

Qué ganas de correr, de meternos siquiera al Mesón y escaparnos después por la puerta que da a la calle del Hospicio.

—Y que viva el Mesón del Tepopote, en donde llegan mis vales de Cocula y Autlán. Griten, por su mamacita, que mueran los indios blancos que vienen del Río Verde y llegan al Mesón del Nevado o al de las Palomas, mueran los de Cuquío, por agarrados; que mueran los de Nochistlán, malas entrañas. Al cabo arrieros semos y en el camino andamos. Échenme esos alacranes que vienen de San Cristóbal y duermen en el Escalón, naranjeros o carboneros que roban en el Pedregal. Échenme *La pajarera*, musiquitos de Zihuatlán, que me hace llorar por el recuerdo de una ingrata juilona... "Cuando a México llegues, Rosita..." Eso es lindo, nomás, y el tequila, y mi mula campanera...

No se me vayan cortando, muchachitos, si al cabo no se los come Francisco Núñez, el de la mejor recua de Amatitán y que venga otra que se le pare enfrente en todo Jalisco; epa, tú que tienes cara de coyote, les van a tocar a su salud el son de *Las abajeñas*, que son unas viejas trigueñas que pa' qué les cuento...

Y no podemos irnos.

—De veras, no se me vayan, a bien o a fuerzas, porque ustedes me cayeron muy sangre liviana y quisiera llevármelos a echar una vuelta para que vean lo lindo que es Amatitán; los montaría en mis mulas más fuertes y mansitas; el camino se nos haría chiquito a puras canciones. Si les gusta, cargaremos con estos músicos que son más mulas que mi recua: dinero tengo hasta para atracar el tren...

—Óigame, don Tal por Cual, jijo de ese cochino Amatitán, usté ya nos jorobó hasta el copete: aquí se muere, viejo-barbas-tenango...

La armonía se rompió en lo más bonito: allí donde cantaban:

Eres arenita de oro,
te lleva el río, te lleva el río...

El violín fue el que se le arrancó al arriero de la barba blanca, con bigote color de tabaco. Se armó la sanfrancia; músicos y arrieros se agarraron a trancazos; crujió el arpa y el con-

trabajo, voló por el aire un clarinete, brillaron las dagas; unos por aquí y otros por allá, nos echamos a correr; Cosileón, el Tigre y la Pantera se quedaron a ver, desde el tendajón de la esquina, cómo acababa el mitote.

En mi alma suena, como si lo tocara un órgano o un mariachi reforzado, el chiflido del pájaro clarín; y en mis orejas, las voces de barro con que habla el vale Cosileón:

—Tildío, tildío, se dieron en la chapa el famoso Francisco Núñez y el tocador del arpa: ai los llevan tiesos en el camión de la Cruz Roja, me lleva el río; hubieras visto qué linda trifulca, por poco me pasan a torcer de un machetazo que nomás me rozó encima de la chontla; hubieras visto qué viejo tan correoso el mentado arriero: fue el último en caer y todavía gritaba: "Madre mía de Zapopan, cuídame a esa viejita linda que se queda en Amatitán...". Ésos son los hombres, Tildío; así sí vale la pena morirse.

Agustín Yáñez,
Flor de juegos antiguos (1941)

las acciones guerreras; también se destacaba la personalidad de los principales combatientes (Mendoza, 1956; de Maria y Campos, 1962; Heau de Giménez, 1991; entre otros). La improvisación o adaptación de canciones también tuvo un momento de auge, ya que sus letras expresaban a través del lirismo la añoranza y evocación de las mujeres amadas.

Los músicos académicos —influidos por las corrientes europeas posrománticas, que buscaban inspiración en la música aldeana (Bartók, 1979 [1931])— se vieron impactados, de una forma más vivencial que en el siglo XIX, por las expresiones de los trovadores y cancioneros populares. Manuel M. Ponce (1886-1948) fue un autor central para que se consolidara una "íntima relación con el material folclórico [y se propusiera una] redefinición de lo mexicano en términos musicales" (Moreno Rivas, 1989b: 90). Como precursor del nacionalismo musical mexicano, que cristalizaría un cuarto de siglo más tarde, estaba convencido de que "Nuestro inmenso territorio sonoro, escriturado por el sufrimiento de los humildes, estaba lleno de auténticos mantos cancioníferos" (ibídem: 103). En consecuencia, había dado la pauta, al "reivindicar las texturas y los sabores mexicanos" (ídem) con sus arreglos a *La pajarera, La Valentina, El abandonado, A la orilla de un palmar* y, sobre todo, con su composición *Estrellita* de 1914. Ese año, "Felipe Alonso (más conocido por Partichella), músico español que hacía arreglos instrumentales para las orquestas de los teatros capitalinos, hizo el primer arreglo [...] de la canción revolucionaria *La Adelita*" (Garrido, 1981: 41).

Mientras José López Alavez (1889-1974) triunfaba con su *Canción mixteca* (1916), Jesús Corona publicaba "su brillante *Rapsodia mexicana* sobre temas revolucionarios" (ibídem: 44) e Ignacio Fernández Esperón (Tata Nacho [1894-1968]) daba a conocer su primera canción original, *La borrachita* (1918), el dueto de cantantes de ópera de Felipe Llera (1877-1942), autor luego de *La casita,* y Julia Yrigoyen, nombrado "Los cancioneros mexicanos", recorría los Estados Unidos interpretando, para los paisanos residentes en aquellas tierras, las canciones mexicanas del momento.

En 1919 se publicó el primer arreglo para orquesta del *Jarabe tapatío*, que es el *Jarabe nacional,* cuya conformación definitiva, tal como se conoce actualmente, se debe al director de Bandas Militares don Miguel Ríos Toledano, y principalmente al compositor José de Jesús Martínez, quienes fueron ligando los distintos sones que componen esta danza popular y le dieron su continuidad actual.

En este año vino a México la excelsa bailarina rusa Anna Pavlova [1881-1931], que tuvo un éxito tremendo [con sus presentaciones de *La bella durmiente del bosque, Giselle, Copelia, La muerte del cisne*] y habiéndole gustado el Jarabe nacional pidió a [Eva] Pérez

"El punto culminante de la pequeña obra [*Fantasía mexicana*] [...] llegaba en el momento en que Anna [Pavlova], ataviada con un sencillísimo traje de china poblana, largas trenzas y auténtico rebozo de Santa María, bailaba el jarabe tapatío, nada menos que sobre las puntas de los pies en espectacular equilibrio. De pronto nuestro humilde jarabe de teatro, bailado desde hacía más de cien años por payasos, cómicos o comediantes; cuando mucho como fin de fiesta en beneficios y homenajes, pasó a ser el consentido de nuestros bailes y aceptado por la sociedad. El revuelo que levantó la *Fantasía mexicana* [en 1919] entre la crítica dejó de nuevo al descubierto todo nuestro complejo malinchista" (Lavalle, 1988: 79 y 80).

Caro, notable bailarina folclórica mexicana, que le enseñase los pasos de esta danza popular. Luego, la Pavlova presentó en sus actuaciones finales una creación del Jarabe nacional [en el programa *Fantasía mexicana,* preparado especialmente para su lucimiento], bailado en puntas, que esta distinguida bailarina divulgó por todo el mundo, vestida de china poblana (Garrido, 1981: 46).

Aquella versión del jarabe que era mal vista por ser ejecutada por las 'tiples mexicanas', en las tandas de los teatros del género, llegó a ser —vía Anna Pavlova— el jarabe oficial bailado por la niñez mexicana como un emblema nacional, [...] aceptado por las autoridades educativas del país como material didáctico de las escuelas; jarabe tapatío, nacional o [...] más bien, jarabe oficial (Lavalle, 1988: 97).

A principios de la década de 1920, se establece un proyecto de Estado, dirigido por José Vasconcelos (1882-1959), que impulsa un amplio movimiento cultural nacionalista. Como resultado, las artes populares —entre ellas la música y las danzas tradicionales— "experimentan una revaloración que las elevó al rango de creaciones representativas de [...] la identidad nacional" (Florescano, 2005: 314); "mediante libros, revistas, exposiciones, festivales y discursos promovidos por el aparato educativo, la Secretaría de Educación Pública convierte las artes populares en patrimonio cultural protegido por el Estado" (ibídem: 319).

El país vivía una fiebre de folclorismo. Pero, más que el genio de los compositores de conservatorio, la exitosa difusión del teatro de revista o la política educativa estatal, fue el propio pueblo el principal actor en la gestación de esta nueva etapa del nacionalismo mexicano. Que un gusto musical campirano se impusiera también en las ciudades fue consecuencia, ante todo, del movimiento de reivindicación de la población rural que, por cierto, emigraba constantemente a las metrópolis. En la capital, la predisposición hacia las expresiones folclóricas de los diferentes estados era una secuela de los movimientos demográficos y no su causa.

Si bien durante la Revolución se había dado una gran producción, difusión e intercambio de canciones, sones y corridos, en la etapa posrevolucionaria ocurrió un proceso doble y combinado: por un lado, de concentración de la música popular en las metrópolis de provincia y en la ciudad de México y, por otro, de dispersión desde ahí hacia los pequeños poblados y rancherías. Asimismo, la apropiación de la música campesina por parte de los músicos citadinos era elogiada por la postura nacionalista:

> He aquí en estas páginas [de *El Universal Ilustrado*], una sencilla canción. Carece de toda influencia 'fox-trótica'. Ha nacido en alguna serranía […], entre las espinas humildes de los mezquites. Alguien la trajo a México y […] con la ayuda de un músico de buena voluntad, la pulieron un poco, quitaron la ruda aspereza que dan los breñales […] y la incrustaron en esta revista [para] mostrarla, tosca y valiosa, a los ojos extranjerizantes de los mexicanos (Corral Rigal, 1921: 27).

En septiembre de 1921, durante los festejos del centenario de la conmemoración de la Independencia en la capital, no se mencionó la participación de mariachis y sólo se consignó a la "Orquesta Típica del Centenario", dirigida por Miguel Lerdo de Tejada (*El Universal Ilustrado*, V, 228, 15 de septiembre de 1921: 20; V, 229, 22 de septiembre de 1921: 21). Sin embargo, un reportaje informaba de la presentación de la "Orquesta Mariachi Zamora" en el Teatro Lírico de la ciudad de México, ejecutando "canciones de un ritmo largo, acariciador y monótono […], cantares rápidos de puerilidad vivaz y de malicia elemental [¿valonas?], en los que la picardía es áspera y sana como el picante 'mole'. Y vi bailar el jarabe" (Zamora, 1921: 29). La fotografía muestra hombres de tipo campesino: dos violineros, un arpista, dos guitarreros de quinta de golpe, un guitarronero y un hombre sin instrumento, quien posiblemente fungiera como el tamboreador de la caja del arpa. El pie de la fotografía indica que se trata de "trovadores de la sierra", y los

El Universal. El gran diario de México, año VI, tomo XIX, número 1649, domingo 24 de abril de 1921: 5.

TEATRO LIRICO

Todas las noches MARIACHI-ZAMORA. Canciones mexicanas, Jarabes, Sones de la Sierra. Exito sin precedente. El espectáculo más típicamente mexicano que se ha visto en México. Número contratado en Chapala especialmente para esta empresa.

28

músicos están vestidos con atuendo ordinario de manta o dril y amplios sombreros de palma.

Por dos semanas —entre el sábado 23 de abril y el sábado 7 de mayo de 1921— el Teatro Lírico anunció, en el programa de su función, al Mariachi Zamora. El domingo 24 de abril fue el momento climático de su promoción, ya que se publicaron tres anuncios en la misma página del periódico *El Universal* (año VI, tomo XIX, número 1649: 5). Se explica allí que se trata de "una agrupación típica mexicana", integrada por "Tocadores, bailadores, cantadores de canciones mexicanas, jarabes y sones de la Sierra [¿del Tigre?]". Se indica que el "Número [fue] contratado en Chapala", por lo que se infiere que el "cuadro" teatral ya había sido montado y expuesto en aquel sitio turístico. Se insiste en que es "El espectáculo más típicamente mexicano".

En 1925, la ciudad de México estaba rebosante de cantadores, grupos musicales, orquestas típicas y ejecutantes vernáculos —como los yaquis de la Danza del Venado—, provenientes de la mayor parte del territorio nacional (Sonora, Tamaulipas, Veracruz, Oaxaca, Yucatán…). Entre esos "representantes del sentimiento nacional", se menciona a

> los mariachis de Cocula, con su orquesta típica compuesta de violines, arpas, vihuelas, guitarras y voces y con un extenso repertorio de música del Bajío […] y a los mariachis de Guerrero, cantadores de chilenas, gustos, sones y malagueñas, con sus orquestas de violines, vihuelas, guitarras (vihuela panzona), arpas y tambores (Castañeda, 1945 [1941]: 447).

Es probable que esas agrupaciones musicales campesinas viajaran a la capital por iniciativa propia y, luego, la mayoría haya retornado a sus tierras —acomodándose a los ciclos estacionales agrícolas—, llevando un nuevo repertorio, aprendido de sus "hermanos" de otras regiones. Pero el caso de los mariachis jaliscienses de Cocula fue diferente, ya que al principio su imagen fue utilizada y promovida de manera coyuntural por ciertas facciones políticas de aquella región.

La efervescencia política en el estado de Jalisco manifestaba un tono más revoltoso que en el resto de la nación —que se presentaba de por sí inestable, en la prolongada transición de la jefatura de los generales a la de los abogados—, ya que entre 1917 y 1930 se sucedieron allí 19 gobernadores en medio de intrigas, sublevaciones armadas, conspiraciones y elecciones (cfr. Muriá, director, 1982: 265-314). En uno de los momentos de confrontación álgida entre el mandatario estatal, José Guadalupe Zuno (1890-1981) —el "cacique de Jalisco" en la década de 1920— y los diputados federales por aquella entidad, dos de éstos —Alfredo Romo e Ignacio Reynoso Solórzano— promovieron en 1925 la llegada del mariachi de Concepción (Concho) Andrade (¿1880?-1943) a la capital del país; estos políticos estaban obligados a hacerse notar en los medios capitalinos, con el fin de contrarrestar el poder provinciano que les era adverso.

Mariachi en una feria popular de la ciudad de México. Aparecen al fondo una parte de la fachada posterior de la capilla del Salto del Agua (Cofradía de la Inmaculada Concepción), a la izquierda, y el edificio que posteriormente sería transformado en el Hotel Virreyes, a la derecha (A. de Garres, ápud León Osorio, 1937).

Un grupo de diputados y de amigos del señor diputado Alfredo Romo se reunieron ayer al mediodía en el Parque de La Bombilla de San Ángel [..., sitio de moda entre la 'clase política' de la capital], para ofrecerle un almuerzo como motivo de su onomástico. La fiesta resultó en extremo agradable [...] dio mayor realce a este almuerzo [...] la presencia de un auténtico 'Mariachi', llegado ayer en la mañana de Guadalajara y mandado traer ex profeso para el agasajo. Los artistas vernáculos estuvieron tocando, durante la comida, selectísimos sones regionales, que fueron muy aplaudidos (*El Universal*, IX, XXXVII, 3198, 27 de julio de 1925: 4).

Se originó una amplia información periodística que en forma espontánea hicieron los principales diarios de la capital, con crónicas detalladas dando a conocer los versos de algunos sones y haciendo elogiosos comentarios del conjunto (Reynoso Solórzano, ápud Méndez Rodríguez, 1999 [circa 1960]: 84).

Días después, en la celebración del onomástico del propio diputado Reynoso, en su domicilio, los mariacheros iniciaron su vinculación con el ambiente "culto". Los escucharon músicos del Conservatorio Nacional, compositores y el maestro Miguel Lerdo de Tejada (1869-1941). Éste, incluso, registró algunos sones para adecuarlos a su famosa Orquesta Típica.

Con el apoyo de intelectuales, este mariachi ofreció los primeros conciertos radiofónicos en las estaciones de los periódicos *Excélsior,* la CYX, y *El Universal,* la CYL. El editorialista Fernando Ramírez de Aguilar (Jacobo Dalevuelta [1887-1953]) hizo su presentación, recalcando la originalidad de su arte popular.

Comenzaron su notable concierto (¿por qué no decir concierto?) con la composición titulada pomposamente *Al rey de todos los sones* [*El maracumbé*] que, efectivamente, es un 'son santiaguero', como le dicen a esa clase de piezas en Cuba, [...] llevando la [guitarra] séptima el golpe singular del tambor. *El frijolito.* Una composición de ritmo bailable, con copla y estribillo musical, como la jota española [...] *El cuervo.* Inconfundible pieza de sabor mexicano, también de ritmo bailable, como casi todas las obras del mariachi, y también con letrillas llenas de belleza popular y campesina. *El temporal.* Una pieza francamente de baile; una verdadera

'danza' del trópico. Tocaron luego [...] la obra *El toro,* sin duda
de las más originales y típicas. Es *El toro* una escena maravillosa, de
fuerte color jalisciense, en la que parece contemplarse, fiel y anima-
damente reproducida, una feria mexicana, con sus jaripeos, sus des-
files de caballos bravíos, sus toros mugientes, sus 'riatas' y sus 'crino-
linas', sus charros pintureros y retadores, y que termina con la
mexicanísima *Diana.* Esta pieza bastaría para dar fama y nombre al
Mariachi de Cocula. *El zihualteco, El ermitaño, Ensalada, El teco-
lote, El ausente, La iguana* y *Las campanitas* fueron otras tantas
composiciones, igualmente llenas de originalidad y de belleza" (Linares, 1925: 1).

En las fotografías de *El Universal* (9 de agosto de 1925: 1) y de *Excélsior*
(4 de agosto de 1925: 4), el mariachi de Concho Andrade no aparece uniformado, sino con su variada ropa ordinaria y sin sombrero; estaba integrado
por dos violineros, dos guitarreros (con quinta de golpe y sexta), un guitarronero y un clarinetista.

Mariachi de Concho
Andrade (al extremo derecho
con la vihuela), con uniforme
de manta, acompañando
a la folclorista Concha Michel
como bailadora. La Villa
de Guadalupe, 1927.

El mariachi de "Concho" Andrade también acompañó con una audición la conferencia del folclorista jalisciense Higinio Vázquez Santana
(1886-1962) en la Escuela de Verano para extranjeros (Vázquez Santana, 1925,
II: 147). En el segundo tomo de su libro *Canciones, cantares y corridos mexicanos,* este autor dedicó una amplia sección a los "Sones de Jalisco, Michoacán, Guanajuato y Guerrero cantados por el Mariachi de Cocula" (1925,
II: 91-147). De tal manera que dicho especialista reconoce en forma explícita que el repertorio que ejecutaba este grupo correspondía a una vasta región que englobaba varios estados.

> Dicho mariachi […] alcanzó un magnífico éxito y las solicitudes de
> sus servicios eran numerosas por distintos sectores, principalmen-
> te por el político, que lo acogió con tanto entusiasmo que hasta el
> entonces Presidente General Calles era su cliente, además de algu-
> nas difusoras de radio y por la Secretaría de Educación Pública que
> en celebraciones escolares se presentaban bailables regionales (Rey-
> noso Solórzano, ápud Méndez Rodríguez, 1999 [circa 1960]: 85).

Al finalizar el año de 1925, para celebrar la caída del gobernador Zuno, los
diputados federales jaliscienses

> decidieron celebrar en la ciudad de México las nueve posadas, sin
> ningún día de descanso [en] la casa del señor Ignacio Reynoso [si-
> tuada en] el número siete de las calles de Guillermo Prieto, en la co-
> lonia San Rafael.
> Se bailaba en la sala y en el corredor. Una victrola y una piano-
> la lanzaban tangos, valses, danzones, pasos dobles, blues, fox-trots
> y… como intermedios, el mariachi de Cocula […] entraba en ac-
> ción con sones y canciones de aquellas tierras.
> Concurrían con sus esposas y familias, diputados, senadores de
> los más allegados al general Plutarco Elías Calles, en ese entonces
> Presidente de la República. Alfredo Romo era novio de una de las
> hijas del general Calles, y la caída de Zuno como gobernador de Ja-
> lisco había sido pedida por Calles a la diputación federal jalisciense,
> lo que nos permite medir la importancia política de aquellas alegres
> posadas.
> Nacho Reynoso les pagó a los mariachis su trabajo, recibieron
> además muchas y muy generosas propinas, y, lo más importante:

contratos para más de veinte fiestas particulares en las casas de los
políticos que en esos momentos estaban en el poder.

A don Concho y su grupo lo llevaron al Castillo de Chapultepec a
tocarle al Presidente de la República (de Anda Pedroza, 1995: 9A).

Sin embargo, las actuaciones de este mariachi no se circunscribieron a los
círculos ilustrados, pues sus integrantes no se pudieron sostener tocando
sólo para ese ambiente, por lo reducido del mercado. Se atrevieron a permanecer en la urbe como músicos populares.

> Cuando Juan I. Hernández tuvo la noticia de la visita a la ciudad de
> México de su amigo y paisano […] Concho Andrade, quien venía al
> frente de su grupo de mariachis, no tardó en localizarlo, platicar con
> él y convencerlo de que se fuera a trabajar a su cantina en la forma
> como siempre lo han hecho los mariachis en Cocula. Habiendo
> aceptado la propuesta de su amigo y tan pronto se realizaron los
> ajustes necesarios en el grupo, sobre quién se quería quedar y quién
> se quería regresar al terruño, Andrade se entendió con su hermano
> José María, […] quien […] era empleado de correos en Cocula, pa-
> ra que atendiera desde su pueblo […] la tarea de reclutar a los ele-
> mentos que habrían de sustituir a quienes no quisieran quedarse;
> por lo pronto se comentó en todo el pueblo la decisión de Concho,
> de quedarse en la capital (Méndez Rodríguez, 1999 [1994]: 67).

> Para el mes de marzo de 1926 había ya cinco grupos de mariachis
> en la ciudad de México (de Anda Pedroza, 1995: 9A).

El Tenampa, la cantina del matrimonio de Juan Indalecio Hernández y su segunda esposa, Amalia Díaz, se había ubicado de manera excepcional, ya que
estaban

> situados en el espacio exacto —a pesar de no haber sido elegido,
> sino más bien ocasional—, porque ningún otro lugar capitalino en
> aquellos días contaba con las características propias reunidas en la
> Plaza de Garibaldi: privacidad y cercanía al mismo tiempo del cen-
> tro de la ciudad [de México, cuya mancha urbana todavía no englo-
> baba a Coyoacán, Tlalpan, Xochimilco, San Ángel, Mixcoac, Tacuba-
> ya, Azcapotzalco, Tlalnepantla, el Peñón de los Baños, San Juan de

Aragón e Iztapalapa], vías de comunicación fáciles y conocidas, ambiente totalmente populoso y con disposición al divertimiento, ambiente discreto para todo tipo de transacciones, lugar adecuado para establecimientos de mercadeo semifijo, sin oficinas gubernamentales [en las inmediaciones], ni lugares de actividades de carácter religioso (Méndez Rodríguez, 1999: 52-53).

Durante la segunda mitad de la década de 1920, el mariachi es auspiciado por diferentes políticos en la ciudad de México: "Si usted [...] recorre las crónicas y las fotografías periodísticas [...] verá que [entonces] el mariachi aparece en todos los sucesos decisivos de la política mexicana [...]; antes se le ignora o se le menosprecia, reduciéndolo al regocijo del pueblo" (Ortega, ápud Méndez Rodríguez, 1999 [1958]: 61).

El doctor Luis Rodríguez Sánchez [entonces Director de la Beneficencia número 2 de la Secretaría de Salud], conocedor del impacto político-social causado por la llegada del mariachi de [...] Concho Andrade [...], decide, a mediados de [1926], traer a la capital al Mariachi Tecolotlán, que en esa población jalisciense dirigía Cirilo Marmolejo Cedillo [1890-1960]; y que en virtud a la fama obtenida entonces por los grupos de Cocula, decide presentarlo [...] con el nombre de Mariachi Coculense Rodríguez, convirtiéndose en su protector, para que, por medio de sus relaciones, pueda conseguirles la oportunidad de realizar grabaciones discográficas (Méndez Rodríguez, 1999 [1994]: 153).

1926 fue un año muy prolífico para el mariachi de don Cirilo, ya que [...] el doctor Luis Rodríguez consiguió que la empresa Victor les grabara una serie de canciones mexicanas y sones abajeños (Flores y Escalante y Dueñas, 1994: 22).

[Las] Grabaciones discográficas del Mariachi Coculense Rodríguez en noviembre de 1926 [fueron]: *El gavilancillo, El toro, Las cuatro milpas, La ensalada, El súchil, El jilguerillo, El durazno* y *Camino real de Colima*. La grabación de *Las cuatro milpas* [...] se trata de la versión más antigua [...] en que un mariachi se adentra en la interpretación de las canciones campiranas que, con el tiempo, darían paso a la canción ranchera (Méndez Rodríguez, 1999 [1994]: 151).

En la fotografía de estudio para la propaganda comercial de sus primeros discos en la compañía Victor, el mariachi de Cirilo Marmolejo se presenta todavía sin trompetista, aunque tendencialmente uniformado de manera modesta: con un atuendo de diversos sombreros de palma de ala ancha, camisas blancas, con "corbatín" campirano multicolor, algunos de sus integrantes con chamarrilla de dril y sarape al hombro; dicha vestimenta no puede ser catalogada como traje de charro.

Concluidos sus compromisos, Cirilo Marmolejo decidió quedarse con su grupo a probar suerte en México. Pasaron años de apuros: "Ir de calle en calle a todas horas, entrar en las vecindades, en las pulquerías y

Mariachi Coculense Rodríguez de Cirilo Marmolejo (al frente con el guitarrón, segundo desde la izquierda), 1926. Al centro el médico jalisciense Luis Rodríguez Sánchez, quien auspició su llegada a la ciudad de México e impuso su apellido en el nombre del conjunto.

cantinas; sentir desprecios y recibir humillaciones, a fin de hacerse escuchar y ganar unos cuantos centavos" (Méndez Rodríguez, 1989: 16).

En 1927 Concho Andrade invitó a su compadre, Cirilo Marmolejo,

a tocar en [El Tenampa]; para que a partir de entonces se iniciara la famosa tradición de la Plaza Garibaldi. De manera alternada, así fue en el inicio, mientras uno de los grupos tocaba dentro del local, el otro complacía a su clientela en la plaza (Méndez Rodríguez, 1988: 6).

[El mariachi de Marmolejo] cada vez tenía mayor trabajo en la ciudad de México, tocando en escenarios de toda índole: tívolis, cines, teatros, cabarets, teatros improvisados, tendajones, carpas, restaurancitos, puestos de comida, salones de baile (como el Salón México, a unas cuadras de allí) y un número cada vez mayor de trasnochadores, padrotes y prostitutas. En fin, el mariachi fue parte de aquellas modas musicales que por provenir del interior se aclimataron y hallaron su cabida dentro de un cada vez más creciente núcleo urbano, que los supo difundir, comercializar y brindar[les] jerarquía (Flores y Escalante y Dueñas, 1994: 17).

Durante […] sus actividades en la Plaza Garibaldi, le corresponde al [mariachi] Marmolejo el mérito de haber llevado a ese lugar a los primeros trompetistas, al músico Gil Díaz [en 1926...] Marmolejo, como se muestra en sus grabaciones y en sus antiguas fotografías, siempre procuró tener instrumentos de aliento dentro de su mariachi (Méndez Rodríguez, 1999 [1987]: 157-158).

En Jalisco, los gobernantes propiciaban a su vez las presentaciones de los mariachis en la capital estatal. Cuenta Sánchez Flores que: "En 1924 el Gobernador Zuno trajo a Guadalajara un mariachi de Autlán. Actuaron frente a[l] Palacio [de Gobierno] sobre una tarima, alternando con bailadores de sones y jarabes —sólo hombres—. Los escuché y los ví entonces" (1981: 12). Y con un mariachi de Pueblo Nuevo "En 1927 […] 'sones y sonecitos' y pasos de punta y talón resonaron en la tarima de la Escuela Federal de Arte Industrial para Señoritas, presente […] el Gobernador Daniel Benítez" (ídem).

En la ciudad de México tampoco les faltaba, si bien de manera esporádica, el apoyo institucional.

En un festival folclórico verificado en la capital, en el Teatro Hidalgo la noche del 25 de Mayo del año de 1930, uno de los números del programa fué la ejecución, por un modesto mariachi, de algunos "sones" con canto y baile. No fue este número de los más vistosos, al contrario, fué el más humilde en su presentación. Sin embargo, fué también de los […] que más aplaudieron (Galindo, 1933: 258).

Pero el auge de los mariachis no se circunscribía a la capital ni a las grandes ciudades del occidente mexicano, ya que los conjuntos mariacheros también se concentraban en los puertos, en los centros de diversión y hasta en poblaciones y rancherías apartadas. Leopoldo Zamora Plowes comenta que

"Los mariachis son los filarmónicos y los cantantes populares de la sierra, que descienden a la tierra baja por los días de las festividades místicas y profanas. Son las orquestas típicas que van difundiendo de villorio en villorio y de feria en feria, las trovas que se entonan en pleno campo en la paz de los atardeceres, mientras el ganado balador torna al aprisco, o en la gloria del alba a la puerta del rancho, frente a las laderas en que verdean los agaves como corona de esmeraldas" (Núñez y Domínguez, ápud *Calendario cívico mexicano, 1930*, 1929: s. p.).

el puerto [de las Peñas o Vallarta] es pequeño y, a primera vista, se puede comprobar su reciente creación. Una pequeña placita sembrada de palmeras y los indispensables portales [...] es el corazón del pueblo. Los vallartenses son alegres. Difícilmente podría encontrarse un lugar en la tierra donde pudiera encontrarse mayor cantidad de músicos en proporción a la población. Pululan continuamente por calles y plazas músicos ambulantes, empuñando sendas guitarras o reunidos para constituir los famosos "mariachis", conjuntos armónicos de cuatro o cinco ejecutantes, entre los que descuella un buen cantador (1925: 49-50).

La revista *Magazine de geografía nacional* —que pretendió emular decorosa, aunque efímeramente, al *National Geographic Magazine* del gobierno estadounidense— publicó el artículo "En tierras tarascas. Viaje rápido por el estado de Michoacán". El pie de la fotografía de un mariachi con dos violineros, un arpista y un guitarrero de quinta de golpe, indica que "Como en todo Michoacán, el sentimiento musical está muy desarrollado en Uruapan. Un típico mariachi" (Saavedra, 1925: 7). Al pie de una fotografía rural de un conjunto integrado por un violinero, un arpero y un guitarrero, que tiene como fondo una choza con techo de palma, se lee: "El baile es acompañado por muchos 'mariachis' típicos" (ibídem: 32).

Miguel Aceves Mejía recuerda que "Cuando yo era niño [a finales de la década de 1920], en mi tierra Chihuahua, llegaban dos o tres mariachis: una vihuela, un guitarrón y una guitarra; cantando en las calles y vendían [las letras de las canciones] a diez centavos. Y yo los seguía por todas las calles ¡Se me hacía tan bonito [el sonido]!" (1998: 24).

Asimismo, Salvador Novo, en su narración del viaje con el Secretario de Educación Pública en 1932, comenta sobre una comida en Chapala, entonces el centro de descanso más famoso en la zona de Guadalajara: "Todo aquello, el lago, las personas, los meseros, el [tequila], el gobernador, la música de los mariachis [con guitarras, violines y arpa], sirve de fondo [... a] un parpadeo peculiar del [güero] que toca la guitarra y canta más fuerte" (1933: 16-21).

En su descripción de la feria de San Juan de los Lagos en 1934, Domínguez señala que:

Hay diversos grupos de mariachis y cantadores diseminados por las casas de juego, cantinas, fondas, piqueras [tabernas de ínfima

categoría en que se venden licores corrientes], pulquerías y lugares de esparcimiento. Cantan y tocan canciones y sones de la región, alternados con la música de moda en la ciudad (1962 [1934]:
243-244).

Ese año, durante la fiesta del carnaval en la comunidad huichola de Tuxpan
de Bolaños (Tutsipa), el antropólogo estadounidense Robert Mowry Zingg
(1900-1957) describe la participación de un mariachi de mestizos —procedente de Tepizuac e integrado por arpa, violín y guitarra— y de otro local, de
los hermanos Guadalupe, compuesto sólo por violín y arpa (Zingg, 1982
[1938], I y II: pássim; Jáuregui, 1992: 9-22). La fotografía del mariachi de huicholes aparece en Fikes, Weigand y García de Weigand, editores (1998: 338).
El documental etnográfico filmado por Zingg (1934), de aproximadamente
50 minutos de duración, registra escenas de esos mariachis y el baile del

Mariachi en Chapala, cobijado por el extendido follaje del legendario chalate (higuera mexicana, "árbol del agua" para la tradición nativa) de esa localidad, cuyas ramas se prolongaban hacia el lago. Salvador Novo disfrutó las coplas del güero de la guitarra: "El chilero y la chilera se metieron en un pozo y la chilera decía: ¡Ay, que chile tan sabroso!" (Novo, 1933: 16-21).

"jarabe mexicano" zapateado por varones huicholes de huaraches y cabello largo peinado en trenzas.

En 1938, el médico E. Brondo Whitt llegó al pueblo minero de Chínipas, enclavado en la escabrosa sierra de Chihuahua, al frente de una brigada de vacunación. Cuenta que, estando en la plaza,

> abordó el kiosko un "mariachi" para que quedara más caracterizada la bella noche suriana. El mariachi, con mandolinas y guitarras, cantaba canciones nacionales. Hay que advertir de paso que quien pagaba la serenata eran las señoritas, que a la postre fueron sustituidas, en los gastos, por los hombres. Después de cada canción iba un mensajero al kiosko, con una moneda de cincuenta centavos y el nombre de la canción que seguiría. Bajo el foco de la luz [eléctrica], la instalación de bebedores soltaba los dineros para que el mariachi continuara en honor de las niñas chinipenses (Whitt, 1939: 71-72).

El reconocimiento y el orgullo por los mariachis también se dejó oír desde Colima, en tono de reclamo por la expropiación simbólica que se estaba ejecutando por parte del estado de Jalisco:

> Más vernáculos que los de Cocula, del estado de Jalisco, que han modernizado los grupos musicales e introducido en sus instrumentos una madera —el clarinete—; más valiosos que los de la Sierra del Tigre, los cuales vienen de sus caseríos a decir corridos a los veraneantes de Chapala; más interesantes que los de Aguascalientes, Guadalajara y otras ciudades del interior, donde hay ferias y jolgorios populares, los mariachis de Colima pueden considerarse como algo más representativo del alma aborigen en el folklore nacional. Estos rápsodas se posesionan de los 'puestos' del Jardín Núñez, durante las tradicionales fiestas de Todos los Santos, y allí, día tras día, sin descanso, sin fatiga, dejan que su inspiración avasalle las almas.
>
> Estos grupos de músicos se componen de cuatro individuos que tocan arpa de treinta y dos cuerdas, guitarrón, —panzudo como tortuga ['laúd']— y dos violines. Los instrumentos son de madera corriente y fabricados en el país (Montes de Oca, 1925: 47).

Pero el gobierno del estado de Jalisco había descubierto inesperadamente una veta de promoción a nivel nacional.

> Para diciembre de 1929, la Compañía [Teatral] Campillo, apoyada por el entonces Gobernador de Jalisco, Ignacio de la Mora, con una gran visión nacionalista organizó un concurso de mariachis en el Teatro Degollado de Guadalajara, donde [...] el ganador del primer lugar fue Jerónimo Méndez con su mariachi Juanacatlán. Durante 1930, varios grupos de mariachis [...] fueron enviados a diferentes partes de la República, bajo el patrocinio del Gobierno del Estado de Jalisco. En esta ocasión don Cirilo [Marmolejo] iba al frente de 14 elementos, en una gira que abarcó varios estados del país, entre ellos Baja California y otros estados del norte. El viaje terminó en La Paz [...], en el año de 1931 (Flores y Escalante y Dueñas, 1994: 22-23).

Una confirmación de que en ese entonces el arraigo simbólico del mariachi todavía no rebasaba su ámbito regional, se deduce del hecho de que, en las tres historias de la música mexicana publicadas en esa época, sólo se hace referencia explícita a dicha tradición en la del jalisciense Miguel Galindo (*Nociones de historia de la música mejicana. Primera parte. Desde sus orígenes hasta la creación del himno nacional*, 1933), no así en la del guanajuatense Rubén M. Campos (*El folklore y la música mexicana. Investigación acerca de la cultura musical en México [1525-1925]*, 1928) ni en la del tamaulipeco Gabriel Saldívar (*Historia de la música en México [Épocas precortesiana y colonial]*, 1934); las dos últimas obras aparecieron bajo el sello de la Secretaría de Educación Pública.

En 1935 se publica el primer estudio musicológico dedicado explícitamente al mariachi tradicional. Se trata del ensayo "Sones, canciones y corridos de Nayarit" de Nabor Hurtado González, profesor de música y canto de la Misión Cultural del Departamento de Enseñanza Agrícola y Normal Rural de la Secretaría de Educación Pública. El mariachi que le sirvió de informante era del pueblo de Xalisco —situado en el Valle de Matatipac, junto a Tepic— y las transcripciones musicales se refieren a la melodía y a la armonía; el análisis incluye una clasificación de los sones mariacheros de la región nayarita y se plantea por primera vez su oposición sistémica con respecto a los minuetes (Jáuregui, 2001).

"Las transcripciones del profesor Nabor Hurtado rompen notablemente con los antecedentes [de los músicos cultos sobre los sones de mariachi, ya que aquéllos eran versiones para piano u orquesta]. No sólo incluyen música y letra (cuando la hay), sino que la melodía se establece claramente para el violín y en todos los casos se aclara la armonía, indicando en qué forma se debe realizar el rasgueo" (Jáuregui, 2001: 44).

Galindo (1933: pássim) considera para esa época la vigencia del mariachi a un nivel regional en contextos exclusivamente rurales, no en los metropolitanos, donde todavía eran unos advenedizos. Según él, era en las aldeas, rancherías y pueblos de campesinos en donde los músicos líricos "formaban orquestas llamadas 'mariachis'", a cuyas ejecuciones se denomina "fandango".

Mariacheros en la Villa de Guadalupe. Padre e hijo dando gracias a la patrona por su buen reacomodo, desde los Altos de Jalisco, en la capital de México.

> La clase de música que de ordinario se usa aún en la actualidad, en el "volantín", en los pueblos pequeños y ciudades alejadas de la capital, que tienen su feria de "Todos Santos", "Noche Buena" y otras […] está constituida por los "sones" y la ejecuta el "mariachi". Para los que conocemos esto por haber vivido largo tiempo en contacto con el pueblo humilde y campesino, es tan natural y estrecha la unión del mariachi y el volantín (Galindo, 1933: 87-88).

Este autor constata que, con la introducción de los ferrocarriles y los automotores, y el consiguiente incremento de la comunicación, en las poblaciones de cierta importancia las condiciones habían cambiado por completo:

> Los músicos van en estos vehículos a los pueblos pequeños, volviéndose a su lugar de residencia, en donde tienen bastante trabajo profesional. Por otra parte […] se está llenando la nación de fonógrafos, victrolas y "discos"; pianolas, autopianos y "rollos". Esto hace al músico profesional apartarse de los pequeños pueblos y concentrarse en las grandes poblaciones (ibídem: 32-33).

A esto se aunaba la situación inestable y precaria derivada de la Guerra Cristera (1926-1929) que, precisamente, tuvo como uno de sus escenarios principales a gran parte de la amplia región del mariachi. Pero si unos campos se cerraban para los músicos rurales, otros se abrían. La posibilidad de emplearse de manera más constante, la noticia del "éxito" de sus colegas y el patrocinio de algunos políticos fueron determinantes para que otros grupos de mariacheros jaliscienses fueran a tocar en la ciudad de México y, con el tiempo, se establecieran allá.

Los mariachis de Jalisco no sólo viajaban a la capital, según lo demuestra el testimonio de Silvestre Vargas, aunque fue allí en donde se dieron, como lo veremos, las transformaciones decisivas:

> En 1931 nos contrataron para ir a Tijuana, allá en la frontera norte. Embarcamos en Manzanillo en un barco carguero. En Tijuana actuamos durante tres meses en el famoso "Salón Imperial", un sitio donde los dólares corrían como un río impetuoso. Retornamos a nuestra patria chica [Tecalitlán] (Silvestre Vargas, ápud Orfeón Videovox, s. f. [1963]:4).

En las décadas de 1920 y 1930, las orquestas típicas mexicanas continuaban sus contratos por ciudades de los Estados Unidos, abriendo el camino para las posteriores giras de los mariachis. Pronto comenzaron sus expediciones a Centro y Sudamérica. De hecho, la asimilación del mariachi con las orquestas típicas "reducidas" —de un máximo de doce músicos—, que se remonta a la fiesta porfiriana de 1907 en Chapultepec, se mantenía hacia esas fechas. En el pie de la fotografía del Mariachi Coculense de Cirilo Marmolejo, entonces al servicio de la Dirección General de Acción Cívica del Departamento del Distrito Federal, se le otorga el calificativo de "una [orquesta] típica" (*Jueves de Excélsior*, 26 de noviembre de 1936: 3).

En 1931, el Mariachi Vargas de Tecalitlán realizó una gira por Tijuana, ciudad que vivía en aquella época un gran auge turístico, propiciado por la ley seca vigente en los Estados Unidos. Allá el grupo de cinco músicos se presentó con un traje de manta, sombrero de soyate, paliacate en el cuello y ceñidor a la cintura, atuendo diferente del que portaban en su pueblo.

"Señor Presidente, me permito recordarle a Ud., por si no recuerda de nosotros, que fuimos los que lo acompañamos a Ud. en la Convención de Querétaro y Puebla y demás partes en su gira de propaganda. Le suplico sea tan bondadoso de extenderme una carta amplia para poder trabajar en unión de todos mis compañeros sin ser molestados en ninguna parte" (Cirilo Marmolejo [al lado izquierdo de Lázaro Cárdenas], ápud Nava, 1994: 151).

A fines de 1933 […], tiene lugar la primera gira que un grupo musical de este género realiza en el extranjero, viajando Cirilo y su Mariachi Coculense a la Exposición Mundial de Chicago […], para que en ese lugar, en el mes de enero del año siguiente, su grupo realizara las primeras grabaciones en disco fuera de su país de origen (Méndez Rodríguez, 1999 [1987]: 162).

Los eventos [festivos de] políticos y militares dieron realce al mariachi durante los años veinte y treinta [del siglo XX, en la capital del país]. En realidad fue un mérito compartido: tanto los músicos se empeñaban en agasajar a los políticos y militares, como éstos procuraban tener a la mano a los mariachis más destacados [residentes ya en la ciudad de México] para dar un toque popular a sus banquetes y festejos (Flores y Escalante y Dueñas, 1994: 113).

Era costumbre de esta época que políticos y presidentes tomaran bajo su custodia a uno o varios grupos de mariachis, con la finalidad de dar un toque nacionalista a sus eventos oficiales. De esta manera el Mariachi Coculense de don Cirilo gozó tanto del favor del General Abelardo L. Rodríguez, como del general Lázaro Cárdenas, durante sus respectivos sexenios (Flores y Escalante y Dueñas, 1994: 24).

Sin embargo, antes de llegar a ser una "institución" como músicos populares de las grandes ciudades, los mariacheros se sobrepusieron a situaciones difíciles. Soportaban penurias, ayunos, menosprecios; deambulaban por las calles para buscar clientela y, por si fuera poco, la policía les impedía tocar.

De hecho, en junio de 1936, Marmolejo le escribe una conmovedora carta al presidente Cárdenas, acompañándola de una fotografía de su grupo musical con dicho personaje al centro:

> Siendo jefe y representante del [...] "Mariache", con quienes nos hizo el favor de retratarse en el Parque de los Sabinos [en Santa Anita], en donde nos dijo Ud. que tan luego subiera al Poder lo fuéramos a ver haber en que nos podria ayudar; no lo hemos hecho porque no nos habíamos visto con la necesidad de molestarlo distrayendo sus múltiples ocupaciones, pero ahora siendo molestados por las autoridades que no nos dejan trabajar porque nos exigen la licencia ocurrimos a Ud. en solicitud de su valiosa ayuda y quedamos a su buena disposición para ver qué es lo que puede hacer en favor de nosotros, perdonando nuestras molestias, pues todos los componentes de dicho mariache somos padres de familia y sin trabajar carecemos de recursos para darles el pan a nuestros hijos y esposas y ahorita solamente contamos con el amparo de Ud. a fin de que nos permitan trabajar y no seamos molestados (ápud Nava, 1994: 151).

Así, el Mariachi Coculense obtuvo el nombramiento en calidad de "cancionero supernumerario" en la Dirección de Acción Cívica del Departamento del Distrito Federal desde 1936 hasta 1954 (Flores y Escalante y Dueñas, 1994: 78). Sin embargo, Francisco Yáñez Chico, guitarrero guanajuatense integrado al mariachi en la capital, cuenta cómo todavía en 1938:

Orquesta Típica Esparza
Oteo en Chicago, en 1931.
Orquestas típicas, tríos
rancheros y mariachis viajaban
como representantes de la
tradición musical mexicana
por otros países. "La Típica
de la Ciudad y un grupo de
mariachis han cumplido con
la alta misión de difundir
en el extranjero el espíritu
de nuestra música popular"
(Oficina de Estadística y
Estudios Económicos,
1941: 113).

Apenas 'staba comenzando eso [lo de la Plaza Garibaldi], y lo principal era el Tenampa, y no la plaza; y esa es la causa de que nosotros, los mayores del mariachi en México, decimos el Tenampa, voy pa'l Tenampa, a'i en el Tenampa. Aquel lugar era feo, en ese tiempo; era un barrio un tanto malo […] y la policía nos molestaba y nos tráiba persiguidos (ápud Gabaldón Márquez, 1981: 271-275).

Las prohibiciones para que tocaran en las calles y en las plazas se terminaron en 1940, cuando Lázaro Cárdenas ordenó personalmente al jefe de la Policía Metropolitana que "no se molestara más a los mariachis" (Yáñez Chico, ápud Gabaldón Márquez, 1981: 284).

El proceso de concentración de los mariachis en las grandes urbes atrajo a grupos de todo el occidente de México. De hecho, fue paralelo al éxodo

generalizado de la población campesina hacia las ciudades. Muchos de estos conjuntos emigraban para trabajar una temporada como músicos ambulantes y regresaban a sus pueblos. Algunos de ellos, o alguno de sus miembros, decidían quedarse en las capitales, debido a las mejores posibilidades de empleo. Así, en la medida en que los integrantes originales de los conjuntos jaliscienses, ya radicados en la capital, preferían retornar a su terruño, comenzaron a ser remplazados por mariacheros o músicos de otros lugares. Más aún, ante la relativa bonanza de los mariachis etiquetados como "de Cocula", pronto comenzaron a surgir imitadores: grupos de otras regiones que copiaban sus melodías, su estilo de tocar y la denominación, o músicos que se incorporaban como integrantes en los conjuntos que requerían elementos. De esta manera, comenzó la formación urbana de grupos de mariachis y de músicos mariacheros en la capital y otras ciudades.

Mariachi michoacano en el Mercado de Indianilla. "–'¡Uy, uy, uy! ¡Ay, ay, ay! Yo soy como el chile verde, picante pero sabroso'. Los gritos [...] se pierden entre los olores de los puestos de comida: birria al estilo Jalisco, pozole, menudo, los caldos de pollo con mollejas, higados, alones y hasta pechuga entera, picosos para la cruda. ¡Qué bien saben a las cuatro de la mañana! ¡Hasta se siente uno otro!" (Poniatowska, 1963: 171).

Con el traslado y la aclimatación de los grupos de mariachis desde un medio rural a un ambiente citadino, se consumó su separación del mariachi-fandango (fiesta rural y pueblerina) y también del mariachi-tarima (en la que se zapatean sones y jarabes), la cual sólo permanecería —adecuada y ampliada— en ciertas ejecuciones folclorizantes propias de las festividades cívicas nacionalistas. La música de los mariachis sería ahora básicamente para ser escuchada, no para bailar. Pero, en el periodo en que la ciudad de México disfrutó de la fase final de sus canales de comunicación en la cuenca lacustre, las canoas "trajineras" sirvieron de tarimas flotantes —tal como era la costumbre ancestral— para que los mariachis acompañaran a los bailadores de jarabes e, incluso, a los eventuales contratantes de la elite, que lucían sombrero de copa y falda ampona, quienes pedían los ritmos de moda.

Se producen, asimismo, otros cambios importantes. Se instituye al prototipo del "mariachi de Cocula", enfatizando su proveniencia jalisciense, por lo que una macrotradición musical compartida en el occidente de México es apropiada emblemáticamente y postulada en exclusividad por el estado más grande e importante de aquella región. No obstante la "denominación de origen", se conforman —en un medio con mayores posibilidades pecuniarias— mariachis más numerosos que, en ocasiones, combinan las tradiciones instrumentales de varias subregiones y experimentan con determinados aerófonos, como el clarinete, la trompeta y el saxofón.

Al principio, los mariachis llegaban a tocar sin un atuendo uniformado, como era costumbre en sus lugares de origen. La adaptación al ambiente urbano les permitió "mejorar" su presentación y recurrir a un ropaje mexicanista, acorde con el gusto imperante y probado con éxito desde 1907; "durante varios años el traje del mariachi [en la capital] fue heterogéneo y hasta cierto punto modesto, un tanto alejado de la vestimenta charra de 'media gala', que por ese tiempo sólo portaban los integrantes de las orquestas típicas" (Flores y Escalante y Dueñas, 1994: 19). En este sentido, en algunas escenas de la película *El escándalo* (1920) aparece la Orquesta Típica Lerdo de Tejada. Sus integrantes, vestidos con elegantes trajes de charro, habían sido una clara prefiguración del derrotero que seguirían imitando los mariachis emigrados a las ciudades. Durante algunas exhibiciones de dicho filme mudo, "la Típica Lerdo, que tomaba parte en la cinta, interpretó [en vivo] música apropiada" (de los Reyes, 1984 [1982]: 109). De hecho, el Mariachi "de José Reyes [es] reconocido [...] como el primer grupo que usó de manera integral la vestimenta charra a mediados de la década de los [años] veinte" (Méndez Rodríguez, 1999: 97). Se debe deducir que el atuendo charro de este grupo fue financiado por el general Abelardo L. Rodríguez (1889-1967) (Méndez Rodríguez, 1982: 131).

Los siete miembros aparecen con sombreros charros de fieltro galoneado en hilo de seda y oro; como corbata el clásico rebocillo de Santa María y finas camisas de seda; el traje de media gala está compuesto de chaquetín discretamente alamarado con chaleco donde destacan finas botonaduras de plata; los pantalones están ribeteados con alamarado de hilo; todos calzan finos botines, y al hombro sus respectivos sarapes de Saltillo (Flores y Escalante y Dueñas, 1994: 123).

"Los mariachis populares —ya bien vestidos con adornos campiranos o llevando como luz de su miseria unos pantalones distintos de la usual vestimenta y solamente identificados por el ancho sombrero— expresan el alma popular al través de los arranques dolientes y secos [de las palabras musicales que los inspiran]" (Alpuche, 1950: 5).

El mariachi de José Reyes [...] volvió a la capital de manera oficial en 1932, contratado por el entonces Presidente de la República general Abelardo L. Rodríguez. Éste, llamado Mariachi Presidencial de José Reyes se distinguió en toda su carrera en México por integrar en su grupo "a puros coculenses" para [...] "conservar la pureza tradicional" (Villaciz y Francillard, 1995: 43).

Se inicia, así, la tendencia a usar como marca distintiva una versión del traje de charro, empalmándose el sonido musical que se estaba promoviendo como característico de "lo provinciano" con un estereotipo nacional bastante difundido y afianzado; esta fusión ya había sido experimentada exitosamente por las orquestas típicas desde hacía casi medio siglo. Pero no todos los conjuntos mariacheros podían afrontar, a corto plazo, el gasto que implicaba la nueva indumentaria. En las décadas de 1920 y 1930, los mariachis en las ciudades se vestían de manera heterogénea: con su variada ropa ordinaria, con imitaciones modestas del traje de charro o con atuendo norteño.

Paralelamente, se establece la costumbre de reunirse en lugares especiales —la Plaza de San Pedro Tlaquepaque, en los suburbios de Guadalajara, y la de Garibaldi, en la capital— para esperar mientras los grupos son contratados; el convenio se discute y se arregla "en la calle" y, con frecuencia, "por un tanto".

En la nueva situación, los mariachis participan en concursos de música folclórica, colaboran en festivales de bailes tradicionales promovidos por la Secretaría de Educación Pública, dan audiciones en las conferencias de estudiosos del folclore, graban discos para compañías comerciales, colaboran en campañas políticas y actos oficiales del gobierno mexicano y viajan al extranjero como representantes de la música típica de México. Se inicia "la presencia de la música del mariachi como recurso musical aglutinador de 'lo mexicano'" (Pérez Monfort, 1994: 119).

A pesar de estas modificaciones, los mariachis no habían sido alterados significativamente en su aspecto musical. Es indudable que los grupos —con la inclusión de músicos "foráneos"— debieron cambiar de alguna manera su estilo de ejecución. Asimismo, ante los requerimientos de la clientela, tuvieron que ampliar su repertorio y, junto a la de su región, tocaban "música añadida": "aires" de otras tierras mexicanas y composiciones campiranas de músicos "de nota", pero con "ajustes" espontáneos a su propio estilo.

Comienzan a perfilarse los dos tipos de mariachi urbano: el que sólo toca en directo para la clientela (Concho Andrade) y el que tiende a vincularse a los medios de comunicación masiva (Cirilo Marmolejo). En los sones de los discos que grabó el mariachi de Marmolejo no se distingue todavía una voz solista, sino que intervienen varios de sus elementos con voces "campesinas" —aunque un cantante resalta el texto enunciado, es seguido por el coro— y, sobre todo, el sonido de la trompeta es discreto, ya que tiende a ejecutar sólo "la segunda" en las melodías, manteniéndose el violín como el instrumento destacado. Pero Marmolejo grabó también piezas regionales y algunas canciones rancheras, como *Cuatro milpas*. Invadió, así, un género dominado hasta entonces por los tríos de cantantes, como el Garnica-Ascencio, que se acompañaban por piano, orquesta de alientos (maderas) o de cuerdas (Moreno Rivas, 1989a [1979]: 185). El de Marmolejo fue el primer mariachi que tocó, hacia el final de los años veinte, con Lucha Reyes, forjadora años más tarde del "estilo bravío", y apareció en la primera película sonora, *Santa,* en 1931, de la cual fue director musical Lerdo

"El *Jarabe tapatío* se conoce con ese nombre por la forma especial con que se baila, aunque los sones en su mayoría son los mismos que los de los otros jarabes. Para el pueblo mexicano el jarabe es parte de su espíritu. Es notable la transformación psicológica que sufren los que bailan el jarabe. ¿Por qué esa alegría en los ojos, y esa amable expresión en el semblante, y esa sonrisa en los labios, y esa ligereza en todo el cuerpo?" (Montes de Oca, 1929: 10-14).

PÁGINA SIGUIENTE:

"Lo triste y lo picaresco:
polos de nuestra expresión
[…] artística. La tristeza ha
venido siendo característica
y motivo emocional de
primer orden para la
producción de nuestra
música popular; asimismo,
la orientación picaresca
[sexto sentido de criollos y
mestizos], en el doble
sentido del deseo amoroso
y del desahogo crítico del
pueblo al ridiculizar los
actos de sus mandatarios,
[…] ha sido también fuente
de inspiración popular"
(Castañeda, 1945 [1941]: 441).

de Tejada (de los Reyes, 1984 [1982]: 113). En esta cinta, el mariachi cordofono interpretó un arreglo instrumental en el que se encadenan fragmentos de los sones *El toro* y *El torero* (Galdino Gómez, entrevista de 2007). Este grupo fue el que a la postre "impuso la moda de tocar [de fijo] en restaurantes de cierto rango, aunque primero tuvo que deambular por sitios de mala muerte" (Flores y Escalante y Dueñas 1994: 116).

Concho Andrade trascendería como el patriarca de El Tenampa y principal promotor de la agrupación sindicalizada de los mariachis urbanos.

> Yo recuerdo a Concho Andrade [el que nos representa a todos] y digo que pa' nosotros, los mariachis, Concho está siempre tocando, a'i en el Tenampa, en la puerta, o adentro, y gritando y cantando: '¡Ay, Jalisco, no te rajes… me sale del alma…' ¡Pos sí-iii-i! Yo te escucho siempre, Concho Andrade, y no puedo olvidarte (Francisco Yáñez Chico, ápud Gabaldón Márquez, 1981: 412-413).

Hacia entonces, el naciente género campirano-ranchero alternaba principalmente con el "género regional", de intención más localista, y con el "género romántico", de sabor más urbano. Se empezaban a difundir el foxtrot, el tango y la incipiente "canción-bolero". Los músicos con preparación académica no se preocupaban aún por componer canciones especialmente para mariachi. El balance musical de este conjunto "rústico" de cuerdas y su lógica de ejecución eran, a grandes rasgos, los originales, pero trasladados a las grandes ciudades.

Album de Oro de la Canción

PUBLICACION QUINCE
TOMO III No 30   31 DE MARZ

85¢

CÓMO SE INVENTÓ EL GÉNERO "MARIACHI"

EL SURGIMIENTO DEL MARIACHI MODERNO

La gran transformación del mariachi se inició durante el periodo cardenista (1934-1940). Para entonces este conjunto "típico" se había adaptado a las circunstancias de las grandes ciudades y de algunos centros de recreo —como Chapala y Tlaquepaque—, había realizado giras por el país como representante de las tradiciones jaliscienses y había viajado al extranjero en calidad de portavoz del folclor mexicano. También había logrado su aceptación en los ambientes populares y reivindicado su condición de pintoresco entre los intelectuales y los políticos.

En el proceso que condujo a la aceptación del "mariachi de Cocula" como representante prototípico de toda la amplia tradición musical del occidente de México, tuvo un papel central la intelectualidad asociada al régimen posrevolucionario. Higinio Vázquez Santana (1888-1962), entonces funcionario de la Secretaría de Educación Pública, le otorgó la primacía a los grupos coculenses en el capítulo "Los mariachis" de su *Historia de la canción mexicana* (1931: 39-42); Fernando Ramírez de Aguilar lo había secundado con sus artículos sobre "El mariachi de Cocula" (1930: 183-188) y "La diana y El adiós, de la misma época" (ibídem: 103-107); pero el punto culminante de la sanción para que los de Cocula se aceptaran como los mariachis por antonomasia lo constituye el apartado "Los famosos mariachis de Cocula. El vocablo 'mariachi'" de José Ignacio Dávila Garibi (1888-1981) del extenso ensayo "Recopilación de datos acerca del idioma coca y de su posible influencia en el lenguaje folklórico de Jalisco" (1935: 248-302). Una buena parte del impacto de este texto se debió, más que a los argumentos expuestos, al aura que su autor se construía como "sabio y acucioso historiador" y a que apareció en una revista con reconocimiento científico, *Investigaciones lingüísticas*.

La hegemonía simbólica de la versión coculense del mariachi también se vio abonada y cobijada por la fuerte "imagen jalisciense" que divul-

PÁGINA ANTERIOR:
"Los barrios se visten de gala, todos los días y a distintas horas, cuando la presencia de los mariachis asoma por sus calles. El barrio mismo se anima, porque sabe que en ellos encontrará un reflejo fiel de sus angustias, de sus tragedias, de sus necesidades y deseos" (Alpuche, 1950: 4).

gó durante más de medio siglo, con gran éxito, el conjunto de intelectuales de aquellas tierras, cuya contribución en la conformación de la "cultura nacional" porfiriana y posrevolucionaria fue notable; entre otros, Ireneo Paz (1836-1924), José López Portillo y Rojas (1850-1923), Salvador Quevedo y Zubieta (1859-1935), Victoriano Salado Álvarez (1867-1931), Marcelino Dávalos (1871-1923), José Gómez Ugarte [El Abate Benigno] (1874-1943), Gerardo Murillo [Doctor Atl] (1875-1964), Roberto Montenegro (1886-1968), José Guadalupe Montes de Oca (1893-1970), Concha Michel (1899-1991), Francisco Rojas González (1903-1951), Agustín Yáñez (1904-1980), Juan Rulfo (1917-1986) y Juan José Arreola (1918-2001).

Todavía durante la década de 1920 las tendencias musicales dentro del ámbito comercial coexistían y se desarrollaban sin obedecer a un con-

El encomio del mariachi en la escena nacional no "celebra la diversidad regional de México", ni "la idea de que México es un país de patrias chicas", como lo sugiere Mulholland (2005: 1-2). Por el contrario, la imagen del nuevo mariachi y la "cantaleta" sobre su supuesto origen coculense remiten a una sola región idealizada e idílica –más aún, inexistente–, pues en ese discurso mítico se subordina la variedad regional real de México ante la hegemonía simbólica de lo jalisciense, en tanto prototipo de lo provinciano.

trol centralizado. En la segunda mitad de los años treinta, los medios de comunicación masiva operantes entonces (disqueras, radiodifusoras y productoras cinematográficas) se interconectaron orgánicamente, en manos de empresas privadas (no del Estado), y comenzaron a ejercer una rectoría rígida y selectiva.

Este engranaje de los "medios" subsumió y desplazó al teatro de revista, no sin antes retomar los elementos que de él fueran utilizables, incluso sus más notables intérpretes de canciones. Durante los treinta y principios de los cuarenta, las transmisiones radiofónicas de música seguían siendo en vivo y con artistas de buena calidad. Allí, en conjunción con las compañías grabadoras, se fue conformando un estereotipo en la forma de ejecución y de composición de la canción ranchera. Las compañías disqueras no sólo establecieron una duración estandarizada, menor a la usual, sino que comenzaron a difundir versiones de las melodías tradicionales de mariachi, modificadas a partir de los arreglos de músicos de nota. Más aún, pronto se encargaron composiciones a personas que no eran portadoras de la tradición auténtica del mariachi y cuyas obras eran difundidas con profusión

Fachada del edificio donde estuvo la radiodifusora XEW en sus inicios, en los altos del cine Olimpia: "El capitalismo [a través de las radiodifusoras, disqueras y compañías cinematográficas] y el nacionalismo [por medio de sus proyectos políticos] operan en complicidad y producen efectos similares sobre el regionalismo, pero por razones diferentes: ganancia *versus* fortalecimiento del Estado. Los mariachis fueron asociados con una música de corte campestre –diseñada profesionalmente y grabada comercialmente– conocida como música ranchera" (Turino, 2003: 195 y 197).

como "típicamente mexicanas", pues se destacaba en ellas un aire rural. Eran diseñadas en las metrópolis con la intención expresa de hacerlas pasar por campesinas.

Las compañías discográficas comenzaron a requerir "géneros musicales" con características distintivas y contrastantes. La vertiente del mariachi tradicional se les presentaba como obsoleta, ya que conservaba y reproducía variados y múltiples estilos y sus discos quedaban con la etiqueta de productos exóticos. Se necesitaba lanzar producciones bajo el nombre de un género, con el fin de lograr, por un lado, estrategias promocionales para pasar de nichos circunscritos de clientela a un mercado de masas y, por otro, inducir a los compositores y a los músicos a transitar más eficazmente por códigos establecidos en los que su creatividad se encausara y produjera un significado esperado por el público. Así, se integra interactivamente una determinada "concepción de la música (¿cómo suena?) con una noción de mercado (¿quién la compra?)" (Negus, 2005 [1999]: 60) y "lo nuevo musicalmente se identifica cuando [una combinación musical reconocible] cruza un límite claro" (ibídem: 57).

Uno de los grupos formados ya en la ciudad de México logró establecer la base para el estilo musical "mariachi"; esto es, el sonido que llegaría a ser característico del mariachi proyectado por los medios de comunicación masiva. José Marmolejo (1908-1958), sobrino de Cirilo Marmolejo y oriundo de Tecolotlán, había tocado por casi una década en el mariachi de su tío, como vihuelista. Había asimilado del repertorio y las técnicas musicales, las habilidades y recursos para manejarse en el contexto del mariachi urbano. En 1931, se separó del Mariachi Coculense. Primero agrupó un conjunto modesto y luego "organizó a algunos de los mejores músicos de mariachi de aquel momento para formar su propio Mariachi Tapatío, [...] cuyas primeras grabaciones también exhiben el epíteto de 'El auténtico'" (Clark, 1994: 1).

En 1933, el Mariachi Coculense había grabado la canción *Las gaviotas* y el foxtrot *La pulquera* (Flores y Escalante y Dueñas, 1994: 42), en las que interviene el trompetista Gil Díaz; a partir de 1936 grabó las canciones *La güerita* y *Lupita* y los sones *El torero, La manzanita* y *El enamorado,* ya con el trompetista Ignacio Rodríguez, quien había colaborado antes con el Mariachi Reyes.

Jesús Salazar —el "padre de la trompeta del mariachi"— era un músico empírico, originario de Ameca, que había tocado en las bandas militares. Al integrarse al Mariachi Tapatío se le permite explayar libremente su instrumento con interpretaciones que constituyen un avance del nuevo formato musical. Ahora, en la ejecución de la melodía alternan el violín y la trompeta, pero se presentan variaciones: la trompeta arropa al violín, el violín en momentos pasa a hacer segunda a la trompeta e, incluso, el aerófono llega a tomar el comando; sobre todo, la peculiar afinación y los tejidos melódicos de este músico imprimían un sello característico. Así, el Mariachi Tapatío —entre 1936 y 1939 (Flores y Escalante y Dueñas, 1994: 42)— presenta en discos un prototipo de los sones mariacheros *La negra, El carretero, Las copetonas, El tirador, El jabalí* y *El capulinero;* de la canción tradicional *De mañana en adelante,* de las canciones de autor compuestas como campiranas *Guadalajara* y *El mariachi,* del *Corrido de Modesta Ayala;* del pasodoble *El zopilote mojado* y también adecuó el género del huapango al del mariachi con su interpretación de *La rosita*. No obstante, mantiene el canto a cargo de una o varias voces campesinas solistas —con alternancias del coro, esto es, de todos los músicos— y conserva la dicción pueblerina, de tal manera que, llegado el caso, pronuncia "mariache".

José Marmolejo con su primer conjunto, una vez separado del Mariachi Coculense. "Durante la Revolución las canciones, los sones, los corridos, los huapangos, las valonas viajaron a través de nuestra múltiple geografía. La música popular cruzó la república de norte a sur y de oriente a poniente, [...] ascendió y descendió aspirando los matices del clima, [y] emigró de los pueblos a las capitales de provincia y de éstas a la ciudad de México" (Castañeda, 1945 [1941]: 445).

Según Miguel Martínez (1921) —quien llegaría a ser el trompetista de mariachi más renombrado a mediados del siglo XX— "¡La ejecución de la trompeta de Jesús Salazar era fantástica! […] había algo poderoso en la trompeta del Mariachi [Tapatío] que me atrajo" (ápud Clark, 1994: 3).

Hablando en términos musicales, el grupo estaba adelante de su tiempo. En aquellos días era difícil encontrar un músico de mariachi que leyera música. No sólo varios de los integrantes del Mariachi Tapatío leían música, sino que dos de ellos, don Daniel [Soltero] y don Hilario [Castañeda], eran consumados maestros que conocían teoría musical. Había otros buenos grupos en aquel tiempo, pero ninguno ordenaba sus elementos musicales como el Tapatío (Jesús Rodríguez de Híjar, ápud Clark, 1994: 2-3).

Varios de los violines del Mariachi Tapatio [para las actuaciones en la radio y para las grabaciones de discos] eran músicos de la Orquesta Típica Lerdo de Tejada. Luego los mariacheros se iban a Garibaldi y se completaban con otros violines de por allí para tocar en la "laica" y los violines de orquesta se regresaban a la Típica (Jesús Rodríguez de Híjar, entrevista de 2007).

Las transmisiones radiofónicas del Mariachi Tapatío en las estaciones de la ciudad de México, como la XEB, la XEQ y particularmente la poderosa XEW ["La Voz de la América Latina desde México"]; así como las películas en las que tomaron parte, como *Jalisco nunca pierde* (1937), *La tierra del mariachi* (1938), *Con los dorados de Villa* (1939), *El charro negro* (1940) *Del rancho a la capital* (1941) y *Amanecer ranchero* (1942) fueron fundamentales no sólo para popularizar la música del mariachi, sino también para popularizar la trompeta del mariachi (Clark, 1994: 6).

La trompeta pasó a ser no sólo un instrumento indispensable, sino el más representativo. Se inició su canonización como el ejecutante principal de la melodía y se alteró, así, el balance original del conjunto de cuerdas. Se propició, en síntesis, un cambio en la imagen sonora del grupo. Paralelamente comenzaron las interpretaciones del mariachi bajo el diseño de músicos "de nota", que desplazaban la concepción tradicional, propia de los músicos empíricos.

Sobre el tema de la alteración instrumental más importante del mariachi, esto es, la adición "oficial" de la trompeta, existe la versión, repetida una y otra vez, de que Emilio Azcárraga Vidaurreta (1895-1972), fundador de la emisora XEW, creó el mariachi con trompeta, al sugerir que la melodía fuera llevada por un instrumento más agudo, para su mejor transmisión radiofónica.

De hecho, cuando se conforma el nuevo sonido del mariachi hacia 1936, los programas de mariachi por radio tenían más de una década y —hasta donde se sabe— no se habían presentado dificultades al respecto. Si existió algún problema para la difusión de la música de cuerdas por ese medio, es probable que —dado que los propios mariacheros habían experimentado el efecto del sonido de los instrumentos de pistón en sus tierras de origen (Nervo, s. f. [1892]: 56-57; Cervantes Ramírez, 1962: 32; Vargas, ápud Orfeón Videovox s. f. [1963]: 1)— fueran ellos mismos quienes propusieran la solución. Además, otros medios de comunicación también aportaron a la conformación del nuevo mariachi. En la película *Enemigos* (1933),

El Mariachi Tapatío de José Marmolejo (al centro de la fila de enmedio, exhibiendo la guitarra), con la cantina El Tenampa al fondo. Jesús Salazar aparece en el extremo izquierdo en la misma fila, si bien su trompeta queda oculta por el músico que está en la fila de abajo con el guitarrón. "El proceso de incorporación [de las peculiaridades locales en los programas nacionalistas] implica frecuentemente la reformulación de los estilos regionales, de tal manera que sean aceptables para la gente de fuera de la región original" (Turino, 2003: 194).

cuya música y canciones estuvieron a cargo de Lorenzo Barcelata (1898-1943), se exhibe la imagen de un mariachi con trompeta en primer plano (fotografía ápud García Riera, 1992a: 95), que no corresponde ni al Coculense de Cirilo Marmolejo, ni al Tapatío de José Marmolejo. Esta cinta "Fue la primera que llevó, como fondo del asunto, nuestras canciones" (Chano Urueta, ápud García Riera, 1992a: 95).

Asimismo es infundada la suposición de que la trompeta del mariachi fue una imitación del Septeto Típico Habanero, tal como lo postula Moreno Rivas (1989a [1979]: 183). Los músicos de preparación académica especializados en el género campirano, quienes asesoraron la conformación del "nuevo estilo mariachi", sabían cómo proponer un peculiar "tono rural" que contrastara con el sonido urbano del danzón. Éste era el que imitaba a la música antillana. Por lo demás, los primeros ejecutantes de trompeta en el mariachi moderno eran de origen rural, como Gil Díaz y Jesús Salazar (Méndez Rodríguez, 1989: 24-25); los mariacheros antiguos no mencionan, para nada, "trompetistas al estilo de los cubanos".

> Y a'i [en el Tenampa] conocimos a [...] Jesús Salazar que [...] es el hombre qu'hizo que la trompeta juese el corazón y la alegría del mariachi; pero no se l'hizo fácil conseguirlo; le costó muchas humillaciones, p's, al principio la gente lo rechazaba, creyendo qu'el mariachi debía ser sólo de cuerdas (Francisco Yáñez Chico, ápud Gabaldón Márquez, 1981: 275-276).

> Muchos clientes rechazaban contratar al grupo de uno si tenía trompeta. En general, los mariachis que no tenían trompeta conseguían más trabajo. Fue una lucha tremenda para que el instrumento fuera aceptado (Miguel Martínez Domínguez, ápud Clark, 1994: 6).

Sin embargo, con base en el talento, en el tesón y, sobre todo, en la intuición con respecto a la clientela, se afirmó la aceptación del mariachi con trompeta y, por tanto, del balbuceante nuevo género musical.

Con preeminencia sobre grupos que lo precedieron por años en la capital, el de Silvestre Vargas Vázquez (1901-1987) tuvo un papel fundamental en la conformación del mariachi moderno.

> Mi padre [Gaspar Vargas (1880-1969)] me encomendó en 1932 que me hiciera cargo del mariachi y lo reorganizara. Así lo hice, fundiendo

[a finales de 1934] en el mariachi los elementos de Tecalitlán con lo propio de Cocula, y lo aumenté a ocho elementos: cuatro violines, arpa, guitarrón, vihuela y guitarra de golpe o mariachera (Silvestre Vargas, ápud Orfeón Videovox, s. f. [1963]: 4).

En 1933 este grupo se viste de manera uniforme con una versión del traje campero de charro. Ese año ganan el concurso de la Primera Feria Regional de Guadalajara. En 1934, cuando tocaban de fijo en la ciudad de Colima son contratados por el gobernador de Jalisco, Sebastían Allende, para amenizar la toma de posesión presidencial del general Lázaro Cárdenas del Río (1895-1970).

Fuimos la sensación. Alternamos con la Banda de Policía, la del Estado Mayor Presidencial y la Típica de la Ciudad de México, que dirigía Don Miguel Lerdo de Tejada (Silvestre Vargas, ápud Orfeón Videovox, s. f. [1963]: 4)

Mariachi Vargas de Tecalitlán con Lázaro Cárdenas; Miguel Alemán Valdés (1905-1983) aparece en la fila de arriba con sombrero boater de paja. "Cuando la campaña presidencial de Lázaro Cárdenas, al mariachi de Vargas lo trajo tocando en toda su gira por el estado de Jalisco. Silvestre le dijo: 'Cuando llegue arriba, no se olvide de los jodidos'. Cuando ya quedó Cárdenas de presidente, se vinieron a México y los metió de músicos a la policía y les dieron una plaza a cada uno" (Miguel Martínez; entrevista de 2006).

Primero tocó otro mariachi y cuando nos tocó el turno, nos arrancamos con el "Son de la Negra", con un ritmo y una alegría que gustamos tanto (Vargas, 1980: s. p.).

El público nos aplaudió frenéticamente y Don Miguel se mostró no solamente sorprendido, sino que puso todo su empeño en que todo el público nos conociera. Recuerdo muy bien cuando nos llevó a la presencia de Don Emilio Azcárraga [Vidaurreta], en las Calles de Ayuntamiento. Don Emilio, así que escuchó al Maestro Lerdo de Tejada nos llevó al Estudio 7 de la XEW. El resultado fue un contrato con la poderosa Radiodifusora y nuestra actuación inmediata en muchos programas.

Fue el mismo Don Miguel Lerdo de Tejada, quien nos entregó un nombramiento como Conjunto Oficial de la Policía, puesto que desempeñamos durante 20 años, 3 meses, 15 días (Silvestre Vargas, ápud Orfeón Videovox, s. f. [1963]: 4).

¿Por qué este mariachi impresionó tanto a Lerdo de Tejada? ¿Por qué este personaje de la música mexicana (músico, compositor y el director de orquestas típicas más importante de la primera mitad del siglo XX) no promovió antes, desde 1925, al mariachi de Concho Andrade, a quien escuchó en la casa del diputado federal jalisciense Ignacio Reynoso y de cuyo conjunto anotó varios sones para adaptarlos a su Orquesta Típica? (Ignacio Reynoso Solórzano, ápud Méndez Rodríguez, 1999 [circa 1960]: 84). ¿Por qué no apoyó, desde 1931, al mariachi de Cirilo Marmolejo, a quien dirigió en la película *Santa*? (Méndez Rodríguez, 1999: 161). ¿Acaso porque no existía un apoyo gubernamental franco, como en el cardenismo, para la música nacionalista?, ¿o porque la radiodifusión no estaba tan desarrollada comercialmente?

Una razón puede ser que estos dos mariachis representaban el estilo (pueblerino, pero un tanto lento) y la dotación (sin arpa) de la zona central de Jalisco, aunque el primero había incorporado un clarinete y el segundo, entre otros aerófonos, instrumentos de pistón.

En esas fechas Lerdo de Tejada ya era reconocido como el director de orquesta típica mexicana más importante, pues había actualizado su agrupación musical desde 1901 y la mantuvo en activo hasta su fallecimiento, cuarenta años después, en 1941. Es probable que haya escuchado en 1907 a "la mariachi" (el "mariachi reforzado", según Sánchez Flores) en la fiesta de Chapultepec. De hecho, el maestro había participado también en la *garden party* porfiriana: "En otra canoa iba, ostentando lujosos trajes de charros, el grupo artístico que constituye la Orquesta Típica Lerdo de Tejada, dejando oír sus deliciosas piezas que tan populares han hecho a esos artistas" (Morales y Caballero, 1908: 118). Mientras se consumía el bufet en la Calzada de los Poetas del Bosque de Chapultepec, "una orquesta de músicos charros interpretaba música bajo la dirección de un encantador caballero en traje blanco de charro con el más blanco de los zarapes y el más soberbio de los sombreros" (*The Mexican Herald*, 3 de octubre de 1907: 1).

Es pertinente resaltar que la instrumentación del Mariachi Vargas, que se arraiga en la ciudad de México a partir de 1934, es parecida a la de la Orquesta Mariachi que había sido conformada y enviada por el gobierno del estado de Jalisco en 1907 para participar en las fiestas en honor del Secretario de Estado norteamericano Elihu Root, en Chapultepec. En especial destaca la duplicación de instrumentos de la armonía (guitarra quinta de golpe y vihuela) y del bajo (arpa y guitarrón). Según el testimonio de Jesús Rodríguez de Híjar, esa dotación instrumental no la tenía ningún otro mariachi de la década de 1930 en la ciudad de México (entrevista de 2007).

Nuestra hipótesis es que, por su semejanza instrumental con la Orquesta Mariachi de 1907, Lerdo de Tejada aceptó al conjunto de Silvestre Vargas como una versión reducida —aunque original, por su sonido rústico— de las orquestas típicas que había manejado por más de treinta años y, en consecuencia, le dio su lugar. De hecho él fue un decidido promotor del Mariachi Vargas en sus primeros años en la capital de México.

Otra determinación fundamental para el éxito del Mariachi Vargas en la ciudad de México es que llegó en 1934, al inicio de la gestión presidencial de Lázaro Cárdenas del Río, quien era originario de Jiquilpan, Michoacán, en donde la tradición mariachera comparte rasgos comunes con la de Tecalitlán, pues se trata de conjuntos de arpa grande con un estilo rápido y vibrante, propios de porciones de los estados de Jalisco, Colima y Michoacán.

El grupo estaba integrado por músicos del sur de Jalisco procedentes tanto de Tecalitlán, como de Zapotlán el Grande, Zapotiltic, Tamazula y Atoyac; por tanto, los ejecutantes se adaptaban desde la tradición original a la nueva versión comercial del "sonido mariachi", a la que ellos darían en buena medida el toque estandarizado definitivo. Es notable que, al ejecutar sones, no incluyen como vocalistas a artistas famosos, sino a voces del mismo grupo.

El Mariachi Vargas inició en 1935 sus presentaciones radiofónicas en la estación XEW, donde conoce al compositor Manuel Esperón (1911); en 1937 grabó su primer disco (con la canción *El buque* y el son *El tren*); año en el que intervino en su primera película, *Así es mi tierra* (1937), estelarizada por Mario Moreno "Cantinflas" (1911-1993), y la primera gira internacional fue a La Habana en 1938. Su dotación instrumental ampliada permitió una versión más brillante de los sones y un acompañamiento más "arropado" para los cantantes del género ranchero. Exigido por el nuevo estilo del mariachi moderno, en cuya conformación su grupo sería un elemento

LUCHA REYES

"De entre todos los mitos que existen alrededor de Lucha Reyes, sólo queda una certeza: su voz punzante" (Peguero, 1994a: 21), "de tono grave que alcanzaba notas de contralto y de repente se desgarraba, quebrándose inesperadamente en las notas sostenidas. Y México enloqueció con ella: tenía talento, técnica, temperamento y una voz singular, diferente a cualquier otra. Su presencia electrizaba, su figura alta y delgada llenaba el escenario y en aquel rostro anguloso, modelado a machetazos, se adivinaban los encabronamientos" (Su, 1994 [1990]: 23-24). "Con el vértigo de su voz, se volvió en escena erupción, tempestad, estallido; un grito que dio cobijo al desahogo colectivo. Su estilo bronco marcó la línea que habrían de seguir en lo sucesivo las afamadas cantantes de ranchero" (Ramírez, 1994a: 21 y 1994b: 23).

PÁGINA ANTERIOR:
El director Arcady Boytler "propuso en *Así es mi tierra* una inversión de valores [...] [ya que] los actores cómicos interesaban al público mucho más que los héroes. Su atención se centró en Cantinflas y en otro cómico, Manuel Medel" (García Riera, 1992a: 278-279). Silvestre Vargas aparece al centro de la fotografía.

fundamental, en 1940, ante el gran acoplamiento que se iba logrando entre el mariachi con trompeta y la canción ranchera de esa época, Silvestre Vargas tuvo que ceder e incorpora tardíamente, en comparación con otros conjuntos, al trompetista Miguel Martínez Domínguez, mariachero de la Plaza Garibaldi, quien tocaba de manera eventual con Concho Andrade en El Tenampa; no obstante, su mariachi nunca desechó el arpa.

La canción "vernácula" había sido prefigurada, desde la segunda mitad de la década de 1920, en el teatro de revista. Varios intérpretes y compositores contribuyeron a conformar el género con temas como *Pajarillo barranqueño, Allá en el Rancho Grande* y *La feria de las flores*. Dentro del estilo ranchero se desarrollaron canciones alegres y bucólicas (como *Atotonilco, Las alteñitas* y *Soy virgencita*) o las que se basaban en evocaciones tristes (como *Varita de nardo, La negra noche* y *Adiós, Mariquita linda*). Aprovechando el ambiente nacionalista, que tomó un nuevo brío durante el periodo cardenista, se diseñó un estilo musical "ranchero", con una intención comercial y una vocación de uniformidad, el cual fue pregonado, sin embargo, como "netamente campesino y profundamente tradicional". A la conformación de este estilo estaría asociado el surgimiento del mariachi moderno. Así aparecieron las canciones de "estilo bravío", protagonizado por la tapatía Lucha Reyes (1906-1944), quien lo hizo popular con éxitos como *El herradero, Juan Colorado* y *Guadalajara* (que ya constituía un modelo). Con *La tequilera,* esta cantante "inauguró y difundió los nuevos temas e inspiraciones de la canción ranchera: el alcohol, el corrido de nota roja, el abandonado, el desdén y el elogio de provincia al lado del machismo y la afirmación nacionalista o localista" (Moreno Rivas, 1989a [1979]: 187).

Lucha Reyes se inició muy joven como cancionera de carpas en las barriadas capitalinas; luego, en Los Ángeles, cursó estudios de canto y se reveló como soprano lírica en 1920 (Talavera, 1951: 4-5). Llegó a adquirir su timbre característico de manera un tanto accidental. Tras recuperarse de una afonía, en 1927,

> nunca más recobró sus notas agudas, quedando convertida en una contralto "de ancho centro y potentes graves", por lo que, a partir de entonces, se dedicó exclusivamente a interpretar la canción ranchera mexicana [...]; al cantarla, sentía como nadie, entregaba su corazón, su propia vida, prodigaba su voz "de pecho" hasta desgarrarla, gemía, lloraba, reía, imprecaba [...] con un sentimiento único, con un temperamento "brutal" (ibídem: 6-7).

Una vez que la voz de soprano se le tornó más grave y ligeramente áspera, con tono de contralto y un matiz enronquecido, éste fue el instrumento ideal para su éxito, pues desarrolló un estilo vigoroso basado en el escape melódico, y completó la imagen con ademanes y gestos decididos (Morales, 1981: 164-171).

La película *Allá en el Rancho Grande* (1936) fue el gran éxito de esa década. Este "melodrama ranchero [...] demostró algo que hoy parece obvio: lo que se esperaba del cine mexicano eran películas mexicanas, o sea, muestras de un muy peculiar color nacional. Ese Rancho fue el que sentó las bases para que el cine mexicano se convirtiera en una verdadera industria" (García Riera, 1992a: 211).

> Además […] fue la primera película del todo mexicana que mereció ser subtitulada en los Estados Unidos en 1938, y exhibida ahí, en consecuencia, no sólo a los espectadores de lengua castellana, como ocurría con las demás. Resultó también la primera película que dio al cine mexicano un premio internacional: el de fotografía otorgado en 1938 a Gabriel Figueroa [1908-1997] en el Festival de Venecia (idem: 211).

El excepcional taquillazo se basaba en una "fórmula temática que combinaba la derrota del antiguo derecho de pernada con la victoria del color regional,

Tito Guízar con Gloria Marín en la película *¡Qué lindo es Michoacán!*, 1942. "Aunque sus posteriores películas no superaron el éxito de [*Allá en el Rancho Grande*], sí encabezaron parte del fenómeno avasallador de un cine pletórico de charros y chinas poblanas, cuyos ademanes, modismos y léxico contagiaron a otros países y sentaron las bases de la llamada Época de Oro [del cine mexicano]" (Flores y Escalante y Dueñas, 2000b: 93).

cosa muy llamativa […] para muchos espectadores de vida o cercanos antecedentes rurales, y que eran mayoritarios en México, la Argentina, España y los demás países de lengua castellana" (ibídem: 212-213). "Naturalmente, también contribuyó muchísimo al triunfo de la cinta su música, elemento esencial del folclore mexicano más favorecido por el cine: el de Jalisco y el Bajío, con sus 'charros y chinas y mariachis'" (ibídem: 236).

Un aspecto que no ha sido percibido es el hecho de que a Guadalajara, a pesar de ser la segunda ciudad del país, o quizá por ello, "los mexicanos en burla la llaman 'el Rancho Grande'" (Hardy, 1992 [1829]: 76). De esta manera, no obstante que durante el Porfiriato los tapatíos se esforzaron por imponer un toque afrancesado en la Perla de Occidente, en el imaginario nacional se mantenía como sinónimo del título de esta cinta; detalle decisivo para que el mariachi —que de "coculense" había pasado a ser "tapatío", al menos en términos nominativos— avanzara en su ascenso como prototipo de lo provinciano nacional, en oposición a lo capitalino.

"El principal intérprete de la película [fue] el tenor Tito Guízar [1908-1999]" (García Riera, 1992a: 211) —el "ranchero enamorado" y *latin lover* de la canción vernácula"—, "más afeitado y menos peleonero" (ibídem: 204), quien "encontró en un debutante de 1937, Jorge Negrete [1911-1953], una encarnación más convincente del macho, en su caso arrogante, bragado y bigotón" (ibídem: 253).

A partir de 1940, cuando ya se había logrado una definición clara del estilo de composición y de ejecución, se realiza la conjunción definitiva entre el mariachi moderno y la canción ranchera. Entonces se consolidan los compositores especializados en "canciones de corte jalisciense" para mariachi. Los más destacados fueron el músico Manuel Esperón y el letrista Ernesto Cortázar (1897-1953), cuyo dúo terminó por establecer el estándar del género, entre otras, con *Noche plateada, Serenata tapatía, Traigo un amor* y, sobre todo, con sus temas-título para películas campiranas.

El diseño no se circunscribía al aspecto musical, pues esas canciones rancheras eran planeadas como elemento de las películas. El mariachi no era ya el protagonista principal de "su música", pues había pasado a ser el acompañante de los intérpretes de la "canción bravía", personajes forjados también durante esa época. Los prototipos fueron Lucha Reyes y Jorge Negrete, quienes llegaron al "género ranchero" a partir de una preparación musical académica y manejaban, por lo tanto, "voces educadas" de acuerdo con los patrones cultos y estaban capacitados para proceder con notación musical.

Así, el cine sonoro mexicano surgió aprovechando los elementos depurados por el teatro de revista: el estilo escénico, la imagen estilizada de los charros y las "chinas poblanas", los elencos y, sobre todo, la combinación de diálogos con canciones rancheras. Más aún:

Las canciones contribuyeron en gran manera a fijar uno de los tipos característicos de la cinematografía nacional: el charro cantor. Antes que ser bravucón, borracho, pendenciero, simpático y mujeriego

"A partir de *¡Ay Jalisco, no te rajes!*, Jorge Negrete elevó la figura del charro cantor a rango de institución. Su personalidad es una versión de nuestra idiosincracia, y como tal despierta la adhesión entusiasta o el rechazo vehemente. Jorge sedujo al público femenino y logró que el masculino se identificara con él, porque su personaje colmaba las aspiraciones del pueblo. Su actuación en la película fue un milagro, pues logró proyectar un carisma que no tenía. Le ayudó el carácter pendenciero y atravesado de su personaje, que por no ser un héroe positivo, se prestaba para una actuación más suelta" (Serna, 1993a: 47 y 49).

debía ser un cantante más que aceptable. No es por azar que Jorge Negrete […] se convirtiese en el actor ideal para ese personaje imposible: una especie de Caruso ranchero capaz de pavonearse cual una extraña cruza entre gallo de pelea y pavo real (Moreno Rivas, 1989a [1979]: 81).

En las películas de la Época de Oro del cine mexicano, se terminó de conformar la imagen —sonora y visual— del mariachi moderno. Los ajustes finales corresponden a *Ora, Ponciano* (1936), *Jalisco nunca pierde* (1937) y *Así es mi tierra* (1937). Por lo general, en los créditos de estos filmes no aparece el nombre del mariachi participante y, cuando se le señala, se trata de un nombre ficticio, como el Mariachi Guadalajara (en *Jalisco nunca pierde*, 1937 [García Riera, 1992a: 273]), el Mariachi Rancho Chico (en *Allá en el Rancho Chico*, 1937 [ibídem: 292]), o el Mariachi Alma de Cocula (en *Juan Soldado*, 1938 [García Riera, 1992b: 64]; si bien a veces es verdadero, como Los Diablos Rojos (en *Hasta que llovió en Sayula*, 1940 [ibídem: 167]).

En *¡Ay Jalisco, no te rajes!* (1941) se conjuntaron genialmente las composiciones de Esperón y Cortázar —preparadas de antemano, pero diseñadas para la interpretación del "macho-charro mexicano"— con la voz y prestancia de Negrete,

> pese a la renuencia del actor a interpretar la música del género. Según Manuel esperón, […]: "Llegó Jorge Negrete, oyó las piezas, se enojó y me dijo que él no era mariachi; entonces tomó la hoja de papel, la hizo una bola y la arrojó debajo del piano, y salió. Después lo hicieron regresar, ya que había que cumplir el contrato; cantó un poco a la fuerza [la canción-tema], pero apenas comenzó a

hacerlo, se enteró de que la cosa le iba muy bien, se empezó a entusiasmar; luego le puso muchas ganas y resultó lo que yo me había imaginado" (García Riera, 1992b: 203).

No quería cantar vestido de charro, porque él era de opereta y zarzuela, pero como el hambre es canija, cuando le ofrecieron su primer papel como charro, tuvo que aceptarlo y con eso se fue para arriba (Amparito Arozamena, ápud de Laviada, editora, 1994: 93).

Todavía en esa película el mariachi Los Diablos Rojos (después Perla de Occidente) aparecía en segundo término y el primer plano era ocupado por el Trío Tariácuri. No obstante, el sonido y el "concepto" ya eran los del mariachi: el modelo estaba logrado. La producción seguiría incontenible y exitosa: *El peñón de las ánimas* (1942, con el Trío Calaveras y el Mariachi Vargas de Tecalitlán), *Así se quiere en Jalisco* (1942, con el Trío Los Plateados y el Mariachi Marmolejo)… Pronto entraría en escena otro "charro cantor" idolatrado, Pedro Infante (1917-1957), con *El ametralladora* (1943), *Cuando lloran los valientes* (1945) y *Si me han de matar mañana* (1946). En la década de 1950, el mariachi moderno desplazó a los tríos rancheros y se apoderó, de manera omnipresente, de la escena musical.

El título de estas películas coincidía, frecuentemente, con el de la canción-tema. Sus comedias rancheras tuvieron como escenario un México tradicional rural mítico, que sólo existía y sigue existiendo en ellas. El tema del melodrama era el pretexto para que los artistas interpretaran una canción tras otra. La necesidad social del nuevo Estado mexicano en construcción determinaba que se estableciera una versión actualizada del charro en tanto ídolo icónico y musical: el "charro cantor". Con estos filmes se consolidó paralelamente el nuevo modelo del mariachi: "charros acompañantes" del "charro cantor" o de la cantante bravía. A partir de entonces, sus clientes —aun en la antigua región del mariachi— se identificaron con la imagen de estos últimos y ya no como los tradicionales bailadores de jarabes y sones.

Poco a poco se fue pasando de un simple "teatro fotografiado con canciones" a un diseño más cuidado, tanto en el argumento como en la fotografía, y a los tipos físicos escogidos. La emblemática canción de Esperón y Cortázar *Yo soy mexicano* es una muestra de la factura impecable de ciertos elementos de esas "ficciones imaginarias". Las terminaciones de "bragao", "bordao", "rajao", "montao", "enamorao" y "atravesao" no son un descuido léxico, sino que responden a una intención expresa, ya que se trataba de convencer de que el mito que se estaba construyendo era "real" en su conjunto, en toda la escena. Ésta es la razón por la que Ernesto Cortázar, el autor de la letra, enfatizó el corte en la terminación en esas precisas palabras finales, para remitirlas imaginariamente al habla con terminación cortada de los mestizos del occidente de México. Esa misma razón obligó a Jorge Negrete a expresar ese corte con puntualidad y a veces hasta con exageración en su versión cantada (RCA Victor MKS 2376, 1984 [1943]: lado uno, pista dos). Pero Negrete era un barítono entrenado, no un cantante rural; había cursado su escuela primaria en el Colegio Alemán de la ciudad de México, no en un rancho; su habilidad con las pistolas y los caballos no la había aprendido en el campo mexicano, sino en el Colegio Militar de Tacuba, del cual había egresado como teniente de caballería y su debut como solista había tenido lugar en la inauguración del Palacio de Bellas Artes en 1934, bajo la dirección de Manuel M. Ponce. Todo era un escenario, pero, a juzgar por su éxito, muy bien montado.

México atravesaba por un periodo de relativa prosperidad concomitante a la Segunda Guerra Mundial y la posguerra, en relación con la austera situación de Estados Unidos, Europa y, en especial, España. La capital y las demás ciudades de provincia arrancaban su crecimiento incontenible, incorporando a la vida urbana a una población de inmediato pasado campesino. Para ella, una música "con aire de campo" era una reafirmación orgullosa de su origen provinciano. Para quienes permanecían en las áreas rurales era el único mecanismo para acceder a una modernización, al menos musical, y desechar las melodías de un pasado estigmatizado por la ideología dominante.

El género ranchero —musical y cinematográfico— fue, así, un rotundo triunfo comercial y simbólico de la moderna comunicación electrónica. Los compositores y los productores de películas lograron

Caricatura de Abel Quezada (1920-1991). "Los bordes más ásperos de la ejecución rural (por ejemplo, en el violín y en los timbres vocales) fueron reformados para atraer más ampliamente a la estética cosmopolita. Más aún, los mariachis incorporaron sones distintivos de diferentes regiones de México [...] convirtiendo la amplitud de su repertorio en nacional y complaciendo a gente de todo México" (Turino, 2003: 197).

pronto los temas, los "ídolos" y las fórmulas que les garantizaban éxitos y ta-
quillazos millonarios… y un público feliz y cautivo. Mediante el poder y la fascinación de la radio, los discos y las películas, el triunfo del nuevo prototipo
de mariachi fue absoluto. Asimismo, los "mariachis con trompeta" fueron promovidos por el gobierno mexicano y por las empresas publicitarias como los
"embajadores musicales" idóneos para realizar giras artísticas en el extranjero.

Sin embargo, la adopción generalizada de la nueva instrumentación
y del atuendo "oficial" no se dio de manera inmediata, sino paulatina e irregu-
lar. De hecho, la gestación del mariachi moderno se desarrolló a lo largo de
una década. A partir de algunos músicos originarios de Jalisco, emigrados a
la ciudad de México, se logró crear un nuevo mariachi. La constitución intrín-
seca del mariachi tradicional se había transformado completamente: su instrumentación, su actitud al tocar, su estilo de ejecución, su balance musical y
la duración de sus piezas. Las melodías y las letras de sus canciones pasaron a
estar impuestas por los diseñadores al servicio de los medios de comunicación. Ahora se trataba de un conjunto citadino con estilo uniforme. El mariachi había pasado de la cultura popular (regional, anónima) a la cultura de
masas, que es la de la sociedad de consumo (comercializada, "de autor").
De ser el centro de la fiesta se convirtió en un acompañante, un complemento.

Cuando se habla de la conformación del mariachi moderno a partir
de las exigencias de los medios de comunicación masiva no se debe pensar en un modelo mecanicista, sino en prácticas flexibles que fueron acomodando numerosas mediaciones humanas hasta instituir un novedoso género
musical.

Para el establecimiento del "estilo mariachi", se seleccionaron algunos aspectos del mariachi tradicional, los cuales serían inevitablemente alterados, con criterios de la estética "cultista". El mariachi moderno surge, en
cierto sentido, de la base musical y de los ejecutantes del mariachi tradicional y representa, hasta cierto punto, una derivación de la tradición del occidente de México. Pero esta tradición y sus intérpretes fueron subsumidos
(reacomodados y modificados) en un nuevo contexto cuyo centro y motor
son los medios de comunicación masiva, que ya entonces operaban de manera coordinada y complementaria. Aparece como "una tradición vernácula con
profundas raíces en el pasado", pero se trata de una institución que data del
periodo cardenista (1934-1940). Así, a hechos sociales de constitución reciente se les colocó la etiqueta de un pasado —tan inexistente como necesario—
para lograr que el pueblo se identificara con propuestas que se le "vendían" como "sus raíces". Este mariachi moderno es el grupo musical más importante

producido en la ciudad de México, aprovechando un ambiente nacionalista, con el fin de atraer a las masas de consumidores, quienes requerían una mercancía de esta clase, pues tendencialmente añoraban las haciendas idílicas.

Ante la difusión masiva de su imagen sonora y visual, este tipo de mariachi folcloricista fue imitado por los grupos existentes en la ciudad de México y en otras urbes de provincia. Más aún, los mariachis tradicionales de las áreas pueblerinas y rurales se vieron obligados —por la presión del público— a adoptar el nuevo estilo y, en consecuencia, la trompeta. Atraídos por la ilusión que difundían los *mass media*, y con la esperanza de

"Las *Mañanitas tapatías* son algo de lo poco bueno a que saben tupirle estos folclóricos exponentes bajo el balcón de la pretendida doncella que despierta halagada con los auténticos 'gallos' en que son especialistas" (V.I.C., 1942: 6-7).

la fama y los sueldos espectaculares, muchos músicos de provincia se volcaron a la capital. Pocos lograron un acomodo acorde con sus expectativas: la mayoría terminó como integrante de los numerosos mariachis populares y no de los contados "de lujo", los hegemónicos, forjados y promovidos por los diseñadores musicales del aparato comercial.

Mientras tanto, los grupos de mariachi moderno se comenzaron a formar por doquier, sin importar que ninguno de sus integrantes fuera originario de la región del mariachi, pues ahora se trataba de copiar la música de los discos, las ejecuciones radiofónicas y las películas. El mariachi ya pertenecía a todo México y había llegado a ser "el conjunto nacional".

José Moreno Villa (1887-1955), republicano español exiliado, da cuenta de que hacia 1940, con el azolvamiento de los canales que conducían al centro de la ciudad de México, el todavía alejado pueblo de Xochimilco había tomado el lugar de Santa Anita como lugar de asueto de capitalinos y turistas:

> Unas canoas van y otras vienen. Los paseantes se miran contentos, animados por el son de los mariachis. La canoa de éstos solicita ayuntamiento con la del paseante; consigue el permiso y se le pone al flanco. Comienza la música y las dos canoas se alejan por los serpeantes senderos de agua, perdiéndose en un recodo. Hay sones lejanos y próximos (1940: 76).

En plena Segunda Guerra Mundial se publicaron dos crónicas sobre la presencia de los mariachis callejeros en la ciudad de México. Una firmada en un tono despectivo y burlón por el mexicano V.I.C.; la otra, con una intención respetuosa y analítica, por el periodista español Juan Rejano (1903-1976), republicano refugiado. Las apreciaciones no pueden ser más contrastantes. Mientras la primera se mantiene en la crónica ocurrente, incisiva y trivial; la segunda, al tratar de sus impresiones acerca de ciertas costumbres, "ha buscado la verdadera y fuerte personalidad de México" (1945: 10).

Desde 1936 se había fundado el Sindicato Único de Filarmónicos, Trovadores y Mariacheros en Tepic (Ochoa, 2000 [1994]: 116). Los músicos de la Plaza de Garibaldi establecieron la Asociación Mexicana de Mariachis en 1943.

> Como estábamos urgidos de protección y defensa […] estábamos güérfamos, solos, en la calle, y como ya los sindicatos eran

conocidos, l'hicimos la lucha a esta idea. A ver si escapábamos di'aquellos que miran de 'santo patrón' a San Coyote. El mariachi Jesús Briseño, que tocaba el violín, y que llegó al Tenampa de los primeritos; p's él se puso a organizarnos; platicó […] con un puña'o de nosotros, […] y a nosotros nos gustaba sentirnos trabajadores de la música y de l'alegría. Antonces, en ese tiempo, estábamos muy fatales, ¡di'a tiro! y como no había lana, no habían fondos, y tuvimos que pedirnos limosna a nosotros mismos, con un sombrero, y cada quen puso a'i lo que quiso y pudo, y con esa colecta compramos unos lápices, unos cuadernos y unas hojas de papel di'oficio (Yáñez Chico, ápud Gabaldón Márquez, 1981: 304-306).

Los desplazamientos a larga distancia de los mariachis populares de la Plaza de Garibaldi, como el de Francisco Yáñez Chico, indican la expansión del nuevo mariachi a ras de suelo, esto es, en giras para tocar en vivo ante la clientela. En 1943 viajan a Querétaro, Celaya, Guadalajara, Tepic, Tuxpan, Santiago Ixcuintla y Mazatlán (Yáñez Chico, ápud Gabaldón Márquez, 1981: 298-301); en 1946 van a Veracruz, Oaxaca y Salina Cruz (ibídem: 329-334); en 1949 a Tabasco, Campeche, Yucatán y Quintana Roo (ibídem: 337-340); en 1950 pasan la frontera y hacen un recorrido por Guatemala hasta Esquipulas (ibídem: 341-344).

Ese mismo año se informa en el extremo norteño del país que en la fiesta de San Francisco Javier —en Magdalena, Sonora— habían llegado 15 grupos de mariachis con trompeta procedentes de Nogales, Hermosillo y Guadalajara (Smith, 1950: 19-20).

> [En 1944, Irma Vila —cuyo verdadero nombre era Armida Rojo Gamboa (1916-1993)—, originaria de San Blas, Sinaloa] era entonces una ilustre desconocida. De vocesita pequeña y figura agraciada. Un día […] llegó al café [de la XEW] más entusiasmada que de costumbre. Me dijo:
>
> —Fíjate, me voy a España, pero mi problema es el mariachi, ¿tú que opinas?.
>
> —Estoy seguro —le contesté— que pegarás con tubo y en cuanto al mariachi, eso no es problema. Vete al Tenampa y echas leva.
>
> Así lo hizo. Se fue a la Plaza Garibaldi, típico lugar de los mariachis, y dos días después, prácticamente sin dinero, iniciaba una aventura histórica, que habría de culminar con el triunfo definitivo de nuestra música folclórica.

El éxito de Irma en España fue clamoroso. En Madrid primero, en Barcelona después, y luego en toda la Península Ibérica no se hablaba de otra cosa que "del famoso falsete de Irma Vila". Encabezó brillantes espectáculos, que incluían mariachis, charros auténticos traídos de México y toda una compañía de grandes artistas. Recorrió en triunfo varias veces la Península, Francia y el Norte de África (Gallegos, 1965: 244-245).

"Irma Vila y sus 'mariachis'. En su camerino y durante los instantes que después de los cambios de trajes le quedan libres, con una exquisita amabilidad y la salamería de su charla, nos cuenta que está encantada en España. Su mayor ilusión es triunfar siempre, y ya que su alma de artista la llevó a interpretar las típicas canciones mejicanas, luciendo las portentosas facultades de su garganta, que parece tiene un doble registro, pues juega a la perfección las octavas musicales, nuestra simpática Irma aquí va tomando ya carta de naturaleza" (Sala Verdaguer, 1950: 3-4).

Si bien esta cantante —promocionada como "La voz de Méjico"— tuvo poco reconocimiento en su patria, grabó varios discos para la sucursal española de la RCA Victor, para la Compañía de Gramófono Odeón de Barcelona y un acetato para la aerolínea Iberia. Actuó en el cine español en *Canción de medianoche;* en México protagonizó *Canta y no llores* (1949) y tuvo intervenciones musicales en *Canasta uruguaya* (1951).

En 1944, Rubén Fuentes Gasson, talentoso músico "de nota" originario de Zapotlán el Grande (Ciudad Guzmán, 1926) y formado desde niño por su padre en el violín y por su madre en el piano, ingresó por accidente al Mariachi Vargas como violinista y, a la postre, se convirtió en su director musical de facto. Fue él quien diseñó el estilo definitivo del Mariachi Vargas comercial, rasgo que lo terminó por convertir en mundialmente famoso, a través de innumerales discos, películas, giras y programas de televisión.

A partir de la llegada de Fuentes, se inicia la imposición de patrones asociados a la música escrita; junto con el ajuste en la duración, se organizaron las partes de cada son adecuándolas a determinado número de compases; asimismo, se estableció una manera uniforme de ejecutar la armonía con el fin de lograr una versión predecible. El trompetista que logró poner el acento definitivo al "género mariachi" fue Miguel Martínez. Sones como *La negra, Camino real de Colima, El carretero* y *Las olas* fueron expropiados del patrimonio colectivo y anónimo, al registrarse su autoría como si fueran creaciones individuales de los arreglistas.

Desde su arraigo en la capital, el Mariachi Vargas había ejecutado también música que no era originaria de la tradición mariachera, ya que provenía de otras regiones de México (*El buque*) y luego interpretaría piezas que habían sido compuestas en la ciudad de México (*Los tarzanes*) —por músicos de nota, no necesariamente originarios de Jalisco (*Cocula*)—, para ser difundida por los medios de comunicación masiva en calidad de campirana. Fue acompañante musical, aunque no siempre el inicial, de los cantantes protagónicos del género bravío y ranchero, como Lucha Reyes, Jorge Negrete, Pedro Vargas (1906-1992) y Pedro Infante.

La crítica musical especializada de la década de 1950 (*Melodías mexicanas, Cancionero mexicano* y *Álbum de oro de la canción,* entre otras revistas) —si bien destacaba al Mariachi Vargas de Tecalitlán, junto al Mariachi Perla de Occidente, al Mariachi Santana, a Los Huicholes Musicales y al Mariachi Pulido—, nunca le otorgó un título de primacía ya que, a lo sumo, le añadía el calificativo de "mexicanísimo" en las páginas específicas de propaganda comercial pagada.

Mariachis a todo trapo

Todo aquel que canta muy mal y no tiene oficio, se mete a mariachi. Así se comprende que hoy a los mariachis los encontremos, si no hasta en la sopa, por lo menos hasta en las calles de la Indianilla.

Para ser buen mariachi no se necesita ni haber cumplido la mayor edad, y así lo demuestra este mariachito [se incluye la fotografía en la publicación original] que, para serlo, sólo precisó vestirse de charrito de banqueta y quejarse del estómago en ayes un poquito musicales.

Sólo diez años atrás a éste de la guerra mundial número 2, vemos que los novísimos especímenes de la música que se llama popular porque obtiene grandes éxitos en las pulquerías, se reproducen en tal cantidad que parece que son fabricados en incubadora. Si por curiosidad ociosa llegase a levantarse una estadística del número de mariachis existentes, segurísimo que la cifra censal obtenida resultaría alarmante; pues son mariachis desde los poco más o menos auténticos de Cocula, hasta los siempre afónicos de la plazuela de Garibaldi, pasando por las mariachis criadas, intérpretes de Agustín Lara mientras barren las recámaras, y los berrido-aficionados que relinchan boleros de moda en el cuarto de baño; esos dos últimos ejemplares pertenecen a la categoría de mariachis frustrados o en potencia.

Efectivamente, si nos remontáramos dos lustros en reversa, allá por 1931, encontraremos que los mariachis son una rara novedad de borlote, llegada de importación regional a la metrópoli. Los mariachis eran, entonces, unos curiosos grupos de cancioneros destemplados, vestidos de charros montaperros, a quienes se contrataba por unos cuantos tostones para que le tupieran parejo y sin descanso a la tocata de sones populares, durante toda la santa noche en las afueras o en el pórtico de los salones de baile en celebración de gala, kermesses o fiestas de pomada.

Soplando, rascando, falseteando y haciendo gargarismos de tequila, sin dejar de darle al canto gritante, se reventaban seis o siete horas a la cruda intemperie nocturnal, encobijados en sus sarapes por fuera y, por dentro, con la calefacción interna de los 'alipuses'.

¡Quién iba a pensar que, andando el tiempo [...], ciento veinte meses más tarde —hoy en día—, los mariachis llegarían a lo que son: atracción turística de primer orden! Al contrario de lo que eran: repulsión auditiva de última necesidad. Por el gran número de ellos [...] ya tenemos más mariachis que turistas.

La popularidad de los mariachis se acrecentó desde que el compositor Tito Guízar tejió entre la urdimbre de su inspiración folclórica su canción dedicada a esos rápsodas callejeros, pues el radio se encargó de que por todos los ámbitos del país se difundieran sus líricas melodías que enaltecían su ingenuo arte musical.

Ahora ya los filarmónicos de Cocula y Los Altos tienen carta de vecindad en la capital de la república y hasta constituyen una atracción turística, puesto que las *girls* y los rubios visitantes transbravinos traen apuntado entre sus objetivos excursionísticos el escuchar un concierto vernáculo mariacheril. Y para lograrlo no tienen más que encaminarse apenas pardea la tarde, rumbo al feudo cantinflesco, ya que precisamente detrás del Folís se encuentra el cuartel general de los hombres del cornetín y del salterio, en la tristemente célebre taberna tenamperil. Y ahí, en plena vía pública, entre los puestos de fritangas que invaden las aceras del destartalado jardín, se improvisa a un curioso corro del exótico auditorio, para dizque deleitarse con los gritos más o menos armonizados que lanzan los rústicos intérpretes de nuestros cantos tricolores, acompañados por democráticos eructos de tequila.

Pero los nórdicos turistas soportan esos y otros malos olores, encantados de la vida, como evidente demostración de que saben practicar la política del Buen Vecino.

Encobijados y con caras de pocos amigos, estos ejemplares mariacheros se dejaron sorprender por el fotógrafo [se incluye la fotografía en la publicación original], mientras esperaban al marchante que los llevara de serenata por esas calles de México que no pueden cumplir, ni nocturnamente, las disposiciones contra el ruido (V.I.C., 1942: 6-7).

Caricatura de Facha, seudónimo de Ángel Zamarripa (1912-1990).

Los mariachis, esfinge mestiza

Los mariachis son músicos ambulantes cuyo indumento —mezcla de charro y de indio— es tan típico como sus canciones. Son originarios de Jalisco, aunque también creo que los hay en Michoacán y no sé si en alguna otra región. Donde más se les ve es en la ciudad de México. Aquí parece que hacen su concentración, sin duda atraídos por el dinero —por el mucho dinero— que rueda en la capital. Son una especie de trovadores al servicio de las gentes alegres. Van siempre en cuadrilla, formando una pequeña rondalla, y se contratan —por un tanto— para dar serenatas o "gallos", llevar "mañanitas" a los que celebran el día de su santo, y tocar y cantar en algunos centros de diversión. Los instrumentos que usan para sus interpretaciones son el violín, varias guitarras, entre ellas algunas guitarras-bajo [guitarrones], y el cornetín. El repertorio de sus canciones suele estar compuesto de "corridos", "rancheras", algunas tonadas viejas [sones] y los cantos populares de la revolución. Los mariachis son inconfundibles cuando actúan. Aunque sus notas vengan de lejos, los identifica uno con facilidad. Hay en sus voces, en el bordoneo de sus guitarras, y, sobre todo, en el gorjeo metálico de sus cornetines, un matiz tan de pueblo, tan del México genuino, que no hay posibilidad de tomarlo por otro.

Los mariachis son el chanfarrinón pintoresco en medio de la ciudad moderna. Parece como si trajeran a México —a este México que cada vez se va pareciendo menos a México— la constante advertencia de ese espíritu de lo castizo nacional que no quiere acabar de desaparecer. Cuando se les contempla entre los coches de lujo o al pie de los rascacielos, con sus pantalones ajustados, sus grandes sombreros de petate y sus sarapes o mantas, cree uno estar viendo unas siluetas inanimadas escapadas de algún *Mexican curious*. Y hasta que no se ponen a tocar no se da cuenta uno de que sólo son fantasmas en nuestra imaginación.

En cuanto cae la noche salen de entre las sombras, y entonces se observa cómo sus instrumentos musicales ponen una nota peculiar de feria dondequiera que se sitúan. La noche es el ambiente natural de los mariachis. Navegan en la noche como el pez en el agua, y cuando van a dar un "gallo" no se puede precisar por qué caminos llegan, ni nadie oye sus pisadas, pero de pronto, en la calle, suenan sus guitarras y sus violines como si hubiese entrado por ella un zafarrancho de musicales algarabías, y sus "¡Guadalajara, Guadalajara!" se meten por nuestros oídos con un aire entre fanfarrón y melancólico más intenso que de costumbre. Y también en las madrugadas, cuando acuden a alguna puerta a dar las "mañanitas", llevan un no sé qué de misterio y de sorpresa; pero entonces sus músicas saben adaptarse a la ocasión, y parece como si unas voces endulzadas con las mieles del alba cercana nos anunciaran que va a llegar el día y que la luna "ya se metió". Arrebujados en sus sarapes, formando un semicírculo en la calle, con un trago de tequila en cada intermedio, los mariachis arrullan un poco infantilmente nuestro sueño.

Sin los mariachis —que reúnen en sí algo del antiguo bardo, de la rondalla noctámbula y del ciego coplero— México perdería una parte de su carácter. Sus noches se quedarían desoladas, sordas, sin esenciales ecos, y en cada esquina lloraría, como un alma en pena, el recuerdo de una canción que quedó sobre la tierra, desamparada, aroma a punto de extinguirse entre los labios de la soledad (Rejano, 1945: 131-132).

Dibujo de Miguel Prieto (1907-1956), peninsular refugiado en México.

El Mariachi Vargas de Tecalitlán en un estudio de la radiodifusora XEW, circa 1945. Rubén Fuentes es el segundo de derecha a izquierda en la fila superior. "Rubén logró destacarse en el Mariachi Vargas, siendo un violinista de gran temperamento, un pianista de gran categoría y dominador de los instrumentos del mariachi, fue designado como arreglista del mismo" (*Álbum de oro de la canción*, 1952: 325).

El 18 de septiembre de 1955, la programación especial para conmemorar el 25 aniversario de XEW incluyó la participación del Mariachi Santana, el Mariachi Pulido, el Mariachi de Miguel Díaz, el Mariachi Perla de Occidente y, de manera destacada en dos ocasiones, tanto el Mariachi México de Pepe Villa como el Mariachi Vargas de Tecalitlán; también se presentaron el Mariachi de Gaspar Vargas y el Mariachi de Rubén Fuentes (*Selecciones musicales*, 1955: 12, 40, 49 y 63).

Pero en 1958, al celebrarse los 60 años de la fundación del grupo, la propia compañía disquera que publicaba sus grabaciones (RCA Victor), con claros fines de mercadotecnia, comenzó a incorporar al nombre del Mariachi Vargas de Tecalitlán el calificativo de "El mejor mariachi del mundo". Sin duda, para tal decisión había incidido, por un lado, que el propio Rubén Fuentes era entonces director artístico de la RCA Victor y, por otro, el que

la empresa metalúrgica alemana Krupp, al reinaugurar sus instalaciones tras la derrota de Tercer Reich en 1945, había invitado al Mariachi Vargas a participar en las fiestas que tuvieron lugar en Münich (Baqueiro Foster, 1965b: 34); igualmente que en ese mismo año el gobierno del estado de Jalisco le otorgó a Silvestre Vargas la medalla "José Clemente Orozco".

Sin embargo, resulta significativo que, el año siguiente, la etnomusicóloga ruso-estadounidense Henrietta Yurchenko, especialista en música mexicana, incluyera en su nota sobre "The most popular forms of mexican mestizo music" para *The American Record Guide* una reseña en la que no daba prioridad a ninguno de los mariachis involucrados:

> Capitol ha lanzado tres LP de música de mariachi: *Sones Mexicanos* (T-10135), *Mariachis de México* (T-10035) y *Mexican Rancheras* (T-10102). Los dos primeros están ejecutados por El Mariachi México, un excelente grupo profesional, asistido en el primer disco por el Trío Aguilillas y el solista Antonio Maciel. Dora María es la fina cantante del segundo disco. En la tercera grabación, Capitol presenta un pequeño conjunto conocido como Los Centauros con Dora María también como solista.
>
> También es recomendable el lanzamiento de Victor (LPM-1348), *Mariachi Vargas de Tecalitlán*. Todas las orquestas de mariachi mencionadas arriba son ejecutantes bien conocidos de radio, TV y películas (1959: 540-542).

Roberto Ayala, entonces locutor de la XEW con 20 años de experiencia en el periodismo radiofónico-musical y editor del semanario *Selecciones musicales*, publicó en 1962 una antología titulada *Musicosas. Manual del comentarista de radio y televisión*. En el capítulo de "rúbricas musicales" (entendidas éstas como la canción que los artistas utilizan como el tema que los identifica en sus actuaciones), sólo aparecen enlistados dos mariachis: el Mariachi Perla de Occidente (de Marcelino Ortega), con el tema *A poco no* y el Mariachi Vargas de Tecalitlán, con el tema *Ay Jalisco, no te rajes* (Ayala, 1962: 55).

La revista *Selecciones musicales* instituyó en 1951, por primera vez a nivel mundial, el trofeo "Disco de oro" para los artistas musicales, entre los que se incluyeron algunos ejecutantes de "música popular" (ibídem: 207), en realidad de "música popularesca"; esto es, diseñada como música popular-tradicional, pero auspiciada por los medios de comunicación masiva.

Mariachi México de Pepe Villa. Todavía en la década de 1950 sólo algunos mariacheros podían leer partituras musicales y el resto seguía tocando de oído los arreglos. "De todos los conjuntos regionales sólo el mariachi que surgió en la década de 1930 era capaz de ejecutar el repertorio diversificado que requería una audiencia verdaderamente nacional. La incorporación de [...] la trompeta convirtió al mariachi en el conjunto mexicano más versátil, que no ha perdido su carácter folclórico" (Fogelquist, 1975: 41-42).

El único mariachi galardonado en la década de 1950 en el "cuadro de honor" —en este caso, correspondiente al año 1953-1954— fue el Mariachi México de Pepe Villa (ibídem: 210).

En 1944, Jorge Negrete había iniciado sus giras internacionales, en su caracterización de "charro cantor", a La Habana y, en 1946, viajó a Argentina, Chile, Perú y Venezuela; entonces se hacía acompañar por el Trío Calaveras. En su viaje a España en 1948, no obstante los altos costos de la comitiva, exigió ser acompañado por el Mariachi Vargas (Diana Negrete, 1987: 292-293).

Negrete, por sus reacciones iracundas, tuvo [...] muchos problemas graves. Cuando visitó España, fueron a esperarlo miles de mujeres. Sus películas y sus canciones le habían hecho muy popular en la Península ibérica. Las mujeres se avalanzaron materialmente sobre el mexicano, lo levantaron en vilo. Unas lo besaban, otras le arrancaban botones como recuerdo... Negrete, lejos de agradecer estas efusivas muestras de simpatía, gritó molesto

—¡Con mil demonios! ¿Pues qué aquí no hay hombres?

Esto, comentado acremente por la prensa española, provocó que Jorge no sólo fuera boicoteado, sino retado en duelo por [...] españoles ofendidos. Pero qué le vamos a hacer, así era Jorge Negrete (Gallegos, 1965: 161).

No obstante, el Charro Cantor recorrió con éxito las diferentes provincias peninsulares y protagonizó la película *Jalisco canta en Sevilla*. En 1951, Negrete actuó en San Antonio y Los Ángeles. En esa ciudad fallecería en 1953 y su cadáver sería trasladado a la capital de México, donde

Con los acordes de la guitarra y las tristes notas del violín, los integrantes del Mariachi Vargas lo despidieron así:

"México lindo y querido, si muero lejos de ti,
que digan que estoy dormido y que me traigan aquí"
(Diana Negrete, 1987: 369).

Jorge Negrete, "el malencarado" (caricatura anónima). Si bien se difundieron tardíamente o post mórtem algunas caricaturas de Jorge Negrete, en particular los afiches de la película *Tal para cual* (1952) —que protagonizó con Luis Aguilar, *El Gallo Giro*, en calidad de dúo de machos parranderos— y las portadas de los discos *Recuerdos de Jorge Negrete* (vol. I, RCA MKL 3034; vol. II. RCA MKL 3037), "Es verdaderamente raro encontrar caricaturas de Jorge, ya que [...] infundía tanto respeto que fueron pocos los que se atrevieron a caricaturizarlo" (*Cancionero mexicano*, 12, s. f.: 25).

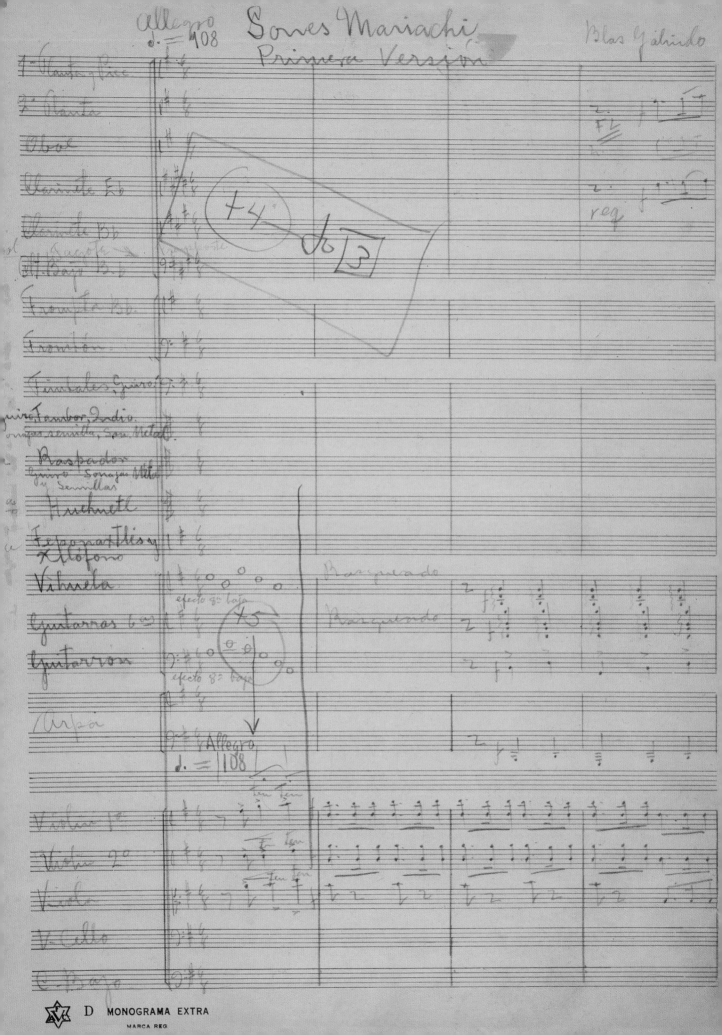

EL SÍMBOLO

EL MARIACHI COMO ELEMENTO DE LA CULTURA NACIONAL

Nuestra cultura nacional corresponde a una matriz básicamente mestiza, caracterizada por oposición a sus dos referentes principales: lo extranjero y lo autóctono. Pero este contraste es siempre relativo, pues ambos términos son objeto de rechazo y aceptación: la fascinación por lo foráneo (tradicionalmente español y cada vez más estadounidense) motiva que los valores advenedizos sean apropiados de manera cotidiana y el distanciamiento con respecto a lo indígena se contrapone a las declaraciones oficiales sobre la grandeza prehispánica. No se trata de un mestizaje cultural "armonioso" ni homogéneo, ya que la tonalidad dominante corresponde a los elementos culturales europeos trasplantados hacia América. Por otra parte, las elites tienden a manifestar más proximidad con respecto a las metrópolis extranjeras y en las comunidades indígenas persisten distintos patrones técnicos, religiosos y organizacionales de raigambre aborigen.

La identidad colectiva de México, en tanto expresión de un proceso histórico, está en permanente conformación y reformulación. Se fundamenta en un sustrato cultural compartido —como ciertas formas del lenguaje verbal, actitudes corporales, maneras de cortesía, preferencias de vestuario y costumbres culinarias (las tortillas, el chile...)— que permite un inmediato reconocimiento en las relaciones cara a cara. La nación abarca, sin embargo, un conjunto numeroso y complejo de seres humanos con marcadas diferencias de clase, regionales y étnicas, de tal forma que la "comunidad" entre sus miembros se logra por mecanismos eminentemente simbólicos. La soberanía estatal sobre el territorio y la colectividad entre los integrantes de una sociedad de tal magnitud y diversidad son justificadas por la eficacia de mitos (la peregrinación mexica), rituales (el Grito de la Independencia) y símbolos emblemáticos. Éstos, plasmados en diferentes momentos históricos, se apoyan en elementos aborígenes (el escudo nacional), europeos (el Himno Nacional) y definitivamente mestizos (la Virgen de Guadalupe, el charro y el mariachi moderno).

PÁGINA ANTERIOR: El título de los *Sones de mariachi* "evoca las fogosas melodías, que tocan los conjuntos instrumentales del estado de Jalisco. Con profundo sentido de las esencias populares y la sonoridad de los conjuntos populares, formados habitualmente por violines, arpa, jaranas, guitarras, guitarrones, trompeta, etcétera, el compositor ha plasmado la esencia misma de este atractivo arte folklórico con los recursos sinfónicos modernos" (Mayer Serra, 1956: s. p.).

A finales del periodo cardenista, la música de mariachi llegó a integrar el repertorio clásico mundial, como representativa de México. Carlos Chávez (1899-1978), líder de la corriente musical nacionalista, le solicitó a su alumno Blas Galindo (1910-1993) una obra "con temas de tu pueblo, de por allá de tu región". Galindo era originario de San Gabriel, Jalisco, en plena tierra del mariachi y, de niño, se había iniciado como músico en esos conjuntos. Compuso *Sones de mariachi* para una "orquesta mexicana", que incluía vihuela, guitarrón y, en lugar de tambora, huéhuetl y teponaztle. En 1940, se estrenó con gran éxito en el Museo de Arte Moderno de Nueva York, con motivo de la exposición *Veinte Siglos de Arte Mexicano*. Luego preparó una versión sin los instrumentos peculiares, y ampliada para orquesta sinfónica, que es la que se ha difundido.

"Los *Sones de mariachi* [...] fueron arreglados por Blas Galindo, un joven indígena auténtico de Jalisco, la tierra de origen del mariachi. Está en Sol Mayor, en tiempo de 6/8 y se basa extensamente en un son popular llamado *La negra*, dentro del cual, como variación, Galindo ha introducido otros dos sones, *El zopilote* y *Los cuatro reales*. Galindo hace notar que, no obstante que a lo largo de las piezas se presenta una amplia variedad rítmica, se logra un efecto de unidad, ya que, aunque varíen los temas melódicos, la semejanza rítmica y armónica impide cualquier pérdida del sentido de continuidad" (Weinstock, 1940: 14).

"Sones de mariachi [...] es una pieza agresiva, vital y rítmica que aspira a algo más que la exposición del tema popular; al eliminar todo pathos individual y exaltar los motivos del folclore jalisciense, se convierte en música que puede ser adoptada como identificación nacional. Presenta una imagen sonora colectiva que hace a un lado tanto las inquietantes variantes de la invención como la asimilación de corrientes extranjeras. Lo que importa es la exaltación de los sones de mariachi ascendidos al rango de 'aires nacionales'" (Moreno Rivas, 1989b: 240).

Ese paso de los sones de mariachi a la categoría de "aires nacionales" marca el desplazamiento que el conjunto mariachi lograba con respecto a la orquesta típica y al trío ranchero. Durante la década de 1930 se había dado una convivencia, colaboración y competencia entre esos tres tipos de agrupación musical, que se ostentaban con el atuendo charro, en los escenarios representativos de lo mexicano. La orquesta típica era la más antigua y próxima a las agrupaciones cultistas (de hecho, había surgido en el Conservatorio Nacional y su pieza emblemática eran los *Aires nacionales*); pero su formato circunscribía su participación a los conciertos. Por el contrario, el trío ranchero era dúctil y, al igual que el mariachi, también podía actuar —como elemento adecuado de la escenografía— en serenatas, mañanitas y en las tocadas de los palenques. Generalmente el trío ranchero, que en ocasiones pasaba a ser cuarteto, se limitaba a ejecutar diferentes tipos de guitarras, si bien también llegó a incluir violín. Fueron destacados grupos el Trío los Plateados, el Trío Tamaulipas, Los Trovadores Chinacos, el Trío Tariácuri, el Trío

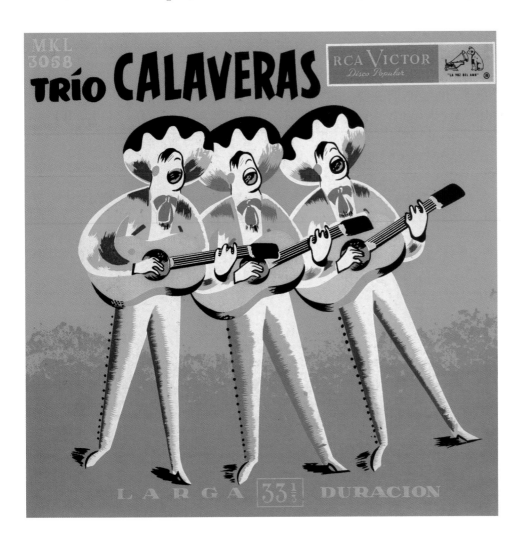

PÁGINA ANTERIOR:

Lázaro Cárdenas del Río (1895-1970) en vísperas de su elección presidencial. Fragmento de la portada del rotativo comunista *La Ráfaga. Periódico independiente*, año I, tomo I, número 10, 30 de junio de 1934. "Desde su campaña electoral, el general Cárdenas requirió […] de un grupo musical de extracción popular, con una imagen bien definida y que se acoplara al gusto de las mayorías, para reforzar su mensaje a las clases trabajadoras y campesinas. En el mariachi encontró la solución. El son de *Los agraristas* corresponde a este momento" (Urrutia y Saldaña, 1984: 119),

"El éxito más grande [del mexicanísimo Trío Calaveras, fundado en 1937] es *La malagueña*, canción huasteca donde lucen sus facultades extraordinariamente. Una de las anécdotas curiosas que han tenido en sus muchos años de actuar por el mundo entero les sucedió en Valencia, España, donde una estación de radio organizó un concurso de tríos imitadores del de los Calaveras y, cuando el programa finalizó, el Trío Calaveras figuraba en un tercer lugar de los nueve que tomaron parte en dicha audición" (RCA MKL 3058, 1954).

PÁGINA SIGUIENTE:
Pedro Infante con la actriz
argentina Libertad Lamarque
(1908-2000), cantando a dúo
la canción *Guadalajara* en la
película *Escuela de música*
(1955), acompañados por
un mariachi "de fantasía",
integrado exclusivamente
por mujeres. "Hasta la fecha
no hay actor más idolatrado
como [El muchacho alegre].
Sus seguidores cargan
del pasado su imagen
sonriente, varonil y risueña,
características que lo
convirtieron en leyenda.
El sinaloense fue un actor
nato y versátil, a pesar
de que nunca estudió
arte dramático. Con su
sensibilidad, sencillez y
carisma atrapó a las
multitudes" (Camarena,
2001: 20 y 22).

Criollo, Los Tres Murciélagos, el Trío Aguilillas, Los Trovadores de México y, en especial, el Trío Calaveras.

La orquesta típica declina a partir del fallecimiento de Lerdo de Tejada en 1941 y, una vez que se entronizó el nuevo estilo con el toque distintivo de la trompeta, los tríos rancheros se verían desplazados por el mariachi.

La consolidación del mariachi moderno como símbolo nacional se produjo en relación estrecha con la de los "ídolos" de la canción ranchera. Estos personajes fueron creados por la tríada de la radio, los discos y el cine, con la participación activa de una multitud de fervientes admiradores. El primer atributo de estos ídolos fue su cualidad masculina; así, no obstante su importancia en la elaboración del estilo bravío, Lucha Reyes nunca alcanzó tal categoría, ya que en el "universo hombruno" de la comedia ranchera "aun la precursora de las cancionistas machorras" no "podía contrapuntearse y poner en entredicho la fuerza de los machos cantores" (Ayala Blanco, 1968: 69).

La figura del "charro cantor" fílmico se inauguró con Tito Guízar en *Allá en el Rancho Grande* (1936), pero el primer ídolo propiamente dicho fue Jorge Negrete, el "galán cantante", quien encarnaba a un mítico hombre de campo, "especie de chinaco de San Ángel que se convierte en bandido generoso cuando son contrariados sus amores" (García Riera, 1969: 147).

Con voz de barítono:

Disfrutaba de una buena y agradable entonación que le daba su entrenamiento operístico. A ella fue adaptando toda una serie de rasgos estilísticos indispensables al género: regionalismos como el falsete y manierismos como el grito bravío.

Con su innegable técnica vocal, pudo capturar y adaptar a su voz y posibilidades de matiz el estilo bravío, aportando a la vez nuevas características de ejecución. Inauguró un estilo ágil, agresivo, vivaz, que se haría distintivo de la canción ranchera. Hay algo absolutamente original en la articulación acentuada y cortante de la parte rápida de *Cocula*, en la enunciación agresiva de *Tequila con limón* y el tono alegre y optimista de *Me he de comer esa tuna*. Utilizó un tono de voz fresco y sin complejidades emotivas (Moreno Rivas, 1989a [1979]: 206-207).

Entre sus interpretaciones destacan las de "corte jalisciense", en las que se proclaman los valores del mexicano: la valentía, el orgullo, la integridad y el regionalismo, con el permanente matiz de la bravuconería machista. Se hace referencia constante a palenques, jaripeos, ferias, pistolas, tequila [...] en fin, a todos los "lugares" de identificación colectiva y las declaraciones de amor son planteadas en un riguroso tono caballeresco. Todas estas características discursivas se sintetizan en su trilogía nacionalista: *El mexicano, Yo soy puro mexicano* y *México lindo*.

Negrete sabía presentar "lo mexicano" con un gusto internacional, pero era percibido como un ídolo sublime y altivo, y su estilo se consideró, en ocasiones, refinado y arrogante: constituía un modelo de gallardía inalcanzable.

Pedro Infante consolidó la variante simpática y alegre. El ídolo que, desde un origen humilde, "llegó a tenerlo todo". Actor polifacético, en sus interpretaciones musicales y cinematográficas combinaba, de manera balanceada, los personajes del "México rural cuasi intemporal" con los del

México urbano de su época. Con algunos de sus temas rancheros (*Dos arbolitos, La que se fue, Un mundo raro*) se inició la modalidad del charro sentimental.

Poseyó un estilo flexible, expresivo y versátil que le permitía abordar desde una guaracha cómica al estilo de *Nana Pancha,* un bolero romántico al estilo de *Enamorada* y una ranchera sentida como *Paloma querida,* hasta una pieza romántica como *Nocturnal* acompañada por una orquesta estilo norteamericano (Moreno Rivas, 1989a [1979]: 207).

Personaje de gran carisma, nunca ocultó su afición por la carpintería y el boxeo. Con su formidable sonrisa, representaba para los mexicanos una ilusión accesible: la honestidad, la sencillez y la amabilidad.

El último ídolo fue Javier Solís (su nombre real era Gabriel Siria Levario), cuya carrera fue menos brillante. A diferencia de los anteriores, sus actuaciones en los filmes fueron mediocres, por lo que su imagen fue más sonora que visual y su público se caracterizó por la identificación con el

"Los seres solitarios, taciturnos, despreciados y nocturnos encuentran en las canciones de Javier Solís el bálsamo que cura sus heridas, así se liberan de las lágrimas amargas y del nudo en la garganta. En cada una de sus interpretaciones —banderas de tristeza y melancolía— queda al descubierto el dolor-alivio para las penas amorosas. El tono melancólico de los mariachis enmarca el estilo interpretativo [del Rey del Bolero Ranchero]" (Ríos, 2001: 30). "Fue en la cinta *Los Sánchez deben morir* (1965) —réplica cinematográfica al libro de Oscar Lewis [*Los hijos de Sánchez* (1961), cuya edición en español apareció en 1964]— donde el ídolo de Tacubaya nos ofreció [una de sus últimas apariciones] en pantalla" (Rosado, 2001: 4).

"cantante de origen proletario". Su estilo, definido en *Entrega total, Me recordarás* y *Sombras*,

> está determinado por su género preferido: "el bolero ranchero", a medio camino entre el estilo de cantina y el ranchero tradicional. [Su] expresiva y sensual voz [con] ciertos resbalones rítmicos en los momentos en que requerían más expresión, así como una afinación acomodaticia, le dan el toque inconfundible" (ídem).

Jorge Negrete	Pedro Infante		Javier Solís

elitista•	•popular		
altivez•	•sencillez		
caballerosidad•	•simpatía		
imagen próxima•	•imagen		
a lo español	mexicana		
de origen provinciano•		–	•de origen capitalino
con imagen sonora y visual•		–	•con imagen más bien sonora
temas rurales•		–	•temas urbanos
temas nacionales•		–	•temas latinoamericanos
música próxima a los sones•		–	•música alejada de los sones

Los integrantes de esta "Tercia de Ases" comparten, además de su cualidad de excelentes cantores, la condición de "machos enamorados" (tanto en la pantalla como en la vida real) y el haber dejado el trono a tiempo: todos murieron en plenitud, cuando se encontraban en la cúspide de su carrera. "Son los ídolos de la canción, los amos de la mujer mexicana" (Argente, 2001: 40) y los "ahijados de la muerte" (Áviña y Salazar, 2001: 74). Por eso siguen —cada uno a su manera— en el corazón del pueblo.

El Tenampa

Visitamos una noche la plaza de Garibaldi. Como casi todo en esta parte vieja de la ciudad, tiene un aire de feria, de mercado. Yo diría que es un mercado de canciones. Aquí se encuentran tradicionalmente los músicos profesionales, con uno o más cantantes, conocidos con el nombre de mariachis.

El aire está lleno de sonidos de instrumentos de cuerda y de viento. Sí, y de voces humanas, de esas hermosas y cálidas voces mexicanas, que parecen hechas de tortilla, aguacate y sol. Entramos un momento en uno de los muchos cabarets de la zona. Es el Guadalajara de noche. Basta una mirada en torno, para ver que el lugar no es auténtico, sino preparado especialmente para el turista gringo. Estos charros de negro y rojo, bien peinados y afeitados, son falsos. Hay en sus canciones un barniz artificial. Los legítimos están allá afuera, con su ropa sucia, sus caras rudas e indias, sus instrumentos viejos, sus canciones puras, y su dignidad. Volvemos a ellos.

Tito nos hace entrar en el Tenampa. La sala no es muy grande, ni tiene el techo muy alto. Las mesas, cada una entre dos biombos de madera y la pared, están casi todas ocupadas. Con mucho esfuerzo, conseguimos una, y a duras penas, llegamos a ella y nos sentamos. En el Tenampa reina el pandemónium. Imagínese esta cosa imposible: cuatro, cinco o seis grupos de mariachis, tocando con toda su alma y al unísono; en este recinto cerrado, sofocante y rebosante de gente. Veo algunos turistas, pero la mayor parte de quienes frecuentan el Tenampa —se ve enseguida—, son gente de la tierra.

Tito pide tequilas. Yo pido "ponche de granada" y lanzo una mirada de orgullo a la figura de Emiliano Zapata, que está pintado en la pared, montado en su caballo blanco, en un campo de cactos y magueyes. Se nos acerca un conjunto de mariachis: tres guitarras, trompetas, violín y guitarrón. Le pedimos que nos canten las canciones más en voga. El grupo forma prácticamente una muralla de rostros relucientes, sombreros y torsos, que intenta aislar nuestra mesa del resto del Tenampa.

Uno de ellos anuncia que van a cantar el *Cu-curru-cu-cú Paloma*. Las guitarras y el guitarrón empiezan a marcar el compás de la canción huapango, mientras el violín esboza una melodía y la trompeta hace bordados en torno a la misma. El solista, con los ojos velados por la melancolía, con voz dolida de macho engañado, suelta la letra, cuenta cómo era una paloma, cuya voz al mismo cielo estremecía. Y después viene el estribillo:

¡Ai-ai-ai-ai-ai!, cantaba
¡Ca-ca-ca-ca-ca!, reía
¡Ai-ai-ai-ai-ai!, lloraba
De pasión mortal, moría.

¡Cuánto sufrimiento! ¡Cuánta tristeza en estas canciones, en estas voces, en estas miradas! Al final, se revela que esa paloma no es otra cosa que su propia alma.

Aplaudimos y ponemos seis pesos en la mano del jefe del grupo.

—¡Otra! —pide Aurelio.

—*El Preso Número 9* —dice el cantante.

Es también un huapango. La melodía tiene una belleza trágica, que hermana muy bien con la letra. La persecución de los amantes va a continuar en la eternidad, lo que me preocupa y entristece, de modo que el remedio es probar inmediatamente un vaso de pulque, que sabe a leche agria. Bebo más pulque. Zapata dice adiós a una mujer en el mural del Tenampa. Las guitarras gimen. La trompeta hace arabescos en el aire cargado de humo y de emanaciones de copas y cuerpos. Y otro más en honor de Zapata. Doy otros seis pesos a los cantantes y les pido otra tragedia. *Tres días* —anuncia el jefe de los mariachis. Comienza la canción:

¡Tres días sin verte, mujer,
Tres días llorando tu amor!

Seis caras serias, como si todo lo que están cantando fuese la mera verdad de Dios. Seis rostros largos, morenos y tristes. Un peso para cada uno.

Hace tres días que no sé de ti…
Dónde, dónde estás, ¿con quién me engañas?
Dónde, dónde estás, ¿qué estás haciendo?

Los mariachis se van.

Se nos acerca un nuevo grupo de mariachis. Ahora un cantante canoso, gordo y cincuentón, dice que la vida no vale nada pues llorando la vida empieza y en llanto la vida se acaba. Puede ser, pero me niego a estar de acuerdo con él. Entre un llanto y otro hay muchas cosas buenas: México, por ejemplo. Estos amigos… ¡Salud! Levanto la copa hacia Zapata. La trompeta lanza al aire las doradas notas de una ranchera. Caras sospechosas nos miran desde sus mesas. Un borracho cae al suelo. Los camareros se lo llevan fuera, con cierta ternura y en silencio. Zapata va a partir para las montañas. No volverá de ese viaje —lo sé, le están preparando una emboscada.

Los coyotes del Tenampa levantan al aire sus hocicos bronceados, aullan —ui… ui… ui… ui… ui…—, sollozan —ai… ai… ai… ai… ai…—, gritan convulsivamente, y yo le pido a Dios, en una conversación privada, que no permita nunca que México cambie. Sí, que progrese, que se enriquezca, que resuelva el problema de la miseria, el del hambre, el de la distribución de la tierra, pero que nunca pierda su estilo, su colorido, su carácter.

Ahora puedes partir, Emiliano Zapata. Como en el mejor de los huapangos, un día nos encontraremos en las etapas de la Eternidad. ¡Adiós!

Erico Verissimo, 1953

Los mariachis "para desquitar la vida se las ven negras, están en espera del buen oyente, que por dos módicos pesos [a tarifa de 1950] pide que le toquen su preferida por un conjunto de más de seis; lo que a las claras indica que a cada uno le viene tocando algo así como treinta centavos por interpretación. Y, a pesar de todo, continúan al pie del cañón, como buenos mexicanos. Organizados en grupos, sin otra arma que sus instrumentos, cantan al pueblo y por el pueblo" (Alpuche, 1950: 5).

Los propios mariachis tuvieron mucho que ver en la formación de estos ídolos y de la canción ranchera. Si bien al principio fueron incluidos en las películas como estampas decorativas y refuerzo musical de los "tríos rancheros", constituían un rasgo de profunda identificación popular: concentraban la imagen del mestizo y de la música acriollada. A pesar de desempeñarse sin notación musical, se ajustaron a las exigencias de los diseñadores académicos. Aprendían las melodías "de oído" a partir de algunos músicos que ejecutaban las partituras y, sin manejar "compases", lograban que sus intervenciones se acoplaran adecuadamente con los cantantes.

Cuántos de estos personajes ignoran las reglas [formales] de la interpretación musical, pues no han tenido oportunidad de lograr estudios armónicos de ninguna naturaleza. En la mayoría de los casos adivinan el papel que les corresponde en el conjunto. Sin embargo, el mariachi reúne belleza y estructura en todas sus interpretaciones, ya tomando como base su propio sentido, ya por haber

aprendido de compañeros con más conocimientos, recogiendo intuitivamente su arte y a veces hasta perfeccionándolo (Ayala, editor, 1956: 21).

Sin la habilidad lírica, la inspiración innata, el sonido característico y la sugestiva imagen "de campo" de los mariachis, las tres "grandes figuras" no habrían alcanzado ese pedestal.

El "género mariachi" resulta, pues, de un encuentro bascular entre la cultura popular (ejecutantes, elementos musicales y rasgos "típicos") y la cultura letrada (literaria, musical, coreográfica y teatral). Algunos mariacheros incluso colaboraron, codo a codo, con los "arreglistas" citadinos. El producto fue un montaje de gran seducción para los consumidores, en el que, con el trasfondo de la política nacionalista del Estado mexicano, impera la intención comercial y la hegemonía de los tres puntales de los medios de comunicación masiva de aquel momento. Un variado conjunto de especialistas de las compañías disqueras, radiofónicas y cinematográficas (buscadores de talentos, mercadólogos, técnicos de sonido, locutores, productores, guionistas, editores, escenógrafos, directores musicales y cinematográficos, fotógrafos) contribuyó de manera consciente en la tarea de conformar, bajo la pretensión de la "autenticidad", un mundo rural mítico (y, como parte de él, el sonido mariachi) tan bien logrado que fuera creído de inmediato y sin vacilaciones por el público.

Pero han sido pocos los mariachis estelares, que han acompañado a los grandes cantantes, establecido la versión musical (diseñada por los compositores y arreglistas) de los éxitos y realizado giras artísticas grandiosas. La inmensa mayoría son grupos populares que tocan y cantan (sin solista) en persona para su clientela en cantinas y burdeles, disfrutan de convenios modestos en bares y restaurantes, esperan en las plazas para ser contratados o, en las poblaciones pequeñas, deambulan en busca de trabajo.

Los mariachis de elite son los representantes modélicos del género; los mariachis populares son los "de carne y hueso" que se conocen y disfrutan directamente: quienes, durante más de medio siglo, han realizado la hazaña de dar vida al mito del mariachi "como alma musical de México".

El tema central del argumento de las películas escenificadas en el mítico Jalisco y antes en el Bajío o en Michoacán, de la Época de Oro del cine mexicano, se refiere al honor que un hombre debe mantener para no caer en el oprobio de la vergüenza. Y este honor tiene como su asidero principal, por encima de las venganzas por los asesinatos de familiares o los robos de propiedades, el principio de que otro varón no le arrebate a sus mujeres (madre, hermanas, esposa(s) e hijas; cuya contraparte consiste en que él sí debe pregonar su capacidad para burlar a los otros hombres, al lograr capturar a sus respectivas mujeres. Blok (1981) ha demostrado que este código de honor y vergüenza "mediterráneo" tiene su fundamento pretérito en el simbolismo de las sociedades de pastores, en relación con las conductas sexuales de los chivos y los carneros. Este sistema de valores está enraizado en el pastoralismo mediterráneo y ha estado vigente desde los tiempos homéricos y del Antiguo Testamento.

La existencia de la forma femenina en tierras mexicanas —esto es, de la figura de "la cabrona"— determinó que Pitt-Rivers supusiera que el "sentido exacto [del complejo de la cabronada] ha caído en desuso [...] [acá] y su significado marital se trocó en general" (1973 [1967]: 24). Más allá del evidente empleo generalizado y cada vez más trivial del término, la letra de *La cabrona* —famosa "canción de burdel" de la zona de Zacatecas y Aguascalientes— manifiesta que aun con la designación femenina se man-

tiene vigente el sentido original, pues ésta se aplica a una mujer a quien, por su posibilidad de andar con varios hombres, el varón se permite tratarla de tú a tú, sin que se aminore el sesgo de la pretendida dominación masculina: "Para que salga el lucero, cabrona, primero sale la guía; p'a que dejes de quererme, cabrona, falta la voluntad mía" (ápud Correa González, 1996: 32).

Así, independientemente del nuevo universo semántico en el que se insertó el "simbolismo de los cuernos", en la región del mariachi —al igual que en ciertas regiones de Sicilia (Blok, 1974), Grecia (Campbell, 1964), Andalucía (Pitt-Rivers, 1971 [1961] y 1979 [1977]) y Argelia (Bourdieu, 1968 [1965])— un hombre está impedido para apelar a su hombría (fuerza física y valor) ante una mujer que cuestiona su reputación, a riesgo de que ella le recuerde la cuarteta del son de *El chivo* —icono del cornudo, el cabrón: el hombre lascivo por excelencia a quien, sin embargo, no le queda sino resignarse ante el adulterio de la esposa y la violación de la hija—: "Un chivo pegó un reparo y en el viento se detuvo; hay chivos que tienen madre, pero éste ni madre tuvo" (Cuarteto Coculense, circa 1908b).

Y si uno quisiera proclamar su deseada situación de excepción, allí está el contundente verso de la valona de *El cabrito,* que no deja lugar a dudas acerca del sentido exacto del complejo de "la cabronada" en nuestras tierras: "¡Ay! Más valía morir chiquito, pa' no llegar a cabrón. ¡Ay! Sólo Adán no fue cabrón [...] porque n'hubo quien lo hiciera" (Los Madrugadores, ápud Arana, 1981: 15).

La traslación semántica de la figura del clásico "macho cabrón" mediterráneo hacia la "hembra cabrona" mexicana tiene su base en la existencia histórica de mujeronas del pueblo que tomaron "el destino de los hombres", como la mariachera Rosa Quirino (cfr. páginas 19-20), y se distinguieron por su valentía ante los mismos machos. Lucha Reyes difundió el prototipo de una hembra bella, pero con un sesgo de marimacha que contrastaba de manera frontal con la imagen esperada de una mujer: sumisa, obediente y abnegada. Esa cancionera bravía, con traje de "charra",

En el Salón Rojo [...] protagonizó un suceso que la señalaría: un militar, José Sotaray, la agredió verbalmente mientras cantaba. Ella fue hasta su mesa y le propinó una bofetada. Él le apuntó con su arma. Lucha no se inmutó:

—¡Qué mal te parió tu chingada madre, que sólo eres valiente frente a una mujer!

PÁGINA ANTERIOR:
"Me arranqué con la primera canción ranchera acompañada de unos mariachis, [fui bruscamente interrumpida de forma grosera:] —'A ver vieja, deja de cantar pendejadas y mejor cántame *La casita*'. —'¡No la sé'! —le dije tajante, mientras trataba de abandonar el escenario. Me agarró del brazo, volteándome hacia él y me dijo:—'Tú me la cantas, vieja cabrona, porque esta pieza me trae recuerdos de mi mamá'. A la velocidad de un rayo [...] dos balazos se estamparon en el techo, para luego dirigir la boca del cañón de su pistola hacia mí. –'¡Canta'! En vez de achicopalarme, me puse más altanera que de costumbre. Aferré las uñas sobre el dedo del periodista que apretaba el gatillo y con las dos manos le dí la vuelta al pistolón" (Irma Serrano, ápud Serrano y Robledo, 1979: 195-198).

PÁGINA SIGUIENTE:

¡Qué viva Jalisco! (Eduardo Cataño; cromo de calendario, 1941). Los mariachis eran proclamados como "el vehículo mediante el cual pueden apreciarse las vibraciones cadenciosamente viriles del alma jalisciense [una] música regional tan propicia para llevar a la consciencia del auditorio la más precisa idea bien de amor y de ternura, de dolor y de desprecio, de crueles angustias hogareñas; [un] canto que conmueve por sus arrebatos de un sentimentalismo lleno de elocuencia, de animación y de nobleza" (Becerra, 1939: 24).

Sotaray no se atrevió a disparar. Fue echado del cabaret y la Reyes siguió cantando (Ramírez, 1994b: 23).

Lucha Reyes "era brava con quien fuera; no buscaba, pero encontraba" (Nancy Torres, ápud Peguero, 1994b: 27).

De hecho, se habían organizado orquestas típicas femeninas en el Porfiriato (Moreno Rivas, 1979, I: 5) y se prefiguraban mariachis de mujeres con la película *Escuela de música* (1955). En la década de 1950 ya se presentaba en la ciudad de México el primer mariachi moderno, Las Coronelas, integrado exclusivamente por mujeres. La pista que se debe seguir es que las cancioneras de temas vernáculos combinaban, desde finales de la década de 1920, el traje de la "china poblana" con el sombrero de charro, dejando de lado el clásico rebozo para adornar su cabeza. Luego las cantantes bravías —y más tarde las integrantes de los mariachis— abandonarían la falda amplia y de color chillante (rojo, rosa, verde, azul) y portarían una adecuación femenina del traje de charro: una falda estrecha —larga y después corta—, de color más seco (negro, café tabaco, gris, sepia, morado o, como contrapunto, blanco o marfil) y con botonadura en diseño estilizado; por supuesto que cambiaron sus zapatillas campiranas por distintas variantes de botas.

El mariachi moderno, como símbolo, remite tanto al código sonoro de la música y de "las letras", como al visual (tipo físico, actitudes corporales y vestuario), con el permanente sustento en un discurso, más legendario que histórico, sobre su origen. Lo paradójico no es sólo que, habiendo sido elaborado en la capital mexicana, se le plantee como provinciano, sino que se le pregone con insistencia como oriundo de cierta comarca. El patronaje reiterado, por parte de los políticos regionales, para su participación en sucesos de importancia nacional (como la campaña política y la toma de posesión del presidente Cárdenas) había logrado promover la imagen de los músicos "tapatíos". Pero, más allá de la inspiración en su tradición musical (compartida por estados vecinos), fue Jalisco la región de donde se hace provenir al "conjunto nacional" por un argumento de índole cultural-racial. En ciertas áreas de ese estado se puede postular un prototipo de mestizo popular mexicano más próximo a los europeos que a los indígenas o a los negros; una población de rancheros, reconocida como resuelta y emprendedora, con hombres de apostura y mujeres de notable belleza "occidental". Según Tito Guízar, "En los Estados Unidos no me creían que fuera mexicano, por ser alto, blanco y de ojos azules. Y les insistía: ahí están mis películas que hablan de mi tierra y de su cultura" (ápud Camarena y Salazar, 2000: 71);

Jinete tepiqueño (1847), acuarela de Henry Martin (1801-1865). "Nos da la impresión de un chinaco. Viste alba camisa y pantaloneras, al parecer de paño azul, bordadas. Las pantaloneras están abiertas desde la altura de la rodilla, para dejar ver los calzones muy blancos y muy bien planchados. Porta una chaqueta corta y ajustada, de la misma tela que el pantalón. Lleva la manga, o capa, también bordada. El sombrero de anchas alas y el látigo completan el atuendo. Este mismo individuo está retratado a caballo, el cual va ensillado y enjaezado con vaquerillos y sudadera" (Noriega, 1969: 51).

esta imagen era de suma importancia para el lenguaje cinematográfico. Además, el niño huérfano protagonizado en la secuencia del guión como adulto por Jorge Negrete, en *¡Ay Jalisco, no te rajes!,* queda "al cuidado de su padrino español Radilla (Ángel Garaza), dueño de una cantina. [Este personaje,] Salvador [Pérez Gómez, El Ametralladora] se hace hombre y es instruido por Radilla en baraja, armas de fuego, gallos y ganado" (García Riera, 1992b: 203). De tal manera, que la bravura inicial del mexicano es conducida por su mentor "español".

Sin embargo, en la obsesión jalisciense de las películas de la "época de oro" se evidencia un desfase, pues se ubican en la región de Los Altos, pero con fondos musicales de mariachis, cuya cuna se encontraría de Guadalajara rumbo al sur. Estas combinaciones no sólo son posibles, sino necesarias en el mundo de los mitos.

Hubo otras razones históricas, geográficas y políticas para que, en un proceso colectivo e inconsciente, se impusiera el modelo jalisciense como el ideal mexicano. Los estados norteños carecían de la profundidad de una hibridación musical iniciada desde el siglo XVI; Veracruz (al oriente), Oaxaca y Guerrero (al sur) presentan una población mestiza de apariencia

"indígena-africana"; Puebla, Toluca, Pachuca, Cuernavaca y Querétaro estaban muy próximos a la capital. Zacatecas, a pesar de su raigambre ganadera y agrícola, era reconocida por su notable actividad minera. Yucatán, además de la gran lejanía, había manifestado intentos de secesión. Jalisco (en el occidente) se había caracterizado por una irrestricta colaboración con el gobierno central, en forma relevante durante la intervención francesa. Más aún, sus gobernantes aceptaron que se les cercenaran los territorios de Aguascalientes, Colima y Nayarit. El corazón de la antigua Nueva Galicia se convirtió, así, en el contrapeso y aliado idóneos del Anáhuac-México: su lugar como modelo estaba más que merecido y nunca se ha puesto en discusión, al menos musicalmente. Michoacán, Guanajuato y San Luis Potosí no han protestado. Todo el país ha celebrado el contrapunto al cantar: "Guadalajara en un llano, México en una laguna".

Entre los rasgos característicos del mariachi moderno, quizá lo que impresiona en primer término es su imagen visual, de gran colorido y distinción: sombrero de ala ancha con copa alta y cónica, chaqueta, pantalón ajustado y botines. Como este vestuario forma parte de un sistema de comunicación constituye, de manera inevitable, un mensaje acerca de quien lo

"Cuando [el violinista José Noyola, al centro] se presentó con sus 'Huicholes musicales' [en 1948], causó sensación, pues sabiendo de antemano que fue en Nayarit, al igual que en Colima y Jalisco, donde tuvo su cuna el mariachi y queriendo salir de lo vulgar, tuvo la idea de vestir a sus muchachos de "huicholes" nayaritas. El público quedó sorprendido cuando, después de haber tocado en forma singular un alegre son costeño, interpretaron con envidiable maestría la música tzíngara de las Czardas de Mondi y, más aún, el Zapateado de Zarazate" (Flores, 1951a: 171).

La disputa por el traje de charro (1956). "La charrería deviene propiamente una tradición [inventada] una vez que ha perdido su contexto natural, es decir, cuando pasa del medio rural [...] a ser una práctica deportiva organizada [en el medio urbano]. Esta situación de los hacendados convertidos en charros [con el reparto agrario] tiene efectos sobre todo en dos aspectos: en las relaciones internas marcadas fuertemente por lazos de parentesco [...] y en el lenguaje. Se sellan pactos comunitarios, se marcan posiciones y se inicia un proceso intensísimo de construcción de símbolos que produzcan y sostengan las fronteras de la comunidad charra: instituciones, espacios físicos, lenguaje, trajes, reglamentos y estatutos, costumbres y rituales" (Palomar Verea, 2004: 24 y 27).

porta. Así, en el contexto de una sociedad compleja e internacional, con el atavío de charro se exhibe, ante todo, lo local, lo mexicano, de cara a lo extranjero (el *cow boy*, el gaucho, el llanero). Se pregona, al mismo tiempo, un origen rural, pues es ropa para las faenas ganaderas, y un arraigo en esta tierra, en contraste con lo urbano-moderno, más reciente. Se muestra una situación de relativa riqueza, pues es un atuendo de lujo, no asequible a la gente pobre. Se declara al usarlo, que no es propio de los indígenas, pues la prenda típica es una transformación novohispana de un ropaje andaluz-salmantino.

Sin embargo, el vínculo entre la vestidura de charro y los mariachis tuvo episodios ásperos. Todavía alrededor de 1950 hubo intentos por competir con el "mariachi-charro", como el de un grupo que se denominaba Los Huicholes Musicales y que incursionó sin éxito, con vestimenta indígena, en la vertiente del nuevo mariachi (Flores, 1951a: 171). En 1956 tuvo lugar una polémica pública —atestiguada por el caricaturista Abel Quezada— en la que las Asociaciones de Charros reclamaban el "traje nacional" para quien por lo menos "montara con porte y manejara adecuadamente el caballo" [...] y no para músicos, aunque fueran de indudable representatividad nacional.

Lo cierto es que la indumentaria de charro fue originalmente una marca distintiva de la elite del campo, de la gente "de a caballo", y no de músicos populares. El mariachólogo Francisco Sánchez Flores (1910-1989), quien fue testigo viviente de la transformación del mariachi, sostuvo hasta su muerte: "No estoy de acuerdo en que ahora disfracen a nuestros músicos con el traje de charro, pues éste era precisamente el traje de la gente opresora de los mariachis de antes: los mariacheros andaban de manta y huaraches. Eso del disfraz comenzó desde Porfirio Díaz, desde entonces los comenzaron a disfrazar" (entrevista de 1987).

El distintivo musical del mariachi moderno es la estridencia de su trompeta, que contrasta y armoniza con el resto de los instrumentos de cuerdas; favorece una imagen machista y bravucona, en sintonía con la estampa del cantante bravío a quien acompaña. Sin embargo, aunque el "charro cantor" y el mariachi están relacionados en el imaginario mexicano y aparecen próximos, son dos símbolos diferentes. Las canciones de los "jaliscazos" fueron diseñadas para ser cantadas no por los mariachis, sino por el destacado "charro cantor":

El charro cantor fue un símbolo de reconciliación entre dos clases que habían sido separadas por la Revolución y que volvieron a encontrarse en el México idílico fabricado por nuestro cine: la música

Pintura al crayón de un mariachi de cuatro elementos, que sintetizan a la versión moderna (violín, trompeta, vihuela y guitarrón). Los músicos portan traje de charro, pero sus sombreros son "platillos musicales"; su postura corporal es claramente afeminada y sus bocas abiertas, con gruesos labios, son demandantes; el zarape, con largas barbas en la parte baja, que cae por detrás de las figuras, les confiere un aire de bailarinas rumberas. La pintura se puede fechar entre las décadas de 1940 y 1950.

del pueblo se vestía de gala y el antiguo patrón arrogante asumía la personalidad de un bandido simpático (Serna, 1995: 190).

La imagen del nuevo mariachi —que constituye un punto de amarre de la identidad nacional—, en la medida en que se trata de un símbolo complejo, es polivalente en su operación, pues permite la asociación del significante (sonoro e icónico) con varias posibilidades de connotación y no es exclusiva del prototipo masculino "varón macho". Desde mediados del siglo XX, en el imaginario mexicano ya se manejaba una transformación semántica fluida y variada, capaz de conciliar elementos antagónicos y que no sólo incluía sin problemas a mujeres "charras" (cabronas), sino que también cobijaba expresiones artísticas del mariachi asociado a hombres afeminados.

La integración de los grupos de mariachis está estandarizada, excepto para las grabaciones de estudio, en que se pueden añadir secciones completas de cuerdas o instrumentos "exóticos", como la marimba. Se trata

"Alimentada con canciones vernáculas, amables cuadros de costumbres rurales y un humor muy simple, la comedia ranchera [fílmica] alcanza con rapidez popularidad continental. [En la cantina, el sitio más importante,] se ahogan las penas con tequila y se respeta al que gana en los juegos de naipes; ahí los bravucones reciben su merecido y los mariachis siempre asedian al primer actor para que, entre bala y bala, tenga tiempo de pulsar una guitarra para integrar la armonía del conjunto" (Ayala Blanco, 1968: 64 y 69).

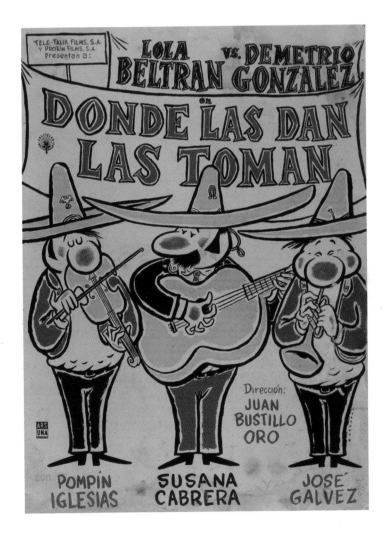

de un grupo numeroso de músicos, si se le compara con los conjuntos campesinos tradicionales, pues incluye un mínimo de cinco y generalmente entre ocho y doce. La dotación instrumental básica consiste en trompeta, violín, guitarra, vihuela y guitarrón.

El mariachi moderno toca de manera mecánica la tonada elegida por su clientela. Los diferentes grupos suenan más o menos igual: interpretan básicamente los mismos arreglos. Lo único variable es la habilidad de sus músicos, el grado de acoplamiento del conjunto y, por supuesto, el sentimiento en el momento de la ejecución. Como su repertorio consiste en reproducciones de los éxitos comerciales, la improvisación y el "toque personal" están casi eliminados; en buena medida porque el cliente exige una copia fiel de la versión que han establecido los medios de comunicación masiva.

No obstante las frecuentes repeticiones impersonales, el atractivo de este tipo de mariachi reside en su imagen ("grupo de músicos charros") y en su sonido característico: una mezcla del estruendo de las trompetas (que "tocan ligeramente fuera de tono") con el acento agudo de los violines, el punteo de las guitarras y vihuelas y los sincopados sostenidos del guitarrón. Sus rasgos estilísticos son difíciles de registrar en las partituras y se transmiten por imitación.

La línea del canto, que corre a intervalos de terceras o sextas, corresponde a voces vigorosas con peculiaridades fonéticas y prodigalidad de exclamaciones. En las canciones rancheras, el mensaje verbal se transmite en forma directa y en su interpretación se muestra una sentimentalidad inimitable, basada en un acento lastimero con portamento —extensión por medio de "arrastrados"— al final de la frase musical. Según Moreno Rivas, el grito no debe confundirse con la violencia, pues es "un sustituto de las lágrimas". El cuadro se completa, en el caso de los solistas, con la sobreactuación, el uso teatral del falsete (que a mitad de la frase produce un efecto de suspenso) y la abundancia de gestos explicativos.

De tal manera refleja la personalidad étnica mestiza que, según Rejano, "esos caracoleos del cornetín rubricando el final de cada pasaje tienen mucho que ver con las interjecciones del hombre mexicano en el momento de poner contera a una frase" (1945: 132). El estilo está tan bien definido que las melodías extranjeras o de la tradición clásica-culta toman el "sabor del mariachi" en cuanto son ejecutadas por estos músicos.

Con el decaimiento del impulso nacionalista, disminuyó el interés por la temática campirana. El bolero "ranchero" viene a revitalizar a sus an-

"José Alfredo [Jiménez] y el pueblo mexicano son viejos amigos. Pocos artistas han sabido traducir tan fielmente el sentimiento popular. El compositor guanajuatense supo tomar el dolor, la angustia, la desesperación y hasta la idea que los mexicanos tenemos del destino, para devolverlas con música y letra; con acompañamiento de mariachi" (Rábago, 1999: 92). "Pensar en un intérprete [del género ranchero] que no incluya [… sus] canciones […] es como pretender que hubiera tequila sin magueyes [agaves] o pozole sin maíz" (ibídem: 80).

tagónicos predecesores, el bolero romántico, de carácter citadino, y la canción ranchera. Lo del "rancho" seguía siendo sólo un recurso: el eje se centraba en el mariachi. La novedad consistió, básicamente, en ejecutar un bolero con acompañamiento de mariachi o en cantar una canción ranchera a ritmo de bolero. Si bien el iniciador de esta variante híbrida fue Pedro Infante, quien la llevó al climax de la popularidad fue Javier Solís. Lo cierto es que con el bolero ranchero se mostró el profundo carácter urbano del género mariachi y es entonces cuando comienza su transformación.

En la construcción del nuevo discurso ranchero es José Alfredo Jiménez quien le da su forma definitiva. Al apartarse del "son jalisciense", este compositor logró expresar la sensibilidad urbana, de las clases medias y bajas, por medio de valses-boleros-canciones-huapangos-corridos "rancheros", esto es, con acompañamiento de mariachi. Con su imaginación inagotable, pregonó las penas, la infelicidad, la pasión íntima con una fuerte carga emotiva. Su machismo era "en corto": el contrincante ya no es tanto otro macho, cuanto la mujer objeto de amor, motivo declarado de la felicidad o del desgarramiento interno.

Desde los cincuentas, José Alfredo le da salida a […] los sentimientos que ya no se adecúan fácilmente a las inocencias campiranas. Ahora […] son más orgullosamente vulgares y agrestes, menos necesitados de un lenguaje idealizador. Se demanda la renuncia a los privilegios de la letra, para que ésta no se interponga entre el oyente y sus pesares. José Alfredo es el vehículo del desamparo, del momento de la franqueza cuando no hay a quien mentirle ni de quien huir. Vocifera su amor (a quien quiera oirlo y a quien se haga el disimulado) y vitorea su desgracia (Monsivais, 1977: 87-88 y 95).

Entre los temas paradigmáticos de este prolífico autor, quien cubrió toda una época de la canción mexicana, figuran *Ella, Maldición ranchera, Qué bonito amor, La noche de mi mal, ¡Qué suerte la mía!, Qué se me acabe la vida, Para morir iguales, Cuando vivas conmigo, No me amenaces* y *El rey*. José Alfredo conservó su espontaneidad hasta el final por su gran capacidad poética, su instinto popular y, quizá, porque se negó a aprender solfeo y se mantuvo como lírico.

El mariachi con trompeta es un elemento preponderante en la cultura mexicana contemporánea. Está presente en todo tipo de lugares de entretenimiento del país, desde las humildes cantinas de pueblo hasta los lujosos centros turísticos, en los teatros frívolos y los ballets folclóricos.

Estos músicos son elemento imprescindible en las conmemoraciones patrias y religiosas, los homenajes a huéspedes oficiales, las grandes ferias, las fiestas patronales, los palenques, los jaripeos, las serenatas, las "mañanitas" y las celebraciones privadas (bodas, bautizos, cumpleaños y banquetes). Con el radio y la televisión, el mariachi llegó a ser un acompañante cotidiano en los hogares, talleres, oficinas, automóviles, camiones, parques y hasta en las parcelas agrícolas.

El discurso mítico acerca del mariachi se narra —incluyendo toda la gama de sus versiones— por medio de diferentes códigos (verbales y no verbales) y medios de comunicación: discos, programas radiofónicos y televisivos, películas, fotonovelas, radionovelas, telenovelas, ballets folclóricos, revistas, folletos, periódicos, cuentos, novelas, poemas, libros históricos, textos escolares, conferencias, exposiciones fotográficas, exposiciones museísticas, misas cantadas, pláticas cotidianas, ferias y fiestas patronales, jaripeos, palenques, cantinas, restaurantes, fiestas familiares, fiestas patrias, bodas, bautismos, funerales, borracheras, serenatas, mañanitas, cantares

individuales del pueblo y, en los últimos años, en la enseñanza musical escolarizada y en Internet.

Como símbolo difunde y representa tanto la cultura-emblema, los valores postulados, como la cultura-vivencia, los sentimientos confesados. Es una música de indudable cohesión e identificación para el pueblo mexicano.

El que se trate de una "tradición (costumbre) inventada", no convierte al mariachi moderno en "falso", como lo pretende Pérez Montfort (2000: 11), pues todas las comunidades humanas, de cualquier dimensión demográfica y de cualquier tipo de complejidad, son inevitablemente "imaginadas", esto es, conformadas a partir de mitos, símbolos y rituales.

De hecho, en los periodos de "profundas y rápidas transformaciones sociales" se requieren "nuevos mecanismos que aseguren o expresen cohesión o identidad [...] y estructuren las relaciones sociales" (Hobsbawm, 2002 [1983]: 273). Sin embargo, "la invención consciente [de tradiciones] dio buenos resultados sobre todo en proporción a la medida en que se retransmitió en una longitud de onda con la que el público ya sintonizaba" (ibídem: 274).

> Las tradiciones inventadas cumplen importantes funciones sociales y políticas, y ni nacerían ni arraigarían si no pudieran adquirirlas. En las modernas sociedades de masas,] Los gustos y las modas, especialmente en las diversiones populares, pueden "crearse" sólo dentro de límites muy estrechos: hay que descubrirlos antes de explotarlos y darles forma. La misión del historiador es descubrirlos de manera retrospectiva... pero también tratar de comprender por qué, en términos de sociedades y situaciones históricas cambiantes, llegó a sentirse tal necesidad (ibídem: 318).

De esta manera, las invenciones culturales del nacionalismo mexicano detentan tanto fundamento o ficción como la monarquía británica, el nacionalismo escocés, el renacimiento galés de finales del siglo XVIII y principios del XIX, y la autoridad británica en la India victoriana y en el África colonial (Hobsbawm y Ranger, editores, 2002 [1983]). Sólo una actitud de desprecio, no exenta de cierto masoquismo y sin duda de malinchismo (cuando los autores forman parte de la identidad inventada que critican) o de etnocentrismo (cuando el supuesto análisis proviene de una óptica europea) puede etiquetar al caso mexicano como identidad "artificial", "de pacotilla", "de oropel", "de cartón" (Pérez Montfort, 2000: 11 y 13) o de "falso mexicanismo" (Mulholland, 2005: 36).

PÁGINA ANTERIOR: Cartel de las fiestas patrias, 1959. A pesar de su enorme aceptación, "La música de mariachi no es popular entre todos los mexicanos. Para muchos que se esfuerzan por mantener pretensiones sociales o intelectuales, nunca ha perdido su aureola de cantina de clase baja. Para mucha gente joven de la clase media urbana simboliza el atraso tecnológico y social de México. A otra gente simplemente no le gusta" (Fogelquist, 1975: 65).

En este sentido, tales autores repiten, pretendiendo ser novedosos portadores de la perspectiva posmodernista y de la moda de los llamados "estudios culturales", juicios de intelectuales "chapados a la antigua". El reclamo puede ser hasta cierto punto comprensible cuando se trata de voces a quienes les ha tocado presenciar de manera vivencial la transformación del mariachi a lo largo del siglo XX. Así, Margarita Michelena (1917-1998) —quien conoció a los mariachis tradicionales en compañía de su marido, el pintor costumbrista Eduardo Cataño Willielmi (1906-1960), originario de Santiago Ixcuintla—, protesta porque los

> programas artísticos que se desarrollan en ciertos actos festivo-protocolarios ofrecidos por la Presidencia de la República […] dan la impresión de que en México, tocante a la música, no hay más que mariachis. Y, para colmo, falsos mariachis. Los mariachis […] se formaban en lo esencial de cuerdas, de las cuales sus ejecutantes obtenían lo mismo sonidos melódicos que efectos vibrantes, todos ellos requeridos por los sones de la costa de Occidente —Jalisco, Nayarit y Colima— que se oyen como la pura vida, por más que ahora los escuchemos más con la memoria que con el oído. La muerte del mariachi sobrevino cuando, para darle un sonido más vibrante, se le añadieron esas infernales trompetas que no hacen sino perforar los tímpanos y sofocar los efectos de los otros instrumentos (1992: 7A).

Salvador Novo (1904-1974) había escuchado en 1932, en la ribera del Lago de Chapala, a un mariachi tradicional —integrado por guitarras, violines y arpa— y se entusiasmó con sus coplas (1933: 16-21). Tres décadas después, como cronista de la ciudad de México y tras haber presenciado su gran transformación, concluye —un poco más mesurado, pero sin aminorar el tono despectivo— que:

> Los norteamericanos […] se han domesticado a tomar a los mariachis como el símbolo vivo de un mexicanismo que resume todas las virtudes que se nos imputan: el traje de charro y la concomitante valentía colgada de su pistola; la vocación musical y la destreza lírica en rascar con uñas corvas un arpa escurrida; en serruchar violines destemplados; en soplar con efectos ensordecedores el acocote de las trompetas; en espulgar a espasmos los guitarrones, tan panzudos como quienes los uncen a sus cuellos.

Ya es experiencia inescapable de nuestro tiempo la consolidación del gremio y rito —unidos como el perro al árbol a las celebraciones musicales populares— de los "mariachis". Se han organizado en sindicato; han fijado tarifas taxísticas, por dejada o por hora, por canción o por serenata; son indispensables en los garden parties de la aristocracia; para dar mañanitas, en desayunos políticos, banquetazos, días de campo; ocupan adecuado, congruente y honorable lugar entre los números esperados y aplaudidos de los teatros frívolos —e irrumpen en los hogares, imantados por la televisión y por ella aculturados, a desarrollar programas húmedos de tequila, lágrimas y alaridos.

Sin ánimo de […] deslindar a lo largo de los años las responsabilidades de su progresiva adulteración: si fue la radio, si los discos, si la carpa, si la TV, si el Ballet Folklórico, queda el hecho evidente de que el mariachi —como instrumento de expresión musical, o de ejecución de la música que se entregue a su voracidad— es el que corresponde a nuestra época, el que satisface nuestro gusto; el que disfrutamos y el que parecemos merecer (1964: 4).

El Mariachi México, fundado por Pepe Villa en 1953, se distinguió por un mayor énfasis en el sonido de la trompeta, pues inició el lanzamiento de elepés de polkas y pronto introdujo el canon de la dupla trompetera. "Con cuerdas, metales y una poderosa sección independiente del ritmo, consistente en bajo y armonía, el mariachi era capaz de tocar casi cualquier tipo de música que el público le solicitara" (Fogelquist, 1975: 16).

Los avatares de la trompeta en los rincones del país

De 1960 a 1965, Pepe Villa, director del Mariachi México, fue recluido en el penal de Lecumberri por una muerte en defensa propia. Allí formó un mariachi, que tocaba con el traje de presidiarios. A pesar de que en ese momento el Mariachi México era uno de los grupos emblemáticos y había iniciado la moda de conjuntar dos trompetas, el mariachi de reos aparece sin aerófonos, porque no había en el reclusorio un trompetista. Al salir de la cárcel, varios de esos músicos se incorporaron a mariachis de la ciudad de México.

ESTA. FOTO. FUE.   TOMADA.
EN. AhuiJULLO. JAL. EL. DIA. 12. DE. ENER
DE 1955. RECUERDOS. DEL. MARiAChe.
DEL COCOLLUL. JAL. PRIMER. BARA. DEMETRiO. MONTAÑO
CEGUNDA. BARA. JUAN. TORRES. O. 3. B.ARA.
AGRUELiO. PARRA. TRONPETISTA. RAMON. CARRiERA
ARPERO. JESUS. TORRES. R. GUITARRERO. JOSÉ. RAMIRES. O.
BIGUELERO. FRANSiCO. MORFiN. O. ESTE. GRUPO.
SE. LLAMO. EL. APARECIDO.
EN. AhuiJULLO. DEL. MUNICIPIO DE
TECALiTLAN. JAL.

"Allá [en el Cocoyul], mi marido [Jesús Torres Ramírez (1929-2005)] no tenía un mariachi fijo. En cuanto tocaban unos con él, tocaban otros. Eran de El Tigre unos, de Pihuamo otros y otros de otros lados. Y por eso entró ese trompetista, que era de Trojes, Michoacán. Ese trompetista —aunque mejor no lo ponga [en la lista del mariachi]—, ese señor traiba un mariachi grande y entonces se pelió con los compañeros y mi esposo andaba con un maria-chito y él andaba solo con su trompeta. Era una sola calle empedrada en ese rancho de El Ahuijullo. Y ya lo vieron. '¿Qué paso, vale? —que le dijo mi esposo— Vente con nosotros'" (Lidia Morfín Oliveros; entrevista de 2007).

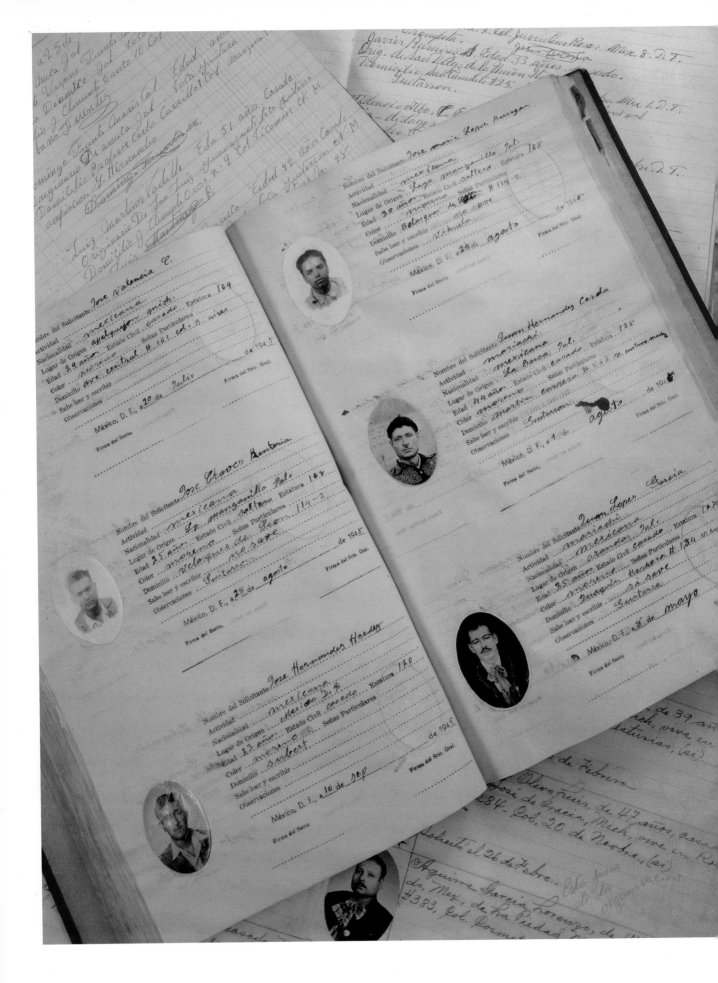

Anderson ha postulado que, en la conformación de las naciones nuevas —e igualmente cuando se trata de la adecuación de nuevas etapas del nacionalismo—, estas comunidades tienen que imaginarse como primordiales, de tal manera que la "antigüedad subjetiva" de las tradiciones inventadas es consecuencia necesaria de la "novedad objetiva" de su verdad social (1993 [1991 (1983)]: 15). Cualquier nación es una comunidad imaginada, en la medida en que sus miembros nunca conocerán de manera directa a sus compatriotas; sin embargo, "en la mente de cada uno vive la imagen de su comunión" (ibídem: 23). Por lo tanto, "Las comunidades no deben distinguirse por su falsedad o legitimidad, sino por el estilo en que son imaginadas" (ibídem: 25).

El México de mediados del siglo XX fue imaginado musicalmente con el mariachi con trompeta, que llegó a ser uno de sus medios de comunión, ya que, más allá de las diferencias de clase y región —y hasta cierto punto de etnia—, "la nación se concibe siempre como un compañerismo profundo, horizontal" (ídem). El mariachi ya era entonces reconocido como un "baluarte de nuestra tradición musical", como una "muralla de la nacionalidad mexicana" contra la que se estrellan las alocadas notas de los ritmos exóticos, como la guaracha, el foxtrot, el blues, el swing y la furia del mambo:

> Si se ha tratado de desplazar a la música mexicana, el primer soldado que ha salido en su defensa ha sido el inspirado y maravilloso mariachi. Porque representa la autenticidad de su raza, de sus costumbres, de sus alegrías, desesperanzas y satisfacciones. [Los mariachis populares], sin saber nada de música profesional, con el alma se han entregado a sazonar lo nuestro: nuestras dolencias y nuestras ingratitudes; como asimismo nuestra justicia. La música del mariachi […] es la que se mete hasta la médula para hacernos vibrar con la fuerza de un sismo. En estos recios representativos de nuestra auténtica idiosincracia […] descansa la permanencia viva de nuestra genuina personalidad musical. El mariachi popular debe persistir para todo el futuro de nuestro pueblo. Canta al dolor y no a la conveniencia; por ello es bien querido, estimado y representativo (Alpuche, 1950: 4-5).

Al mismo tiempo, el mariachi era reconocido como el indiscutible embajador de México y, por lo tanto, pregonado como su símbolo musical:

PÁGINA ANTERIOR:
Fichas del padrón de la Unión Mexicana de Mariachis. "la cantidad de músicos profesionales no guarda punto de comparación con los grupos estilo mariachi, que se cuentan por centenares y se encuentran en todas partes de la República, en los teatros, en las películas, en los discos, en las radiodifusoras, bailes, y sólo falta que lleguen a la iglesia. El mariachi es completamente popular y su actuación es vulgar, monótona y sin refinamiento; tal vez no sea aventurado predecir que el profesionalismo musical de México será ahogado por el mariachismo a corto plazo" (Osorio e Islas Ocadiz, 1956: 144).

Saturando los aires con la belleza de nuestras más típicas canciones, el mariachi es el más caracterizado intérprete del folklore mexicano. En todas partes del mundo, el término "mariachi" no es ya sólo una palabra exótica, sino que se ha convertido en sinónimo de música auténticamente mexicana [...]: los sones jaliscienses, los sones costeños, las polkas ligeras y graciosas, los corridos semi-épicos, las canciones arrancadas al campo (Ayala, editor, 1956: 4).

Plácido Domingo (1941), uno de los tenores más importantes del último cuarto del siglo XX a nivel internacional, recuerda cómo inició su íntima relación con el pueblo mexicano:

Fue increíble que la primera música que acompañó mi infancia fuera la música mexicana. Cuando vivíamos en el barrio Salamanca de Madrid, mi hermano y yo oíamos canciones de Irma Vila, "El soldado de levita", por ejemplo, y oíamos a Jorge Negrete que nos hacía mucha ilusión, porque mis padres, que eran artistas de zarzuela, [ya] estaban trabajando en México [en el teatro Iris] y nos enviaron una foto dedicada de Jorge Negrete (ápud Verdugo Fuentes, 1982: 66).

Illmõ Sõr

Con fecha 26 de Abril proximo pasado se sirvió
VS.I pedirme informe circunstanciado sobre los h...
tros que han ocurrido en este lugar, y que h...
ocasionado diferencias mias para con las Auto...
... y de que han ...
... ... del Estad...
...tes.

...ios en mi Parr...
...cuentro que en...
... Iglesia se hall...
...uego y hombre ...

de Parroco.

Dios Nuestro Señor guarde á VS.I. muchos años
Curato de Noramoada Mayo 7 de 1852.
Cosme Santa Anna

á pie y á caballo andan gritando como furio...
en consequencia del vino que beben, y que aq...
llo es ya un desorden muy lamentable: sé que es...
to es en todos los años en los dias solemnisimos...
la resurreccion del Sõr. y solo los que ya sabe...
mos cuantos crimenes y ecsesos se cometen en est...
diversiones, que generalmente se llaman por...
tos puntos mariachis, solo nosotros porque lo...
vemos lo podemos creer, y nos horrorisamos a...
ver que no hay Autoridades que repriman d...
sordenes reprobados por la moral y las leyes
que nos rigen.
Yo fui luego á la Autoridad local y le supl...
que se sirviera impedir estos males principi...
de otros mucho mayores y no logré mi deseo,
pues se me alegó la costumbre y perjuicios
que se seguirian á los comerciantes interes...

POLÉMICA SOBRE LA ETIMOLOGÍA DE "MARIACHI"

¿LA PALABRA ES UN GALICISMO?

Sobre el bautizo francés del mariachi se han presentado varias versiones dentro y fuera de México. En España se publicó que: "El nombre ['mariachis'] viene de la palabra francesa 'mariage' (matrimonio) y algunos lo hacen remontar al tiempo de la emperatriz Carlota, que gustaba mucho de estas músicas" (Alba, 1958: 120). En Costa Rica, el ex presidente José Figuerez (1906-1991) aseguraba que:

> Todo el mundo sabe […] que "Marriage" [sic] significa matrimonio [...y] que un Emperador francés [sic] gobernó el país [México] durante […] 1864-67.
>
> Cuando los franceses o sus amigos cortesanos celebraban una boda, amenizaban la fiesta con un grupo de trovadores […que] Llevaban al hombro una manta de colores vivos, muy mexicanos, llamada "el sarape".
>
> No se sabe cuál señorito de París [… los] identificó […] con el "marriage" [sic]. Y los propios trovadores terminaron pronto llamándose a sí mismos mariachis. Así nacen las palabras (1977: 15-16).

Musicólogos mexicanistas de la talla de José Raúl Hellmer (1913-1971) también contribuyeron al desarrollo de esa creencia:

> En el estado de Michoacán […] se formaron grupos que utilizaban un arpa, […] dos violines y una vihuela. […] estos conjuntos fueron llamados a amenizar musicalmente los matrimonios de las afrancesadas familias de la aristocracia en el Imperio de Maximiliano y se les dio el nombre de mariachis, porque se les pedía tocar para el *mariage* (matrimonio en francés) en turno (ápud Macías Cardone, 1962: 22).

PÁGINA ANTERIOR:
"Este juzgado de mi cargo se haya comprometido con el vecindario que […] ha concurrido en esta vez. Y como [usted] se haya abrogado facultades q[u]e no le corresponden y con ellas haya abusado sobre los ciuda[dano]s q[u]e han venido con sus familias a Semana Santa y diverciones que siguen; muchos de ellos han emprendido gastos de bastante consideración según sus cortas facultades así en levantar enrramadas como acopiar comestibles y otras cosas para vender, q[u]e si [usted] insiste en la arbitrariedad de impedir la diversión a que están acostumbrados […], mañana mismo me veré en el caso de representar así al Supremo Gobierno como a su Il[ustrísi]mo Prelado [de Guadalajara], el atropellamiento q[u]e u[sted] ha usado […] y esto sin pesjuicio [sic] de mandar [a] usted entregar luego los instrumentos que les ha quitado [… Cruz Lora], 1852".

Entre los defensores de esta propuesta no podía faltar la versión que radica la denominación francesa del mariachi en Cocula:

> La palabra mariachi es una corrupción de la voz francesa *mariage* (matrimonio) y tuvo su origen en el hecho de que, durante la Intervención francesa, en una porción del estado de Jalisco que comprende el municipio de Cocula, se establecieron por largo tiempo las huestes invasoras, y muchos de sus componentes se unieron en matrimonio con mujeres mexicanas. Para la celebración de dichas bodas o *mariages* eran contratados los músicos típicos de la región. De ahí provino la designación que desde entonces se aplica al grupo de filarmónicos que componen esta música regional (Islas Escárcega, 1945: 217-218).

Sin duda, la hipótesis galicista sobre la etimología de la palabra mariachi/mariache es la más difundida. De hecho es aceptada sin el menor reparo, entre otros importantes léxicos, por el *Diccionario de la Lengua Española* de la Real Academia Española de la Lengua (1984, II: 877), la *Enciclopaedia Britannica* (1979, VI: 616) y la *Enciclopedia de México* (1974, VIII: 274/547), pero en ningún caso se aportan bases para sostenerla.

Intelectuales famosos se han sumado a esa causa y contribuido al reconocimiento público del supuesto origen galo del término. Tal es el caso de Alfonso Reyes, quien lo reafirmó en un ensayo de 1959, avalado y distribuido por la Secretaría de Educación Pública.

En consecuencia, era de esperar que, aun tras la publicación del documento de Rosamorada (ápud Meyer, 1981: 41-44) y la referencia al de Tlalchapa (ápud Ochoa, 1985: 78), la hipótesis galicista sobre el origen de la palabra mariachi quedara en el recuerdo. La primera fuente es la carta que el padre Cosme Santa Anna dirigió a la autoridad eclesiástica de Guadalajara, ante el reclamo del juez local, para narrar los acontecimientos "desordenados" ocurridos durante la celebración de la Semana Santa en Rosamorada, Nayarit.

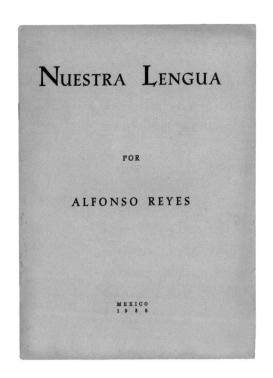

NUESTRA LENGUA

POR

ALFONSO REYES

MEXICO
1 9 5 9

El segundo documento que refuta la suposición galicista son los apuntes biográficos del padre Ignacio Aguilar, quien reportó una festividad local mientras desempeñaba su ministerio en Tlalchapa, Guerrero; si bien no se ha recuperado el manuscrito original, la descripción pormenorizada y el tono vivencial permiten suponer que el diario fue redactado en mayo de 1859 y su temática demuestra que el autor no tenía intención de intervenir a posteriori (circa 1909) sobre un tema que apenas irrumpía en la escena nacional.

La carta de Rosamorada permite constatar el uso de la palabra mariachi con la acepción de fandango una década antes de la intervención francesa, mientras el diario del padre Aguilar da testimonio de su empleo para designar al grupo de músicos tres años antes del segundo imperio mexicano. Ambos manuscritos dejan sin fundamento la versión del bautizo francés para una institución que, a la postre y luego de transformaciones importantes, se convertiría en el símbolo musical de México.

En realidad, sólo se ha publicado un intento de apoyar con argumentos la hipótesis galicista sobre la etimología del vocablo mariachi; se debe al médico jalisciense de ascendencia francesa Rubén Villaseñor Bordes (1914-1999). De entrada, el autor manifiesta un grave eurocentrismo por la manera como rechaza una propuesta atribuida a José Ramírez Flores (1900-1983), en el sentido de que la palabra mariachi procede de la lengua cora. El médico menosprecia el idioma del Nayarit y pone en duda que "Los opaquísimos indios nayaritas, que al comunicarse empleaban [según Ramírez Flores] la voz madre del término *mariache* [fueran] gente que sobresaliera tanto, como para [...] implantar una designación nacional generalizada" (1987: 368).

El mismo autor plantea que el término fandango —"un holgorio con baile y el indispensable grupo musical que lo hace danzar"— es anterior y estaba más difundido que "el galicismo *mariache*" (ibídem: 372). Menciona que nunca encontró esa palabra al consultar los "documentos inquisitoriales neogallegos del siglo XVI al XIX" y, en cambio, aporta un texto inédito de 1810, en el que Diego Aranda, cura de Atotonilco el Alto y Juez Eclesiástico, brinda testimonio al Tribunal del Santo Oficio sobre Don Pedro del Villar, quien

> consiguió dominar completamente este pueblo [...] en orden a su religión, nunca he oído cosa que le haga sospechoso y, solamente una vez, que siendo administrador de la hacienda de Ciénega, para

El mariachi forma parte de un ámbito cultural carente de textos y documentos propios: nunca tuvo cronistas que se encargaran de reseñar sus actividades. Su memoria es vivencial y reside en la habilidad musical de sus intérpretes, en la capacidad literaria de sus copleros, en la destreza de sus bailadores y en la emoción estética de quienes asisten a los rituales en que su música es el "corazón". "El fandango se anima. Las rancherillas y rancheros se entusiasman y hacen esfuerzos por quedar bien, si bailan o cantan, dirigiéndose recíprocamente versos alusivos. La rancherilla es una verdadera china, y en el jarabe o palomo echa el resto a su habilidad en el baile" (Revilla, 1844, III: 556).

desbaratar un fandango que formaron en su rancho, con motivo de la bendición de un San Antonio, entró dando golpes con la espada, sin perdonar aun al mismo santo (ápud Villaseñor Bordes, 1987: 372).

Villaseñor Bordes concluye que, fuera de la zona nayarita, "el documento transcrito en 1810 no usa el galicismo *mariache*, sino el muy castizo término *fandango* (ídem).

En efecto, el término fandango ha tenido un uso más extendido y, de acuerdo con las fuentes escritas conocidas, aparece en el occidente novohispano antes que el vocablo mariachi. Pero eso no es prueba de que en la lengua hablada el primero haya antecedido al segundo. No hay que olvidar que la tradición del mariachi corresponde a una cultura ágrafa y que las eventuales referencias documentales remiten a relatos incidentales de gente letrada. Por lo demás, la palabra fandango no es "castiza", esto es, no pertenece a un "lenguaje puro y sin mezcla de voces ni giros extraños". El *Diccionario de autoridades* de la Real Academia Española era puntual desde 1732 y establecía que se trataba de un "Baile introducido por los que han estado en los Reinos de las Indias, que se hace al són de un tañido mui alegre y festivo" (1979 [1732], II: 719); en su *Glosario de afronegrismos,* Ortiz sostiene ca-

tegóricamente que la voz fandango es indiana y deriva del término mandinga *fanda,* que significa "convite" (1924: 202); según el etnomusicólogo cubano Rolando Pérez Fernández (comunicación personal, 2005), *fandangu* es una palabra de la lengua kimbundu, del tronco bantú, que significa caos o desorden, de acuerdo con el *Diocionário complementar portugues-kimbundu-kikongo* (da Silva Maia, 1961).

> La primera referencia documental en la que se relaciona esta danza [el fandango] con tierras americanas la encontramos en un manuscrito en la Biblioteca Nacional [de España] y fechado en 1705. En él, entre otras piezas musicales, hay un "fandango indiano". Pocos años después, exactamente el 16 de febrero de 1712, el padre Martín, deán de Alicante, refiriéndose al "baile de Cádiz, que vulgarmente es llamado el fandango", nos facilita otra referencia documental que relaciona este baile con los negros gaditanos.
>
> Después, en 1774, el Mayor W. Dalrymple, en su Viaje a España y Portugal, nos dice: "el fandango se baila también después de las farsas, es una danza lasciva que viene de las Indias Occidentales, por la que los españoles se muestran tan apasionados como los ingleses por la pipa" (Navarro García, 1998: 201-203).

Con respecto a la carta de Rosamorada, en la que se usa la palabra "mariachis" para designar a los fandangos, Villaseñor Bordes sugiere que el uso del pretendido galicismo mariache se circunscribía a "la zona nayarita actual" y afirma que, en 1852, no se trataba de un término ordinario de uso ancestral, sino que "la palabra entonces resultaba poco difundida, uno que otro la conocía" (1987: 372). Por el contrario, del documento de Rosamorada se deduce que el término "mariachis" no era un "vocablo muy localista", pues allí se afirma con claridad que dichas "diversiones" o fandangos *generalmente se llaman por estos puntos mariachis".* El adverbio "generalmente" implica una vigencia social "general", y que la designación sea utilizada en varios "puntos" establece un contexto regional, no local, para dicho término. El cura Cosme Santa Anna se había hecho cargo de la parroquia apenas dos semanas antes del incidente descrito (De León Arteaga, 1990: 1), y es comprensible que la palabra "mariachi" le fuera novedosa o la supusiera así para el obispo de Guadalajara, tanto que "se anduviera con explicaciones".

Pero el meollo de la argumentación de Villaseñor Bordes es, por una parte, que le parece "muy razonable su procedencia [la de la palabra

En el mural referente al herradero de la casona de La Moreña, en La Barca, Jalisco, aparece un cuarteto con tambora que toca para los jinetes que realizan las suertes vaqueriles en el ruedo. Si bien en 1888 está documentada en ese pueblo la designación "mariachi" para los músicos populares, no es posible deducir si tal denominación ya era usual, en aquel puerto oriental del lago de Chapala, un cuarto de siglo antes, cuando fue plasmada la pintura.

mariache] del idioma francés, por guardar analogía fonética con *marriage* [sic]" (1987: 368) y, por la otra,

> los numerosos franceses que ya habitaban Jalisco, sobre todo el por aquellos tiempos extenso terreno que pertenecía a la zona jalisciense de Tepic. Y estando tan pobladas de francoparlantes nuestras regiones, se desmorona el obstáculo para considerar a la palabra *mariache* un galicismo (ibídem: 373).

> Por otra parte, […] el galicismo *mariache* […] aparece [en la carta de Santa Anna] por la fecha de la invasión más grande de franceses en el actual Nayarit, quienes huían del hostigamiento racista [de los yanquis] y principalmente de una ley norteamericana expedida en 1850, dos años antes de que llegaran los colonizadores de nacionalidad gala hasta Sonora, de donde luego escaparon en gran número al puerto de San Blas (ibídem: 372).

Sobre los desplazamientos de franceses desde California a Sonora hay que señalar que, en diciembre de 1851, el marqués Charles de Pindray arribó a Guay-

mas con 88 galos quienes, en marzo de 1852, se establecieron en el Valle de Cocóspera, donde se les unieron otros destacamentos llegando a ser casi 150 colonos. Tras el asesinato de su cabecilla, quedaron bajo el mando de Olivier de Lachapelle (Wyllys, 1971 [1932]: 45-48). En abril de aquel año llegaron 80 mineros armados bajo el comando de F. P. Sainte-Marie, quienes pronto se dispersaron decepcionados por no encontrar yacimientos de oro (ibídem: 48-49). Los restos de estas expediciones se unieron al primer contingente del conde Gastón Raoul de Raousset-Boulbon (1817-1854), quien llegó a Sonora el 1 de junio de 1852 (Vigneaux, 1973 [1863]: 105). Como el Sábado de Gloria de dicho año se celebró el 10 de abril (Cumplido, 1852: 24), esto es, mes y medio antes de ese suceso y sólo a escasos cuatro meses del desembarco de Pindray, está documentado que, en aquellas Pascuas de Resurrección, "por los puntos" de Rosamorada ya se llamaba "mariachis" a los fandangos y que eran una costumbre y tradición.

Tras la toma de Hermosillo en octubre, el conde de Raousset-Boulbon enfermó de disentería y los franceses capitularon en noviembre de 1852, para regresar a San Francisco (Wyllys, 1971 [1932]: 87-88 y 98-100). La segunda y definitiva intentona para apoderarse de Sonora se produjo entre junio y agosto de 1854, por lo que la supuesta "escapada en gran número al puerto de San Blas" debió ocurrir dos años después de los acontecimientos de Rosamorada. El batallón francés fue derrotado, su jefe fusilado y los sobrevivientes remitidos como prisioneros de guerra a la ciudad de México desde Guaymas, vía el puerto de San Blas (ibídem: 161-168 y 171-173). Aunque: "No se debe creer que los aventureros que acompañaban a Raousset-Boulbon fueran todos franceses; allí figuraba un número de alemanes, irlandeses y chilenos" (Génin, 1933: 207).

Con una imaginación poco apegada a los hechos históricos, Villaseñor Bordes describe así al secretario del conde de Raousset Boulbon:

Este culto y observador francés, ciertamente caminó por el actual Nayarit

"La penetración del noroeste de México por los franceses residentes en California en los años cincuenta del siglo diecinueve [desarrolló] esfuerzos por establecer ahí colonias y localizar minas. Estos esfuerzos fueron desviados y utilizados por ciertos aventureros imperialistas, en particular por el conde Raousset-Boulbon" (Wyllys, 1971 [1932]: VII). "Es indudable que si Raousset hubiese tenido éxito en conseguir la independencia de Sonora, Francia se habría interesado grandemente por ese país" (ibídem: 176).

Vigneaux es hecho prisionero en Sonora. El conde Raousset-Boulbon "necesitaba un secretario y buscaba para ese puesto a un hombre seguro, que hablara español e inglés. Él me lo ofreció [en San Francisco, por mi renombre de buscador de aventuras por varios años en las montañas de California] y yo acepté, con todas sus consecuencias y sin ninguna restricción" (Vigneaux, 1863: 17-18).

y con admiración pone énfasis al escribir de las celebraciones con bailes costeños y bien sabido es que de tales celebraciones, las más brillantes son los matrimonios, *les marriages* [sic]. Al ver tan sonados festejos este viajero, como sus coterráneos que con anterioridad pulularon abundantemente en la región de San Blas y de allí se desparramaron en zonas cercanas por tierra, y alejadas a otras costas del Pacífico mexicanas por mar, exclamaron: *¡Voilà un marriage* [sic]! ¡Vean allá un matrimonio! ¡He allí un matrimonio! Muchos que hablaban castellano los oyeron y empezaron a denominar dichos bailes y música, como mariaches (1987: 371).

De hecho, el médico Ernest Vigneaux y sus compañeros llegaron a San Blas la madrugada del 13 de agosto de 1854 y, de acuerdo con su propia narración: "El capitán del puerto, escoltado por algunos soldados, nos hace formar en la playa y nos ponemos en marcha para Tepic, sin tiempo siquiera para comer" (Vigneaux, 1950 (1862): 16). La columna de los derrotados franceses fue conducida por el camino más recto y ese mismo día al atardecer llegó a Tizontla, ya en la zona montañosa; el 14 de agosto pasó por Guaynamota y el "día de la Asunción" arribó a Tepic. Así, Vigneaux sólo estuvo una mañana —de paso y en cordada de prisioneros— en la región costera de

San Blas. En sus libros *Voyage au Mexique* (1862) y *Souvenirs d'un prisonnier de guerre au Mexique 1854-1855* (1863) nunca menciona "celebraciones con bailes costeños", "sonados festejos" y menos un "matrimonio" en Nayarit, pues es obvio que las circunstancias no le permitieron presenciarlos. Cuando fue puesto en libertad, bajo la custodia de sus compatriotas y fiadores Tarel y Lyon, presenció en Guadalajara la fiesta de la independencia nacional, que entonces se conmemoraba el 27 de septiembre, y la celebración del 5 de octubre en honor de la Virgen de Zapopan (ibídem: 109-110).

¿De dónde deduce Villaseñor Bordes que las "más brillantes" de las "celebraciones con bailes costeños" de Nayarit eran los matrimonios? Sin dejar de reconocer que las nupcias son las principales ceremonias de los rituales centrados en el ciclo de la vida —y como tales prevalecen sobre los bautismos, cumpleaños, funerales, etcétera—, por lo general tienen menor relevancia que las fiestas centradas en la vida de la comunidad. De más de un centenar de fuentes escritas sobre el mariachi entre 1732 y 1925, sólo tres se refieren a bodas, ya que la mayoría remite a fandangos, herraderos, ferias, fiestas pueblerinas, borracheras, anuncios de funciones teatrales, banquetes, serenatas y prohibiciones de parrandas (cfr. capítulo I y Jáuregui, compilador, 2004 [1996]).

Tomando en cuenta las fuentes históricas, de la argumentación de Villaseñor Bordes sólo queda la conjetura de que, como había franceses en el occidente de México antes de 1852 y existe una homofonía entre *mariage* y mariache, a ellos se debe el bautizo de esta tradición. Bajo el prejuicio de que los indígenas, novohispanos y mexicanos eran incapaces de forjar un término exitoso, la conseja ya no se plantea para la década de 1860, sino que se retrasa a una fecha indefinida a partir de 1765. Pero no se presenta ningún documento que confirme que en algún poblado cierto francés designó como *mariage* una boda y que los lugareños —extasiados ante la peculiar pronunciación— comenzaron a denominar mariaches/ mariachis tanto a los bailes y la fiesta, como a los conjuntos musicales que los amenizaban.

La indagación documental sobre el tema de la palabra mariachi ha avanzado de manera insospechada en los últimos años. En el Archivo Parroquial de Santiago Ixcuintla, Nayarit, se han encontrado 126 actas levantadas durante la tercera y cuarta décadas del siglo XIX, en las que se hace referencia a un rancho denominado Mariachi. Entre el 29 de noviembre de 1832 y el 25 de noviembre de 1843 aparece escrita la palabra mariachi 246 veces: 10 en el *Libro Quinto de Bautismos* (junio de 1830-febrero de

PÁGINA SIGUIENTE:
Mapa de Senticpac e
Yscuintla, 1777. El territorio
corresponde a una población
nativa de lengua cora
(Sentispac y Sauta), si bien
algunos topónimos proceden
del náhuatl, lingua franca
prehispanica y colonial
(Ixcuintla, Tuxpan,
Mexcaltitán) y no faltan los
nombres de las fundaciones
hispánicas (Santiago, Pozo
de Ibarra, Pozo de Villa).
La división oriente-arriba-
luminoso-sierra en correlación
con la parte poniente-abajo-
oscuro-costa, está marcada
por el tlacuilo en una línea
trazada en el eje norte-sur.
El poblado principal está
en el poniente, Sentispac,
mientras que el
preponderante del oriente
es Ixcuintla (Duverger 1996
[1989]: pássim). Tras la
guerra de Independencia,
queda despoblado Ixcuintla
y su parroquia se incorpora
a Santiago; el gran tráfico,
consecuencia de un
comercio internacional
más libre, vuelve a Santiago
Ixcuintla en el gran puerto
de río del occidente de
México. En 1828 el
ayuntamiento se pasa
oficialmente de Sentispac
hacia esa renovada población
de la costa nayarita.

1835); 94 en el *Libro* [Sexto] *de Bautizos* (julio de 1835–diciembre de 1843); 50 en el *Libro Tercero en que secientan las partidas de Entierros* (28 de julio de 1830-19 de junio de 1836); 86 en el *Libro* [Cuarto] *en que se asientan las partidas de entierro* (junio de 1836–septiembre de 1843); 5 en el *Libro 2.º de Casamientos* (1817–1837) y una vez en el *Libro de Govierno de esta Favrica de la Yg[lesi]a de Santiago* (enero de 1827-diciembre de 1859).

La mayoría de estas actas fueron suscritas por José María Ledón (1785-1843), cura propio de la parroquia de Santiago entre 1832 y 1843, quien fue asistido, a partir de 1935, por Ignacio Ayala, fray Antonio de Jesús Gutiérrez, fray Miguel de los Santos Ortega, José María Galavis, José Ylario Ronces Valles, Juan Nepomuceno Arreola y Francisco Barreda. Ellos también refrendaron actas parroquiales en las que se registró el rancho Mariachi.

Fray Antonio de Jesús Gutiérrez suscribió dos actas con la versión alográfica de la palabra *mariache* cuatro veces (28 de marzo de 1836) y una en cuyo margen se anotó marriache contra el mariache del texto (6 de abril de 1836); asimismo, firmó tres actas en las que manifiesta el topónimo Mariachi seis veces. Por su parte, se atribuye al padre Ledón un acta de ese año (27 de mayo), en la que consigna la variante mariache una vez, además de suscribir un acta de defunción (17 de octubre de 1836) en la que se encuentra la forma mariache otra vez; en dos ocasiones (19 de octubre de 1834 y 17 de octubre de 1840) escribió en el margen del acta la palabra mariache y, en el texto, mariachi. José María Galavis firmó un acta (23 de julio de 1840) en la que figura el geonímico mariache una vez. Es importante señalar que la designación mariachi es preponderante y que el vocablo alternante mariache sólo aparece 11 veces; esto es, en 4.5 por ciento de los casos, lo cual pone en duda la conseja de que la forma mariache pudo haber antecedido histórica y filológicamente a la palabra mariachi, como lo plantean Ochoa (1985) y Villaseñor Bordes (1987).

El hecho de que el topónimo Mariachi haya sido consignado durante 11 años por siete sacerdotes diferentes prueba que no se trataba del capricho por nombrar así a un rancho de la parroquia de Santiago Ixcuintla, sino que corresponde a una designación de los pobladores del lugar. La eventual aparición de la variante alográfica Mariache se debe, quizá, a la fidelidad con que los clérigos transcribían la pronunciación de algunos feligreses.

El primer nacimiento registrado en el rancho Mariachi fue en 1833:

Mariachi
Ygn.[acio] de Loyola
de 10. días de
nacido, h.[ijo] l.[egítimo]
En esta Santa Yglesia Parroq,[uia]l de Santiago á los nuebe días de el mes de Agosto de mil ocho cientos treinta y tres, Yó El cura propio de esta felig.[resí]a Baptise solenemente y puse los Santos oleos y crismas á un Niño de dies días de nacído en el Mariachi á quien puse p.[o]r nombre Ign.[aci]o de Lollola h.[ijo] l.[egítimo] de Miguel Moreno y M.[aría] Andrea Ybarra Abuelos Pat.[ern]os ní Mat.[erno]s no se conocieron [palabra ilegible] Padrínos Juan Moscoso y María Dariá Basquez Aquienes Adbertí su obligac[ió]n y parentesco Espiritual que contrajeron y para que conste lo fírme [firma] (A.P.S.I. *Libro quinto de Bautismos junio de 1830-febrero de 1835:* foja 121 recto).

Y hay una partida de entierro del año anterior:

Puesto del Mariachi
Tivurcio Marques
Par.[vul]o de 4. meses
h.[ijo] l.[egítimo] pagó medios
d[u]ros de favrica
En el campo Santo de esta Santa Yglesia Parro.[quia]l de Santiago alos veinte y nueve dias de el mes de Noviembre de Mil Ocho cientos treinta y dos Yó; el B.[achille]r D.[o]n Jose Maria Ledon cura propio de esta felig.[resí]a di sepultura Ec.[lesiásti]ca con Ent.[ierr]o huma[no] pagando medios d[u]ros de fav.[ric]a q.[ue] fueron dies rreales á el cadaver de Tivurcio Marques parvu[l]o de quatro meses h.[ijo] l.[egítimo] de Jose Maria Marques y de Ma[rí]a Josefa Rodrig.[ue]z murio de fievre en el Puesto del Mariachi y para que conste lo firmé [firma] (A.P.S.I. *Libro Tercero en que secientan las partidas de Entierros que comenzó el 2[8] de Julio de 1830* [y terminó el 19 de junio de 1836]: foja 37 recto).

Pero también hay referencia a fechas previas, como el acta que afirma que José Joaquín Sisneros se avecindó en el rancho Mariachi a partir de 1824:

Mariachi
J.[os]e Joaquin
Sisneros v.[iu]do
de 36. a.[ño]s con
M.[arí]a Rodríg[ue]z
Tisnado vi
uda de 25. a[ño]s
En esta Santa Yg.[lesi]a Parroq.[uia]l de Santiago a los dies y nueve
dias del mes de Oct.[ubr]e de mil ocho cientos treinta y cuatro Yo
el Presv.[íter]o Don Jose M.[arí]a Ledon Cura propio de esta Felig.[resí]a previas las diligencias de estilo y de mas requisitos al intento case y no vele p.[o]r Ser Viuda la mug.[e]r in facie eclesie p.[o]r palabras de presente a Jose Joaquin Sisneros Orig.[inari]o del Pueblo de Amacueca y vecino de esta Felig.[resí]a en el Mariachi hace dies años de treinta y seis años de Edad viudo de 1.as Nup.[cia]s de Maria Ermenegilda de los santos cuyo cadaver esta Sep.[ulta]do en el Campo Santo de esta Parroquia hace Cuatro meses, con Maria Rodrig.[ue]z Orig.[inari]a de la villa de San Blas, y Criada en esta desde pequeña de Veinte y cinco años de Edad viuda de 1.as Nup.[cia]s de Jose Casimiro Rivera Cuyo Cadaver esta Sep.[ulta]do en la Yglesia de I[x]catan hace dos años […] [firma] (A.P.S.I. *Libro 2° de casamientos* [comienza el año de 1817 termina el año de 1837]: fojas 232 vuelta y 233 recto).

O la que certifica la existencia de dicha población con mayor anterioridad:

Santiago
M.[arí]a Ramos
Flores B.[autis]ta de 29 a[ño]s
En esta S[an]ta Yglesia parroquial de Santiago Ysquintla á los 17 días del mes de octubre del año demil ocho cientos trienta i seis yo el Presv.[í]t[er]o D.[o]n Jose M.[arí]a Ledon Cura propio desta Feligresia Disepultura Ec[l]esiastica de Caridad á M.[arí]a Ramos Flores B.[autis]ta de 29 a[ñ]osd[e] edad orig[inari]a del Mariache noconosieron asus padres murio de parto en esta villa y p.[ar]a q.[u]e coste lofirme [sin firma] (A.P.S.I. *Libro [Cuarto] en que se asientan las partidas de entierro. Mes de Julio de 1836* [al mes de septiembre de 1843]: foja 4 vuelta).

Santiago

José Pantaleon
de 3 días, oleo
nacido h. n.

En esta Santa Yglesia Parroq.l de Santiago á los veinte y uno
días de el mes de Julio de mil ocho cientos treinta y tres, Yo el
Cura propio de esta felig.a Bapticé Solemnemente y puse los Santos oleos y crisma á un niño de tres días de nacido en esta Villa
quien puse por nombre José Pantaleon h. n. de Antonio Friq-
de M.a Juliana Gomez abuelos no dieron razon fueron sus
su Susto Alvaro y Albina Gomez á quienes adberti su obliga-
y parentesco espiritual que contraheron y p.a que conste lo
firme

J. M.a Lidor

Mes de Agosto de 1833.

Loma de S.n Fernan
do

José Crespin de Jesus
de 13 días de na
cido. h. L.

En esta Santa Yglesia Parroq.e de Santiago á los cinco días de el mes
de Agosto de mil ocho cientos treinta y tres, Yo el Cura propio de
esta felig.on Bapticé Solemnemente y puse los Santos oleos y crisma á un Niño de once días de nacido en la loma de San Fernando á
quien puse por nombre José Crespin de Jesus h. L. de José Calist
Ernandez y de Maria Romalda Lopez Abuelos Pat. Doming
hernandez y M.a Ignacia Hernandez Maternos Mariano Lopez
Margarita Serbantes y fueron sus Padrinos Apolinario Garcia
M.a Guadalupe Camacho á quienes adberti su obligac.on y parentesco Espiritual q.e contraheron y p.co q.e conste lo firme

J. M.a Lidor

Santiago

José Esteban de
Seis días de na
cido. h. n.

En esta Santa Yglesia Parroq.e de Santiago á los Siete días de el mes
de Agosto de mil ocho cientos treinta y tres, Yo el Cura prop.o de esta
Felig.on Bapticé Solemnemente y puse los Santos oleos y crisma á
un Niño de Seis días de nacido en esta Villa á quien puse
nombre José Esteban h. n. de Santiago Padilla y de M.a Margarita Gonzalez Abuelos no los conocieron fue su Padrino
Rubio á quienes adberti su obligacion y parentesco Espiritual
que contraheron y para que conste lo firme

En esta Santa Yglesia Parroq.l de Santiago en los
el mes de Agosto de mil ocho cientos treinta y tres, Yo el Cura pro_
pio de esta felig.a baptize solemnemente y puse los Santos oleos
y crisma á una niña de _____ días de nacida, en esta Villa
á quien puse p.r nombre M.a Rita Pastora h. l. de Jose Calistro _____
rro y M.a Felipa Romero Abuelo Pat.... ____ mater... y Antonio _____
Angel Platanero Remijio Romero y Jose Perez fueron sus Pa_
drinos Antonio Romero y Juana _____ á quienes adbertí su obli_
gacion y parentesco espiritual que _____ y para que
conste lo firme—

firma

En esta Santa Yglesia Parroq.l de Santiago á los nuebe días de
el mes de Agosto de mil ocho cientos treinta y tres, Yo el Cura pa_
pio de esta felig.a baptize solemnemente y puse los Santos
oleos y crisma á un niño de diez días de nacido en el Mari_
achi, á quien puse p.r nombre Ygn.o de Loyola h. l. de Mig_
uel Moreno y M.a Andrea Ybarra Abuelo Pat.... ni Mat.... no
se conocieron ____ Padrinos Juan Moreno y Maria En_
ria Barajas Aquienes adbertí su obligac.n y parentesco—
Espiritual que contrajeron y para que conste lo firme—

firma

En esta Santa Yglesia Parroq.l de Santiago á los nuebe días de
el mes de Agosto de mil ocho cientos treinta y tres, Yo el Cu_
ra propio de esta felig.a baptize solemnemente y puse los
Santos oleos y crisma á un niño de dos días de nacido en
esta Villa á quien por nombre Jose Lorenzo h. l. de Santiago
Lopez y de Maria Cristofana Gonzalez y de Abuelo Pat.
Guillermo Lopez y Juana M.a Perez M.t... Manuel Gon_
sales y M.a Simona Guebara Padrinos ____ Aquino y
M.a Antonia Barajas Aquienes adbertí su obligacion
y parentesco espiritual que contrajeron y para que conste
lo firme— _firma_

En esta Santa Yglesia Parroq.l de Santiago á los once días de
el mes de Agosto de mil ochocientos treinta y tres, Yo el Cura

Del cotejo de estas actas se deduce que los clérigos que las elaboraron entendían por "originario" a quien hubiera nacido en la localidad referida, pues a dicho adjetivo lo distinguen con precisión de "criado" (crecido), "vecino" (avecindado) y "residente" (llegado hace poco). Entonces, si María Ramos Flores Bautista falleció en 1836 a los 29 años y se le registra como originaria de Mariache, es posible considerar la existencia de ese rancho desde, cuando menos, el año de 1807.

Con la promulgación de las Siete Leyes Constitucionales, a finales de 1836, inició el periodo en que México asumió por un decenio la forma de república democrática central. Con este sistema gubernamental los Estados se convirtieron en Departamentos, divididos en Distritos y éstos, a su vez, en Partidos. La Sexta Ley establecía la obligación de remitir anualmente al Supremo Poder Conservador una estadística general de cada Departamento.

El primer resumen estadístico del Departamento de Jalisco se completó a finales de 1838 y consiste en un libro manuscrito de 156 hojas en recto y vuelta, catalogado bajo el número 1127 del Fondo Reservado de la Biblioteca Nacional de México, firmado por H. Rojas y que lleva por título *Año de 1838. Estadística general del Departamento de Jalisco (Le falta á este escrito lo relativo al Distrito de Sayula) S[ecreta]ria de la E.[xcelentísima] J.[unta] Departamental.* Entre otros datos interesantes, en su texto aparece, de manera clara e inobjetable, la palabra "Mariachi" como nombre de un rancho de Santiago en el Distrito y Partido de Tepic. En la página 135 recto inicia la relación de los "Nombres de los ranchos situados en este Partido [de Tepic]" y, en el folio 135 vuelto, se enlista lo siguiente:

En Santiago

Laguna del Trigo	Los Potros	Guallavo
Amapa	Laguna del Puyeque	La Angostura
Higueras	**Mariachi**	Capomal
Huisachal	Playa de Santiago	otro Sauta 2o
Callejones	Bado del Guamuchil	Abrevadero

Las noticias estadísticas correspondientes al Distrito de Tepic, enviadas por el Prefecto de Tepic a Guadalajara en 1837, fueron recabadas ese mismo año y no antes, si se considera que García (1837: 83 y 84 recto y vuelta) establece la *Division del Distrito de Tepic en dos Partidos* el 27 de enero de 1837.

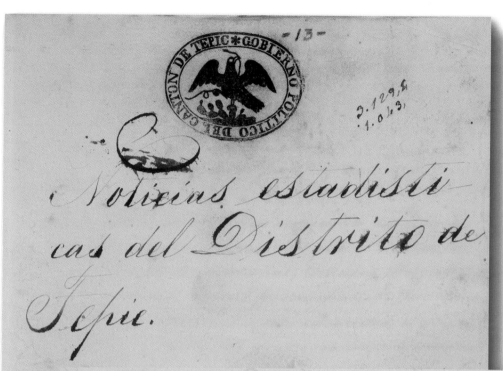

Panorama hacia el sureste desde el cerro de Santiago Ixcuintla, 1844. "Vista del Río Grande, un poco antes de pasar delante de Santiago. A lo lejos [en el altiplano nayarita] se distingue el Sanguanguey, a la derecha de éste el cerro de San Juan, y a la izquierda [en la bocasierra], bastante retirado, el de Picachos. Un inmenso monte de cedros se refleja en las aguas del río y más cerca se ven las plantaciones de algodón" (Retes, 1845: 6). El caserío que aparece en primer plano es Bado de Huamúchil; hacia la derecha (al poniente), por la orilla del río, estaba el rancho Mariachi.

Se trata de un libro manuscrito que comprende 88 páginas en recto y vuelto, incluye varios informes estadísticos e igual se encuentra en el Fondo Reservado de la Biblioteca Nacional de México bajo el número 1134. Después del *Informe que el N[uevo] A[yuntamiento] de Tepic da al Gob.[iern]o de este Distrito conducente al nuebo arreglo de la estadistica. Año de 1837*, viene el documento que nos interesa, *Noticias estadisticas del Distrito de Tepic*, que comprende de la página 13 a la 43 recto y vuelta. Tal como lo sugiere Rojas (1838: 3 recto), se trata de un texto más abundante en detalles que la síntesis preparada en Guadalajara en 1838. En la página 19 vuelta del documento de 1837 principia la información acerca de la municipalidad de Santiago y, en la 20 recto, se aclara que

a mas de la Capital [la Villa de Santiago Ixcuintla] comprende esta municipalidad [de Santiago], las haciendas de S. Lorenzo y S. Nicolás, el mineral de S. Francisco Tenamachi y las rancherias de la laguna del Tigre ó potrero de Guzman, Amapa, Higueras, el Huisachal y los Callejones en la banda derecha del Rio; y en la izquierda Vuelta del Rio, los Potros, Laguna del Puyeque, *Mariachi*, Playa de Santiago, Bado del Huamuchil, el Guallabo, la Angostura, el Capomal, Sauta (2.) y el Abrevadero.

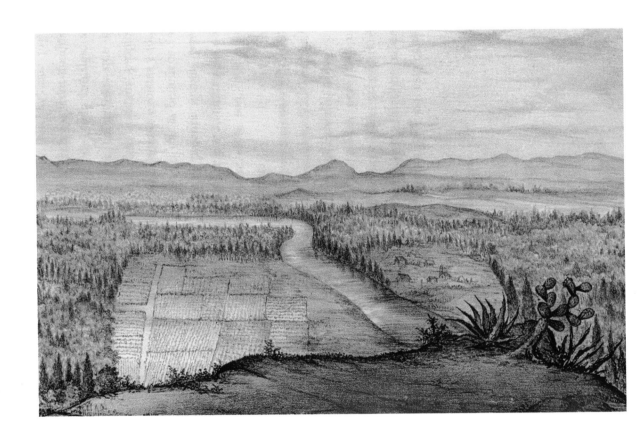

Al parecer, Mariachi era un rancho especial en lo referente al número de habitantes. El resumen que se presenta en la misma página manifiesta un total de 544 personas para la población de los 15 ranchos, dos haciendas y, suponemos, el único mineral; la media aritmética arroja 36 individuos por localidad, lo que permite estimar unas nueve familias. Sin embargo, tan sólo en los libros parroquiales de nacimientos referentes a Mariachi se consignan más de 50 parejas diferentes en calidad de progenitores durante el decenio 1833-1843, razón por la cual se puede inferir una gran movilidad demográfica, esto es, que era un lugar de tránsito intenso.

Considerando que el rancho Mariachi no se encuentra entre los "Nombres de los ranchos comprendidos en el cantón de Tepic" de la Estadistica de Roa (1825), ni tampoco fue marcado en el mapa de Narváez (1824), para su posible localización tomamos en cuenta la nota postfija al poblado de Sauta en la cita precedente sobre la municipalidad de Santiago en las *Noticias estadisticas del Distrito de Tepic*: "(2.) —La parte de Saúta q.[u]e queda á la banda derecha del Arroyo, pertenece á Santiago la de la izquierda á S. Blas—" (página 43 recto). Resulta que el mapa de Narváez —una extensa carta que abarca los Departamentos de Jalisco, Zacatecas, Aguascalientes y Colima— permite constatar que la "banda derecha" corresponde a la parte norte del río y la "banda izquierda" a la sur; asimismo, que

Diligencia atravesando de sur a norte el Río Grande de Santiago, circa 1900.
"A las once de la mañana [en el recorrido de Tepic a Mazatlán] llegamos al río de Santiago. Este río es, durante la época de lluvias, muy ancho, profundo y rápido; pero ahora, de una orilla a otra, no tiene más de 300 metros; sin embargo, nos vimos obligados a utilizar una canoa para atravesarlo. El trasbordador es muy peligroso en época de lluvias, muchas reses y muchas personas han perdido la vida en la travesía. Al otro lado, está Santiago, una aldea escasamente poblada" (Hardy, 1997 [1829]: 86).

la enumeración de localidades inicia en la zona del río Santiago más cercana al mar y se desplaza a la región serrana. De las poblaciones enlistadas en la relación de 1837 se ubican en la carta "Guzmán" (en la banda derecha y al oeste de Santiago), "Guamuchil", "Sauta" y "Abrevadero" (en la banda izquierda y al este de Santiago); por lo cual es lógico deducir que el rancho Mariachi pudo haber estado al poniente de Santiago, por la banda izquierda del río, entre las actuales poblaciones de La Presa y Aután. Debió ser un rancho en la ribera del río e, incluso, un lugar de paso ordinario según un acta que lo designa como "el puerto del Mariachi" (24 de diciembre de 1832) y otra que lo registra como "el puerto que nombran del Mariachi" (23 de enero de 1837).

Pocos años después de su consignación estadística en 1837, el rancho Mariachi de la municipalidad de Santiago dejó de mencionarse en los informes gubernamentales, igual que varias rancherías de la región, aun cuando fue consignado en un acta parroquial del 25 de noviembre de 1843, justo antes de que cerrara el último libro de bautizos disponible. Los libros del periodo 1844-1856 están perdidos o quizá fueron destruidos durante las guerras internas decimonónicas, en las que Santiago Ixcuintla fue uno de los principales escenarios en la zona costera de Nayarit. Un libro

que comienza en 1857 se encuentra corroído a causa del tipo de papel utilizado y la clase de tinta aplicada, por lo cual sería irresponsable intentar su consulta.

Pueden postularse cuatro hipótesis sobre la desaparición. En primer lugar, y de acuerdo con el planteamiento general de Muriá y López González, se debió "a la gran epidemia de cólera que azotó a todo el país, primordialmente en 1833, pero que no dejó de causar daños considerables hasta después de 1840" (1990, I: 116); pero las actas parroquiales de defunciones son precisas en ese punto y solo seis —todas de 1833— hacen referencia a fallecidos por *colera morbus* en el poblado Mariachi. En segundo, cabría la posibilidad de que el rancho se haya convertido en una población tan pequeña que fue omitida en los siguientes informes estadísticos, aunque su inclusión en las actas parroquiales es mayor en los años 1841 (42 veces) y 1842 (45 veces). En tercero, es factible que el lugar haya desaparecido debido a un movimiento del cauce del río, algo frecuente en la llanura costera nayarita hasta el último cuarto del siglo XX. Por último, y ésta es una suposición que sustentan las fuentes parroquiales, es posible que el rancho Mariachi se haya integrado a otra población vecina, perdiendo su peculiar nombre.

Frente a la villa de Santiago, en el lado sur del río, desde finales del siglo XVIII había un rancho nombrado Playa de Santiago, en el sector denominado La Otra Banda del Río, como consta en dos actas del 2 y 13 de julio de 1833. A principios de la década de 1830 hay dos topónimos asociados a la orilla izquierda del río: Mariachi por el lado occidental y La Presa por el oriental. Un acta del 30 de abril de 1835 proporciona la clave para ubicar al rancho Mariachi, ya que en su margen se indica "Mariachi", pero en el texto se señala que un niño llamado Pedro nació en "la plalla de Sant[iag]o ó Maríachi" (*Libro Tercero en que secientan las Partidas de Entierros:* 141 recto). En otra del 16 de octubre de 1837 se identifica Mariachi con La Otra Banda, pero La Presa también se hace coincidir con Plalla de Santiago (16 de enero de 1834) y con La Otra Banda del Río (28 de enero y 1 de diciembre de 1834).

De esta manera:

Plalla de Santiago = La Otra Banda = Mariachi
Plalla de Santiago = La Otra Banda = La Presa
Por lo tanto,
La Presa   = Mariachi.

PÁGINA ANTERIOR:
Santiago Ixcuintla, visto desde La Presa, circa 1940. El ex gobernador ruso de Alaska, barón Ferdinand Petrovich Wrángel (1796-1870), en su trayecto de San Blas a Tepic en 1836, comenta: "Nos paramos a desayunar en una aldea llamada La Presa. Por fin [en esta zona tropical, tras algunos cocotales y tierras áridas], abundan los jardines, los árboles frutales, las plantaciones de caña. Hay un ingenio para la producción de azúcar. Mientras nos estaban preparando un bistec de una carne medio seca y dura con una enorme cantidad de chile, junto con una omelette y tortillas, nos dedicamos a pasear admirando los naranjos y los plataneros llenos de fruto. En esta región, a pesar del gran número de vacas que andan sueltas], ni leche ni mantequilla se podían conseguir; hasta el queso que se vendía lo traían de California" (Wrangel, 1975 [1836]: 62).

De acuerdo con las fuentes parroquiales de Santiago Ixcuintla, a lo largo de 11 años se extingue poco a poco la denominación de Playa de Santiago y toman preeminencia las designaciones de Mariachi y La Presa, ambas asociadas a "puertos" o embarcaderos para el paso del río. No hay que olvidar que, hasta la construcción de la Carretera Internacional y del puente de hormigón a mediados del siglo XX, el paso principal del río Santiago en la región costera era por Santiago Ixcuintla. Por lo que, yendo desde Tepic y Guadalajara, el "puerto", o embarcadero, quedaba frente a dicha villa; esto es, en La Otra Banda, justo en La Playa de Santiago, Mariachi o La Presa.

A principios de 1840, La Presa comenzó a destacar sobre El Mariachi hasta quedar como topónimo oficial para todo el asentamiento frente al pueblo de Santiago. Quizá las tremendas crecientes tornaron menos práctico el paso por ese rancho. Estas crecientes fluviales provocaban que, en el terreno costanero de aluvión, el trazo de las curvas cambiara, la corriente se moviera en el lecho del río, de tal manera que —una vez retornado el periodo de secas— el cauce se alejara o acercara a una de las orillas —modificando la amplitud de la playa—, y que la profundidad del torrente variara de acuerdo con los tramos. Así, el paso por El Mariachi se pudo tornar —debido a alguna inusual avenida— menos práctico que el de La Presa.

En las conocidas *Noticias geográficas y estadísticas* [...] de 1843 ya no aparece la localidad Mariachi entre los ranchos subordinados a Santiago (López Cotilla, 1843: 147-148), porque el autor se apegó a la información proporcionada en las *Noticias Estadísticas comprensivas al Distrito de Tepic* [...] de De la Canal y Castillo Negrete y Guerrero (1839: 48 recto) y en la información posterior (De la Canal y Castillo Negrete y Luzarraga, 1842a, 1842b, 1842c y 1842d); lo anterior a pesar de que en las actas referidas consta que el rancho Mariachi seguía existiendo para sus habitantes y para los sacerdotes a cargo de los libros parroquiales.

El hecho de que en los censos oficiales de la década de 1840 no aparezca ninguno de los tres nombres alternativos (La Otra Banda, Playa de Santiago o Mariachi), permite suponer que, desde el punto de vista civil, a todo el conglomerado de asentamientos frente a la villa de Santiago se le comenzó a denominar con el topónimo de La Presa, mismo que ha permanecido hasta nuestros días. Con legitimidad se puede afirmar que al menos una parte de ese poblado fue el rancho Mariachi original.

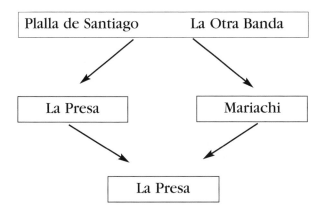

Así, no obstante las dificultades para precisar las fechas del comienzo y fin del rancho Mariachi de la municipalidad de Santiago, en el Partido de Tepic, Departamento de Jalisco, queda la certeza de que existió, pues, además de las 126 actas de la parroquia de Santiago Ixcuintla correspondientes a los años 1832-1843, fue censado hace 170 años. Por otra parte, las *Noticias estadísticas del Distrito de Tepic* de 1837 comprueban, con una fuente documental alterna, la vigencia de la controversial palabra "mariachi" 15 años antes de su mención en Rosamorada.

Con estos testimonios, los seguidores de la hipótesis galicista están obligados a demostrar científicamente que el bautizo francés del mariachi sucedió antes de 1832 o a reconocer que lo que se denominó a partir de la homofonía *mariage*-mariache fue una localidad; que a partir de ese topónimo se designó como mariache-mariachi al fandango, al grupo musical, a la música que ejecutaba y a la tarima sobre la que se zapateaban los sones y jarabes. O, como alternativa, que el supuesto incidente lingüístico nominó como mariachi-mariache al fandango o a los músicos y, luego, este vocablo pasó a designar a cierto poblado y después a los demás significados.

Las fuentes apuntan con claridad a un origen autóctono y regional para la palabra mariachi-mariache, y no en la zona de Cocula, Jalisco, como insisten sin bases documentales Méndez Rodríguez (1982), Villaciz y Francillard (1995) y De la Cruz (1996), entre otros: todos seguidores de la propuesta que supone al término mariachi derivado del idioma coca (Dávila Garibi, 1935). Aquí concordamos con Villaseñor Bordes respecto a que: "No hay un solo testimonio escrito que abone el dicho de Dávila Garibi" (1987: 373); más aún, hoy en día está claro que, mientras no se encuentre un auténtico vocabulario o gramática coca, no se puede continuar una discusión seria sobre dicha lengua.

PÁGINA SIGUIENTE:
José Ignacio Dávila Garibi (1888-1981) fue el primer autor que atribuyó una etimología autóctona a la palabra mariachi (1935: 291). A principios del siglo XX, había recopilado un reducido vocabulario coca ("alrededor de cien palabras") de boca de Ignacio Rodríguez Nixen (1799-1907), quien durante su infancia había sido hablante de dicha lengua en su ámbito familiar. A lo largo de su obra (Dávila Garibi, 1918 [1914]: 24; 1935: 283-285), publicó 61 palabras: entre voces nahuas y purhépechas, se encuentran 21 posibles términos cocas; pero no aparece enlistado el vocablo mariachi ni se presenta alguna etimología al respecto que haya proporcionado el anciano informante decimonónico. Del vocabulario obtenido por Anezagasti y Llamas (1993 [1892]; 1938 [1899]) en Tonalá, a finales del siglo XIX, se añaden otros seis términos cocas.

Jeroglífico de Cocula en la provincia de Tepecuacuilco de la región central del ahora estado de Guerrero. Lámina 17 de la *Matrícula de tributos*, correspondiente a la 39 del *Códice mendocino* (ápud Castillo Farreras, 1997 [1991]: 68; Peñafiel, 1885: 79).

Durante el siglo XIX existieron cinco ranchos con el nombre de Mariachi/Mariache en la región cultural conocida como Aztatlán (Sauer y Brand, 1998 [1932]), esto es, en la franja costera con prolongación serrana que abarca desde el valle del río Santiago, al sur, hasta el valle del río Culiacán, al norte. Los topónimos, en tanto nombres propios de lugar, constituyen un esquema clasificatorio que, al denominar ciertas porciones territoriales, conforman un paisaje semiótico y resaltan aspectos de relevancia cognitiva. En la medida en que éstos "tienden a desligarse de las reglas gramaticales normales e incluso del sistema semántico general de la lengua, puede ocurrir que una raíz se conserve exclusivamente en [ellos], cuando ya ha desaparecido del léxico de los términos comunes" (Iturrioz Leza, 1995: 17); queda por indagar la razón por la cual se les nombró Mariachi/Mariache a esos ranchos.

De hecho, "un factor básico de la toponomástica es la relación del hombre con el medio" (ibídem: 7). En concordancia con algunos planteamientos de Castillo Romero (1973: 182) y Tibón (1979: XVIII), Guzmán Betancourt considera que uno de los elementos recurrentes para nombrar a un sitio es su flora típica y sugiere que:

Es muy probable que […] original y antiguamente la palabra *mariachi* haya sido el nombre de un determinado árbol, y que éste fuera asimismo el responsable de la serie de topónimos… es también posible que […] estos mariachis-árboles hayan sido los principales proveedores de la madera con la cual se hacían las tarimas que los habitantes de la región del occidente y el noroeste de México utilizaban para sus "bailes" o festividades colectivas, a las cuales se terminaría llamando "mariachis" (1992: 38).

Región de Aztatlán

Los cinco ranchos Mariachi/Mariache durante el siglo XIX.

1. *Santiago Ixcuintla* (planicie costera, margen izquierda del río Santiago): 1807, 1824, 1832, 1837 y 1838 (Ledón, 1836-1843 [1836]: 4 vuelta; 1817-1837 [1834]: 232 vuelta y 233 recto; 1830-1836 [1832]: 37 recto; Gómez, 1837: 20 recto; Rojas, 1838: 135 vuelta).
2. *Acaponeta* (planicie costera, margen derecha del río Acaponeta): 1890, 1891, 1892, 1895 y 1900 (García Cubas, 1890, IV: 24; Pérez González, 1891: 2; Hernández, 1892: 2; Peñafiel, 1897 [1895], II: 145; Peñafiel, 1907 [1900]: 300).
3. *San José de Gracia* (bocasierra): 1892 y 1895 (Buelna, 1892: 116; Peñafiel, 1897 [1895], II: 145).
4. *Rosamorada* (planicie costera, margen derecha del río San Pedro): circa 1892 y 1900 (Barrios de los Ríos, 1908 [circa 1892]: 90; Peñafiel, 1907 [1900]: 300).
5. *Santiago Ixcuintla* (bocasierra): 1900 Peñafiel, 1907 [1900]: 300).

Aunque se debe tener en cuenta que los nombres del territorio con frecuencia refieren la botánica de épocas anteriores, con especies que ya no existen o están en peligro de extinción. La confirmación de esta hipótesis requiere, por principio, constatar histórica o etnográficamente la existencia del árbol mariachi. Sería cuestión de averiguar si en alguna lengua indígena de aquella región —o en alguna de sus variantes— se designa con tal nombre al juanacaxtle-parota *(Enterolobium cyclocarpum* Jacq.) o al camichín-chalate *(Ficus goldmanii* Stand. o *Ficus padifolea* H.B.K. o *Ricinus communis)*, árboles gigantescos de cuyos troncos se fabrican las tarimas. Otra vinculación semántica que no debe descartarse es la del poblado con el grupo de músicos que podría haber habitado allí.

Los estudios etnográficos sobre las tradiciones rituales de los indígenas del Gran Nayar también plantean un contraargumento a la hipótesis galicista. El complejo ritual del mitote es una institución de raigambre

Región ópata de Sonora

Poblados donde se realizaba la danza mariachi en el siglo XIX.

- Poblados referidos por Bandelier (1890 [1884]).
○ Poblados referidos por Hinton (1959 [1955 (circa 1885)].

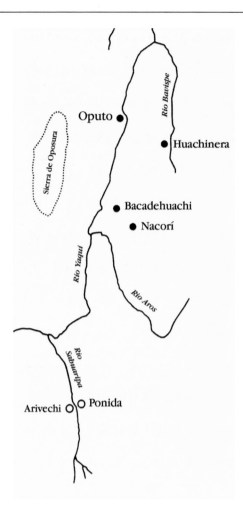

cultural aborigen, que permanece con variaciones en la región serrana del occidente de México, entre los indígenas coras (Preuss, 1912; Guzmán, 2002 [1997]), huicholes (Neurath, 2002 [1998]; Gutiérrez, 2002 [1998]), mexicaneros (Preuss, 1998 [1906-1931]; Alvarado, 1996; Rodríguez, 1997) y tepehuanes del sur (Remington de Willett, 1995; Reyes, 2006 [2001]). Los mitotes son ceremonias asociadas al ciclo ritual del cultivo del maíz; se realizan, entre otras ocasiones, para pedir la lluvia antes de la temporada de siembra, en mayo o junio (mitote de la chicharra), y al disponer de los primeros frutos, en septiembre u octubre (mitote de los elotes), para agradecer los productos agrícolas. El ritual incluye ayuno, velación, ofrendas alimentarias, canto y, al final, en el quinto día, toda una noche de danzas alrededor del cantador y de la fogata sagrada. Entre los mexicaneros (hablantes del náhuatl) del rancho de La Laguna de la comunidad indígena de Santa Cruz de Güejolota, en la porción serrana del municipio de Acaponeta, a este segmento se le denomina "mariachi" (Rodríguez, 1997). El cantador toca el *túnama* o *tawitol,* instrumento musical consistente en un voluminoso tecomate embrocado sobre el suelo, al que se le pone encima un gran arco y se percute la cuerda de ixtle con dos bolillos de madera. En este caso, su canto dedicado a Nakawé repite una sola frase, mientras los asistentes danzan en monotonía —separados hombres y mujeres— con un desplazamiento circular en sentido antihorario: el "paso de sapo" consiste en un avance rítmico con un pie y caída con las dos plantas, avance con el pie contrario y caída con las dos plantas, etcétera.

Con base en datos historiográficos y argumentaciones coherentes, en fecha reciente se ha planteado la propuesta de que los mexicaneros encontrados por Lumholtz en 1895 (1981 [1902], I: 460-463) son descendientes de los tecualmes hablantes de náhuatl, reducidos a la misión de San Pedro Ixcatán en 1722 y emigrados a la región del sur de Durango en 1811 (Jáuregui y Magriñá, 2002; Jáuregui, 2004a y 2004b).

> Los mexicaneros no pueden ser clasificados como nahuas, ya que su tradición cultural corresponde a la matriz de los grupos de la sierra Madre Occidental, con arraigo en la región por lo menos desde el siglo XVI. Se trata de indígenas serranos que abandonaron su lengua nativa —posiblemente una variante del huichol— a fines del siglo XVII y durante la primera mitad del siglo XVIII. Adoptaron como una piel la *lingua franca* de aquella época, que era el náhuatl regional del occidente, la cual manejaban de tiempo atrás, conservando —como carne y hueso— todo su bagaje cultural serrano occidental (Jáuregui y Magriñá, 2002: 72-73).

Durante su recorrido por la amplia región cultural considerada entonces como el suroeste de Estados Unidos, el antropólogo suizo-estadounidense Adolph Bandelier (1840-1914) estuvo entre los ópatas de Sonora en 1884. En su opinión, estos indígenas "están absolutamente cristianizados, por lo menos en la superficie. Sin embargo, tengo la leve sospecha de que todavía

Tocador de *túnama*. En el mitote de los coras, mexicaneros y tepehuanes del sur, el cantador acompaña sus melopeas con la rítmica del *túnama* o *tawitol*. Se trata de un instrumento musical consistente en un gran bule de forma redonda, cuya boca se coloca contra el suelo; se le pone encima un gran arco, que se sostiene con el pie, y se percute la cuerda de ixtle con dos bolillos de madera. Se realiza un amarre de la cuerda contra el arco hacia el centro, de tal manera que se logra una afinación mas sorda, hacia un lado, y más "metálica" hacia el otro.

mantienen en secreto sus prácticas y ritos anteriores" (Bandelier, 1890, I: 64). Al hablar de las danzas, señala:

> La danza del venado prácticamente ha caído en el olvido, y el mariachi (una danza circular), una de las muchas ejecuciones sensuales y decididamente obscenas que forman parte de los ritos indígenas, al fin ha sido erradicada (ibídem: 68).

Luego aclara que:

> El mariachi [...] era ejecutado, más particularmente entre los ópatas orientales, esto es, los del alto río Yaqui en Opoto, Huachimera, etcétera. También se danzaba más hacia el corazón de la Sierra Madre, en Bacadehuachi y Nacori. Se ha erradicado debido a su indecencia (ibídem: 239-240).

En su diario de campo del 12 de abril de 1884, durante su estancia en Huasavas, Bandelier anotó:

> Los ópatas todavía danzan el mariachi, una danza más bien escurridiza, que ellos ejecutan frecuentemente de noche. Había sido prohibida. Los cantores están sentados y la danzan en parejas, abrazándose uno al otro, y el hombre a menudo cubriéndose a sí mismo y a la mujer con una frazada (1970 [1883-1884]: 263).

Thomas Benjamin Hinton (1917-1979) revisitó la zona en 1955, al realizar una prospección sobre "la asimilación indígena en Sonora", y refiere:

> Algunas ceremonias ya no se realizan más, aunque han sido abandonadas tan recientemente que son recordadas por algunos de los indios ancianos de los ópatas de Sonora. Una de éstas, el mariachi, una danza obscena [...] se recuerda en la actualidad que era realizada hace aproximadamente setenta años [circa 1885] en Pónida entre los jovas, y entre los ópatas en Arivechi, al otro lado del río (Sahuaripa). En aquella época, según el testimonio de quienes la presenciaron, la danza era ejecutada solamente por los ancianos, en tanto que los indígenas jóvenes se burlaban de ella al considerarla como una ridícula costumbre antigua (Hinton, 1959: 16).

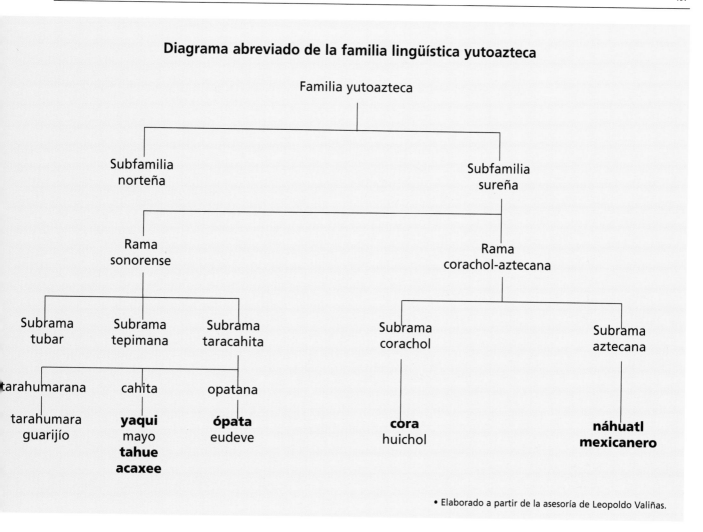

Diagrama abreviado de la familia lingüística yutoazteca

• Elaborado a partir de la asesoría de Leopoldo Valiñas.

Los ópatas hablaban dos lenguas próximas, pero distintas: el tehuima de la parte noreste del área, esto es, el ópata en sentido estricto, y el eudeve, de la parte sureña y occidental. "Probablemente los últimos hablantes de ópata fallecieron en la década de 1940" (Hinton, 1983: 321). De cualquier manera: "No se cuenta con un análisis preciso del sistema de sonidos de la lengua ópata, ahora extinta" (ibídem: 320).

Según Hinton (1983: 315-316), la unidad cultural de los grupos indígenas del noroeste mexicano, que se extiende por la costa del Pacífico entre el río Gila y el río Santiago, se manifiesta en la pertenencia lingüística a la familia yutoazteca y en que comparten, entre otros aspectos culturales, un patrón de asentamiento de rancherías afiliadas a un centro ceremonial, una organización de parentesco bilateral, una versión simplificada del complejo agrícola de tumba, roza y quema, y concepciones ceremoniales y míticas. El que la danza mariachi haya sido considerada "obscena" en el norte, al menos por Bandelier, y en el sur se trate de un segmento ceremonial ejecutado reverentemente, es sólo un ejemplo de las transformaciones simbólicas de este macrosistema ritual.

Cuatro de los ranchos Mariachi del siglo XIX se ubican en la costa norteña del actual estado de Nayarit, entre los antiguos "cacicazgos" de Centispac y Aztatlán. En esa región aparecen también las acepciones decimonónicas del término mariachi como fandango, en Rosamorada, y como tarima sobre la que se zapateaban sones y jarabes, en Santiago Ixcuintla (Barrios de los Ríos, 1908 [circa 1892]: 42-43 y 53-54).

De acuerdo con el planteamiento de Sauer (1998 [1934]: 112), en esa área la lengua nativa predominante era el cora o chora en diferentes variantes, si bien las fuentes la mencionan con otros nombres, como totorame, pinome, pínutl, huaynamoteca, o bajo las denominaciones de pinonuquia, quarinuquia y naarinuquia de la lengua cora que significan los hablantes del "pino" (¿pinome, pínutl?), "quari" (¿cora?) y "naari" (¿nayari?). Por lo tanto, una hipótesis plausible es que en estos casos el vocablo mariachi deriva de la lengua cora. Pero es todo un reto establecer a cuál de sus variantes dialectales históricas pudiera corresponder, pues tan sólo dentro del reducto serrano en que quedó confinada la lengua cora, existen en la actualidad cinco variantes principales: mariteco (de Jesús María [Chuísete'e]), sanfrancisqueño (de San Francisco [Kuaxata]), meseño (de La Mesa del Nayar [Yaujque'e]), tereseño (de Santa Teresa [Kueimarutse'e] y Dolores [Guajchajapua]) y Corapeño (de San Juan Corapan [Kura'apa], Rosarito [Yauatsaka] y Presidio de los Reyes [Muxate'e]). Sin embargo, dado el proceso de nahuatlización de todo el occidente mexicano desde el siglo XVI, es posible que el topónimo Mariachi-Mariache sea un término de origen nahua, derivado de una de las variantes regionales de esta lengua.

Por su parte, el rancho Mariachi de la región serrana de San José de Gracia, en los límites de los actuales estados de Sinaloa, Chihuahua y Durango, es de la tradición indígena acaxee (Sauer, 1998 [1934]: entre 198 y 199). Asimismo, es interesante que durante la primera mitad del siglo XX se encuentre un rancho Mariachi en el municipio de Culiacán (González Dávila, 1982 [1959]: 340) y, más al sur, en la zona del río Piaxtla, haya existido otro rancho Mariachi (ibídem). Al norte, en el municipio de Hermosillo, también había otro rancho con el mismo topónimo en ese periodo (Almada, 1952: 445), que en la actualidad se ha convertido en una colonia de la mancha urbana. Estos ranchos estarían asociados a las lenguas tahue, náhuatl y yaqui (Sauer, 1998 [1934]: entre 198 y 199). La presunción de que en el pueblo de San Ignacio Piaxtla se hablaba el náhuatl queda confirmada en la relación de 1777, en la cual se indica que: "De las aves de este Pais abundan [...] muchos pericos de todos tamaños y calidades mui preciosos en su habilidad de ablar y cantar; ay los que crian los indios [y] saven la lengua Mexicana" (León de Abeua, 1950 [1777]: 14-15).

Por último, el contemporáneo segmento dancístico mariachi de los mexicaneros de Santa Cruz de Güejolota corresponde a hablantes de la lengua náhuatl, característica de ese grupo indígena; se trata de una variante peculiar del occidente de México que fue utilizada como lingua franca regional y adoptada como lengua normal por este grupo a finales del siglo XVII y principios del XVIII (Jáuregui y Magriñá, 2002). Por su parte, la danza mariachi ópata del siglo XIX remite a la lengua ópata-tehuima.

En los casos cora, mexicanero, náhuatl del sur de Sinaloa, ópata-tegüima, yaqui-cahita y tahue se trata de lenguas de la familia yutoazteca (Miller, 1983b: 114, 118 y 121; 1984: 7; 1983a: 331). El acaxee se mantiene, en principio, como una lengua no clasificada; pero hay pistas para plantear su ubicación dentro del tronco lingüístico yutoazteca, ya que "la afiliación cahita del acaxee parece asegurada por el hecho de que el padre [Gonzalo de] Tapia [1561-1594], que conocía el cahita, pudo componer un catecismo y doctrina en acaxee en veinte días" (Miller, 1983a: 330-331). Este jesuita reconocería "que él no era uno de esos raros y talentosos políglotas que absorben una lengua en cuestión de semanas" (ibídem: 331). Sin embargo, este argumento de Miller puede ser cuestionado porque sí se trataba de un políglota sorprendente:

A los 30 días [de haber llegado a la villa de Sinaloa, en mayo de 1591] ya podía darse a entender en las dos lenguas principales, sin duda el cahita y el ocoroni, y había compuesto una breve Gramática y Doctrina que completó luego con cantos. El P. Tapia en los nueve años de su ministerio aprendió con perfección ocho lenguas: el mexicano, tarasco, chichimeco (huachichil), el sinaloa (cahita), el bamoa (pima bajo), el acaxee, el ocoroni y el tepehuán (Decorme, 1941, II: 150).

No obstante, según el mismo autor, "los indios [acaxees] hablaban un idioma poco diferente y más emparentado con el tahue o cahita de Sinaloa" (ibídem: 90).

PÁGINA SIGUIENTE:
Al inicio del siglo XX, a los yaquis que retornaban del exilio porfiriano en tierras sureñas ya no les fue posible su reinserción en las comunidades tradicionales y se vieron obligados a establecerse fuera de sus territorios ancestrales. Un grupo de ellos fundó un rancho con el nombre de El Mariachi, en las inmediaciones de la ciudad de Hermosillo. En la actualidad dicha localidad se ha convertido, con el crecimiento urbano, en un barrio de la capital sonorense. Este cartel se refiere a la inauguración de un supermercado en El Mariachi en 2006.

Surge, así, de manera lógica la hipótesis de que la palabra mariachi es un término cognado yutoazteca. Pero: "Hay que diferenciar [...] la innovación compartida del cambio difundido por contacto; esto es, de un mismo hecho lingüístico presente en dos [o más] lenguas como resultado del contacto entre ellas" (Valiñas, 2000: 178). No obstante, es posible que se trate de un caso de difusión, dado que el término se mantiene "fijo", esto es, sin adaptaciones fonéticas a cada una de las lenguas, con excepción de la variante alofónica/alográfica terminada en chi o en che.

Entonces es fundamental establecer cuál es la lengua yutoazteca sureña a partir de la cual se originó el préstamo lingüístico. Por supuesto que aquí la primera y última palabra es de los lingüistas. Por fortuna hay gramáticas y vocabularios de cuatro de esas siete lenguas. Existen dos gramáticas del náhuatl del occidente novohispano (Guerra, 1692 y Cortés y Zedeño, 1765); asimismo, en años recientes se ha publicado una primera síntesis sobre el mexicanero (Canger, 2001). Para el cora se cuenta con el vocabulario de Ortega (1732), el diccionario de Preuss (1912: 299-366; 1934) y la gramática de este último autor (1932). En el caso del eudeve-tehuima-ópata existen las fuentes coloniales (Lombardo, 1702; Pennington, editor, 1981) y decimonónicas (Pinart, 1878-1879), así como la síntesis analítica de Lionnet (1986). El idioma yaqui o cahita cuenta con el *Arte* de Basilio (1737) y el estudio de Johnson (1962). Con estas bases los lingüistas pueden esclarecer, por una parte, si la palabra mariachi corresponde a la estructura lingüística de alguna o de varias lenguas nativas yutoaztecas o, por la otra, si constituye un término advenedizo de cierta lengua europea.

Es manifiesto que, dentro del literal maremagnum de las discusiones yutoaztecas, un término humilde y menospreciado —como mariachi— no haya atraído la atención de los profesionales. Pero los especialistas están obligados a abordar este asunto con el rigor exigido por la disciplina lingüística, para que al fin se superen las opiniones de filólogos aficionados.

Mientras tanto, ojalá no resurja ahora la suposición de que la palabra mariachi fue inventada por los franceses en una boda realizada durante su invasión a Sonora a mediados del siglo XIX, pues llevaría a lidiar con una "fantasía sonorense" que emularía en ficción al personaje y a la gesta del Don Juan, de Carlos Castaneda (Beals, 1978). Por lo pronto, la tierra plantea un reclamo de autoctonía para la palabra mariachi/mariache con la existencia del rancho homónimo en Santiago Ixcuintla, Nayarit, quizá desde 1807 y sin ninguna duda desde 1832.

EL ORIGEN
¿DE COCULA ES EL MARIACHI?

Los primeros estudiosos del mariachi sostuvieron una posición regional, no localista, sobre su origen. Vázquez Santana reconocía a estos grupos musicales como una institución diseminada en una amplia área: "Los mariachis han sido famosos principalmente en los estados de Jalisco, Colima y Michoacán. Ahora han llegado a la ciudad de México, y en todos los sitios donde tocan son objeto de admiración" (1931: 39).

Asimismo, Miguel Galindo (1883-1942), el primer historiador que intentó reseñar su proceso de gestación, propuso una conformación colectiva en la que no consideró pertinente precisar fechas o lugares. Para él, los sones se originaron en las rancherías y pequeñas aldeas, y en las costas del Pacífico surgieron asociados a "las primitivas orquestas campesinas que actualmente se conocen con el nombre de 'mariachis' y antes de 'fandangos'" (1933: 254). El fandango o mariachi era una orquesta ranchera o campesina —de índole mestiza, con mezcla rítmica e hibridez melódica— de la gente humilde en las alquerías, haciendas, arrabales y aldeas de un vasto territorio (ibídem: 254-255, pássim).

Por el contrario, para Dávila Garibi el origen del mariachi quedaba circunscrito a una microrregión y, además, remitía al pasado indígena: "Data de tiempo inmemorial y tuvo su cuna en Cocula, Zacoalco y otras poblaciones jaliscienses que en lo antiguo formaron parte de la nación coca. Los mariachis de Cocula son, a lo que parece, los más antiguos y los que al presente han alcanzado mayor celebridad" (1935: 291-292).

El que hubiera otro Cocula en el estado de Guerrero no alteraba su apuesta por el epicentro coca, pues "hay algunos topónimos nahuas que tienen idéntica estructura a la de otros que nada más están mexicanizados, v.g.: Cocula de Jalisco, cuya raíz es coca y significa ondulaciones y Cocula de Guerrero, cuya raíz es náhuatl y significa riña" (1942b: 94-95). De igual manera, sólo le parecía "curioso encontrar tanto en Sinaloa como

PÁGINA ANTERIOR:
"Los mejores bailarines de jarabe son los costeños que descienden de la mezcla de antiguos esclavos negros e indígenas; en las noches de la costa siempre es posible encontrar a los morenos costeños bailando con pasión y energía bajo un techo de palmeras y hojas de plátano, alumbrados con la luz de los ocotes" (Eggers, 2005 [1869]: 220).

Vicente T. Mendoza con su
esposa y un informante.
"La zona geográfica que
abarca esta manifestación
artística [el mariachi] queda
reservada especialmente
para la costa sur del país,
a las veces se adentra a los
Estados de Zacatecas,
Aguascalientes, sur de
Guanajuato y todo Jalisco.
También se encuentra
empleada esta palabra
para designar grupos
musicales en lugares
más al norte de la zona
señalada; mas casi siempre
pierde su significación
en cuanto a los instrumentos
que intervienen" (Mendoza,
1943: 87).

en Nayarit una población que lleva el nombre tan jalisciense: *Mariachi*" (1942a: 58).

En contraposición a estos planteamientos, los principales historiadores de la música mexicana reconocieron en el mariachi a una institución mestiza macrorregional. Para Gabriel Saldívar "El documento más antiguo, hasta hoy conocido, que trata de un grupo de esta naturaleza [músicos con arpa, violín, vihuela y violón, que tocan sones] es del año 1730" (1938: 26) y se refiere a San Miguel el Grande, Guanajuato. De acuerdo con este autor dicha agrupación musical corresponde a los "estados del centro", designados como "el interior" por los norteños y los sureños.

Según el folclorista Vicente T. Mendoza:

En la costa sur de la República Mexicana, abarcando los Estados de Nayarit, Jalisco, Michoacán, Guerrero y parte de Oaxaca, existe un género de música de origen español, injertado en la región aludida, que es actualmente la manifestación musical criolla más clara y precisa. Dicha música es ejecutada desde hace muchas décadas por grupos instrumentales reducidos que reciben actualmente el nombre de "Mariachi" (1943: 87).

Y el musicólogo Blas Galindo había llegado a una conclusión semejante:

> No podemos asegurar que [el mariachi] sea originario de un lugar determinado como muchos lo han creído, porque existe lo mismo en Michoacán que en Colima, en Jalisco o en Nayarit. Dejamos asentado, entonces, que el Mariachi no pertenece a un lugar determinado sino que corresponde a toda una región (1946: 3-4).

Debido a esto, incluso algunos mariachis jaliscienses, ya residentes en la ciudad de México, tuvieron que pregonar una oriundez coculense ficticia, como el de Cirilo Marmolejo, que cambió el nombre de Mariachi de Tecolotlán por el de Mariachi Coculense (Roldán, 1975: 116). En cambio, un grupo famoso que nunca renegó de su verdadera procedencia fue el de Silvestre Vargas, de Tecalitlán. No obstante su enorme éxito, sólo alcanzó un sitio secundario en los versos de la canción de Esperón y Cortázar: "De Cocula es el mariachi, de Tecalitlán los sones". Por cierto que esta trova constituye la fuente más socorrida para acreditar el origen coculense del mariachi, quizá porque fue Jorge Negrete el cantante que la divulgó. Su voz de barítono, su pericia de jinete egresado de la caballería del Colegio Militar y su

Blas Galindo dirigiendo *Sones de mariachi*. "Los coculenses se lo apropian [al mariachi] porque son los habitantes de ese pueblo jalisciense quienes le dieron mayor difusión llevándolo a todos los lugares de nuestra República. Ésta es la razón para que por mucho tiempo lo reconociéramos con el nombre de Mariachi de Cocula" (Galindo, 1946: 3-4).

galanura masculina, propiciaban que sus actuaciones en tanto "charro me-xicano prototípico" fueran incuestionables. Precisamente a él —de acuerdo con el libreto y, sobre todo, con la composición *ad hoc* para el filme *¡Ay Jalisco, no te rajes!* (1941)— le correspondió pregonar *urbi et orbi* que "¡De Cocula es el mariachi!", enarbolando a su costado un desafiante gallo de pelea. Pero si se escucha completa la canción, se percibe con claridad que la intención de los compositores era diseñar un marco para el Jalisco mítico de las películas. Y aun allí se plantea como una institución regional, pues no sólo el mariachi es de un pueblo y los sones de otro, sino que "el cantar" es de un tercero, San Pedro (Tlaquepaque).

Dentro de un supuesto origen "parroquial", la réplica más impor-tante a la hipótesis coculense se debe a Castillo Romero (1973: 163-183), quien pretende establecer la "cuna" del mariachi en Santiago Ixcuintla, Nayarit. Pero la idea de que el mariachi era de Cocula había llegado a for-mar parte del imaginario colectivo y constituyó un título especial del senti-miento localista y un motivo de orgullo para los jaliscienses. Los coculenses no podían aceptar que se les relegara a un segundo lugar.

Méndez Moreno (1961: 127-140) fue el pionero al esbozar un pano-rama sobre el supuesto desarrollo del mariachi en Cocula, el cual fue argu-mentado por su hijo, Méndez Rodríguez. Se trata del esfuerzo más detalla-do, hasta hoy, por sostener la hipótesis del origen coculense del mariachi.

Este autor concluye que en 1870 surge en el barrio de La Guitarri-lla-La Ascensión "el conjunto musical del mariachi con la estructura básica del que ahora conocemos" (Méndez Rodríguez, 1982: 105). Esto es, que has-ta entonces tiene lugar el proceso de "depuración" que conforma, por un lado, el conjunto "chirimía" (con el pito y la caja) y, por otro, "el vernáculo mariachi compuesto únicamente por instrumentos de cuerda: dos violines, vihuelas y guitarrón" (1982: 105).

Mucho antes de esa fecha existen testimonios sobre la presencia de conjuntos musicales de cuerdas por todos los rumbos del territorio nacional y, en particular, en el occidente de México. Así, en la "Absolución al interrogatorio, en lo que pertenece al pueblo, y jurisdicción de Jalisco" (ubicado en el altiplano nayarita), fechado por Manuel de Loera el 20 de enero de 1814, se afirma: "Los instrumentos que usan en sus diversiones son los de cuerda, no porque deja [sic] de conocer algunos de viento, inclinándose a la música melodiosa sin po-der expresar sus tonos" (ápud Meyer, 1984: 21). Más aún, el diario del padre Aguilar atestigua para 1859 la existencia —en Tlalchapa, Guerrero— de conjun-tos integrados por arpas grandes, violines y tambora denominados *mariache*.

Entonces, ¿qué se originó en Cocula… precisamente en Cocula? ¿Los mariachis-fandangos (bailes públicos con música rústica al aire libre)? ¿El mariachi-tarima (para bailar sones y jarabes)? ¿El mariachi-música sencilla (sones, jarabes y minuetes)? ¿El mariachi-grupo de músicos de cuerdas (líricos, que no proceden por notación musical, sino "de oído")? ¿La palabra mariachi? ¿La conjunción del baile, los músicos, la música y la tarima? Hasta ahora no se han presentado argumentos demostrativos para responder con certeza ninguna de estas interrogantes.

Los partidarios de la hipótesis localista han procedido con la convicción previa de que el mariachi se originó en determinada población (Cocula, Santiago Ixcuintla u otra) y luego han intentado buscar las pruebas, pretendiendo encontrar en las "fuentes" los elementos de comprobación. Pero no han presentado ningún testimonio documental fidedigno.

Tarima en San Juan Bautista, Rosamorada, Nayarit, 2003. La tarima, como elemento de la cultura material, permite un seguimiento arqueológico. La variante que consiste en un tablón colocado sobre un hoyo rectangular en la tierra tiene mayores posibilidades de conservación. La evidencia de la cavidad de dicho instrumento está registrada en la tradición cultural del Gran Suroeste estadounidense —como "tambores de pie" (*foot drums*)— desde el periodo previo al año 1000 d. C. (Brody, 1990: 100 y 90).

Es ocioso insinuar que el mariachi [y] los sones […] tienen una población [precisa] de origen. Cualquier persona con un poco de conocimiento y habilidad para manejar fuentes escritas u orales, puede encontrar el hilo negro que ate a un pueblo cualquiera con una tradición, asegurando de paso que el origen de tal práctica regional está en su matria [lugar de origen] y de ahí se extendió para gloria del mundo, o cuando menos de México. [Estos autores] recurren metodológicamente a fundar su hipótesis de manera histórica en un idílico pasado indígena, un pueblo [colonial] con capilla de música, una referencia antigua [a veces ficticia] que incluya la palabra "mariachi" o con una analogía entre un instrumento actual con uno de procedencia "prehispánica"; después, hacen transitar a esos indios (previa mixtura con los criollos y "sus" fandangos) 400 años hasta finales del siglo pasado, en que ya pueden documentar una tradición familiar de mariacheros. De esta manera se fundamenta la prueba de que el mariachi es originario [del lugar del occidente de preferencia del autor] (Gaspar y Martínez, 2001: 73-74).

El gran problema es que el mariachi es una institución de tradición ágrafa, propia de sectores sociales cuya cultura no se reproduce con base en registros escritos y cuya memoria no se fundamenta en archivos. La historia propia del mariachi remite a la palabra transmitida de boca en boca a través de generaciones, a los gestos corporales, a la rítmica ritual aprendida por observación e imitación, y también a diferentes recursos iconográficos.

En las tradiciones de memoria oral-gestual no se necesita —ni es pertinente— retener fechas más allá de cierto límite: los acontecimientos lejanos se envían al dominio cuasimítico y se postula para ellos una duración "eterna". Las preguntas sobre orígenes históricos y etimologías les son extrañas, pues estos temas no sólo no fueron de su interés… ¡ni siquiera los imaginaron!

El complejo cultural del que forma parte el mariachi no aspiraba a la "trascendencia histórica" letrada; más aún, disponía de criterios y mecanismos propios para seleccionar y reproducir lo trascendente. Se le puede aplicar (exactamente lo contrario a) lo que establece el conocido proverbio: aquí "los escritos vuelan —pues son producto de una cultura ajena—, las palabras, los gestos y los ritmos son los que permanecen".

En Cocula los minuetes se tocan en el mes de agosto, cuando la Virgen de la Pila es sacada del templo del barrio de La Ascensión, para llevarla a recorrer los campos de cultivo, en la temporada de los elotes y de las calabacitas tiernas. La imagen recorre los "potreros" y durante esas procesiones se van tocando minuetes; en ciertas parcelas se han preparado "ermitas" (enramadas temporales de carrizo y ramas), en donde es colocada la imagen y allí también se le tocan minuetes (a partir de Francisco Hernández Nande, entrevista en 2006).

Las escasas referencias escritas sobre el mariachi, anteriores a la década de 1920, constituyen una documentación ocasional, fragmentaria y dispersa. Se trata de testimonios de viajeros asombrados ante lo extraño, expedientes de litigios eclesiásticos, crónicas de fiestas, notas periodísticas, programas de ferias, diccionarios, censos, "recuerdos de juventud", quejas sobre los inconvenientes que provocaba el mariachi a los ojos de las elites y, por último, leyes que intentaban impedir su misma existencia. Todos ofrecen pistas inseguras sobre su naturaleza (melodías, ritmos, coreografías, letras, diferencias regionales de estilo e instrumentación), su variada funcionalidad social y, más aún, su origen.

El documento más antiguo en turno no es prueba de que el lugar y la fecha que en él se mencionan constituyen el "entonces y el allí" del origen del mariachi. Las referencias escritas aluden a una situación posterior a la conformación-difusión del "hecho social". El letrado que presente el testimonio "más antiguo" de la tradición oral sobre el origen del mariachi sólo demostrará que fue el primero en preguntar —y de ahí la "antigüedad" de la respuesta obtenida— o que su informante es quien se atreve a remontar con mayor profundidad cronológica la institución cuyo origen se discute.

Por lo demás, ningún grupo humano ha sido el "creador" único y primigenio de su cultura… y menos de su música. Todas las culturas son, en buena medida, resultado de préstamos, entrelazamientos y mezclas que no cesan de producirse. Las tradiciones de un pueblo consisten siempre en la fusión de sus propias innovaciones con elementos que provienen de diferentes patrimonios. Cada particularidad étnica es tan sólo una síntesis original de rasgos de origen propio y ajeno, resultado de elecciones significativas, compatibles con otras previas que cada sociedad, en periodos históricos anteriores, se ha visto llevada a realizar.

No existen pueblos aislados, cerrados sobre sí mismos, pues todas las sociedades se desarrollan en conglomerados —en áreas culturales— compuestos por grupos que mantienen entre sí contactos estrechos. Los procesos de gestación y modificación cultural se conforman siempre en la relación de un pueblo con otros. Por tanto, más que el problema de "los orígenes" de los elementos musicales lo importante es el proceso de selección, adecuación, reinterpretación y transformación de los "materiales tomados en préstamo" para ser integrados en un conjunto cultural coherente. El intercambio incesante de melodías y ritmos propicia cruzamientos y reinjertos, así como la formación de nuevos estilos musicales.

Intentar precisar la fecha y el lugar del nacimiento de una institución popular es un falso problema. Desde hace un cuarto de siglo, ciertos especialistas superan las querellas localistas y plantean con claridad el origen regional del mariachi.

Así, Sánchez Flores concluye en su artículo "Chimaluacán legendario: cuna, infancia y plenitud del mariachi. Nueva Galicia: crisol de músicos de una época": "Quiero dejar sentada mi convicción de que los grupos musicales llamados mariachis, tienen tantos principios en la Nueva Galicia como asentamientos positivos hicieron los conquistadores" (1981: 18). Y Ochoa sostiene que mitote, fandango y mariachi son tres nombres distintos para una misma tradición popular que se desarrolló en la región de Jalisco-Michoacán, en "Jalmich": "Claro que no existe Jalmich como entidad política. Se denomina así el área próxima donde soplan aires, corren aguas, y se viven costumbres semejantes de dos viejas provincias: la neogallega que abarcaba Nayarit y la michoacana que llegaba hasta la parte occidental del actual Guerrero; Colima, a veces, fue de ambas" (1985: 71).

Sin embargo, el surgimiento del mariachi se debe plantear, más que al nivel independiente y separado de muchas localidades —como es la propuesta de Miguel Galindo (1933), Sánchez Flores (1981) y Mata Torres (1992)— en el contexto de la interrelación macrorregional.

"La pequeña ciudad [de Santiago Ixcuintla] estaba de fiesta. Desde varios días la plaza estaba pletórica de gente y de puestos, porque la fiesta de la Ascensión [...] es el acontecimiento más grande del año para estos habitantes. Bajo varios toldos de tela, había tarimas de madera para las parejas de bailadores y bailadoras que ejecutaban allí los difíciles bailes típicos, fundados todos en una maravillosa agilidad de los pies y en una resistencia fenomenal de los músculos de las piernas" (Dollero, 1911 [1910]: 405-406).

La región del mariachi: su zona nuclear y su zona extensa

Las fuentes documentales estudiadas hasta hoy (cfr. capítulo I) permiten plantear la hipótesis de que el corredor geográfico, con trazo de media luna, que une por tierra el puerto de San Blas (muy próximo, por cierto, a Santiago Ixcuintla y a Rosamorada) con el de Manzanillo, pasando por las ciudades de Tepic, Guadalajara y Colima y por todas las poblaciones ubicadas en ese contorno geográfico, entre otras Cocula y Tecalitlán, conforma el "área nuclear" de la región del mariachi, que abarca los actuales estados de Nayarit, Jalisco, Colima y Michoacán. Allí se presenta la conjunción del grupo cordófono y su sistema de géneros musicales con la denominación "mariachi". Si bién ésta se prolonga hacia el norte y se diluye hacia el sureste. Pero el área ampliada de la región se extiende por porciones de los territorios vecinos en los actuales estados de Sinaloa, Sonora, Durango, Zacatecas, Aguascalientes, Guanajuato, Guerrero y Oaxaca. La California novohispano-mexicana también formaba parte de esta tradición hasta 1848; de hecho, el puerto de San Blas se fundó en 1768 con el fin principal de servir de embarcadero para el tráfico con California y la exploración del litoral del Pacífico Norte.

La región del mariachi —en tanto portadora de una tradición— nunca tuvo límites fijos, sino contornos diluidos y cambiantes. La ilusión de un nombre regional —Jalisco— tiende a encubrir el hecho de que dicha delimitación sólo puede corresponder a trazos impuestos políticamente, pues no existen áreas homogéneas en términos culturales. Como todas las grandes manifestaciones culturales, el mariachi es una tradición profundamente macrorregional, cuya conformación no corresponde para nada con las circunscripciones dictadas por los avatares políticos.

El problema de la regionalización presenta la dificultad de hacer coincidir diferentes aspectos, como geografía, economía, administración política y características culturales. Esto se debe a que la reproducción de los hechos simbólicos —y, en especial, los correspondientes a la música, el canto y la danza— manifiesta una dinámica permanente, tanto en el sentido de expansión de estilos, como en la aceptación de elementos foráneos innovación local. En la medida en que la tradición del mariachi deriva y permanece a partir de las relaciones entre poblaciones, zonas ecológicas, provincias, comarcas y departamentos —más o menos intensas, según las épocas—, nos referimos a una noción dúctil de región para la cual no se postulan fronteras precisas. No se trata de una región con fronteras nítidas y tajantes, sino de un vasto territorio cultural; ante todo, se debe concebir como una región discontinua con puntos compactos, secciones dispersas y enclaves lejanos.

En esta región se han compartido procesos históricos por centurias y, por tanto, se han realizado intercambios culturales durante un periodo prolongado. Los portadores del conjunto de tradiciones musicales, distribuidas en esa amplia porción del territorio mexicano, sí han estado vinculados por una relativa y variable proximidad. Esta región del mariachi se encontraba intercomunicada tanto por vías marítimas como terrestres y, en algunas subregiones, por vías fluviales y lacustres. De hecho, los puertos de Acapulco, Manzanillo, San Blas, Mazatlán, Guaymas y, hasta 1848, los de San Diego y San Francisco, permitían el flujo humano y de mercancías dentro de la región y hacia otras tierras allende el mar.

La Alta California novohispana-mexicana (1769-1848 [1834])

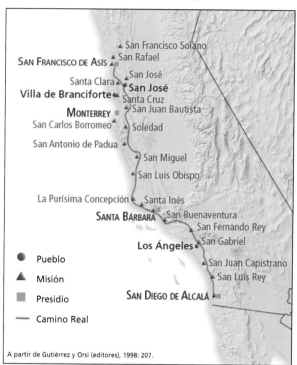

A partir de Gutiérrez y Orsi (editores), 1998: 207.

La región del mariachi

- Zona nuclear del mariachi
- Zona extensa del mariachi

Todos los asentamientos del amplio occidente mexicano estaban en vinculación cultural. Más rápido que las mercancías, transitaban melodías y ritmos: a aquéllas hay que transportarlas, a éstos —en el decir de los músicos— "se los lleva el viento". La riqueza de las formas mariachísticas "se debe a las numerosas relaciones mantenidas por los diferentes grupos de la población [..., pues] las transmisiones, en uno y otro sentido, del menor 'rasgo cultural' resultan bastante fáciles. Las modalidades de estas relaciones, falta estudiarlas y, en este plano, no es demasiado tarde para hacerlo; no tenemos por el momento más que un conocimiento parcial de ellas" (Guiart, s. f. [1968]: 23-24); "la transmisión oral, que es la manera más frecuente de transmisión popular, implica necesariamente deformaciones, que operan en varias direcciones y conforme a tendencias determinadas" (Arnold Van Gennep, ápud Belmont, 1981 [1911]: 21).

Sin embargo, los datos historiográficos permiten plantear que la tradición del mariachi se conformó en un proceso prolongado en la región noroccidental de la Nueva España, mediante la combinación de dos principales troncos culturales —el mediterráneo y el aborigen—, aunque la mezcla característica también incluyó patrones rítmicos africanos llegados con los esclavos y, en menor grado, detalles asiáticos arribados por vía de la nao de China, de tal manera que se logró un entramado cultural genuinamente mestizo de todos estos elementos melódicos, rítmicos, letrísticos y danzarios (Mendoza, 1984 [1956]: 16). Los músicos de la tradición mariachera son, en lo fundamental, ejecutantes de variaciones del complejo arpa-violín-vihuela novohispano, vinculado con la música barroca; sus danzantes, mediante adaptaciones del zapateado asociado al fandango y sus cantantes, de la copla peninsular.

Es obvio que no existe un estilo homogéneo en la región del mariachi. El intento por establecer una definición melódica, rítmica o instrumental de la tradición mariachera está condenado al fracaso. "De seguro no hay prueba más convincente de la capacidad de un pueblo, de una cultura, que su manera de escapar de lo estereotipado" (Guiart, s. f. [1968]: 7). Se trata de un conjunto estético a la vez firme y diversificado en términos estilísticos, esto es, se presenta una unidad y una variedad en las formas musicales. De esta manera, "Hay estilos marginales y coherentes en abundancia, cuya existencia es paralela a la de [aquéllos que, a partir de criterios distintos y exteriores a la propia tradición, se han planteado como típicos]" (ibídem: 8). De hecho, los estilos "que hubieran podido clasificarse como marginales han resultado tan numerosos y los estilos 'intermedios' tan acometedores, que vale la pena pensar si no sería más oportuno esperar una nueva clasificación, a que se pueda disponer de un inventario [más completo]" (ibídem: 14).

> Definir la pertenencia o propiedad de tal o cual copla o conjunto de coplas con una región determinada resulta y ha resultado siempre un hecho arbitrario. Al hablar de la lírica tradicional de un lugar determinado no atendemos, por lo general, a linderos estrictamente geográficos, sino a los propios de la recopilación [obtenida por el investigador]. No es posible asegurar el estricto vínculo del texto y la tierra de referencia; tampoco lo es establecer, en la mayoría de los casos, si la copla fue creada por un poeta local o si ésta vino de fuera (González, 2001b: 398).

Una macrotradición multiétnica (de criollos, mestizos, indígenas y afromestizos), como la del mariachi, existe a partir de la interrelación de sus variantes musicales, lo cual remite al problema de las subregiones correspondientes a los diferentes estilos. En lo referente a este punto la investigación ha quedado en un estado inicial; se trata de una *terra ignota* en la medida en que la tradición del mariachi original fue desarticulada a lo largo del siglo XX, sobreviviendo en los últimos cincuenta años sólo algunas islas dentro de nuevos géneros musicales, letrísticos y danzarios, impuestos por los medios de comunicación masiva.

No obstante, la perspectiva general que se puede deducir del material existente (transcripciones musicales, grabaciones, discos y descripciones) en definitiva es consistente: la región del mariachi tradicional se extiende, por la costa pacífica, desde la Alta California hispano-mexicana hasta Oaxaca y su periodo comprende desde el siglo XVIII hasta inicios del XXI, si bien en algunas subregiones desapareció a mediados del siglo XIX o a lo largo del XX. Consiste en una amplia secuencia progresiva de traducciones y adaptaciones —melódicas, rítmicas, sonoras, letrísticas y danzarias— sin "texto" original. Por supuesto que, en un segundo nivel de análisis, el sistema global de transformaciones incluye las tradiciones musicales del altiplano y de la costa del Golfo de México, así como las de Sudamérica y el Caribe.

Los fandangos en el medio indígena y criollo-mestizo en los siglos XVIII y XIX

Hasta en los lugares más apartados [de la Nueva España queda atestiguada] la aclimatación, reinterpretada, de los instrumentos musicales de la Conquista […], tanto los de campaña (militares) como del ámbito religioso. Se trata de instrumentos musicales del medioevo ibérico, resultado del mestizaje cristiano-musulmán, de tal manera que son instrumentos de origen arábigo-andaluz (Guzmán, 1986: 85 y 120).

Un ejemplo interesante sobre el instrumental a disposición de los indígenas lo constituye el caso de las misiones de la provincia de San Joseph del Gran Nayar, Nuevo Reino de Toledo, la empresa misionera más tardía de la Compañía de Jesús en la Nueva España. En ellas se congregó a los indígenas coras y tecualmes (hablantes de náhuatl), los últimos en ser sometidos en la

Los instrumentos musicales en las misiones de El Nayarit en 1768

MISIÓN	VIOLÍN	VIHUELA	GUITARRA	ARPA	BAJÓN	CHIRIMÍA	CLARÍN	ÓRGANO PEQUEÑO
Santa Teresa de Jesús (Kueimarutse'e)	o	o	o	o	o	o		
San Juan Peyotán	o		o	o	o	o		
La Mesa del Tonati (Yaujque'e)	o	o			o	o		
Jesús María y Joseph (Chuísete'e)	o	o				o		o
Huaynamota	o	o	o			o		
San Pedro Ixcatán	o	o		o		o		
El Rosario (Yauatsaka) y San Juan Corapan	o	o				o	o	

Bugarín, 1993 (1768-1769): pássim.

Nueva Galicia por la Corona española en 1722. Fue la provincia más pequeña, pobre y aislada de las que organizaron los misioneros ignacianos. Tras la expulsión de la Compañía de Jesús en 1767, el obispo de Guadalajara comisionó al cura de Huejuquilla la Alta, José Antonio Bugarín, para que realizara un estudio detallado del estado en que se encontraban dichas misiones, pues se iban a entregar a los misioneros franciscanos. Entre otros muchos aspectos, el padre Bugarín dejó constancia de los instrumentos que había en cada una de las misiones.

Como uno de los aportes técnicos que la sociedad nayarita había aceptado del entorno colonial, desde antes de su conquista militar en la tercera década del siglo XVIII, los coras usaban instrumentos de cuerda de origen europeo. El jesuita Joseph Antonio de Ortega (1700-1767), al tratar acerca de los "Ritos y supersticiones que guardaban" los nayeres antes de su sometimiento, indica que: "Quando se casavan, aunque procuravan los regocijos de la boda, no bailavan, sino al son aunque discorde de la vihuela, y rabeles, como hasta oy honestamente acostumbran en sus huelgas" (1996

¿Mariachi? que tocaba en San Miguel el Grande (hoy de Allende) y sus lugares circunvecinos en 1730

NOMBRE	GRUPO ÉTNICO RACIAL	EDAD	OFICIO	INSTRUMENTO
Agustín de Salcedo	mulato libre	30 años	sastre	arpa
Mathías Montes de Soria	indio ladino, cacique principal	26 años	músico	violín
Valentín de Luna	indio ladino, cacique	36 años	labrador y criador de ganado	violón y violín
Ignacio Antonio de Molina	mulato libre	30 años	sastre	guitarra y vihuela

(Archivo General de la Nación, Ramo Inquisición, tomo 830: pássim).

"He aquí un conjunto, hace poco más de 200 años, sin diferencia con el 'mariachi' [tradicional] de estos días [músicos córdofonos de tiempo parcial, de composición indígena y afromestiza, que ejecuta sones]" (Saldívar, 1938: 26).

La Compañía de Jesús se encargó de la evangelización en las tierras del noroeste de la Nueva España. En esta pintura del jesuita mexicano Gonzalo Carrasco (1859-1936) se representa a los misioneros jesuitas difundiendo la música europea en la conquista espiritual de los pueblos indígenas. El trío ejecuta arpa, violín y mandolina.

[1754]: 21). Este misionero había encontrado que la guitarra o vihuela ya contaba con una designación en la lengua nativa: *canárit* (Ortega, 1732: 23 y 42). Décadas más tarde, se atestigua que los coras y los tecualmes

en sus casamientos y bautismos usan los mismo ritos y ceremonias que […] los yndios de otras partes, hasen las demostraciones de alegría […] que […] los indios de tierra afuera [de la sierra], públicamene se juntan en la Comunidad, festexandose con música y comidas y para la funsion matan una res y suelen haser algunos atoles que veven y hasen su fandango con música y tocan con una viguela [y violín] y dansan y cantan a su modo (Bugarín, 1993 [1768-1769]: 78, 140, 167, 205, 210, 246 y 250).

Asi, en el siglo XVIII, los instrumentos que se utilizaban para los regocijos seculares eran básicamente los de cuerdas y a estas celebraciones se les denominaba fandangos. El fandango —como baile específico o como fiesta popular— estaba difundido por toda la costa del Pacífico novohispano y los territorios interiores. Está documentado en Sayula en 1728 (Archivo Histórico del Estado de Jalisco, Ramo civil, c 31-10-420: foja 9 recto) y en Valladolid, hoy Morelia, en 1746 (Archivo Municipal Histórico de Morelia, Justicia, c171 e23, Valladolid; ápud Martínez Ayala, 2001: 368).

El fandango fue denunciado en Querétaro en 1785 (ápud Saldívar, 1934: 271-272) y en Tulancingo en 1789 (ápud Saldívar, 1934: 269-270). En 1810 se menciona en un rancho de la Hacienda de Ciénega de Atotonilco el Alto (Diego Aranda, ápud Villaseñor Bordes, 1987: 371-372) y, en 1824, los

Almohadilla, madera
policromada, siglo XVIII. En
1772, los fandangos fueron
prohibidos por el coronel de
infantería Jacobo de Ugarte
en la villa de Santiago de la
Monclova, Provincia de San
Francisco de Coahuila,
Nueva Extremadura:
"Por quanto me hallo bien
informado de los deshordenes
que de noche, con Musicas,
Fandangos y otros excessos
que se cometen en estta
Villa, y sus Arrabales:
He Resuelto se publique por
Vando el presente por el
qual prohibo todo Vaile,
Fandangos y Canciónes
deshonéstas que Fomentan
los Vagos publicamente por
las Calles, y Puerttas.
Permitiendo solamente
Fandangos, ó Bailes desentes
que se ofrescan en Cassas
conosidas, y tiempos que
correspondan tales
diverciones que no
escandalisen á el publico"
(Archivo General del Estado
de Coahuila, Fondo colonial,
c 10, e b, 2 f.).

rusos lo encontraron como el baile principal entre la población del Presidio de San Francisco, en la Alta California. El testimono del joven teniente de la Compañía (Naval) Ruso-Americana, Dmitrii Irinarjovich Zavalishin (1803-1892) es detallado:

> En las fiestas que ofrecían los oficiales rusos o los funcionarios españoles todos entraban al salón de baile sin distinción y sin invitación especial, sólo con el anuncio público de que en tal o cual lugar habría fandango [Se transcribe en alfabeto cirílico la palabra, mencionando que se trata del nombre de un conocido baile].
>
> En el fandango, que era el baile favorito, se […] exige […] la constante improvisación de seguidillas. Comienza con música y movimientos rápidos que poco a poco se vuelven suaves, lánguidos y lentos; de repente se detiene por completo cuando el caballero y la dama, acercándose lentamente, quedan al fin frente a frente. Entonces se inicia el canto, ya alternado ya conjunto, de coplas; pero además es necesario que las seguidillas sean improvisadas y correspondan con la situación de los bailarines.

Esta característica del idioma [español] que facilita la improvisación y, en general, la versificación, fue sin duda una de las razones por las que algunos oficiales rusos se atrevían a componer romances españoles, especialmente seguidillas, indispensables en el fandango.

Durante nuestra estancia en California los oficiales rusos llegaron a desplazar a los bailarines españoles, pero definitivamente nunca logramos enseñarles nuestros bailes típicos (Zavalishin, 1996 [1865 (1824)]: 81, 82, 88 y 99).

En realidad, no se trataba de "españoles", pues había pocos militares peninsulares en la Alta California, sino de "criollos de California".

Forbes [1983: 184] señala que el término "español" no indica necesariamente que la persona era de pura sangre española. Un "español" podía ser también una persona con un cuarto o menos de ascendencia indígena. En su estudio sobre los pioneros hispano-mexicanos de la región de la Bahía de San Francisco, Forbes sostiene que un gran número de soldados y colonizadores no tenía

El puerto de San Francisco, circa 1830. "Temprano por la mañana [...] los músicos salían con sus instrumentos a la costa y tocaban alrededor del presidio o por el corredor interior o en la galería abierta bajo el alero. Esto quería decir que los oficiales [rusos] daban un baile. En ese momento, los jinetes [locales] partían en diferentes direcciones para avisar a las poblaciones cercanas. Por lo general, los oficiales organizaban el baile en la casa del presidente o del comandante [del presidio]" (Zavalishin, 1996 [1865 (1824)]: 98).

ascendencia blanca. Mucha de esta gente estaba clasificada como mulatos, mestizos, coyotes, moriscos y pardos. Menchaca [2001] resalta el papel de primer orden que desempeñaron los indígenas de la región central de México, en especial los tlaxcaltecas, y los afromestizos en la colonización de los territorios norteños, incluida la Alta California. Campbell apunta que los soldados de los presidios eran una "raza resistente y robusta" [1977: 66]. La mayoría de los primeros soldados eran de sangres mezcladas —mestizos y mulatos— reclutados en los ranchos o presidios del [actual] norte de México (Mora-Torres, 2005: 11-12 y 14).

Además, el tráfico marítimo hacia la Alta California procedía principalmente del puerto de San Blas. Durante la fiebre del oro, cada semana partía un navío desde allí a San Francisco llevando provisiones y pasajeros (Barrister, 1851: 208).

Robert William Hale Hardy (1794-1871), agente de la empresa británica General Pearl and Coral Fishery Association of London, presenció un fandango en Zinapécuaro, Michoacán, en 1825: "la plaza grande resonaba en voces acompañadas de guitarras, que le cantaban a la belleza de las bailarinas e indicaban, en recitativo, los diferentes movimientos del fandango" (1997 [1829]: 64).

George Francis Lyon (1795-1832), oficial de la Marina Británica, describe un fandango en el Mineral de Bolaños en 1826:

> Por la noche fui invitado a un baile. Los maromeros […] ejecutaron el "Jarabe", una especie de fandango, al cual los nativos son sumamente aficionados. Consiste en varios compases taconeados llevando dobladas las rodillas, el cuerpo perfectamente erecto y las manos colgando a los lados. La danza […] se interrumpe a intervalos por un monótono cántico de la mujer danzante, o un voluntario de la compañía (1984 [1828]: 143).

En su libro *Life in California* (1846), Alfred Robinson (1807-1895), agente angloamericano de la firma comercial bostoniana Bryant, Sturgis and Company, describe un fandango nocturno con motivo de la bendición de la casa del tendero Juan Lorenzo Bruno Bandini (1800-1859) en San Diego, en 1829:

Dos personas bailaban "el jarabe" en el piso. Llevaban con tal precisión el compás de la música con el tamboreo de sus pies, en el sistema de punta y talón, que el sonido golpeaba armoniosamente el oido. La actitud de la bailadora era erecta, con la cabeza un poco inclinada hacia el hombro derecho, mientras dirigía con modestia su vista hacia el suelo, en tanto tomaba graciosamente con sus manos la falda de su vestido, suspendiéndola arriba del tobillo para mostrar a su compañero la ejecución de sus pies. Su pareja […] bailaba a toda velocidad y zapateaba con sus pies con destreza extraordinaria. Sus brazos los había puesto desenfadadamente detrás de la espalda y aseguraban con su cruzamiento las puntas del serape [zarape], que se mantenía sobre sus hombros (1846: 51-54; sintetizado ápud Bancroft, 1888, XXXIV: 416).

No obstante lo eventual de estos testimonios, se comprueba la existencia de un complejo de música, canto y danza —basado en instrumentos cordófonos, bailes zapateados de parejas sueltas, cantos de seguidillas y el género fandango-jarabe—, en una amplia macrorregión que incluía diversos grupos étnicos.

En el fandango, "los bailarines marcan con los pies el ritmo de la música al mismo tiempo que realizan complicadas evoluciones. Los pies de los danzantes están en perpetuo y rápido movimiento" (Hardy, 1997 [1829]: 64).

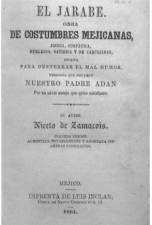

Los fandangos en la Alta California en las primeras décadas del siglo XIX

Los bailes que se bailaban en Cal[ifornia] cuando yo era joven, eran: jarabe, potorrico, navamba, el cuando, el queso, y otros varios sones que no me acuerdo. Concluía el baile siempre con la jota, o con cuadrillas.

La casa no tenía más piso que el natural. Los dueños de la casa compraban dos tablas, y les ponían tres burros [armazones de madera] y las clavaban para ver bailar sones a las mugeres y a alg[uno]s hombres que sabían bailar muy bien. Ese baile se llamaba el son, se bailaba al son de harpa, guitarra o violín. Algunas veces, aunque muy raras, se cantaban los sones.

El jarabe lo bailaban con compañeros hombres y mugeres, dos, tres, o 4 parejas; haciendo redobles o mudanzas con los pies, a ver cuál hacía más. Junto a la vihuela se sentaban a cantar versos análogos al baile, los que se llamaban cantadores.

La jota, salían 6 parejas que hacían revoluciones, cedazos, mudanzas, y cambios pa' todas partes. Los cantadores estaban en su punto, cantando versos, y algunas veces tomaban parte los mismos bailadores. Cada uno de éstos sacaba su compa[ñera]. Entre los muchos cantos que se cantaban, citaré algunos:

Yo tenía una rata
con 30 ratones.
Unos sin cabezas
y otros cabezones.
Unos sin colitas
y otros muy colones.

El estribillo decía:

Cuando yo era chico
bebía chocolate,
ahora que soy pobre
agua de metate.

Concluían con:

Ay!, Ay!, Ay! y más Ay!
Parece que llueve
y es agua que cae,
muchachas bonitas
y dinero no hay.

En los fandangos se cantaban décimas, no me acuerdo de ninguna de ellas.

En mis primeros años había muy poca distinción social. Luego gradualmente [...] se fueron separando las clases. Aún después de 1840, cuando ya estaban bien asentadas las clases, era bastante común ver a un soldado presentarse a la puerta de un baile de alto tono y pedir permiso para bailar un jarabe o un son, y aun se vió alguna señora de posición salir a bailar con él.

Últimamente ya pa' antes de la anexión de Cal[ifornia] a los Estados Unidos [en 1848], hasta la clase más ínfima del pueblo bailaba los mismos bailes que la alta sociedad —valses, contradanzas, cuadrillas— habiendo quedado el son, jarabe, y demás bailes de antes relegados al olvido, excepto en algunos ranchos. Hoy apenas se ve de eso.

Rancho de San Andrés, Julio 16 [de] 1877

Por orden de mi Señor Padre José Ma[ría] Amador [1794-1883], que está imposibilitado

María Antonia Amador de Rodríguez

(Ápud Mora-Torres, editor, 2005 [1877]: 228, 230, 232, 234 y 236).

Smyth, R.N.   Lith^{ed} by L.M. Lefevre

CALIFORNIAN MODE OF CATCHING CATTLE,
WITH A DISTANT VIEW OF THE MISSION OF ST JOSEPH.

El complejo del fandango asociado a los jarabes-sones en la Nueva España y en el México decimonónico

> Indudablemente que los orígenes del jarabe se encuentran en las danzas zapateadas españolas, principalmente en la seguidilla, […] pero poco a poco […] fueron modificadas conforme a un nuevo temperamento y a nueva manera de sentir; y aun parece que ridiculizadas por los aborígenes y adaptadas a las circunstancias en que antiguamente se desarrollaban danzas propias de este país, […] derivándose de ahí variedades de zapateados que, con el tiempo, adquirirían características diferenciales (Saldívar, 1935: 308).

Los fandangos y los jarabes muestran un aire de familia con los bailes correspondientes del siglo XVIII español. "el jarabe en México surge y se populariza en la segunda mitad del siglo XVIII" (Escorza, 1990: 8). En esa época, "se sigue usando el término copla, aplicado a la letra, y se da como nombre definitivo el de son a las producciones musicales del pueblo; confundiéndose después la denominación al hablarse de música, letra y baile" (Saldívar, 1934: 252).

> Fue exactamente a mediados del siglo XVIII que aparecieron los primeros jarabes nuestros, hechos al modo español, todavía sin influencia del medio, y posteriormente a fines del mismo siglo, cuando tomó la forma y caracteres de música vernácula nuestra, dándose la nominación de jarabe a gran variedad de sones (Saldívar, 1934: 257).

> Los bailes y las canciones del país tenían ya su lugar fijo, hacia finales del siglo XVIII, en los intermedios teatrales, que junto con cortas piezas dramáticas o musicales, constituían la folla [diversión compuesta de varios pasos de comedia inconexos, mezclados con otros de música] (Mayer Serra, 1941: 106).

> Era en estas follas [de las representaciones teatrales del Coliseo] donde a finales del siglo XVIII se incluían diversos sonecitos de la tierra, "tonadillas" y otros bailes de carácter popular que la sociedad criolla y mestiza prefería. Los sonecitos del país o sonecitos de la tierra se ejecutaban por lo regular con acompañamiento de arpa, violín, mandolas, salterios y guitarras (Guzmán, 1986: 133).

Entre 1790 y 1791 en los programas del Coliseo, al lado de las formas bailables europeas, aparecen el "jarabe de la tierra" y el fandanguito (Olavarría y Ferrari, 1895: 141-142); entre 1792 y 1793, la Compañía del Real Coliseo de México incluía a José Bonilla "Para cantar y bailar sones del país" (ibídem: 148). Es posible que algunas melodías indígenas —como *El perico* y *Los enanos*— se hayan incorporado en calidad de jarabes (Escorza, 1990: 18).

> Entre las canciones mexicanas [de las funciones teatrales] se nota una gran preferencia por las formas de procedencia negra y de argumento indígena; las más apreciadas fueron la bamba, la jarana y los sonecitos de las negritas, del bejuquito, del *churripampli*, de la indita, del *zanganito*, de la *chipicuaraca*, de los *negrillos* (Mayer Serra, 1941: 107).

El *Pan de jarabe* fue delatado ante el Santo Oficio en 1772 y en 1801 lo fue el *Jarabe gatuno,* el cual fue prohibido por el virrey dos años más tarde (ápud Saldívar, 1934: 276-278). Pero el gusto por estos géneros acriollados llegó hasta las iglesias. El capellán José Máximo Paredes notificó ante el arzobispo de México en 1796 que

> me fue necesario estando celebrando misa solemne (en uno de los conventos de monjas recoletas de la ciudad [de México]) a pararme en el Canon y enviar un recado al organista, porque en el tiempo de alzar se puso a tocar el son comúnmente llamado Pan de Manteca, que tuvo valor de mandarme responder, que quien pagaba su dinero gustaba de aquello (ápud Saldívar, 1934: 253-254).

> [La] creciente apreciación [de las canciones y bailes populares mexicanos] se puede deducir también por un anuncio significativo, publicado a principios del siglo [XIX], que dice: "La persona que tenga relóx de música española y quiere que se le ponga algunos sonecitos del país, ocurra a D. Andrés Madrid [...], vive en la tercera calle del relóx, no. 13" [*Diario de México*, 24, X, 1805] (Mayer Serra, 1941: 106; ápud Saldívar, 1934: 256).

El mariachi tradicional
en Sonora y Sinaloa

En la *Memoria estadística del Estado de Occidente*, integrado por Sinaloa y Sonora entre 1824 y 1830, se señala:

Los bailes de tono se habían reducido hasta hace poco tiempo, á las casas de los [empleados] de rango que venian de España ó de la capital [México], y estos mismos degeneraban, á media funcion, en jarabe, guaco, cigueña, venado, paloma, etcétera, que son fandangos puramente criollos, y del gusto de la muchedumbre. La música se halla en el estado mas atrasado, no obstante que se nota mucho gusto por ella: en El Rosario es donde se ha aventajado un algo mas; pero se entiende que hablamos de la música por principios, pues donde quiera se encuentra un biolin, hasta en el rancho mas miserable. Algunos tocan muy bien el arpa, la guitarra y la jaranita, instrumentos propios para los [cantos] criollos, que sin tener la elegancia de los de Europa, tienen para nosotros un encanto arrebatador" (Riesgo y Valdés, 1828: 41-42).

༜

Para el caso de Pitic-Hermosillo, Calvo comenta:

Antes de la Independencia [1821] no eran muy frecuentes los bailes en Sonora, y cuando los había, las señoras sólo tenían costumbre de bailar *minuetes, fandangos* y *boleras* y algunas veces *contradanzas*. Al principio, cuando se generalizaron los bailes en ese país que fue el año de 1833, no estaban muy al corriente en cuadrillas, pero como eran tan capaces discípulas, se hicieron inmediatamente bailarinas muy graciosas y apasionadísimas a aquella diversión. Los bailes franceses han sustituido al fandango, boleras y a los del país (2006 [1843]: 199 y 193).

Sin embargo, este autor aclara, al igual que Riesgo y Valdés:

Los bailes de tono son muy pocos y estos mismos se degeneran a media función en jarabe, guacó, cigüeña, venado, paloma, etcétera, que son los fandangos puramente criollos y del gusto de la muchedumbre (ibídem: 198).

༜

En su *Historia de la música en Sinaloa*, Flores Gastelum reseña, en el apartado correspondiente a Escuinapa, lo siguiente:

El señor Anselmo Vargas [...] fue padre de Jacinto, Agustín, Pedro y Lorenzo Vargas, todos dedicados a la música. Se les nombraba mariachis y su grupo se identificaba por su particular forma de la nariz, por lo que eran nombrados también "Los Aguilillas". De ideas liberales, fueron objeto de persecuciones durante el Porfiriato sufriendo alguno de ellos reclusión en las tinajas de San Juan de Ulúa, a las que eran enviados presos políticos. Jacinto y Agustín tocaban el violín y, Pedro, el violoncello; el papá también tocó el violín y, seguramente, Lorenzo era el bajista. Esta agrupación se terminó durante la Revolución [de 1910-1917] (Flores Gastélum, s. f. [circa 1980]: 10).

El mismo autor añade:

Curiosamente, me he encontrado con la circunstancia de que tanto por el rumbo de Matatán, en el municipio de Rosario, como en Escuinapa, la gente nombraba mariachis a las personas que tocaban instrumentos de cuerda, situación que se remonta hasta el siglo pasado [XIX], lo que nos indica que la práctica musical con instrumentos de cuerda se encontraba muy diseminada (ibídem: 12).

Para la región de El Fuerte, Manuel Lira Marrón informa:

Cuando yo llegué aquí [a El Fuerte, Sinaloa, en 1954] se hablaba de traer el mariachi y era solamente un violín, un guitarrón y una guitarra. Ése era el mariachi. También se llamaban "chirrines" por el sonido que hacía el violín al tallar las cuerdas.

Más adelante comenzó a aparecer el acordeón, ya agregaban el bajo sexto. No creció, nunca existió un mariachi completo, ya hablar de trompetas. Quedó inacabado —¿detenido?— en violín, guitarra, guitarrón y acordeón. Ése era el mariachi que había aquí en los años sesenta [del siglo XX], así era. A ese tipo de mariachis se les veía como una música de desprecio, de segunda (entrevista de 2007).

Para María Luisa Cota González:

Chirrines eran los músicos que tocaban en los bailes de los ranchos. Había gente que tocaba el violín. En los ranchos el violín se tocaba, porque ha sido más auténtico. Se llamaban chirrines porque están [haciendo] "chirrín, chirrín, chirrín" [asemeja mímicamente el rasgeo del arco en el violín], por el sonido de las cuerdas. Eran musiquitos "chirrineritos" que tocaban en las galeras a la orilla del río [Fuerte] en fiestas de borrachera. Se hacían bailes con esos músicos. Ponían un poste en medio del patio de las casas y lazos y cachimbas colgando; y allí se hacían los bailes; la gente se ponía alrededor. Eso era en los ranchos. El vaso de la presa Miguel Hidalgo desplazó a los ranchos y los músicos —como Ariel Barreras— se fueron a vivir a Juan José Ríos, Guasave, Sinaloa (entrevista de 2007).

Entre 1833 y 1837, en la ciudad de México

se bailaban jarabes y sonecitos como *El dormido, El perico, El malcriado, El aforrado tapatío* […], fandangos y *quebranta huesos*, como se llamaba el desenfrenado placer del pópulo bárbaro. Ardía el fandango, el entusiasmo erótico invadía la frontera del delirio, el polvo colorado de los ladrillos que levantaban los bailadores hacía aparecer las luces como a través de las nieblas (Prieto, 1906, I: 146, 344 y 346-347).

Hacia 1840, en la capital mexicana eran populares los sones *El trompito, El artillero, Los enanos, El atole, El guajito, El palomo, Señá Severiana* y *El durazno*. "Todas estas canciones y sonecitos […] parece que traían en su reflujo la marea de San Juan de los Lagos, lugar de cita de todos los pueblos de la República, mercado animadísimo que llevaba la circulación vivificante del tráfico a los puntos más lejanos de la República" (ibídem: 351). De la zona norteña acudían de Sonora, Chihuahua, Nuevo México, Coahuila y Texas. "Algunas ciudades europeas [de Francia, Alemania e Inglaterra] fabricaban artículos especiales destinados a la feria anual de San Juan de los Lagos, mercaderías que arribaban directamente al puerto de San Blas" (Noriega, 1974: 213).

En el valle de Anáhuac eran importantes ocasiones de baile los paseos dominicales por los canales de Santa Anita, donde los sones y jarabes eran zapateados en los tablones de las trajineras y resonaban contra el espejo del agua (Inglis, 1990 [1843]: 88-89; Zamacois, 1861: 218-239 y 256-257; García Cubas. 1904: 315-319). Asimismo, en la fiesta anual de San Agustín de las Cuevas, hoy Tlalpan, abundaban las "partidas" de apuestas, las peleas de gallos, las carreras de caballos y las músicas y los bailes (ibídem: 349-357; Prieto, 1906 [1840-1853], II: 151-155; Noriega, 1974: 172).

Desde mediados del siglo XVIII, "ya se había generalizado el nombre de fandango a los bailes populares" (Saldívar, 1934: 258). "El fandango tomó una significación sinónima de fiesta" (Escorza, 1990: 9). De hecho, a mediados del siglo XIX, se llamaba fandango "a cualquier baile que tienen [los rancheros]" (Revilla, 1844: 554), aunque después se aclara que lo que se canta son "las coplas de un jarabe" y lo que se baila es "un sonecillo de los que se estilan" (ídem).

En este sentido, en la Feria de Tepic de 1850,

> los puestos de danza del mercado tienen su participación en el entretenimiento, y el tintineo de las guitarras y el traqueteo de los maderos se escuchan por toda la plaza. El fandango, el único compás danzado por la gente común, es un *pas de deux*, ejecutado por una dama y un caballero que se mantienen uno frente al otro, sin un estilo de paso regular, pues éste varía de acuerdo al gusto de los bailadores; ocasionalmente la dama baila alrededor del caballero y viceversa. La ejecución tiene lugar usualmente sobre un tablado de cuatro pies cuadrados, colocado sobre el suelo, y continúa hasta que uno o la otra lo dan por terminado (Barrister, 1851: 153).

Según el barón Eggers, miembro danés del Cuerpo de Voluntarios que apoyó al Segundo Imperio Mexicano, en 1866,

> el popular jarabe nacional […] es bailado por una pareja que se coloca frente a frente y que, sin tocarse, al ritmo de la música realiza infinidad de movimientos con las piernas y giros del cuerpo en forma semejante al czardas húngaro. Tan pronto se cansa una pareja, es reemplazada por otra que estaba haciendo turno y el resto de la concurrencia, compuesta por jóvenes y viejos, acompañan alegre-

mente la danza con palmadas y tarareando los versos de las canciones (2005 [1869]: 220).

Durante el siglo XIX, en el occidente de México, se *terminó de conformar* un conjunto de variantes estilísticas del fandango popular —en lo referente a música, letras y baile—, al cual en ciertas zonas se le llegó a denominar mariachi. Sus peculiaridades musicales —que deben ser estudiadas, más que en búsqueda de sus características intrínsecas, para hacer un análisis comparativo con las tradiciones de otras regiones (en especial del altiplano, del centro-norte y del Golfo mexicanos)— continúan como una tarea para los musicólogos.

En la indagación —inevitablemente a posteriori— de los orígenes de cualquier institución humana, cada aspecto de su composición manifiesta un tiempo de desarrollo particular. En este caso, se debe tomar en cuenta la dinámica de gestación del grupo musical cordófono, los géneros que llegó a ejecutar (y a desechar) y su eventual conjunción con el nombre que a la postre le llegó a ser peculiar: mariachi.

La influencia africana

Gabriel Saldívar fue el primer estudioso en llamar la atención sobre la influencia africana en la música popular mexicana (1934: 219):

> Entre negros y mulatos estaba bastante extendida la profesión de músicos. [En la segunda mitad del siglo XVIII,] entran los elementos africanos en un periodo febril [...], tomando parte de lleno en los cantos populares y dando su contribución para el robustecimiento del son. [Luego, ...] a raíz de la Independencia, en que [ya] no existía veto para su ejecución [de los bailes y cantos de los negros, como sí lo hubo durante el periodo virreinal], extendiéndose [desde Veracruz] a otras regiones del país. En la actualidad figuran en colecciones de sones y jarabes, en cuyos arreglos hubo que modificarles el ritmo (ibídem: 232, 221 y 228).

La investigación contemporánea ha esclarecido que "en la música mestiza o criolla mexicana se observan rasgos rítmicos que resultan ajenos al sistema rítmico hispánico y que tampoco son atribuibles al factor indígena" (Pérez Fernández, 1990 [1986]: 228). En este caso, "la rítmica africana, a través de un proceso de transculturación, se adapta a la métrica del popular verso octosílabo español" (ibídem: 175):

> El esquema métrico al cual corresponden estos patrones rítmicos [(2+2+3) + (3+2) o (3+2+2) + (2+3)] constituye una de las fórmulas rítmicas empleadas con mayor frecuencia en el tipo de sones mexicanos, no sólo en el sur de Jalisco, sino igualmente en otras regiones de México [como la Tierra Caliente de Michoacán, la Tierra Caliente de Guerrero y la Costa Chica de Guerrero y Oaxaca]" (ibídem: 178).

Los rasgos africanos presentes en la música mexicana son, en primer lugar, la presencia de numerosos patrones rítmicos y esquemas métricos, tanto divisivos como aditivos, entre los que sobresale el denominado patrón estándar [(2+2+3) + (3+2)], indicio inequívoco del atavismo musical africano; en segundo lugar, el empleo de diferentes esquemas de subdivisión ternarios (tres en total), que al sobreponerse entre sí o a esquemas métricos aditivos crean el

Para Saldívar, el Jarabe gatuno, de principios del siglo XIX, "por la decripción que del baile se hace, [resulta] un parecido muy grande con […] los bailes africanos [descritos en esa época]" (1934: 278). "Los que estaban [nativos], quienes llegaron [españoles] y los que fueron traídos [afrodescendientes]. Estos tres elementos constituyen la estirpe y el rostro colectivo mexicano […]; la suma del México actual variopinto y múltiple" (Ochoa, 2001: 137).

denominado contrarritmo, y, finalmente, el amplio uso de […] recursos africanos de variación rítmica, tal como aparecen en la música africana o en la música de América Latina más apegada a esos orígenes étnicos. La binarización de ciertos ritmos ternarios, aunque en ocasiones sólo parcial, es otro rasgo africano que debe añadirse a los ya enumerados (ibídem: 229).

Por otra parte, Koetting (1977: 171) había planteado la presencia de un tipo de contratiempo (o síncopa) en ciertos sones "jaliscienses" comerciales —basado en el desface por un breve periodo entre la armonía y la melodía—, que se aparta de la tradición occidental y que se encuentra ampliamente difundido en la música del África subsahariana (ibídem: 183). Este aspecto sería esclarecido con más puntualidad por Pérez Fernández al referirse a

un tipo de frase integrado a determinados patrones rítmicos y caracterizado por la no coincidencia del *punto axial* o Angelpunkt (en inglés, *pivot point*) y el punto inicial o Einsatzpunkt (en inglés, *starting point*). Ello condiciona igualmente una peculiar y frecuente manera de entrada a contratiempo (*off beat*) en la ejecución del son mexicano, y de manera particular en […] las tradiciones regionales del occidente de México (el son del sur de Jalisco y la Tierra Caliente de Michoacán) (2003: 41).

Este autor añade como rasgos africanos

> la realización de variaciones improvisatorias en algunos instrumentos, tales como la tamborita, en la Tierra Caliente de Guerrero, o el arpa en la Tierra Caliente de Michoacán (cuya caja de resonancia es percutida). Por otro lado, las particularidades de ejecución, tales como el carácter percusivo de los rasgueos y la diversidad de formas de ataque y articulación en los cordófonos rasgueados —con la consiguiente variedad de timbres y alturas— puede vincularse igualmente con las prácticas musicales africanas. La estructura responsorial (*call and response*) con intervención muy breve del coro; asimismo, la práctica de repetir, un cantor, la frase musical que otro acaba de exponer (ibídem. 42).

Del ranchero al charro

Dado el gran éxito del mariachi moderno, se imponen algunas consideraciones sobre el traje —estilizado y reformado en sucesivas ocasiones— que lo caracteriza en la actualidad.

En 1827 ya se menciona a Felipe Urbano, alias El Charro, como jefe de una cuadrilla de asaltantes en la zona de Tlalnepantla, al norte de la ciudad de México, quien "siempre usaba un sombrero jarano y montaba un caballo retinto" (ápud Rivera, 1986: 5; Archivo General de la Nación, Archivo de Guerra, 1827, volúmenes 58, 64, 225 y 239).

Sin embargo, en la primera mitad del siglo XIX la denominación de charro no era la prevaleciente: se empleaba la de ranchero o vaquero. Así, al tratar de las "Costumbres y trages nacionales", la revista *El museo mexicano* hace referencia a "Los rancheros", a cuya clase considera "un verdadero tipo nacional" (Revilla, 1844: 551), ya que "en los rancheros son en quienes la nacionalidad [mexicana] ha resistido á toda esa estravagancia que con el nombre de moda nos invade del extrangero" (ídem).

A ese "tipo nacional" se le postula como existente en toda la república mexicana, que entonces comprendía la Alta California, Nuevo México y Texas (ibídem: 557). Y —aunque se mencione en específico a los jinetes de Tamaulipas, El Mesquital, Durango, el valle de México, la Tierra Caliente, la Tierra Adentro, la villa de León, Aguascalientes, el Departamento de Jalisco y los llanos de Apam— Revilla aclara que "Si preguntais á cualquiera

El ranchero-charro era un personaje mestizo característico de la mayor parte del territorio mexicano (Lyon, 1984 [1828]: 254-255). Por tal razón llegó a ser reconocido como el tipo nacional a mediados del siglo XIX. "Ahí tienen ustedes [...] al charro (gente de campo, cuyo traje de montar es enteramente nacional) mejicano con sus calzoneras de paño azul celeste, abiertas por los lados, para que la pierna esté libre al montar, con rica botonadura de plata para cerrarla cuando le parezca [...]; examinad su airosa cotona, especie de chaqueta que participa del jubón y de la chaquetilla que usan los andaluces, de suave cuero café [...]; analizad su redondo sombrero llamado jarano, de anchas alas galonadas con cinta de oro, sobre las cuales descansa una gruesa toquilla" (Zamacois, 1861 [1857]: 221-222).

cuáles son los mejores hombres de campo, esto es, de á caballo, os dirá que los de su país; si deseais saber cuáles son los más sobresalientes caballos, os responderá que los de su Departamento, distrito, hacienda o estancia" (ídem).

En el mismo sentido, la obra *Los mexicanos pintados por sí mismos. Tipos y costumbres nacionales* dedica un capítulo a "El ranchero" (Rivera, 1854: 191-207). Tanto el traje peculiar, su carácter mestizo, su apego al caballo, sus suertes de equitación deconocidas por los europeos, su dedicación a las tareas vaqueriles y sus costumbres campiranas manifiestan que el personaje a quien se hace referencia es al que luego se reconocerá de manera oficial como el charro.

Todavía en 1860, en el prólogo a las *Reglas con que un colegial pueda colear y lazar,* el autor anota: "me he tomado la libertad [de expli-

RANCHEROS.

car mi relato] con las [palabras] más vulgares y conocidas de los rancheros, con que es costumbre entre nosotros explicarnos cuando se trata de relatos de esta especie" (Inclán, 1983 [1860]: 26).

Por esas fechas, el historiador de origen vasco Niceto de Zamacois (1820-1885), presenta una descripción detallada del vestido de charro mexicano, con el señalamiento de que es "Gente de campo, cuyo trage de montar á caballo es enteramente nacional" (1861: 221).

El cambio de denominación del ranchero al charro tiene su parteaguas con el Segundo Imperio Mexicano. En su novela *Astucia, el jefe de los hermanos de la hoja o los charros contrabandistas de la rama [de tabaco],* el mismo Luis G. Inclán (1816-1875) sería el pionero. En una convergencia histórica, Maximiliano de Habsburgo (1832-1867), emperador de México, decidió "vestir a lo ranchero" en ciertas ocasiones.

> El séquito de Su Majestad presentaba un aspecto vistosísimo, pues para entrar a Jalapa todos habíamos vestido nuestros trajes de gala y los militares sus brillantes uniformes. La arrogante figura del Soberano destacaba en primer término luciendo un rico traje de charro y montado en un magnífico caballo dorado (Blasio, 1905: 28).

También el secretario privado del emperador, José Luis Blasio (1842-1923), lucía en ocasiones traje de charro (ibídem: 82). En sus memorias habla de "los sports nacionales, como colear, lazar, etcétera" (ibídem: 15) y cuenta que, en honor del Ministro de Portugal,

> se verificó en una llanura cercana al bosque de Chapultepec un coleadero, en el que no sólo tomaron parte los charros que los hacendados habían hecho venir de sus haciendas […], sino también el caballerizo mayor Feliciano Rodríguez y el Coronel Paulino Lamadrid que […] eran muy hábiles en ese peligroso sport nacional.
>
> A las nueve en punto de la mañana salió el Emperador del castillo, vestido de charro y montando su precioso caballo Orispelo. Todos los que lo seguíamos, excepción hecha de los militares, íbamos también vestidos de charros y montando muy buenos caballos, en silla mexicana.
>
> Comenzó [el espectáculo] con el sport del lazo, que tan conocido es en México, y en el que se lucieron varios charros, y después siguió el coleadero; y como se encontraban presentes los Sobera-

nos, todos hicieron proezas extraordinarias, especialmente el Coronel Paulino Lamadrid, quien no contento con colear a caballo, como lo hacían todos, derribó […] varias veces un toro, haciendo la suerte a pie (ibídem: 108-109).

El jalisciense Salvador Quevedo y Zubieta (1859-1935) publicó en Madrid un capítulo de su libro *México. Recuerdos de un emigrado,* con el título de "El ranchero" (1884: 183-211), pero la tendencia apuntaba a denominar a ese jinete-emblema nacional mexicano como "charro". Ese mismo año la

primera orquesta típica mexicana se vistió de manera expresa con el traje "de charro".

En un alarde de nacionalismo, Ponciano Díaz (1858-1899) se presentó con éxito como torero (banderillero)-charro en Madrid en 1889 (Orta, 1943: 6 y 172). La novela *El Zarco* (1901[1888]) de Ignacio Manuel Altamirano (1834-1893) y *Los bandidos de Río Frío* (1891) de Manuel Payno (1810-1894), consagrarían la figura del charro-bandido decimonónico. En contraparte se conformaba la imagen de los Rurales, como los "policías charros" del porfiriato, "garantes de la seguridad interior de la república" (Vanderwood, 1982: 15).

Aunque "El significado es precisamente opuesto al usual en España y gran parte de América: 'de mal gusto'" (Alonso, director, 1938: 51), para Darío Rubio (1879-1952), miembro de la Academia Mexicana de la Lengua, "Charro es […] el nombre del tipo representativo del pueblo mexicano" (1925, I: 143). El mariachi no tendría alternativa, en cuanto al traje que debería portar, en su camino para convertirse en el símbolo musical mexicano.

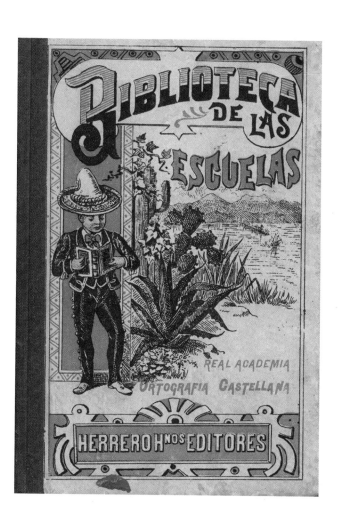

Ortografía castellana, editada en México en 1900.

PÁGINA ANTERIOR:
El emperador Maximiliano a galope. Para sus paseos por los alrededores de la hacienda de Jalapilla, en 1865, Maximiliano "prefería siempre la silla vaquera al mejor albardón inglés y vestía elegante traje de charro mexicano de paño azul, con botonadura de plata y ancho sombrero gris con toquilla blanca" (Blasio, 1905: 19). "Maximiliano trató de ganarse el alma del pueblo vistiendo nuestro traje de charro. El Calendario Galván para 1866, efemérides [de] 1865, Enero 4 dice: 'Maximiliano y Carlota pasearon por las calles de México a caballo, con el traje de los rancheros mexicanos ricos'" (Cuéllar, 1928: 102). "Maximiliano […] jalaba más a la masa cuando aparecía de charro" (Ramírez de Aguilar, 1932: 12). "Se atribuye a Maximiliano, gran simpatizador de la charrería, la creación del traje que actualmente es de etiqueta charra" (Islas Carmona, 1967: 24).

LA VIEJA USANZA
CARACTERÍSTICAS DEL MARIACHI TRADICIONAL

La mayoría de los mexicanos —incluso los del occidente del país— entiende por mariachi el estilo, el repertorio y la imagen del grupo musical emanado de los ámbitos citadinos y modelado por los medios de comunicación masiva. Por lo general, se desconoce que en algunas zonas rurales apartadas y en medios urbanos marginales ha perdurado el mariachi original como una tradición ininterrumpida que se reproduce, con su dinámica peculiar, en ambientes comunitarios, regionales y de barrio. "Tocamos música nuestra, no copiamos. Es una música nada más para nosotros, allá escondida, que nos dejaron los viejitos de más antes" (Everardo Guardado Monreal; entrevista de 2005).

Reservamos para este mariachi el adjetivo de *tradicional* y designamos como *moderno* al comercial, con trompeta y de estilo uniforme, pues aunque ambos corresponden a "tradiciones", éstas son de naturaleza diferente. Y no sólo porque una es mucho más reciente que la otra —el mariachi moderno forma parte del complejo cultural de los mexicanos desde hace apenas setenta años—, sino porque su reproducción implica la injerencia permanente del circuito de la radio, los discos, el cine y la televisión.

La adición del adjetivo tradicional al sustantivo mariachi se ha impuesto por la imperiosa necesidad de distinguir con nitidez dos clases de mariachis: uno inscrito entre los productos asimilados, transformados y explotados por la industria del espectáculo —al que podemos denominar simplemente mariachi comercial— y otro, el mariachi tradicional, perteneciente por legítimo derecho al México profundo (Escorza, 2004: s. p.).

Así, en la actualidad existen dos tipos de mariachi (Jáuregui, 1987 [1984] y 1989). Nos apartamos de la posición prevaleciente que postula un proceso lineal de desarrollo entre el mariachi tradicional y el moderno. Entre los dos, más allá de la evidente diferencia de instrumentación y del número de integrantes, no sólo existe una discontinuidad de contexto socioeconómico y cultural, sino también una ruptura de lógica, de sensibilidad y de discurso musicales: una completa metamorfosis. También discordamos de la postura evolucionista ingenua y eurocéntrica, para la cual el mariachi tradicional quedó detenido, truncado en su desarrollo; por el contrario, éste constituye en sí mismo un logro cultural de la humanidad.

A partir de la difusión descomunal del nuevo mariachi, se produjo un antagonismo entre esa expresión de la cultura masiva y los representantes regionales de la costumbre. Ante las exigencias de la pauta modernizante, muchos grupos se cambiaron al nuevo estilo; otros se adaptaron a las circunstancias tocando en ambos registros; los menos resistieron férreamente en su tradición.

Mariachi del norte de Jalisco, circa 1990. "El mariachi tradicional merece ser exaltado, más que por cualquiera de sus méritos intrínsecos, por haber resistido con prestancia y tenacidad supremas a los imperativos del mercado musical y de la consecuente profesionalización, cuyos efectos, en la mayoría de los casos, provocan abyección en el aspecto artístico. Verdaderos artistas, los músicos del mariachi tradicional [con una] exuberancia y fineza del repertorio y de las normas interpretativas de épocas pasadas, [...] se empeñan en dar continuidad en el tiempo a estas verdaderas joyas líricas para goce y disfrute de las generaciones actuales" (Escorza, 2004: passim).

Allí en Hostotipaquillo una vez nos topamos con mariachis con botonadura y nosotros íbamos de manta. Mis compañeros me decían: "Siquio, vámonos vistiendo mejor, pa' presentarnos mejor". Yo les dije: "El lujo lo debe tener uno en las manos y en la memoria". La gente allí nos hizo más caso a nosotros (Eziquio Magallanes López, entrevista de 1983).

En 1997, cuando se inauguró el museo provisional de Silvestre Vargas en Tecalitlán, vinieron desde la ciudad de México Miguel Martínez [el primer trompetista del Mariachi Vargas] y Rubén Fuentes [su director vitalicio]. Después de cortar el listón y del recorrido por el museo, en la calle estaban tocando, de manera alternada, dos mariachis. El de don Jesús Torres Ramírez, de cinco integrantes (arpa, dos violines, guitarra de golpe y vihuela), no llevaban uniforme, como un mariachi de antes, a la manera antigua. Tocaron sones poco conocidos y cuando tocaban sones que han aparecido en los discos, sus versiones eran radicalmente diferentes a las que conocemos en las grabaciones; no eran copias en absoluto del Mariachi Vargas.

En cambio, el otro mariachi —que venía de Tamazula y que era uno de los mejores mariachis modernos de la región [del sur de Jalisco]— con traje de charro, estaba bien vestido y bien ensayado, no era un conjunto cualquiera. Pero lo que tocaba casi todo eran *covers* (copias exactas) de los éxitos del Mariachi Vargas.

Cuando se retiró Rubén Fuentes, ni siquiera volteó hacia el mariachi moderno y fue directamente al grupo antiguo y los saludó de mano a cada integrante y les dijo que sinceramente había disfrutado su música, que así era tal como él recordaba el mariachi cuando él empezó a tocar [en el Mariachi Vargas, en 1944].

El grupo moderno le quería vender nopales a los indios. ¿Cómo le vas a presumir al Mariachi Vargas su misma música? (Jonathan Clark; entrevista de 2007).

Hay subtradiciones que rechazan con firmeza la denominación de mariachi, ya que ésta se ha difundido por los medios de comunicación masiva, a lo largo del siglo siglo XX, como un aspecto inseparable de la imagen del mariachi moderno, con traje de charro, trompeta y ejecutante de composiciones citadinas "con color campirano" (Moreno Rivas, 1989a [1979]: 185);

Mariachi de arpa grande, Tierra Caliente de Michoacán, circa 1940. "Los músicos del mariachi tradicional no muestran con su trabajo un mero afán arqueológico [...], porque el mantener vigente una música tradicional posee una virtud más elevada que el simple placer del coleccionista o escudriñador del pasado, la virtud pedagógica; con afecto, la música del mariachi tradicional nos enseña de modo ostensible que vislumbrar mundos mejores mediante el arte popular continúa, aún hoy, siendo una posibilidad real para nuestra humanidad" (Escorza, 2004: passim).

por otra parte, con frecuencia los conjuntos locales desconocen la existencia de otras subtradiciones auténticas con dotación instrumental cordófona semejante, en las que sí se ha aplicado tradicionalmente el nombre de mariachi.

En la actualidad, al conjunto musical de tradición se le denomina, de manera alternativa, Los Chirrines, en el norte de Sinaloa; El Tamborazo, en el sur de Zacatecas; La Tambora, en el norte y los Altos de Jalisco; Grupo de Arpa Grande, en la zona planeca (de Apatzingán y de la cuenca del río Tepalcatepec); Conjunto de Tamborita, en la zona calentana (de la vertiente del río Balsas); Fandango de Varita, entre los mixtecos de la costa de Oaxaca; cada uno enfatizando la preponderancia melódica o rítmica del instrumento correspondiente. En el caso guerrerense-oaxaqueño se trata de un cajón de madera que se percute de manera directa con una mano y con la otra, por medio de un palito cuyo nombre es "varita".

Hoy en día el mariachi "antiguo" perdura en algunas rancherías, poblaciones alejadas y barrios populares de las ciudades… todavía se le puede escuchar en ciertos mercados de Tepic y Guadalajara. En términos

generales, su deterioro es nulo en las expresiones del ámbito religioso y vertiginoso en las correspondientes al medio secular.

Su música religiosa está intacta: no ha sido afectada por los *mass media*. Los minuetes y los valses —las oraciones musicales del mariachi— se mantienen como el centro de las veladas fervorosas del pueblo, aunque algunos sacerdotes, católicos y protestantes, las combaten de manera implícita o explícita.

Los sones y los jarabes prácticamente han perdido vigencia. En la actualidad, el gusto de la gente gira en torno al mariachi moderno, al "género ranchero norteño", la música de "banda sinaloense" y —el de los jóvenes— a los conjuntos electrónicos y el "estilo tropical". En la región serrana de Nayarit —en donde conviven indígenas (coras, huicholes, tepehuanes, mexicaneros) y mestizos—, el mariachi tradicional sigue siendo el conjunto musical por excelencia. Ha logrado adecuar su repertorio a las presiones de la moda: en las tocadas seculares, combina los sones (que ya no se bailan en tarima, pero se continúan zapateando) con versiones peculiares de las canciones "rancheras" que difunde la radio (las cuales se bailan con un estilo "desli-

Toril de El Juanacaxtle, La Yesca, Nayarit, 1983; enclave del mariachi tradicional. Para el jaripeo se formaron los varones, desde los niños y los jóvenes hasta los hombres en plenitud y luego los hombres maduros (que todavía estaban dipuestos a jinetear); a la par se distribuyó el ganado congregado por tamaño —becerros, novillos y toros—, proporcionado de acuerdo con la edad de los jinetes.

Mariachi de San Juan Peyotán, Nayarit (1996), integrado con un huichol (guitarrero), un cora (violinero) y un mestizo (violonero). La tradición del mariachi cordófono en la región serrana es compartida por los diferentes grupos étnicos, de tal manera que los mariachis pueden incluir músicos indígenas y mestizos. Generalmente se cantan las letras en español, si bien los huicholes han desarrollado versiones y composiciones en su lengua aborigen.

zado"/"caminado") y de… ¡cumbias! (a las que se asocia un estilo dancístico "brincado"). Se trata de verdaderas adaptaciones, según sus propios criterios, a la instrumentación y patrones característicos. Si bien la tendencia es que cada conjunto se integre con músicos de una misma etnia, no son raros los grupos que se componen de indígenas (de más de un grupo) y de mestizos.

La permanencia de los mariachis tradicionales no sólo se debe al cariño y orgullo con que viven su herencia musical, sino también a la lealtad de su público. Todos ellos son, con su práctica, verdaderos baluartes contra la dominación modernizante.

En Talpa, hace como unos 14 años, un amigo de la sierra —rico—, le dijo a un mariachi de esos de sombreros plateados: "Tóquenme 18 horas de minuetes pa' la Virgen". Comenzaron a tocar *Viva mi desgracia* [un vals] y les dijo: "No, no, ¡párenle, párenle! Yo les pedí minuetes, no piezas pa' bailar abrazados". Entonces, entre la bola de gentes que se juntaron a oír la música estaban unos viejitos de la sierra, nomás mirando, con sus guarachitos de horcapollo, diatiro pobrecitos, habían ido a ver a la Virgen. Le dijeron a los músicos: "Préstennos el violín". "Préstenselo", dijo el hombre rico, "si le pasa algo, yo pago". Con vihuela y guitarra se echaron doce minuetes de los de acá. Entonces les dijo el hombre aquél a los músicos: "Ustedes

no sirven ni de cargadores [de los instrumentos] de estos señores"
(Silviano Elías Zepeda, entrevista de 1983).

Los mariacheros tradicionales tienen conciencia clara de que sus melodías
sólo perduran por sus ejecuciones, pues los archivos de grabaciones son frag-
mentarios y generalmente ellos no tienen acceso a dichos acervos.

> La música antigua necesita uno recordarla en la nochi o en la ma-
> drugada, con la cantadera de los gallos y con los perros ladrando.
> Ya se acuerda uno del valse fulano, de la polka sutana… de los mi-
> nuetes y de los sones. Lo nuevo no es chiste, eso está en el disco
> (Félix Navarro Barajas, entrevista de 1990).

La tradición del mariachi presenta variaciones regionales y locales por todo
el occidente de México, tanto en lo referente a su instrumentación como a
sus posibilidades melódicas y rítmicas, las formas de ejecución, los timbres
de las voces de sus cantantes y a los "géneros" que se interpretan. No es
pertinente intentar establecer la versión prístina del mariachi (¿a partir de
qué fuentes?), ni la "mejor" (¿cuál sería el criterio?). Todas las subtradiciones
deben ser consideradas válidas, pues desde el inicio han existido variantes
tan legítimas unas como las otras.

Mariachi de Fermín Bautista,
Convento de la Cruz de
Zacate, Tepic, Nayarit, 1990.
"Me retiré yo de allí [del
rancho de La Joya, al lado de
San Martín] y le seguí en mi
ambulancia por la sierra,
buscando músicos o
enseñando músicos para
tocar, para seguir el gusto…
de eso me mantuve muchos
años. De mi tierra [la región
de Bolaños] agarré rumbo de
la costa y llegué a Playa
Golondrinas, luego a El
Carrizo y de ai' a vivir a San
Rafael y de allí me vine a
Tepic y aquí estoy" (Fermín
Bautista Martínez, entrevista
de 1992).

Cómo me hice mariachero:
Daniel Pulido Escareño

Nací en Jalcocotán en 1895. Yo soy lírico desde que nací. Empecé a tocar en un violín de otate. No había en mi pueblo quien vendiera violines. Las cuerdas eran del mismo otate y el arco era también de otate: le untaba saliva a las cuerdas. Llegué a tocar con ese violincito *La Juanita*. De cinco a seis años comencé a tocar mi primera canción.

Viendo mi padre que yo tocaba, como él tenía el destino de la carpintería (bueno, él tenía muchos destinos, pero también ése), me hizo un violín con un cajoncito de ésos en que venden puros: le puso su buche (su pescuezo) y le puso cuerdas. Cuando iban músicos a tocar, yo me amanecía con ellos pa' que me dieran pedacitos de cuerda, de las que se les rompían: y sí alcanzaban pa' mi violín, era chiquito. Muchos sones los aprendí de siete a ocho años. Todos lo admiraban y me rodeaban los muchachos y los viejos.

Cuando ya vio mi padre que me gustaba mucho, me compró un violín de a de veras en cuatro pesos: ése ya era violín con su arco. Yo tenía entonces ocho o nueve años y en la noche me dormía con mi violín y lo guardaba en su bolsa: era la funda de una almohada que yo le quité a mi señora madre. Yo estudiaba en mi violín amaneciendo y en la noche, ya pa' acostarme.

Enfrente de mi casa había uno que se llamaba Otaviano Plaza, que tocaba guitarra "de pluma", y ése me empezó a enseñar minuetes silbados. La edad de ese hombre eran 90 años.

Era chaparrito, medio turdio (se le cerraba un ojo), con un paño colorado en la cabeza. Allí con él aprendí yo los minuetes.

Cuando yo comencé a tocar minuetes, me invitaban a tocarle a los "angelitos" y tocaba junto con don Otaviano. Me ponían un banquito de palo, con una cobija doblada encima y los padres de los niños difuntos lloraban cuando yo tocaba los minuetes. Y todos re'admirados conmigo por tan chiquillo que tocaba esos minuetes tan alegres que me enseñó ese viejito, chiflando. Al otro día, iba la gente con la admiración con mi padre, que se llamaba Antonio Pulido: él era muy estimado, curaba a la gente con yerbas.

Después los mariachis de San Pedro Lagunillas, de Compostela, de otros lugares iban a tocar a mi pueblo. Para aprender piezas esperaba a que se durmieran mis padres, ponía en la cama una canoa en la que le daban de comer a la puerca y la tapaba con una cobija, era una cobija de lona: porque éramos pobres. Me salía por la puerta del corral y me iba a seguir a los músicos. No había día que ellos fueran a Jalcocotán que yo no anduviera con ellos.

Había veces que me prestaban su violín y me pedían que les tocara un son: me abrazaban y me querían mucho; me llenaban de bendiciones y me decían que yo iba a ser bueno pa' tocar.

Así me estuve como unos tres años. Luego se vino la revolución de Madero, pero yo no fui. Luego, en 1913, se vino la revolución de

Venustiano Carranza. Me daba gusto que entraran los revolucionarios a mi pueblo a caballo con su rifle en una mano. Y a las dos veces que fueron, yo dije: "Me voy a la Revolución". Yo era muy valiente y no me ganaba en mi pueblo ningún muchacho, aunque estuviera más grande. Nos peleábamos a guantadas y con machetes de palo.

Dejé mi violín en una caja, 'onde tenía la ropa. Pero ya era violín que sonaba el que yo tocaba.

Llegó a Jalcocotán Jesús Fragoso de El Tacote (Municipio de Jalisco): nos fuimos 40 de mi pueblo con él y nos echaban adelante, porque éramos muy valientes. Anduvimos peleando por los cerros y nos acercábamos a Tepic. Luego nos juntamos con el general Buelna, que venía de Sonora y nos tocó entrar junto con él a Tepic.

La Revolución se ganó porque los de los ranchos éramos buenos pa' tirar: éramos venaderos.

Tepic, 22 de septiembre de 1989

El sistema musical del mariachi está dividido en un registro religioso y otro secular. Ambos corresponden al campo de lo sagrado, de lo eminentemente ritual, que se define por su oposición a lo profano; esto es, al curso ordinario de la existencia grupal e individual: a las prácticas específicamente técnicas y las actividades cotidianas.

Así, la principal oposición distintiva de la música del mariachi se encuentra en la pareja *minuetes-sones* que representa sus expresiones fundamentales en el ámbito religioso y secular (Jáuregui, 1987 [1984] y 2006). Los minuetes constituyen una plegaria musical que se ejecuta en las veladas de los santos (en santuarios, capillas y ermitas) y en los velorios de "angelitos" (difuntos pequeños de ambos sexos); establecen, de esta manera, una comunicación de los vivos con el otro mundo (el de los santos y los muertos). En algunas zonas, los minuetes toman el nombre de "binuetes", "minuetos" o "menuetos".

Los sones, por el contrario, imbrican el código de la música con el del canto y el de la danza y se tocan en las fiestas comunales, ferias, parrandas, serenatas, bodas, cumpleaños y bautizos; constituyen, de esta manera, un vehículo de comunicación ritual entre los vivos: hombres y mujeres.

En general, los jarabes consisten en una secuencia de fragmentos de sones. En algunas regiones los sones asumen modalidades estilísticas y se denominan "gustos", "malagueñas", "peteneras", "huapangos" y "chilenas". En todos los casos se pueden combinar, durante las tocadas, con los corridos y las canciones. La valona es un género mariachero que presenta un gran desarrollo en la Tierra Caliente michoacana; su "forma poética más común [...] es la glosa, es decir, un poema integrado por una cuarteta octosílaba (planta) que se explica en una paráfrasis de cuatro décimas, cada una de las cuales culmina con un verso de la planta" (González, 2001a: 123).

Durante el siglo XIX se incorporaron al repertorio del mariachi los valses, polkas, marchas, chotices ("chotes"), mazurkas, jotas y costillas *(cotillon)*. Los valses, los chotes y las mazurkas aparecen tanto en el ámbito religioso como en el secular, pero su ejecución es diferente en cada caso. En el primero, como se trata de una oración, se tocan "lentos" (combinándose con minuetes) y, en el segundo, como es música para bailar, se tocan "moviditos".

Al tocar y cantar, los mariacheros proceden con una actitud concentrada y discreta. Su comunicación se centra en los códigos de la música y del canto; no se busca una gestualidad expresiva, sino un desempeño estático, que conlleva una mirada "fuera de la audiencia". Con la música religiosa se llega al hieratismo y en la música secular se contrasta con la actitud estruendosa de los bailadores y la concurrencia.

Son los mismos músicos quienes cantan con voces campesinas, no estudiadas ni afectadas. Su dicción es considerada como defectuosa y sus tonos como heterodoxos para el gusto musical dominante. En opinión de los músicos eurocéntricos, los mariachis tradicionales "tocan desafinados", es decir, en un tono diferente al patrón occidental. Pero los músicos étnicos —tanto rurales como citadinos— no sólo de la tradición del mariachi, sino de muchas alrededor del mundo, a veces no desconocen la afinación "correcta", pero necesitan tocar de esa manera porque es la que corresponde al gusto particular de su audiencia y también la que satisface a su estilo de ejecución. "De hecho, su sonido es consistente con su manera de entender la estética de su propia tradición" (Strachwitz, 2005).

La duración de las ejecuciones es decidida por los propios músicos, de acuerdo con el patrón usual en su región. Cuando se copia una "pieza", se la adapta de inmediato al estilo del propio mariachi con la intención de que las interpretaciones no se parezcan a las del conjunto del que fueron tomadas. No existe un modelo exterior al grupo que se busque imitar, pues el mejor mariachi se considera así a partir de su propio estilo.

PÁGINA SIGUIENTE:

El rescate de la música del mariachi tradicional ha sido emprendido, con respecto y devoción, por investigadores tanto profesionales como amateurs y difundido principalmente por instituciones culturales. Además de los documentos musicales disponibles en fonogramas, existen diversos acervos en fonotecas y colecciones privadas de México y del extranjero. El panorama, si bien fragmentario, es más amplio al que generalmente se considera como existente.

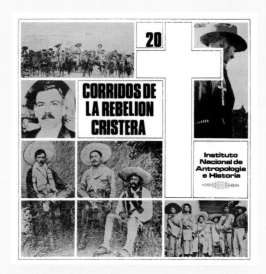

ABAJEÑOS Y SONES
DE LA FIESTA PUREPECHA

24

instituto nacional de antropología e historia
el colegio de michoacán a. c.

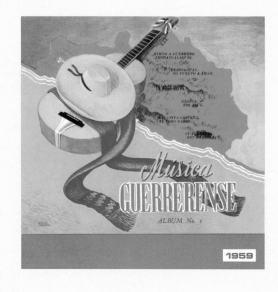

Música
GUERRERENSE
ALBUM No. 1

1959

7
MICHOACAN
SONES DE
TIERRA CALIENTE

instituto nacional de antropologia e historia

Escuela Nacional
de
Danza Folclórica

INBA SEP

NAYARIT

NAYARIT

CURSO DE VERANO 1985

17
MUSICA
CAMPESINA
DE LOS
ALTOS
DE
JALISCO

instituto nacional de antropologia e historia

Son
antología

Edición especial FONART-FONAPAS

Las composiciones del mariachi son, por lo general, ordenamientos nuevos de elementos musicales ya preexistentes: se utiliza una "colección de residuos" de conformaciones previas, que se constituyen en componentes utilizables indistintamente para lograr "nuevas creaciones". Se cuenta con un repertorio heterogéneo —amplio, pero limitado— de segmentos de distintos patrimonios musicales, cuya posibilidad de utilización depende de su permutabilidad y combinación con otros "restos". Cada elección acarreará la reformulación del conjunto melódico. Los mariacheros llevan a cabo una combinación personal —de manera eficiente e indudablemente estética— de ese acervo de "trozos de melodías", de acuerdo con una pauta estructurada por la tradición, pero flexible. De seguro un análisis musical riguroso puede establecer los estratos cronológicos de las oleadas musicales que se mezclan bajo las etiquetas de "sones" y de "minuetes". En tanto permanezcan cumpliendo una función, no se les puede aplicar con intención despectiva los términos de "arcaísmos" o "sobrevivencias". Si continúan desempeñando un papel semejante al de su aparición inicial es que su modi-

ficación no fue posible ni necesaria. Por otra parte, la improvisación y la reproducción relativamente "libre", pues se ejecutan "de oído", son fuente de permanente innovación musical.

Al igual que las melodías, las coplas también "iban y venían" por toda la región del mariachi. En dondequiera los trovadores les "componían" añadidos e improvisaban adaptaciones a los sones en boga o, incluso, llegaban a darle forma a un nuevo son. Pero cada mariachi le hacía las adecuaciones y ajustes para lograr su propia versión. En cada lugar los versos se acomodaban al paisaje. Un mismo son se podía conocer con diferentes nombres. Sólo una desproporcionada exaltación localista puede pretender que los sones que vivían dispersos por todo el occidente de México "se componían" solamente en tal o cual pueblo. ¿Será posible que en los cientos de poblados, rancherías, haciendas y caseríos faltaran músicos o a éstos les faltara el ingenio? ¡No! La cultura campesina vive fragmentada y carece de una conciencia global: cada segmento cultural se considera de origen propio, "parroquial".

En las culturas tradicionales una "obra literario-musical" sólo lo es en la medida en que ha sido aceptada por la comunidad: su existencia, más que un "autor", supone un grupo al que le sea funcional. Las elaboraciones individuales se integran, así, en una verdadera expresión colectiva. No es pertinente, entonces, proyectar el patrón de "creación autoral", propio de las sociedades con cultura escrita, a los ámbitos de memoria oral-gestual.

El mariachi es una institución que se ubica en el campo de lo popular y lo lírico; de la costumbre que no se fundamenta en un sistema de notación, sino que se reproduce a partir de la "lógica de las cualidades sensibles", esto es, de "operadores concretos". Se aparta y se distingue de la cultura letrada que supone la enseñanza formal, el uso de la lógica sustentada en las abstracciones y cuyo apoyo principal es un código de escritura.

Yo no sé leer, no supe. Fui un hombre que anduve por muchos lados [recorrí desde aquí, de Nayarit hasta Sonora]; muchas cosas ví desde muy chico en la hacienda donde trabajé y luego en la Revolución… Yo me formé de lo que viví. La escuela era para los que tenían [dinero]. Yo no sé de letras de música, yo soy mariachero (Refugio Orozco Ibarra, entrevista de 1984).

Yo de nota no sé nada. Pa' qué le digo que sé de nota, pa' qué le digo que soy músico recibido: yo sé cuándo una cuerda está entonada… yo sé cuándo un músico no pisó la cuerda que era… Así como estoy de viejo, cuando me gusta una pieza, me la aprendo no-más de oírla (Eziquio Magallanes López, entrevista de 1983).

Lírico, soy lírico: nosotros tocamos y cantamos lo que sabemos, lo que podemos. Las escuelas que había entonces eran de los padres [sacerdotes], también había seminarios, eran sólo pa' los ricos (Da-niel Pulido Escareño, entrevista de 1990).

Soy un hombre que no conoce ni las letras; nunca fui a la escuela ni aprendí siquiera el silabario. Soy un aldeano. Lo único que pue-do decir lo digo tocando música; mal hecho, regular o medio bien, pero no puedo decir más (Juan Reynoso Portillo [1913-2007], ápud Vargas, 2007: 5a).

Las "letras" del mariachi tradicional difieren radicalmente de las del mo-derno, tanto en los títulos como en sus temas y forma literaria. En los sones y jarabes —los géneros de mayor arraigo histórico— se constatan proce-dimientos de nominación y de metáforas que hacen referencia permanente a poblados, animales, aves, fenómenos naturales, rasgos del paisaje, activida-des técnicas (como la ganadería, la arriería, la agricultura y la recolección), etcé-tera. Su construcción poética obedece a las reglas métricas y a la acentuación rítmica propias de la versificación heredada de los rapsodas del Medioevo europeo. Aunque las trovas pueden componerse en decasílabos, endecasíla-bos o en formaciones de mayor longitud, la medida más frecuente es la oc-tosílaba —la "octava"—, por lo que "la frase musical se encuentra compues-ta de incisos de ocho sonidos, de semiperiodos de dieciséis sonidos y de frases de treinta y dos" (Mendoza, 1943: 88-89).

El mariachi tradicional era y es usualmente un conjunto de cuerdas en el que el violín ocupa el papel primordial, pues dicho instrumento lleva la melodía. Pero si el violín toca solo —como en las danzas religiosas ("de arco" o "de conquista")— sin el acompañamiento de otros instrumentos de cuerdas, no se considera mariachi. Entonces los danzantes lo "acompañan" con sus zapateos rítmicos y el sonido de sus "carriceras", además de las so-najas, los arcos percutores o los machetes.

Para que el mariachi sea tal, se requieren otros instrumentos de cuerdas. La armonía puede estar a cargo de "guitarrillas medianas" (jaranas), guitarras "quintas de golpe" o vihuelas. En la tradición del centro de Jalisco el guitarrón fue el instrumento que "llevaba el bajo"; en Nayarit esta función la cumplía la guitarra "de púa" (túa) o "panzona" (la cual podía ejecutar simultáneamente la armonía) y en la región abajeña de Jalisco y en la Tierra Caliente de Michoacán se usaba, para este fin, el arpa. Los grupos no incluían muchos elementos: un violín y una guitarra ya conformaban un mariachi. A veces se reforzaba la melodía con otro violín que "hacía la segunda".

En el mariachi tradicional, el arpa puede funcionar como instrumento de cuerdas (capaz de llevar la melodía, la armonía o el bajo), o de percusión (al emplear su caja para tal función, que se golpea con las manos).

La copla que cita Dávila Garibi —en la que se menciona "el cuero pa' la caja del mariachi"— sugiere como elemento del mariachi un instrumento membranófono del tipo "tambor". También Barrios de los Ríos, refiriéndose a la feria de Santiago Ixcuintla hacia 1892, menciona el acompañamiento de "redoblante, platillos y tambora" (1908: 44). De hecho, en zonas como la de Tuxpan (Nayarit) la tambora era parte del mariachi, pero no la incluían todos los grupos. Un importante testimonio gráfico de estos mariachis con tambora es la fotografía que publicó el Dr. Atl (1921, II: 45) de un grupo musical —realizado en barro en Santa Cruz de los Monos, cerca de Tonalá— que acompaña a una pareja de bailadores de jarabe: consta de un violín, una guitarra y una tambora. También existen mariachis con tambora en la región de los Altos y el norte de Jalisco, el sur de Zacatecas (Gutiérrez Sánchez, 1992: 718) y en la zona cora; se trata de un gran membranófono de doble parche, con tensores de mecate, que se percute con una baqueta delgada de madera y otra con una borla afelpada en el extremo.

Asimismo, en la región de Guerrero existen mariachis que incluyen una caja de madera, como las que se usaban para empacar las pastillas de jabón,

> que se toca con un palillo en una mano y la palma de la otra. Es difícil decir si esta caja podría ser un substituto de otro rasgo —el tamboreo en la caja del arpa empleada antes en conjuntos de chilena, ejecutado por un segundo músico en cuclillas al lado del instrumento con sus manos desnudas— (Stanford, 1984: 40).

Este autor añade que es posible "poner una tabla de madera encima de un agujero en el suelo y tamborear sobre ella —aquí de nuevo, empleando un palillo y una mano" (ídem: 40).

Tarima de tablas ensambladas con clavos. "En las fiestas de los pueblos, en la de Santiago y en la de Xalisco, cada puesto que vendía cerveza lo primero que ponía era su tarima para bailar y tocaban los mariachis, que no eran como los de ahora, pues sólo se tocaba con violín y guitarra grande, de las 'de azote'. La tarima es un instrumento: se baila con guaraches que no mienten y lo denuncian a uno si se equivoca" (Arnulfo Andrade Sánchez, entrevista de 1983).

Y esto nos lleva al tema de la tarima sobre la que zapatean los bailadores acompañando rítmicamente la melodía del mariachi. Constituye, así, un instrumento de percusión (un ideófono-zapateado), cuya plancha de madera produce el sonido, que es amplificado por la "caja de resonancia" (la parte baja de la tarima o el pozo sobre el que es colocado el tablón). No es un instrumento imprescindible del mariachi, pues sólo se utiliza en el ámbito secular y no en el religioso: si bien es necesario en los sones y jarabes, los minuetes no lo incluyen. Puede tratarse de una tarima de una sola pieza (de un tronco labrado y ahuecado), cuyas dimensiones y diseños decorativos varían según las subregiones; también es posible utilizar tarimas fabricadas con tablas y clavos (especies de tablados estrechos) u obtener una tarima al colocar un tablón sobre un hoyo rectangular cavado en el suelo, en cuyo interior se puede añadir una olla con agua para mejorar la resonancia. En algunos lugares, la función de la tarima se lograba por medio de un templete, un entarimado alto o tapanco al que subían a bailar las parejas. En la costa norte de Nayarit, una mesa de madera —de las que las compañías cerveceras distribuyen en las cantinas— puede ser utilizada como tarima por espontáneos bailadores que se suben a zapatear durante las parrandas.

Los bailadores se concentran en llevar, con los golpes de sus pies, el ritmo del son. Casi no mueven el tronco ni los brazos: sólo de la cintura

para abajo. Su zapateo constituye un instrumento más del mariachi, equivalente a los tambores de otras tradiciones musicales.

El código dancístico asociado a la música secular del mariachi no implica coreografías de grupo ensayadas de antemano, como en el caso de las danzas religiosas. Los sones y jarabes se bailaban por individuos solos o por parejas —del mismo o diferente sexo— que zapateaban "sueltos", sin abrazarse, uno al lado del otro. En ocasiones los bailadores se retaban para demostrar quién era superior, quién respondía mejor con su zapateo al ritmo del mariachi. Había algunos sones (como *El potorrico*, *Los bules* o *Los cuchillos*) que se acompañaban con el choque de las hojas de cuchillos o machetes.

Al tratar de establecer las variaciones instrumentales de acuerdo con las diferentes regiones del mariachi, se debe tomar en cuenta que los grupos, dentro del patrón del conjunto de cordófonos, se iban adecuando a sus circunstancias. Si un músico fallecía o se ausentaba, a veces no lo podían suplir, o no con el mismo instrumento, sino con otro similar. No se puede afirmar que el mariachi en tal o cual región constaba de tantos músicos y de tal instrumentación precisa, pues la ausencia o el añadido de determinado instrumento en cierta fecha puede ser un hecho coyuntural.

En algunos casos se llega a la exaltación de un instrumento exótico, como el marimbol (idiófono de origen africano), icono para el mariachi

La calaca dirigiendo a un mariachi tradicional colgado en el tendedero. Pintura al pastel de Emilia Ortiz, Tepic, Nayarit, 2004. Al expandirse la neotradición, desde el centro de México hacia el norte, los artistas locales acomodan sus obras a la perspectiva del Día de Muertos nacionalista, impulsado a partir de la política de Vasconcelos por la Secretaría de Educación Pública, en la década de 1920. "Los huesos me retumbaban cuando en aquel entonces se brindaba con tepache a este auténtico mariache".

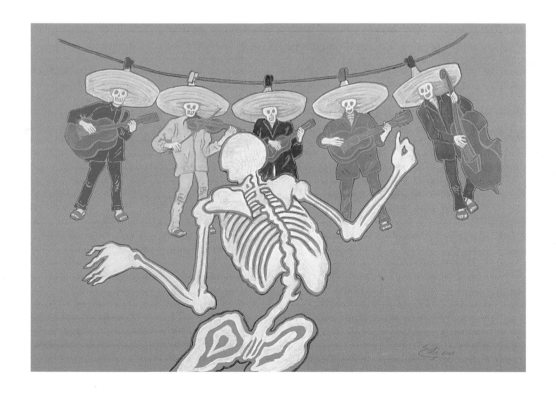

PÁGINA SIGUIENTE:
Fabricante de guitarras,
Paracho, Michoacán circa
1940. "El pueblo de Paracho
es famoso [...] por sus
guitarras. Todos son ahí
músicos y tienen su guitarra.
No hay, en efecto, en el
Estado de Michoacán quien
rivalice con los indios de
Paracho en este punto. A
menudo he podido observar
que en toda la república
mexicana no parece haber
nadie —indígena, español,
ni mestizo— que carezca
de percepción musical.
Esta devoción por la música
imprime en México al
carácter general de las
masas cierta gentileza
y refinamiento de modales
que las distingue
favorablemente de las plebes
de las grandes ciudades del
norte" (Lumholtz, 1904
[1902], II: 377-378).

de La Ciénega (Asientos, Aguascalientes), o por el uso eventual de un instrumento nativo, como el cántaro de barro, cuya boca es empleada para conseguir, con movimientos de la mano, los bajos en la costa norte de Nayarit y en el sur de Sinaloa.

La dotación instrumental del mariachi nunca ha sido inalterable. Durante los últimos ciento cincuenta años se han dado algunos cambios. En la zona de Nayarit se añadió el violón, que se tocaba primero con arco (en las décadas de 1890 a 1930) y luego pasó a tocarse a mano. Después el violón fue suplido, en algunas regiones, por el guitarrón, debido a que este instrumento es más fácil de transportarse, por su dimensión y peso menores. La guitarra "de púa" o guitarra "panzona", también conocida como guitarrón de górgoro, ha desaparecido en buena medida por falta de carpinteros que la fabriquen. Se ha introducido de manera casi generalizada el uso de la vihuela, un "instrumento de bóveda" con caja de resonancia combada, y la guitarra "sexta", que han desplazado a la guitarra quinta "de golpe", con caja de resonancia plana. Antes, predominaban las cuerdas de tripa o de cuero de animal (de fabricación local o de importación) en los instrumentos "de acompañamiento"; en la actualidad se tiene preferencia por las cuerdas de nailon, que se combinan con las de metal, y se ha difundido el estilo de acompañamiento "a contratiempo" y los "tonos menores".

A principios del siglo XX todavía existían talleres de instrumentos en las diferentes subregiones del mariachi. Ellos se encargaban de manufacturar los diferentes cordófonos peculiares de cada estilo mariachístico, casi siempre sobre pedido. Un siglo después, si bien aún quedan fabricantes de violines en algunas zonas indígenas (y algunos todavía se dotan con cuerdas de tripa), la mayoría de los mariachis adquieren sus instrumentos en las tiendas especializadas que cada vez distribuyen más mercancía de elaboración europea o china. Han permanecido importantes talleres de laudería en Guadalajara, Paracho (Michoacán), Zapotlán el Grande (Ciudad Guzmán) y Zapotiltic, en el sur de Jalisco; pero en las últimas décadas se han comenzado a importar maderas canadienses y japonesas (Chamorro, 2000: 71).

Todos estos cambios sin duda han traído modificaciones en el sonido del mariachi tradicional; pero no han alterado, en lo fundamental, su equilibrio sonoro. Este mariachi se maneja con un sistema musical abierto que permite adaptaciones e incorporaciones constantes. Por eso fue posible —mucho antes de la conformación del mariachi moderno— la inclusión de instrumentos aerófonos, como el cornetín, el clarinete o la trompeta. Sin embargo, estos instrumentos de aliento seguían subordinados al sentido instrumental cordófono: no se alteraban ni el repertorio ni el estilo de los grupos y el violín mantenía la supremacía melódica en el conjunto. Así, al comparar la sonoridad de los mariachis antiguos con la de los "de trompeta", Blas Galindo señala que: "Aunque su música se oía lejos en los pueblos, aquélla era más íntima" (entrevista de 1990).

En el mariachi tradicional, la ejecución del código de la música es exclusiva de los hombres, pues estos conjuntos están integrados solamente por varones. Las escasas excepciones "confirman la regla": la hija de doña Rosa Quirino, que sí fue "mariachera por derecho", opinaba que su madre: "Era una señora que le gustó mucho el destino de los hombres" (Refugio Gómez Quirino, entrevista de 1985).

No es correcto plantear al mariachi como una herencia directa del pasado musical prehispánico. Como todas las instituciones mestizas, es el resultado de la dialéctica de la dominación colonial y de la resistencia de la población local. De hecho, los instrumentos cordófonos del mariachi son de origen europeo o son producto del acriollamiento (como el guitarrón o la vihuela).

La música del mariachi, generalmente, es propia de los mestizos y se diferencia de la tradición aborigen de los indígenas, aunque éstos han desarrollado en algunos casos (coras, huicholes, mexicaneros, mayos, yaquis, nahuas) versiones paralelas del mariachi tradicional. Hoy son frecuentes los mariachis tradicionales en los que tocan músicos indígenas e incluso los conjuntos integrados sólo por indígenas (sobre todo en la región serrana). Pero, después de haber estado tocando minuetes en una velada, como violín primero, un huichol nos precisó: "El mariachi es música de los 'vecinos'. La música de la raza huichol es diferente: son canciones para nuestros dioses" (Catarino Ríos Medrano [Xuturi Temay], entrevista de 1983).

El oficio se aprende "de oído" y por imitación directamente de otros músicos, por lo regular parientes. "Mi familia toda le inspiramos a la cuerdita y nos hicimos mariacheros unos con otros. Todos éramos mariacheros, no hombres de letra" (Refugio Orozco Ibarra; entrevista de 1984). Así, los mariacheros son formados, desde el inicio, por el jefe del mariachi, quien les transmite su propio estilo. Cuando un mariachi se conforma, de manera eventual, con músicos que llegan sin grupo a una feria o fiesta, sus integrantes deben "estar de acuerdo", esto es, compartir no sólo el repertorio, sino también un estilo determinado. Unos mariachis tocan "arrebatado", otros "pausado"; algunos "calientito", otros "dulce".

Los grupos de mariachi tradicional no tienen nombre propio; a lo sumo se les reconoce por el pueblo de donde provienen o por el nombre de su músico principal. No usan uniforme, sino que se visten con la ropa normal para ocasiones festivas: sombrero de palma, huaraches o zapatos, calzón de manta o pantalón, camisa, ceñidor o cinturón y chamarra.

Aunque no pertenecen a ninguna agrupación gremial, los mariacheros tradicionales son músicos profesionales de paga: suelen ser contratados por un estipendio, tanto para las ocasiones religiosas como para las seculares. A veces, en los velorios de angelitos colaboran por solidaridad con los dolientes; o en las veladas de santos, tocan por manda algunas "horas" de minuetes; pero, una vez concluida su promesa, continúan interpretando las plegarias musicales a nombre de quien les pague. Asimismo, en plan de amigos, quizá toquen gratis en alguna borrachera. Se trata de campesinos,

artesanos, pescadores o, recientemente, empleados que se dedican "al destino" por las noches, los fines de semana, los días de fiesta o cuando no tienen ocupación en sus otros trabajos. Los pocos que se entregan de manera exclusiva al oficio de mariacheros lo hacen sólo por algunos años. Pero, aun ya ancianos, no pierden "el gusto": "Nunca he dejado mi violín, ni lo dejaré: es mi alimento tocar. Este violín es mi compañero de la vida" (Daniel Pulido Escareño, entrevista de 1990).

Entre los mariachis tradicionales, portadores de una tradición regional o quizá local, se pueden establecer tres variantes. Los *mariachis en extinción* son dirigidos por ancianos, quienes, fieles a su legado, se muestran desafiantes ante los grupos modernos: "Yo ya tengo mucho tiempo tocando y a mí no me han cambiado, siempre he sostenido el mismo modo con la vara [arco del violín]: toco largo y no la dejo descansar" (Eziquio Magallanes López, entrevista de 1983).

Mariachi de Laguna del Mar, Ruiz, Nayarit, 1990. "Aprendimos de la mano de don Sabás Alonso, mi padre, oyéndolo a él. Él nos dio el camino de la música y desde entonces tocamos lo que podemos. El descendió de otros señores que sabían música antigua" (Epigmenio Alonso Pineda, entrevista de 1983). "Yo soy de oído. Me enseñé por 1948. Aprendí de mi padre, que se llamaba Pablo Amparo. Nosotros somos líricos, no somos de nota: pa' que vamos a decir lo que no es. Pero lo que bien se aprende, no se olvida. Mi padre sí sabía tocar; ése sí era un gran músico. Yo, porque fui hijo de él, fui músico" (Graciano Amparo Díaz, entrevista de 1990).

Se dan cuenta de que su generación va de salida:

Ya se murieron los compañeros y ai quedamos nosotros; ya los compañeros se fueron, ya no viven; ya quedamos solos de a tiro. 'Siquio queda al otro lado del río: por ai' se asienta; él toca "más tranconcito" y a veces se adelanta (Hilario Herrera, entrevista de 1983).

Su entusiasmo se muestra inquebrantable:

Yo mi gusto lo tengo completamente bien, como cuando era muchacho: si no, no pudiera tocar el violín. Soy lírico, aprendí por herencia: mi padre, mis tíos y mi abuelo también fueron mariacheros. Por eso nosotros este estilo no lo queremos dejar, lo queremos seguir haciendo grande (Fermín Bautista Martínez, entrevista de 1992).

¡Cómo me gustó el destino! Me amanecía tocando y no se me acababa el gusto por la música; una vez tocamos tres días y tres noches sin

aflojar. Todavía me gusta mucho y me recuerdo de la música en la noche… ¡Y hasta la sueño! (Sabás Alonso Flores, entrevista de 1983).

Año con año fallecen, por la edad, varios de ellos. Algunos dejan hijos o alumnos a cargo del grupo, pero cada vez es más difícil el remplazo de sus integrantes, sobre todo del jefe.

Los *mariachis en plenitud,* en cambio, están conformados por músicos jóvenes que residen, sobre todo, en la región serrana. Sus ejecuciones se integran a la vida ritual de sus comunidades y de su comarca; si alguna vez bajan a tocar al altiplano y a la costa nayaritas, allí sus adaptaciones de la música "moderna" son bien aceptadas por la clientela. Varios de estos conjuntos cuentan con músicos indígenas; más aún, en los últimos años han comenzado a florecer los mariachis cuyos integrantes son todos indígenas: principalmente de la etnia huichola, pero también de la cora. Ante la emigración de los mariacheros mestizos y su ingreso en los mariachis modernos, el vacío que van dejando lo cubren con éxito y entusiasmo los indígenas serranos.

Mariachi multiétnico (coras, huicholes y mestizos) de Rosarito (Yauatsaka), Nayarit, 1998. En esta cabecera comunal convive la tradición prehispánica funeraria de las tumbas de tiro (Corona Núñez, 1972 [1952]: 63-73), supuestamente extinta hace siglos, con versiones contemporáneas del mariachi tradicional cordófono y los bailes zapateados en la tarima.

Las Mañanitas

Las mañanitas

"son un canto sentido y tierno , que añora el día en que se vino a la vida [cumpleaños o día del santo]. En la alborada, cuando el alba inunda de luz la tierra, en el silencio el enamorado pide a los cantadores que digan a la mujer amada lo que él quisiera repetirle cuando asomada a la reja en una noche en plenilunio le hizo su declaración de amor: 'Despierta, mi bien, despierta, mira que ya amaneció; ya los pajaritos çantan, ya la luna se metió'" (Vázquez Santana, 1931: 110 y 113).

Las golondrinas

"es una de las canciones más tristes y ha sido escogida para entonarse como despedida. Desde mediados del siglo XIX, se canta en nuestro país y la letra [clásica] alude a la despedida del último abencerraje, allá en la bella y señorial Granada: 'Veré en abril, en la costa africana, la golondrina hacia España volar. ¿A dónde irá tan alegre y ufana, tal vez su nido en mi techo a colgar?'" (Vázquez Santana, 1931: 108-109).

Jaraberos de Nochistlán, mariachi que busca recuperar y difundir la tradición musical de su terruño. "Esa música antigua que sabemos no ha salido ni en la tele ni en cassette. Ellos nos dejaron a nosotros lo que ellos sabían: yo el destino lo traigo desde mi abuelito. Todavía seguimos nosotros" (Eugenio Navarro Barajas; entrevista de 1989). "La tambora [en el mariachi] es gusto de baile, de rodeo, de boda… es mucho lujo, es una alegría bonita, mitotera, se oía lejísimos" (Fermín Bautista Martínez, entrevista de 1992).

Los *mariachis de transición* pueden tocar tanto en el registro tradicional como en el moderno. En algunos casos se trata de músicos que se iniciaron en el ámbito tradicional pero, debido a las exigencias de la comercialización, se vieron obligados a aprender e interpretar el estilo moderno. Otros son mariacheros que, después de realizar el proceso anterior y "arriar el destino" en grupos modernos, se regresaron a "lo de antes", como Rafael Arredondo Arias (1911-1999), quien al final de su vida encabezaba el Mariachi Tradicional Azteca.

Hay conjuntos que permanecieron integrados en su medio regional y, poco a poco, sobre todo con los relevos generacionales, fueron modificando su repertorio secular. Éstos ejecutan la música religiosa tradicional y, en las ocasiones de alegría festiva, más bien adecuaciones de la corriente moderna.

También existen *mariachis auspiciados por instituciones culturales,* que trabajan como asalariados permanentes en organismos estatales y casas de cultura municipales. Aun cuando la intención original era impulsar conjuntos tradicionales auténticos —debido al deceso de algunos mariache-

ros fundadores, a los "cambios sexenales" y la inclusión "por compadrazgo" de músicos notradicionales—, se han desvirtuado y se han convertido en "mariachis domesticados". Su registro musical es correcto, pero se les ha dotado de uniforme y se ha llegado a preferir la designación de "cuarteto-quinteto-sexteto" en lugar de la de mariachi.

Asimismo, en las grandes urbes se han desarrollado *mariachis de intelectuales* que reproducen música con la intención genuina de que corresponda a la vertiente tradicional, entre otras, a la del mariachi. Se caracterizan por tocar ejemplos de varias regiones y porque, no obstante su intención de copiar lo popular, sus interpretaciones son de un corte academicista y espectacular; de hecho, la mayoría de sus integrantes son músicos que conocen notación musical. En la medida en que la técnica y la sensibilidad musical corresponden a patrones "occidentalizados" es imposible que exhiban esa "suerte de ingenuidad, difícil de definir y fácil de apreciar [característica de los músicos populares, y que sean capaces de repetir] las sutilezas melódicas y las peculiares armonizaciones del auténtico cancionero

"El Mariachi Charanda se conforma de violines, vihuela, la guitarra de golpe y el distintivo guitarrón —aportación de la laudería mexicana—. La verdadera lección está en la música y la estampa del grupo mientras cantan canciones entrañables como *El limoncito, El carretero*. Aunque el Charanda toca pirecuas, rancheras, huapango, es el son lo que pregonan como el género típico. *El jilguerillo* y *Las olas* suenan con el brío típico de la canción del occidente" (Lavín, 1998: 1-2).

tradicional" (Arana, 1976: 21). Dentro de esta categoría podemos destacar al Mariachi Rui-dos (Ciudad Juárez, Chihuahua); a Los Pajarracos (Monterrey, Nuevo León); Mexicantares (ciudad de Zacatecas); el Enjambre los Colectivos (Morelia, Michoacán); el Mariachi Medieros (Tonalá, Jalisco); en la ciudad de Guadalajara: Son del Camino, Soneros de México, el Mariachi Tradicional Arredondo y el Mariachi Estampas de México (del Tec de Monterrey, Campus Guadalajara); en la ciudad de México: Los Jaraneros, el Mariachi Charanda, el Grupo Valle e In Cuic Xochipilli.

Algunos grupos se dedican específicamente a rescatar cierta tradición microrregional —la cual ha quedado sin sus portadores originales debido a la ancianidad de los músicos antiguos o a su fallecimiento—, como Los Jaraberos (Nochistlán, Zacatecas), Sabor de Antaño (Guadalajara, Jalisco), el Mariachi Antiguo de los Altos (Acatic, Jalisco) y el Mariachi Tradicional de Colima (Villa de Álvarez, Colima).

En los encuentros de mariachis tradicionales que se celebran anualmente en Guadalajara, a las categorías anteriores se añaden orquestas típicas, así como guitarreros, arperos y violineros solistas y algunos mariachis comerciales con pretensión de tradicionales, los cuales omiten la trompeta y seleccionan piezas de antaño para participar en el encuentro. Dentro de esta última categoría, han participado el mariachi Ángeles de Calimaya (de Calimaya, Estado de México) y el Mariachi Tequileño (de Tequila, Jalisco); el mariachi de Tetelcingo, Morelos, llama la atención pues canta en náhuatl todas sus composiciones, como las cumbias *Decenamaca (El paletero)* y *Payo montle (El galán curado)* o baladas románticas como *Noyulo (Mi corazón)*.

En dichos encuentros, ante la influencia de los mariachis comerciales, algunos conjuntos tradicionales se adjudican nombres propios como Son de Oriente (Ciénega Grande, Asientos, Aguascalientes), Estrella del Sur (Pihuamo, Jalisco), Los Capoteños (Turicato, Michoacán), Los Centenarios (Tecolotlán, Jalisco), Los Campiranos (Yahualica, Jalisco), el Mariachi las Maravillas (Jilotlán de los Dolores, Jalisco), Paquistli Cuautli Azteca (Tuxpan, Jalisco), Los Chirrineros (Talpa de Allende, Jalisco), Los Cascabeles (Turícuaro, Michoacán), el Mariachi Tradicional Tierra Bonita (Cocula, Jalisco), el Mariachi Alebreju (Talpa de Allende, Jalisco), el Mariachi Los Artesanos (Guadalupe Ocotán, La Yesca, Nayarit [huichol]), el Mariachi Hursarie (Ocota de los Llanos, Mezquitic, Jalisco [huichol]), Alma Wixárika (Ciénega de San Miguel Huaistita, Mezquitic, Jalisco [huichol]), el Mariachi los Encinos (El Chalate, Mezquitic, Jalisco [huichol]), el Mariachi Wérika Yuawi (Mezquitic, Jalisco [huichol]) y Los Tíos (Villa Purificación, Jalisco).

También han participado mariachis que sólo se identifican por su lugar de procedencia: Tepic (Nayarit), Sierra de Manantlán (Jalisco), Tututepec (Oaxaca), Jesús María-Chuísete'e (El Nayar, Nayarit [cora]), El Santuario (Michoacán), La Loma de los Ruíces (Huejuquilla El Alto, Jalisco), El Trapiche (Cuauhtémoc, Colima) y El Grullo (Jalisco); o por el nombre de su jefe, como el Mariachi de Alfonso Salgado (Iguala, Guerrrero), o por la institución que los auspicia, como el Mariachi de la Secretaría de Educación Pública de Jalisco (Guadalajara, Jalisco).

Los conjuntos que acuden al Encuentro Nacional de Mariachis Tradicionales no constituyen una muestra representativa de la permanencia de esta costumbre. La mayoría de los mariachis tradicionales que perduran no se presenta porque no se entera de las convocatorias o porque no son apoyados por las autoridades correspondientes.

No se debe adelantar el réquiem por esta institución de abolengo y menos cuando su renovación es patente, ya que en las últimas décadas han tomado la estafeta dos grupos extremos de la sociedad mexicana: los indígenas y los intelectuales.

En las circunstancias actuales "existen obstáculos serios para que el mariachi tradicional 'resurja' y adquiera el estatus identitario que en otros tiempos enarbolaba con gran presencia" (Híjar, 2005: s. p.). Pero, aun cuando el mariachi tradicional enfrentara quizá sus últimas fechas como institución viva, ya se cuenta con un acervo general de sus melodías, ritmos y letras recogidos prácticamente en todas sus subregiones. Si bien no se trata de un inventario exhaustivo, sí se ha logrado recuperar un corpus variado que la posteridad puede disfrutar y recrear. Más aún, en los últimos años algunos académicos se han dado a la tarea de realizar transcripciones musicales de repertorios microrregionales.

Nosotros nos acordamos de la música de los señores de más antes —oyimos a Luis Pacheco [1901-1997] y a Julián Carrillo [¿?-1954], ése era un mariachi de guitarra grande y violín, nomás de dos— y decimos: "¡Qué bonito tocaban! ¡Tan alegre que tocaban!". Y así como nosotros conocimos a esos músicos, cuando ya no estemos,

VI ENCUENTRO NACIONAL DE MARIACHI TRADICIONAL

En 2007, entre los más de cuarenta grupos participantes, los conjuntos nuevos fueron: Mi Tierra Mestiza (ciudad de Aguascalientes), Mariachi Tradicional Moreno (Cotija, Michoacán), Charros Camperos (Saltillo, Coahuila), Así es mi Tecomán (Tecomán, Colima), Mariachi Tradicional Ventana (ciudad de Durango), Los Nietos de don Juan Reynoso (Arcadia, Guerrero), Mariachi Tradicional Buenrostro (Concepción de Buenos Aires, Jalisco), Mariachi Tradicional Campesino (Pihuamo, Jalisco), Los Indios del Sur (Arteaga, Michoacán), Mariachi Juvenil Guadalupano (Guaymas, Sonora), Mariachi Tradicional de Minatitlán (Colima), Mariachi Santa Cecilia (Tlaltenango, Zacatecas), Mariachi Tradicional Nuevo Carrizal (Arteaga, Michoacán), Alma Purépecha (Guadalajara, Jalisco) y Mariachi Son de Artesa (Ayutla de los Libres, Guerrero).

a la mejor otros también se acordarán de nuestra música que tocamos en aquellos tiempos (Rufino Ríos [Haka Temay], entrevista de
1994).

Ya lo estábamos esperando, amigo. Decíamos: "¿Cómo es posible
que vayamos a morir y nadie le quiera seguir con esta música tan
bonita? Pero 'ora que usted nos va a grabar, pos 'ai va a quedar pa'
quien la quiera" (Epigmenio Alonso Pineda, entrevista de 1983).

Julián González Saldaña, ex integrante del mariachi Los Centenarios de Tecolotlán, emigró a California ya anciano. Ingresó a varios mariachis modernos, pero no encajaba

porque su manera de tocar el violín y su voz no se emparejaban. Por
mi recomendación, entró al mariachi Los Cenzontles de San Pablo,
California, a quienes no les interesa el estilo del mariachi comercial,
sino el mariachi "viejito". Armaron un grupo basado casi cien por
ciento en los conocimientos musicales de Julián. Él está feliz, encontró la horma de su zapato. Ya han editado cuatro discos compactos y
un documental en DVD (Jonathan Clark, entrevista de 2007).

La música de Tierra Caliente llegó a los Estados Unidos para quedarse.
Se ha convertido en una migrante por cuenta propia; vive autóno-
mamente del oeste al este y del norte al sur de la unión americana.
(Fenley, 2006: 341-343).

En el Festival of American Fiddle Tunes de Port Townsend, Washington, Juan
Reynoso fue invitado permanente desde 1996. Allí quienes estudian en los
talleres de música calentana son alumnos en su mayoría anglosajones, apa-
sionados del violín.

Actualmente hay niños violinistas en Vermont que tocan la marcha
Felicidades, 'himno' de Tierra Caliente, mientras cae la nieve fuera
de su recital. Hay otros que tocan Destello y El desdichado con sus
mandolinas en Berkeley, California. En una escuela de Dubuque,
Iowa, varios jóvenes aprendieron Chatita linda y el Son de Martín
Santibáñez (íbidem: 343-344).

En el mercado público de Seattle, Washington, frecuentemente se ve a un gringo vestido de blanco con paliacate rojo y sombrero ancho de Tlapehuala, Guerrero. Anteriormente tocaba jazz, pero desde hace algunos años llama la atención con sones, gustos, marchas y pasodobles que ha aprendido de Paul Anastasio [el principal alumno de Juan Reynoso] (ibídem: 344).

No cabe duda, "a la vejez, viruelas". Este año, en la multipremiada película *El violín,* el anciano mariachero Ángel Tavira Maldonado, quien perdió la mano derecha en su juventud y toca con la vara amarrada a la muñeca, hace su debut como laureado actor a los ochenta años (Bonfil, 2006: 7a).

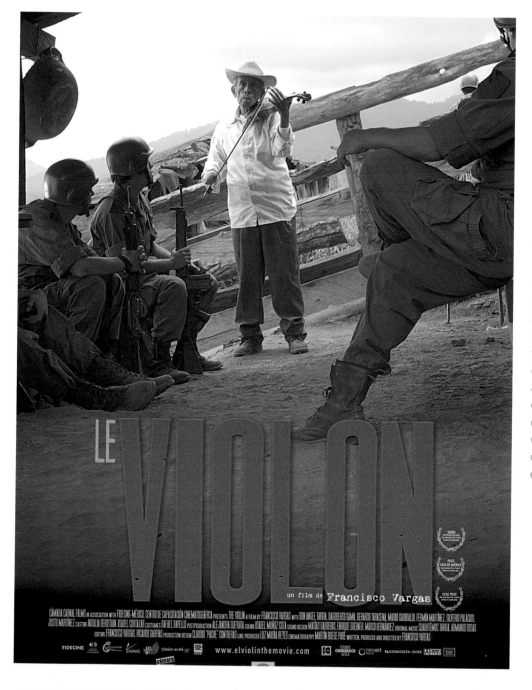

Ángel Tavira protagoniza al anciano don Plutarco en la película *El violín*. Este músico es portador de la tradición de "La región calentana, también llamada Tierra Caliente, [que] abarca porciones de los estados de Guerrero, Michoacán y México. Su eje geográfico lo constituye la cuenca del río Balsas. La música tradicional calentana cuenta con una variedad de géneros, tanto para el entorno [...] religioso como para el secular: sones, gustos, sanagustines, valses, danzones, jarabes, pasodobles y piezas fúnebres, entre otros. En esta tradición se ha ejercitado ampliamente el dominio de diversas tonalidades, modos, modulaciones y el virtuosismo en la ejecución de sus instrumentos, como el violín" (Contreras, 2006: 1).

Los velorios de "angelitos"

Nosotros somos campesinos: cultivamos la tierra. Tocamos cuando se ofrece una ermita, una iglesia… un angelito. Se les ofrece a los vecinos y aquí estamos. Aquí en El Pichón les tocamos de gratis, de pago no, aquí es el lugar de uno. En otros lugares, si se ofrece un angelito, sí nos pagan.

Cuando se muere un niño, la gente se apreviene con lo que se necesita: el tequila, los cohetes, el panecito, canelita con alcohol, café pa'l pan… un caldito de pollo pa' alivianarse al amanecer.

Al niño lo tienden, lo arreglan. Se pone en una mesa con manteles blancos y el niño está sin caja. Le ponen muchas flores y echan cohetes. Nosotros comenzamos a tocar los minuetes más o menos a las ocho de la noche; cuando me canso de tocar minuetes, entonces toco valsecitos pa' descansar. Y así le vamos revolviendo. Los minuetes son duros: no tienen descanso, desde que se entra hasta que se sale; los valses sí tienen descanso.

Cuando llega el momento de coronar al angelito, se tocan los *Parabienes* y el chote [chotís] *Amor de madre*. Se vela hasta el amanecer, como a las seis de la mañana. Si el "dueño" quiere, lo acompañamos al panteón. Si muere temprano, lo llevan como a las once del día siguiente a sepultar; si muere nochecito, lo llevan en la tarde (Epigmenio Alonso Pineda, entrevista de 1990).

Para estas cositas casi todos entienden algo de música y en las veladas se prestan los instrumentos a los que quieren (Juan Estrada Serrano, entrevista de 1990).

Los *Parabienes* son la única pieza cantada en los velorios de angelitos. El "angelito" se despide literalmente, por boca del mariachi, de sus familiares y dolientes: el tono lastimero es incrementado sensiblemente por la melodía del violín. Se logra, así, una expresión que conjunta sabiduría, candor y oficio.

Niña difunta con su muñeca, ambas coronadas para su entierro. Fotografía obtenida en Guadalajara, primeras décadas del siglo XX.

Parabienes
(fragmento)

Me despido tristemente
de la casa donde estoy,
adiós, adiós, adiós,
padres, ya me voy.

No llores, madre querida,
¡qué pesar tan grande tienes!
Oigan todos mis dolientes
estos tristes parabienes.

No llores, madre querida,
que ya voy en el camino,
adiós, adiós, que Dios
me dio este destino.

No llores, madre querida,
tú siempre sigues llorando.
Adiós, adiós, la tierra
me está llamando.

No llores, madre querida,
fuente de toda la rama,
se va una prenda preciosa,
nacida de tus entrañas.

Yo ya me voy de mi casa
con mucho gusto y contento:
mi madrina y mi padrino
me dieron los sacramentos.

Esta versión de los *Parabienes* fue grabada en El Pichón, Tepic, el 10 de abril de
1983: violín, Epigmenio Alonso Pineda;
vihuela, Daniel Alonso Orendáin; guitarrón y voz primera, Juan Estrada Serrano;
voz segunda, Sabás Alonso Flores.

Angelito con su madrina,
Gregoria Hernández
González (1897-1990), a la
derecha. Tepic, 1920.

¿CUÁNTOS CAMINOS?

EL MARIACHI EN LA ACTUALIDAD

La trompeta, el violín y la guitarra son de clara proveniencia occidental, pero los demás instrumentos musicales del mariachi son adecuaciones, en el contexto novohispano-mexicano, de cordófonos del Viejo Mundo: la vihuela, el guitarrón y el arpa diatónica. Según Fogelquist, "La manera de tocar dichos instrumentos [...] es un factor determinante en la caracterización del género" (1975: 100).

El estilo de ejecución en el mariachi básicamente se compone de gusto, de corazón. Por tanto, su técnica se compone de tocar con ganas, con mucha fibra. El arco del violín es el que distingue mucho al son de mariachi. El violín clásico toca por encimita de las cuerdas, es más fino. En el caso de los violines del mariachi se entiende que deben de tocar con todo el arco y pegado a las cuerdas, e incluso un poco rasposo, pero siempre con mucha alegría. También se debe poner especial cuidado en los "sobones" o glisados, ya que son parte del gusto a la hora de tocar. En el violín del mariachi —para los sones, las canciones rancheras y las polkas— abundan también las notas a cuerda suelta. Sólo en algunos casos (baladas, boleros, semiclásicas), se toca suave, dulce. En estos casos los violines tienen que ligar más (Jesús Rodríguez de Híjar, entrevista de 2007).

En el caso de la trompeta [mariachera], los rasgos de ejecución de este instrumento (ataques, fraseos, ligaduras y apoyaduras) son más marcados —son más exagerados— que en otras tradiciones musicales [como la de las orquestas occidentales], pues aquí se busca proyectar alegría. Por lo tanto, la música de mariachi la tiene que tocar uno con el corazón, como la siente uno [hay que tratar de sentir cada acento]. Es muy importante tocar una melodía con el gusto propio (Xavier Serrano, conferencia de 2007).

PÁGINA ANTERIOR:
"Cuando murió Javier Solís [en 1966], se hizo en su memoria un concurso de cantantes de boleros y rancheras [en Radio Ranchito de Guadalajara]. El propio público sería el que señalaría [por medio de llamadas telefónicas] al triunfador. Muy pronto se vio que la inclinación mayoritaria de los oyentes se orientaba hacia Vicente Fernández. Allí comenzó la buena estrella del Charro de Huentitán. Entre los reconocimientos que ha recibido, está especialmente orgulloso de la Medalla de Oro José Clemente Orozco, otorgada por el gobierno del estado de Jalisco en 1991. En 1996 cumplió veinticinco años como actor y productor, con un total de treinta y seis películas, por las que la agrupación de Periodistas Cinematográficos le entregó el galardón la Diosa de Plata. Vicente Fernández es [...] uno de los símbolos vivientes de la canción ranchera mexicana" (Cervantes Ayala, 2001b: 22-24).

Las reinas del jaripeo, cromo de Eduardo Cataño, 1939. En esta representación del mariachi se resaltan la trompeta y el clarinete, cuyo pabellón apenas aparece a la derecha. Durante las décadas de 1920 y 1930, los mariachis emigrados a la ciudad de México buscaban destacar por la incorporación de instrumentos aerófonos. Debido al condicionamiento de la radiodifusora XEW, terminó por imponerse el sonido de la trompeta (difundido primero por el Mariachi Coculense de Cirilo Marmolejo y luego por el Mariachi Tapatío de José Marmolejo). La inclusión del clarinete (propagada por el Mariachi de Concho Andrade) se mantuvo por algunos años en los mariachis populares. En la Plaza Garibaldi, hubo conjuntos con saxofón hasta la década de 1950 (T'Serstevens, 1955: 37).

Con el canto, la palabra se hace música, de tal manera que la voz humana es también un instrumento del mariachi. Si bien las formas básicas de la canción mexicana considerada mestiza corresponden con las europeas (Ponce, 1917: 19; 1948: 54).

> La canción de México […] tiene una como maraña de matices, los cuales hay que ir desanudando, uno por uno, en su momento… Cantar lo mexicano es saber penetrar en la esencia misma de las palabras y la música. La melodía sale del corazón, del paisaje físico o de un estado de ánimo humano. Hay que darle modulación y sentimiento (Lola Beltrán, 1996 [1955]: 8-9).

El énfasis, la fuerza y la autoridad, son indispensables [en el cantante ranchero], así como la sobreactuación. Musicalmente, los re-

cursos son muy simples: *portamentos, esforzatos* y *ritardandos* […]; finalmente, el uso teatral del falsete (Moreno Rivas, 1989a [1979]: 189).

El mariachi moderno es un conjunto integrado por dos secciones musicales inconfundibles. Por una parte, la sección de la melodía, que incluye las voces humanas, las trompetas y los violines y, por la otra, la sección de la armonía, integrada por el guitarrón, la vihuela, la guitarra sexta y, eventualmente, el arpa diatónica (Koetting, 1977: 164).

> En [la ejecución de] el son, estas dos secciones son de igual importancia y funcionan de manera interdependiente (Fogelquist, 1975: 82). La combinación ingeniosa de unos pocos elementos sencillos es un recurso capaz de proporcionar unidad musical y estética, al mismo tiempo que hace posible la generación de una variedad interminable. La fuerza y la intensidad sonoras combinadas con la propulsión rítmica cuasimecánica dotan al son [jalisciense moderno] de un atractivo irresistible (ibídem: 97 y 100).

La sección de la melodía opera con patrones próximos a las convenciones de la práctica musical europea, pero se distingue por producir volumen e intensidad, esto es, una sonoridad poderosa. Sus instrumentos "Representan las tres sonoridades más cargadas de emocionalidad en la música occidental: la brillantez extrovertida de los metales agudos, la dulce resonancia de las cuerdas tocadas por la frotación del arco y la vitalidad de la voz humana" (Fogelquist, 1975: 88).

La sección de la armonía es la más distintiva del mariachi en términos musicológicos. La vihuela proyecta un ataque fuerte —un potente sonido penetrante que desaparece presto—, el cual contrasta con la resonancia sostenida propia de la guitarra sexta. El guitarrón produce un bajo resonante, ya que en octavas paralelas se pulsan dos cuerdas a la vez. De hecho, "la vihuela y el guitarrón están vinculados de manera inseparable [por su sonido peculiar y por la forma acombada de su caja] a la identidad del mariachi [moderno]" (ídem: 88).

La música compuesta para el mariachi moderno se presenta con la etiqueta de "ranchera". Su contenido musical y literario se caracteriza, más que por sus cualidades intrínsecas, por una oposición relativa y cambiante con respecto a otros dos géneros: el romántico y el bailable. Lo que distingue a estas

PÁGINAS SIGUIENTES: "La evolución completa del mariachi moderno —del virtuoso [de elite]— está grabada y puede ser estudiada. Podemos oír las primeras grabaciones de grupos típicos de la etapa 'pre-virtuosa del mariachi', como el Mariachi Coculense de Cirilo Marmolejo, escuchar las primera verdaderas grandes grabaciones de mariachi, presenciar la evolución del estilo de su música y de la ejecución de la trompeta" (Nevin, 2002: 12-13).

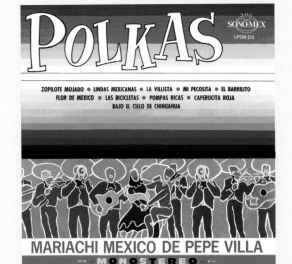

tres vertientes musicales —cuyos prototipos se establecieron con la canción ranchera, el bolero y el danzón— es su función contrastante: la manifestación declarativa, la comunicación íntima y el desfogue corporal, respectivamente. Esta tríada estaba prefigurada en la canción campirana, la canción sentimental y el vals porfirianos.

Las modas musicales que han ocupado estas funciones han sido variables. Así, cuando el mariachi absorbió al prototipo de lo romántico —con la conformación del "bolero-ranchero"— no tomó la marca de intimidad y aquel lugar fue ocupado por el "trío romántico", luego por el bolero moderno y después por la balada. En el caso del género bailable, al danzón le han sucedido las orquestas de estilo estadounidense, el mambo, el cha-cha-chá, el rock and roll y el "ritmo tropical".

El repertorio del mariachi moderno es heterogéneo y está en permanente transformación. En su música profana se pueden distinguir cinco grandes categorías con géneros que proceden de diferentes tradiciones y que fueron incorporados en distintas épocas.

El cuerpo central de su tradición musical lo constituyen géneros retomados del mariachi tradicional, esto es, los sones y los jarabes, que por lo general se ejecutan de acuerdo con la versión difundida en los discos, a partir de un arreglo diseñado por músicos de nota. Cuando el grupo incluye músicos viejos es posible escuchar todavía versiones regionales, con coplas locales, de sones famosos. Sin embargo, la clientela solicita cada vez menos que se toquen las melodías de antaño, de tal forma que los mariachis jóvenes se muestran reacios a "estudiarlas", ante el disgusto de los músicos mayores.

Una compilación de composiciones campiranas y rancheras elaboradas para el mariachi moderno hasta alrededor de 1950 constituye el segundo rango del repertorio mariachil. Se trata de una selección de los éxitos de los grandes compositores, los ídolos, los charros cantores y las cantantes bravías; algunos de ellos son considerados verdaderos himnos, como es el caso de *Guadalajara* y *Cocula*. Asimismo, no pueden faltar los "aires regionales" (sones huastecos, jarochos o piezas oaxaqueñas, como *La bamba* o *Canción mixteca)*, las canciones populares *(Las mañanitas* y *Las golondrinas)* y los corridos célebres, sin los cuales sería imposible complacer a una clientela diversificada.

Luego se incluyen los éxitos de José Alfredo Jiménez así como la variante "bolero-ranchero" y algunos valses y polkas —la especialidad del Mariachi México de Pepe Villa—, géneros que en las décadas de los sesenta a los ochenta fueron retomados de la tradición del mariachi, que a su vez los había hecho suyos a finales del siglo XIX y principios del XX. Esta categoría también incluye ciertos pasodobles de gran popularidad.

Desde los sesenta del siglo XX, con la difusión de la imagen del "mariachi sinfónico" impulsada por Román Palomar, la mayoría de los grupos en las grandes ciudades debe manejar algunos ejemplos ligeros del "género clásico", en especial oberturas de óperas y zarzuelas. Las más favorecidas son *Poeta y campesino, Caballería ligera, La danza de las horas* y *La boda de Luis Alonso*. Dentro de la producción de índole clásica mexicanista, destaca el *Huapango* de Moncayo y, paradójicamente, no se tocan los *Sones de mariachi* de Galindo, ya que, si bien son anteriores a las estandarizaciones comerciales de los "sones jaliscienses" no se reconocen como un prototipo. Estas interpretaciones "semiclásicas" responden a una curiosidad del público y son motivo de prestigio para el grupo musical.

Por último, el mariachi moderno debe responder a las solicitudes del mercado en lo referente a las modas. Así, se han improvisado arreglos para danzones, rumbas, mambos, cha-cha-chás, rocanroles, baladas; música tanto comercial (bosanovas, cumbias, vallenatos) como folclórica de Latinoamérica *(Alma llanera)* y piezas de fama mundial, como *A mi manera, Yesterday* o *New York, New York*. En los ajustes de estas melodías, se

Mariachi de Miguel Díaz. "El mariachi [...] no es expresión única de la música popular de México, que tiene en cada región un matiz diferente y conjuntos propios. Pero sí es el que con mayor profusión se ha impuesto, siendo el único que ha trascendido al exterior. Ello se debe a que el mariachi ha asimilado las canciones y manifestaciones musicales de todas las regiones de México, cosa que no lograron ninguno de los otros conjuntos musicales que siguieron siendo regionales solamente" (García Rivas, 1965: 142).

Se ha desarrollado una artesanía de exvotos, que imitan a los originales depositados por devoción en los santuarios mexicanos. Se pintan en láminas metálicas con el fin de comercializarse en los baratillos y tianguis turísticos. Uno de los temas abordados por esta corriente pictórica son las anécdotas relacionadas con los mariachis populares.

puede apreciar la capacidad creativa del mariachi moderno pues, cuando no hay un modelo grabado a seguir, se procede por intuición lírica.

Los mariachis modernos en México suman aproximadamente 30 mil músicos (Cruz Bárcenas, 2002a: 17a). En el Distrito Federal están organizados en la Unión Mexicana de Mariachis y en un sector del Sindicato Único de Trabajadores de la Música; por su parte, el Sindicato Nacional de Trabajadores de la Música tiene delegaciones en los diferentes estados, en las cuales se agrupan los mariachis de provincia.

La calidad de un mariachi se establece por su conjunción musical, el liderazgo de su director, el talento de su arreglista (cuando se cuenta con uno), la amplitud de su repertorio, la personalidad y capacidad de sus músicos y cantantes y lo elegante de su indumentaria. Desde los años cuarenta hasta los ochenta, los grupos de mayor prestigio solían tener acuerdos de exclusividad con las firmas disqueras para acompañar a los cantantes famosos. Ahora son contratados por los canales de televisión para aparecer en sus programas. Algunos tienen convenios con establecimientos (restaurantes, cabarés, hoteles), tocan allí de fijo, a veces por un modesto sueldo a cambio

de un espectáculo acordado y luego —como es el caso de la mayoría— ganan según el pago de la clientela que solicita sus servicios, para lo cual existen tarifas. Conscientes de que el mariachi es un atractivo, hay grupos que se han asociado con los dueños del negocio y otros que han puesto su propio restaurante-bar. Unos cuantos se manejan con un representante artístico, aunque es costumbre que éste sea uno de los integrantes del grupo. Muchos de estos mariachis establecidos ("de planta") acuden a las plazas en busca de clientes cuando se les presenta un apuro económico. Todos complementan sus ingresos por medio de tocadas particulares, ferias, fiestas patronales y giras artísticas.

En varias ciudades mexicanas hay plazas o áreas donde se concentran los mariachis para ser contratados. En la zona conurbada de la ciudad de México se han conformado, en las últimas décadas, sitios de este tipo en la calle Aztecas (colonia Ajusco-Coyoacán), en la Plaza de Iztapalapa y en la Glorieta del Cine Lago (en Ciudad Netzahualcóyotl); asimismo, se han destacado como notables pueblos de mariacheros La Candelaria Tlapala, al oriente del Estado de México y Calimaya, al poniente de la mencionada entidad política.

Los grupos que esperan a la clientela son los genuinamente populares: los que viven con la necesidad de "ganarse al cliente" para acabar tocando cada día las mismas canciones una y otra vez; los que aguantan "desveladas" y fríos, la incomodidad del atuendo charro (que no fue diseñado para estar de pie por horas) y a los borrachos, con todas sus frustraciones a cuestas; los que, sin preocuparse por el estrellato, han desarrollado una intuición especial para adivinar los gustos y las preferencias de quienes escuchan sus canciones. Se les conoce coloquialmente como mariachis de la "laica" o "del talón", pues van de cantina en cantina en búsqueda de clientes.

Estos conjuntos populares se caracterizan por la movilidad de sus integrantes y en algunos de ellos tienden a concentrarse los músicos "viejos". Es notorio que en la Plaza Garibaldi se prefiera el uso del traje de color negro para así incorporarse a cualquier grupo con sólo cambiar de corbatín, sin denunciar —por un posible mosaico de colores y variantes en el diseño de los adornos (grecas) del vestuario— la efímera reunión con un mariachi. El número de músicos es variable, ya que "se arma la bola" según el presupuesto del cliente. Más aún, hay mariacheros, conocidos como "hebreros" o "maromeros", que se niegan a comprometerse con algún conjunto, pues les conviene que su colaboración sea solicitada en donde falten "refuerzos" y haya "jale".

Yo nomás pretendí ser un güen mariachi

Yo sé que por a'i se dice: el mariachi es el corazón de México; y eso es cosa rara, pos, porque tam'ién he visto yo, qu'en México hay gentes que nos desprecian. Y la mera verdá es que no s'entiende bien cuando un mexicano para insultarnos, si por alguna causa está enoja'o, se descarga en nosotros, y dice: "¡Pinche mariachi! ¡Pinche mariachi!" Me resulta imposible aceptar que se nos tenga esa idea, a nosotros, que somos la música y l'alegría de México, como 'izque dicen.

¡Pos, sí-iii-i! A nosotros los mariachis no nos acaban de conocer tal como somos; nosotros somos gentes de todo México, gentes humildes por el origen, pero no por la dignidá di'hombres que nos sabemos dar; gentes pobres, de las ciudades, de los pueblos y de los ranchos; pero el mariachi es sobre todo un hombre del campo, y muchos hemos sido revolucionarios, y agraristas, y hasta cristeros; entonces, si se dice qu'el mariachi es l'alegría de la música, de las canciones, y de los gritos, y las fiestas, y las mañanitas, y las serenatas, ¿esto, qué tiene de despreciable? Todo lo contrario, pos nosotros somos trabajadores como los demás; somos los trabajadores de l'alegría.

Mis historias las platico yo pa' que se sepa la vida del mariachi mexicano, pa' que se sepa cuál es nuestro lugar en la patria; pa' que se sepa qu'el mariachi es de todo México, aunque los primeros conjuntos hayan salido de Santiago Ixcuintla y de Nayarit, y de Rosa Morada, y de Cocula y de toda esa parte de Guadalajara; pa' que se sepa, digo, qu'el mariachi ya pertenece a todo México. P's, yo declaro qu'el mariachi jamás se sabrá quen lo empezó, como sucede con muchas cosas que hacemos nosotros, la gente del pueblo.

Ora, me parece a mí que el mariachi natural es el popular y sencillo, el de las fiestas de la gente, de los ricos y de los pobres, y es el que le dicen folclórico. Pero d'este mariachi han venido otras formas; y así está el que si' acomoda al teatro y a la televisión, y a la grabadora de discos; y éste es el mariachi estiliza'o, de mucho espectáculo, que si'oye retebién, pero que a nosotros nos parece artificial; y hay tam'ién el del club nocturno, qu'es un tanto como el del teatro, y que trata de convertir a uno de los músicos en estrella del conjunto; y hay tam'ién el qui'acompaña al Ballet Folclórico; pero es-

te mariachi, compañero del baile folclórico, ya no es él mismo folclórico, como tampoco lo son, cabalmente, esos bailes.

El mariachi popular sigue siendo lo qu'es, aunque tenga variantes, y aunque pueda llegar a tener otras formas nuevas para tocar con más de los cinco instrumentos que ya viene teniendo, aunque llegue a formar una orquesta entera; pero, siempre el mariachi auténtico será el de nosotros, el de las plazas y las fiestas; nosotros, aunque tratemos d'estar bien vestidos, no somos espectáculo, sino música, alegría, corazón; nosotros no tocamos pa' ser estrellas, sino p'armonizarnos entre nosotros y formar un solo cuerpo grande, de músicos y cantores.

Los que saben música entienden qu'en un conjunto cada quen pone su nota y su alma, y que auqu'el guitarrón nos sirve de marcador, el guitarrón no es el mariachi, el mariachi lo somos todos; pero, sin embargo, el mariachi puede tener muchas combinaciones y puede hacer famosos a muchos individuos, y seguir siendo el mariachi. Yo digo que nadien debe hacer uso del mariachi para fines personales, de prestigio. Ojalá y no se m'entienda mal; a nadien le niego méritos yo; pero hay cosas que salen del pueblo y no es güeno que ninguno quera apropiárselas pa'él solo; yo nunca pensé que yo era El Mariachi de México, con mi guitarra; p's, el mariachi no se dio nunca solo, sino entre varios; mariachi, decimos nosotros, es el conjunto de músicos; y cuando se platica qu'este o aquel señor son mariachis, se quere decir que son miembros di'ún conjunto, di'un mariachi.

Yo nunca pretendí ser más que mis compañeros, sino un güen mariachi, nacido en El Cerrito de la Villa y formado en San Juan de la Vega, Guanajuato.
(Francisco Yáñez Chico, ápud Gabaldón Márquez, 1981: 360-362).

PÁGINA SIGUIENTE:

"El mariachi moderno, aparentemente, toca igual en cualquier lugar del país, pero si uno escucha con cuidado, no es así. No se escucha igual la misma pieza en Jalapa que en Puebla o Guadalajara, en Garibaldi o en Tepic. Por supuesto, en la región nuclear del mariachi, donde originalmente se forjó, hay una incidencia todavía muy grande de músicos que le dan un toque muy personal, a pesar de que las piezas hayan pasado por la radio y por los discos" (Jáuregui, ápud Lavín, 1994: 66).

Los mariachis populares se reconforman de manera continua, pues así, igual que se integran, se disgregan, reaparecen y desaparecen; la estandarización en el repertorio y en la técnica de ejecución permite esta permutabilidad de acuerdo con la lógica, en este caso, del capitalismo pauperizado (*penny capitalism*), para optimizar recursos y lograr la máxima ganancia con la mínima inversión.

> Cuando un integrante de un conjunto se marcha [...], puede ser reemplazado por un ejecutante de igual categoría proveniente de otro grupo. En poco tiempo, el nuevo miembro adquiere las particularidades de la agrupación sin necesidad de ajustes mayores. Como las partes intercambiables de una máquina producida en serie, los músicos pueden ser cambiados con facilidad (Fogelquist, 1975: 29).

Esta situación conduce a que, no obstante la habilidad musical de los integrantes, con frecuencia no se logre una conjunción adecuada. Aun en los mariachis del estrato más bajo se puede encontrar tanto una tremenda capacidad melódica como rítmica, pero sobre todo un oficio que conjuga improvisación musical y comprensión humana ante las expectativas del cliente.

En cuanto al atuendo, una tendencia generalizada entre los mariachis modernos es la renuncia al sombrero charro, presentándose con la cabeza descubierta. Esto tiene que ver con el hecho de que sus elementos son de origen urbano y ya no lo acostumbran en su vida diaria, además de que el sombrero de charro, por su peso y dimensiones, constituye una incomodidad para el trabajo cotidiano en lugares cerrados. Asimismo, es cada vez mayor el número de mariachis que aprenden a leer notación musical con el argumento de que así se acomodan mejor para los arreglos preparados en papel pautado. Lo cierto es que, a la hora de tocar, lo siguen haciendo de oído, aunque es indudable que su "textura musical" es diferente.

Los mariachis de elite se contratan en condiciones más favorables, ya que no se ven obligados a estar al acecho por la venta cotidiana de canciones o de tocadas, sino que aguardan en la comodidad de su hogar a que se logren las contrataciones; en cambio sus integrantes tienen la responsabilidad de estudiar a diario el instrumento respectivo y de asistir a los ensayos del grupo; además de percibir un ingreso mayor por ejecución. Esta situación permite a estos conjuntos cierta estabilidad en el personal y la opción de seleccionar a músicos mejor capacitados. Su apariencia es fundamental, por lo que están obligados a lucir trajes impactantes y caros. Casi siempre sus presentaciones despliegan programas circunscritos, preparados y ensayados con anticipación, de tal manera que en sus breves espectáculos hacen gala de precisión musical y, bajo un "estrellato" del conjunto, demuestran el virtuosismo de sus integrantes. "Como contraparte, el éxito comercial acarrea un efecto negativo en el sabor de la música del mariachi, pues se pierde gran parte de la espontaneidad que es una característica de la tradición" (Fogelquist, 1975: 35).

> Solamente un mínimo porcentaje de los músicos que proceden de los estratos más bajos de la sociedad mexicana son capaces de desarrollar el incentivo, la autoestima y la musicalidad de alto nivel que se requiere en este tipo de conjuntos. La mayoría de los integrantes de mariachis famosos provienen de familias de tradición mariachera y algunos son miembros de verdaderas dinastías de músicos (ibídem: 74).

Sin embargo, una cosa es preparar un espectáculo de piezas ensayadas para impresionar —con exhibicionismo y teatralidad— a una audiencia

Mariachi "Pulido", el mejor del Cine, Teatro y Radio

SE PONE A SUS ÓRDENES PARA MAÑANITAS, GALLOS, JARIPEOS Y CUALQUIER FIESTA.- TELÉFONO: 28-90-45.- PRECIOS RAZONABLES.

masiva y distante convencida de antemano por la propaganda de la grandiosidad del conjunto, y otra muy distinta tocar cara a cara, como los mariachis populares, "a lo que el cliente pida", ante consumidores que se tienen que conquistar en el momento y que en cualquier instante pueden cesar el contrato. Aquí la diversidad del repertorio, la estandarización de su ejecución y la capacidad de improvisación son claves para el éxito. "Los buenos mariacheros [...] conocen cientos de melodías y versos que pueden adecuar en una variedad de formas e integrarlos en la ejecución de cualquier conjunto" (ibídem: 39).

La mayoría de los mariachis populares trabajan bajo la incertidumbre económica y una permanente dependencia de los clientes eventuales. Esto determina la disposición para tolerar largas horas de espera y, además, tocar después de manera explosiva y convincente cuando están contratados, así como la necesidad de manejar un amplio repertorio con miras a sobrevivir. El público no es consciente de las exigencias a que es obligado un mariachero, ya que las condiciones en que toca no son las de una tranquila sala de concierto y la variedad del repertorio requerido es abrumadora. De hecho, con frecuencia no es posible satisfacer las solicitudes de piezas raras, pedidas por genuino sentimiento o por reto o presunción del contratante. Cada cliente se autoconsidera un especialista en la música de mariachi, pero, por lo general, tiene una fijación en cierto detalle estilístico, cronológico, temático, regional o asociado a la figura de algún determinado cantante.

> Se requiere de una memoria que maneje literalmente cientos de melodías y de versos, así como la intensidad de concentración para trabajar en un grupo que, con frecuencia, cambia de integrantes cada semana (ibídem: 3). Las habilidades musicales, la intensa concentración mental y la energía física que se requieren para generar ese entusiasmo contagioso, que es un componente imprescindible del mariachi, no se adquieren de manera fortuita. La apariencia superficial de las brillantes sonoridades de la trompeta y los ritmos enérgicos que hacen del mariachi reconocible de inmediato, no podrían explicar la profunda y duradera popularidad de este conjunto. Su música es expresión de fuerzas más profundas (ibídem: 5).

> Se ha desarrollado una especie de subcultura del mariachi [...] un estilo de vida de los mariacheros con su propia estructura interna

de estratos, su propio conjunto de reglas y su ethos, sus héroes y leyendas y su propia aureola romántica (Fogelquist, 1975: 67).

Fogelquist ha sintetizado así las características del "mundo del mariachi": 1) La identidad y reputación de cada músico reposa en su apariencia física, su capacidad musical y su personalidad —particularidades que con frecuencia se traducen en un apodo—; 2) prevalece una situación democrática entre los mariacheros, y la subcultura en la que viven; a cada músico se le paga al final del día conforme a lo que ha colaborado para el conjunto; 3) el ambiente del mariachi es, fundamentalmente, un asunto de hombres jóvenes y saludables, ya que deben ser capaces de aguantar de pie largas horas tocando y cantar decenas de canciones sin micrófono; cuando la edad ya no

"Los signos de la apariencia, el sonido y la corporalidad del mariachi saltan a la vista y el oído. Los signos del conjunto mariachi son [un] universo —un corpus— de significados tanto audibles como visuales, y [...] hablar de mariachi no implica tan sólo referirse a la música en su particularidad organográfica, sino a los símbolos culturales y sociales, al atuendo popular [una apropiación del traje de charro] y a la forma de los instrumentos" (Chamorro, 2001: 29 y 17).

se los permite, los músicos se refugian en conjuntos con pretensiones modestas; 4) el oficio de mariachi se hereda de padres a hijos, de tíos a sobrinos y de hermanos mayores a menores, de tal manera que hay muchos mariachis integrados por parientes y sus miembros han sido formados en familia en cuanto a los sonidos y el mundo del mariachi; 5) la mayor parte de los mariacheros pasa una buena parte de su tiempo lejos del hogar, ya sea porque tienen que permanecer en los lugares de espera por los clientes o porque están obligados a participar en viajes o giras de trabajo fuera de su lugar de residencia.

El desarrollo del mariachi moderno no se puede comprender sin su vinculación con la trayectoria de los cantantes del estilo ranchero. Pedro Vargas Mata (San Miguel de Allende, 1906-1989) y su gran amigo Miguel Aceves Mejía (Chihuahua, 1915-2006) fueron los cantantes que sirvieron como

puente entre los éxitos mariacheros de las décadas de los treinta a los cuarenta y el último cuarto del siglo XX cuando, ya ancianos, todavía se encontraban en activo. De hecho, ellos fueron contemporáneos de los tres ídolos clásicos (Negrete, Infante y Solís) y llegaron a superarlos en ventas de discos, aunque no pudieron competir con ellos en el carisma fílmico y, sobre todo, en haber asumido una imagen de plenitud al morir "a tiempo".

Pedro Vargas inició su carrera de cantante de música popular en 1928 con la Orquesta Típica de Miguel Lerdo de Tejada. Desde entonces interpretó a casi todos los compositores mexicanos por más de medio siglo, grabó alrededor de tres mil canciones y fue compañero de actuación en las películas de la mayoría de los cantantes rancheros, con muchos de los cuales llegó a aparecer a dúo. "Fue artista fundador de la XEW en 1930, y de la televisión en 1950 con el programa 'Estudio de Pedro Vargas', que se mantuvo

"El hombre del mechón blanco [...] tenía éxitos en todos lados: sus discos recorrían todas las estaciones de la radio de la época y eran de cajón en las rocolas. [Grabó] un promedio de treinta y cuatro temas por cada uno de sus cincuenta años de trayectoria. El noventa por ciento fueron éxitos" (Chao Ebergenyi, 1995: 17).

En la producción hispanomexicana *¡Ay, pena, penita, pena!* (1953), el desarrollo de la comedia pasa de Madrid a México con una mezcla de mariachis y canto gitano, para lucimiento de la española Lola Flores.

a lo largo de trece años [1952-1965] en los primeros lugares de la audiencia" (Garmabella, 1985: 396). Se le reconoció como El Tenor Continental por sus sonados éxitos en los países de nuestro continente.

Miguel Aceves Mejía fue un cantante que, a partir de 1946, dedicó su carrera a la difusión y evolución del mariachi moderno. Conservó "hasta cierto punto, la sencillez característica del provinciano" (Flores y Escalante, Dueñas y Salazar, 2002: 20) y podía "despertar grandes emociones entre los radioescuchas. El perfecto manejo de la voz [a la manera campirana] le reportó ser reconocido y calificado como El Rey del Falsete" (Rosado, 2002a: 4); "supo cantar la música de nuestro país y Latinoamérica en su tono delicioso que, del calor de la cumbancha, pasó a los matices de la canción ranchera mexicana" (Flores y Escalante y Dueñas, 2002: 43).

"Luis [Aguilar, El Gallo Giro, (Hermosillo, 1918-1997)], surge cuando Jorge [Negrete] y Pedro [Infante] se mantenían en casi el mismo nivel de popularidad" (Rosado, 1999: 5). Fue coestelar con Infante en *¿Qué te ha dado esa mujer?* (1951) y en *ATM (A toda máquina,* 1951) y con Negrete en *Tal para cual* (1952); "el público lo ubicó entre Jorge y Pedro, porque Aguilar no era tan arrogante como [el primero] ni tan amistoso como [el segundo]. Su nivel era el justo" (ídem). "Como personaje, encajaba a la perfección en el tipo bravero, rancherote franco y brusco, que lo mismo cantaba una tonada alegre en una escena de feria, que dedicaba una serenata a su amada […]: una canción sentimental de corte ranchero" (Flores y Escalante y Dueñas, 1999: 78). "Aunque técnica e históricamente Luis es identificado como cantante —si bien nunca estudió canto— prefirió el cine para manifestarse como exponente de la canción ranchera, desdeñando […] los discos fonográficos" (ídem).

En *El mariachi canta* (1962), Lupe Velázquez (Lucha Villa) forma en su pueblo un mariachi de mujeres y viaja desde Jalisco a la capital, para competir con su novio, Lucas Guerrero (Luis Aguilar), quien anda de mujeriego. En esta comedia ranchera se desarrolla la rivalidad laboral entre los mariachis y las mariachis y el argumento termina con la reconciliación de la pareja de cantantes protagonistas.

Hacia 1950, Matilde Sánchez (La Torcacita), María de los Ángeles Muñoz (La Panchita), María de los Ángeles Loya (La Consentida), Amalia Mendoza (La Tariácuri), Queta Jiménez (La Prieta Linda) y Manolita Arreola "se disputaban, en emisiones radiofónicas y grabaciones discográficas, el gusto vernáculo del público mexicano, el cual, de pronto se encontraba en la búsqueda de voces bravías, tras la muerte de Lucha Reyes en 1944 [...] algunas de ellas [eran] poseedoras de un estilo dulce y, otras, de una forma desgarradora y trágica [...] cuyo común denominador tenía lo descriptivo y el requiebro amoroso basado en las canciones de dolor y reproche" (Flores y Escalante y Dueñas, 1996: 38).

Desde su aparición, Amalia Mendoza (San Juan Huetamo, Michoacán, 1923) irrumpió en el "tablado de la canción [ranchera] con tormentosos gestos y actitudes que dejaron chicos los antiguos desplantes de Lucha Reyes. Ya no será suficiente enunciar la letra de cada canción. Ahora será necesario hacerla explícita, actuarla, proporcionar al audiovidente los signos exteriores del sufrimiento o el despecho" (Moreno Rivas, 1989a [1979]: 196-197). Se autorreconoce como "la más entregada" de las intérpretes del género vernáculo, "porque yo vivo las letras que canto" (ápud Ramírez, 1996: 25).

Lola (María Lucila) Beltrán (El Rosario, Sinaloa, 1935-1996) fue la cancionera "que dulcificara la canción mexicana" (Flores y Escalante y Dueñas, 1996: 39). Desde principios de la década de los cincuenta, "impuso con [...] su voz sugerente [...] el ambiente de nuestra música: entorno muchas veces lleno de requiebros, de sutilezas de amor santamente sereno o de voces épicas como rememorando nuestra historia nacional, aunque, [...] en la mayoría de las ocasiones, su música se sujetó al tono abrupto, ríspido, cantinero, reprochante, despechado y bravero" (ibídem: 44). En las décadas de los setenta y ochenta del siglo pasado, "ya no era la creadora de *hits*, sino la resguardadora, la rescatadora de nuestras tradiciones musicales [...] en su última etapa artística había alcanzado la vertiente mundial de gran diva de la canción vernácula mexicana" (ídem).

Francisco, El Charro Avitia (Pilar de Conchos, Chihuahua, 1915-1995) se dedicó principalmente a interpretar éxitos rancheros y corridos, con una potente voz varonil acorde con la sobriedad de las letras corridistas y la parquedad de emociones propia de este género (Moreno Rivas, 1989a [1979]: 35 y 189).

Antonio (Toni) Aguilar (Villanueva, Zacatecas, 1919-2007) se distinguió como intérprete de corridos y canciones regionales *(Albur de amor,*

Paso del norte, Alta y delgadita y *Tristes recuerdos*). Asimismo, destacó como excelente jinete y domador de caballos, al igual que por haber "alternado [desde mediados de la década de 1980] el mariachi, el conjunto norteño y la tambora [banda] como elementos acompañantes [de sus grabaciones]" (Flores y Escalante y Dueñas, 2000a: 34).

Flor Silvestre, cuyo nombre real es Guillermina Jiménez Chagoya (Salamanca, Guanajuato, circa 1930), fue "Poseedora de un rostro de mujerniña, mirada soñadora y una voz que al cantar expresa el dolor y la angustia del amor perdido, pero también la alegría del folclor mexicano" (Ríos, 2000: 54). A finales de la década de los sesenta, se incorporó al espectáculo ecuestre musical que incluía vistosas suertes de jaripeo, dirigido por su esposo, Antonio Aguilar. Cantaban montados a caballo y lograron un gran éxito en casi todo el continente americano.

Lucha Villa (Ciudad Camargo, Chihuahua, 1936) "estableció la presencia de una figura del canto de recia personalidad que, además, era actriz" (Rosado, 2002b: 5). De hecho, Pecime (Periodistas Cinematográficos de México) "le otorgó [su primera] Diosa de Plata como Mejor Actriz por su interpretación de la Caponera en *El gallo de oro* (1964)" (ídem), cuya adaptación guionística del texto de Juan Rulfo estuvo a cargo de Gabriel García Márquez, quien después sería Premio Nobel de Literatura. Sobresalió por "su [sensual] voz grave y profunda, ligada a un estilo erótico [y su *sex appeal*]" (Flores y Escalante y Dueñas: 2002: 35 y 32). "La norteña impuso la minifalda entre las cantantes de ranchero" (ibídem: 36). También puso de moda cantar en la arena del palenque, "ya que se acostumbraba hacerlo en la parte de arriba, donde se ubica el mariachi" (ibídem: 38).

Estos artistas contribuyeron a que el mariachi fuera reconocido por todo México y a lo largo y ancho del territorio americano, y también colaboraron a su difusión en otros continentes. Fueron actores estelares en cientos de películas, en las que agotaron las transformaciones de los filmes rancheros en sus variantes de drama, comedia y épica, escenificando a cantadores de palenques, afamados caballistas, destacados pistoleros, fanfarrones, parranderos, protagonistas de rivalidades amorosas, bandidos generosos, revolucionarios, héroes defensores de los pobres y luchadores contra las injusticias. En los repartos se les incorporaron las argentinas Libertad Lamarque (1908-2006) y Rosita Quintana (1925), así como la española Lola Flores (1923-1995), quienes "no cantaron mal las rancheras".

Entre los compositores de mediados del siglo XX sobresale Tomás Méndez Sosa (Fresnillo, Zacatecas, 1926-1995), quien fue autor de *Cucurru-*

cucú, paloma; "Sus canciones […] proporcionan momentos de lucimiento y efectos muy apreciados por los cancioneros del género" (Moreno Rivas, 1989a [1979]: 195). Por su parte, Refugio (Cuco) Sánchez (Altamira, Tamaulipas, 1921-2002) fue "Poseedor de una inspiración que rompe el alma de los dolidos, compositor de innumerables piezas *[Fallaste, corazón]* que por décadas se han cantado a las altas horas del rompimiento" (García Franco, 1993: 29).

A su vez, "Alejados del tono amargo, llorón o reivindicativo de la ranchera clásica, existe un grupo de compositores marginados del 'dolor a fuerza' cuyas canciones alegres, vitales e inclusive cómicas […] encontraron una amplia acogida en un público cansado de tanto sufrimiento irremediable. Puede considerarse un buen representante [a] Salvador (Chava) Flores [1920-1987], […] fiel a su tradición antipatética" (Moreno Rivas, 1989a [1979]: 196).

Entre las décadas de los cincuenta y ochenta hubo dos programas televisivos que difundieron con orgullo y dignidad la música de mariachi: *Noches Tapatías*, patrocinado por Tequila Sauza, y *Así es mi Tierra*, auspi-

ciado por la Casa Madero. Como contrapunto a la distancia implícita en las reproducciones de los medios de comunicación masiva, en 1956 inicia el proyecto de la Caravana Corona, una proyección a escala nacional del teatro de revista rodante-ambulante, que persistió hasta 1982. "El pueblo sólo quería ver [al artista], saber que existía, que no era [sólo] un mito, que no era [únicamente] una voz o una imagen en la pantalla" (Chao Ebergenyi; 1995: 133). En el elenco "jamás podía faltar un mariachi" (ibídem: 190).

Tras la renovación vernácula promovida por el Concilio Vaticano Segundo, se ejecutan algunas versiones de mariachi para la misa católica cantada en español. El detonante fue la *Misa panamericana*, introducida bajo los auspicios del obispo de Cuernavaca, Sergio Méndez Arceo (1907-1992), en 1966. El monje canadiense, Jean-Marie Leclerc, con la anuencia del obispo, motivó al Mariachi Hermanos Macías para que adaptara melodías mexicanas y latinoamericanas al estilo del mariachi con fines litúrgicos.

Para el ámbito religioso, en el repertorio del mariachi moderno se tocan valses, se acompañan las alabanzas más conocidas, se interpreta el

"El mariachi es utilizado como vehículo interpretativo para el lanzamiento musical en un idioma *pop* internacional [...], pero no genera el estilo o contenido musical de la misa. Solamente cuatro de las nueve selecciones incluidas en el disco [Misa panamericana, Discos Aleluya, A-015, Cuernavaca, 1966] del Mariachi de los Hermanos Macías son de proveniencia mexicana: Señor, ten piedad, de Delfino Madrigal, y el Aleluya, Credo y Santo, de Rafael Carrión. De las restantes cinco piezas, la Entrada, Comunión y Salida son de Los Perales de Chile, en tanto el Gloria corresponde a J. A. Souza de Brasil y el Cordero de Dios, a Vicente Bianchi de Chile" (Fogelquist, 1975: 64 y 66).

Ave María de Schubert y, en calidad de *encore,* al final de la misa se ejecutan piezas clásicas *(Las cuatro estaciones,* de Vivaldi y *El Bolero,* de Ravel).

Las fases de decaimiento en la demanda de la música secular de mariachi son superadas a partir de la conformación periódica de ídolos, a través de las películas y los discos. En 1970, con *El quelite,* el cine nacional llega a "la comedia ranchera aberrante" (Ayala Blanco, 1974, I: 126); esto es, a la tercera etapa del cine populista mexicano por excelencia, que pretende superar a la comedia ranchera tradicional *(Allá en el Rancho Grande)* y a la comedia ranchera socarrona *(Dos tipos de cuidado).* Se trata de "una visión sustancialmente fenecida hasta para la nostalgia" (ibídem: 121), que "Pretende parodiar a un género que nació como parodia" (ibídem: 129). Es "un género muerto" (ídem), fincado en el pintoresquismo y "en el abuso del folclore adulterado" (ibídem: 127).

En este contexto entran a la escena dos charros de relevo. Cornelio Reyna (Saltillo, 1940), con "una voz demasiado tipluda y desvirilizada"

(Ayala Blanco, 1986: 94), se convierte en "instantáneo ídolo de la canción ranchera" (ídem), gracias a los "mariachis cual promesa de arraigo [acústico] garantizado" (ibídem: 97). "Mejor cotizado fuera del país [en California], se volvió un ídolo para la chicaniza que abarrotaba el provinciano teatro Million Dollar de Los Ángeles. Desde 1971 hasta mediados de la misma década, sus canciones eran las favoritas de las domingueras sirvientas desarraigadas [en la ciudad de México]" (ibídem: 96). "Antonio Aguilar [...] incluyó a Cornelio como comparsa sonora en *La yegua colorada* y *Valente Quintero* (ambas de [...] 1972)" (ibídem: 97). Si bien su filme emblemático es *Yo y mi mariachi* (1974), su película representativa *(Me caí de la nube*, 1974) es "una variante apenas *up to date* de la máxima convención del cine populachero 'clásico', según el cual toda emigración *Del rancho a la capital* (Rodolfo de Anda, 1941) comienza en la vagancia de la Plaza Garibaldi y culmina en el esplendor del teatro Blanquita. Por supuesto, Cornelio sólo podrá encontrar empleo como mariachi" (ibídem: 98).

Vicente Fernández (Huentitán El Alto, Jalisco, 1940) fue apoyado como nuevo ídolo y así ha reinado en las últimas tres décadas. Por sus reiteradas apariciones en la pantalla fue convertido en el "póstumo ídolo cantor de nuestro cine ranchero" (Ayala Blanco, 1991: 26). En la película *El macho* (1987), "Quería ser romántico, caballeresco, borracho, parrandero, jugador, mujeriego [...]; no será más que un burlador burlado" (ibídem: 27); a saber, un "ranchero autoirrisorio" (ibídem: 26). "El macho jalisquillo se enfrenta a una modernidad que lo desborda, neutraliza y torna irreal" (ibídem: 30). "Ahora conmueve, da lástima [...], percatándose del final de su destino, pero aferrándose al ridículo, suponiéndose inmortal" (ibídem: 31).

No obstante, se ganó el corazón de la gente de tal manera que consiguió el mote de El ídolo del pueblo. Ha grabado cientos de discos y filmado decenas de películas, entre las que destacan *La ley del monte* (1974), *El Arracadas* (1977) y *Por tu maldito amor* (1990). En la década de 1990 ya se le reconocía como "la máxima figura de la canción ranchera" (Machorro Malja, 1992: 43) y se presumía que era el "primer y único charro que abarrotó la Plaza [de Toros] México en 1985 y que en Barcelona, España, llegó a reunir a casi 200 mil personas en una de sus presentaciones" (ibídem: 47). En 2000,

> Vicente Fernández [considerado una "leyenda viviente"] inundó, de México a Nueva York [...], con un concierto para inaugurar el Festival México —ahora en el teatro del Madison Square Garden— [...] toda la noche. Con las primeras notas de cada canción, tem-

"Música o letras me asaltan verdaderamente a cualquier hora; frecuentemente me sucede cuando duermo, en la madrugada, y todo lo que tengo que hacer es extender la mano para oprimir los botones de mi grabadora portátil y empezar a decir la letra o a tararear la melodía que de pronto se me ocurrió. Realmente las grabadoras portátiles son una gran ventaja para los compositores que trabajamos exclusivamente a impulsos de la inspiración, sin otra técnica que la dictada por los sentimientos del momento" (Juan Gabriel, en entrevista con Armando Carranza, ápud Moreno Rivas, 1979, X: 10).

blaba el lugar, con los gritos ensordecedores de miles de mexicanos cuyas voces son suprimidas y casi siempre bajitas, viviendo en las sombras de un lugar que aún es nuevo y que aún no es suyo (aunque eso cambie poco a poquito). Pero esta noche, aquí, en pleno centro de Manhattan, Chente los invitaba a cantar recio, a todo volumen. Cada canción fue acompañada con el coro de cinco mil voces [mientras Fernández se paseaba] sobre el escenario de plantas de maguey, sarapes y 13 integrantes de su mariachi. Alguien levantó una bandera mexicana [...] provocando un intenso momento nacionalista con el coro de "¡México, México, México!". Era una declaración de independencia y presencia a la vez: aquí estamos (Brooks y Cason, 2004: 8a).

Paralelamente, surge como compositor Juan Gabriel (Alberto Aguilera Valadez), nacido en Parácuaro, Michoacán, en 1950, pero llevado desde infante a Ciudad Juárez, Chihuahua. Es de la estirpe de Agustín Lara y José Alfredo

Jiménez, en la medida en que es un músico lírico que no se maneja con notación musical y, al fundarse en su inspiración, rebasa las cuadraturas de los músicos académicos. Por otro lado, en el decir de la cantante brasileña Denisse de Kalaffe, es uno de los filósofos populares más importantes de América Latina. Su primer éxito fue *No tengo dinero* (1971) y en 1974 grabó en un disco con el Mariachi Vargas de Tecalitlán, entre otras de sus composiciones: *Se me olvidó otra vez*. La principal difusora de sus temas fue Rocío Dúrcal. "Al conocerse [en 1977], el mexicano quedó prendado del carisma de la española. Juanga convenció a Rocío de cantar con mariachi y fue un éxito rotundo" (Ávila *et alii*, 2006: 110). Una de las célebres interpretaciones de "La más mexicana de las españolas" es *Amor eterno,* que el Divo de Juárez dedicara a su propia madre, cuando falleció en 1972.

María de Lourdes (ciudad de México, 1939-1997) "se identificó con el fraseo limpio, afinado, emocionado y elegante" (Cervantes Ayala, 2001a: 15). Debido a sus constantes giras por el extranjero, llegó a ser reconocida como "embajadora internacional de la música popular mexicana" (ibídem: 16). El Consejo Nacional de Turismo la designó promotora de la Olimpiada México 68 y del Campeonato Mundial de Futbol México 70. Fue fundadora del Grupo Representativo de la Canción Mexicana de la Asociación Nacional de Actores.

Aída Cuevas (ciudad de México, 1963) debutó como cantante vernácula desde adolescente y pronto fue designada como La Princesa de la Canción Ranchera. Por tres décadas ha asumido la tarea de continuar la línea de grandeza de la canción mexicana y, como joven veterana, sigue en pie de lucha ante los embates del extranjerismo y la complicidad del ambiente malinchista. Fue nombrada Reina de los Mariachis y en la última década su trayectoria ha sido reconocida con invitaciones a varios encuentros de mariachi (Mariachi Conferences) en los Estados Unidos.

Otros importantes intérpretes del género mariachístico, en la segunda mitad del siglo XX, han sido Dora María, Irma Dorantes, Isabel Soto Lamarina, Estela Núñez, Demetrio González, Fernando Casanova, Manuel López Ochoa, Las Hermanas Huerta, Rosenda Bernal, Yolanda del Río, Chelo, Juan Valentín, Beatriz Adriana, Ángeles Ochoa, Paquita la del Barrio y Gerardo Reyes. Algunos cantantes de otros estilos, como Chavela Vargas y Marco Antonio Muñiz, también se han acompañado con mariachis.

Los arreglistas se encargan de adecuar la composición "en bruto" para los diferentes instrumentos y la voz humana, así como de diseñar el sonido integral de la pieza. La mayoría se iniciaron como mariacheros y, tras

Dora María, 1959. "A partir de los años cincuenta, la televisión, como el medio de comunicación masivo de más fuerza e impacto, vino a influir directamente en la evolución de la canción mexicana. La consigna era proyectar, crear un efecto, alcanzar a ese público invisible que tal vez lee distraído el periódico, conversa o bebe una cerveza al mismo tiempo que mira o escucha con la mínima atención posible [el televisor]. El intérprete necesita ahora ser un *showman*. La canción se vuelve espectáculo y adquiere ahora un valor puramente visual" (Moreno Rivas, 1989a [1979]: 265-266).

prepararse en la tradición musical letrada (solfeo, técnica instrumental y teoría musical), pasaron a elaborar arreglos musicales y luego algunos escalaron a directores de mariachis. Entre ellos se encuentran Jesús Rodríguez de Híjar, Bonifacio Collazo Rodríguez, Rigoberto Alfaro Rodríguez, Gustavo Amador Santiago Fernández, Javier Alfaro Rodríguez, Pedro Ramírez Velazco, Benjamín Huízar Díaz, Juan Pinzón Saldaña, Javier Carrillo Velázquez, José Hernández Ledezma, José Alberto Muñoz, Roberto López Arciga, Rigoberto Gómez Covarrubias, Román Palomar Arreola, Heriberto Aceves Méndez, Fernando de Santiago Casanova, Juan Guitrón, Eduardo Magallanes, Steve Carrillo, Jesús Guzmán, Carlos Efrén Martínez Arreguín, Sergio Caratachea Álvarez, Cutberto Pérez Muñoz y José Martínez Barajas. Provienen de la tradición de las orquestas Fernando Z. Maldonado, Jesús (Chucho) Ferrer Villalpando, Homero Patrón, Manuel Cázares y Rafael Carreón, pero el pionero es Manuel Esperón González y el decano Rubén Fuentes Gasson.

Las canciones y los ídolos se remplazan con periodicidad, sobre to-do ante la necesidad de las compañías disqueras de renovar sus productos e incrementar sus ventas. El juego entre la oferta de innovaciones por parte de los sellos disqueros y la demanda de los consumidores, ávidos de noveda-des, es permanente. La música del mariachi se va acomodando, así, a los sig-nificados requeridos por las juventudes del momento, de tal manera que aparecen formas musicales híbridas alejadas del sonido clásico.

Pedro Fernández (Guadalajara, 1969) se considera un "aventurero de la música" (ápud Cabello Madariaga, 1998: 1); a lo largo de casi treinta años —pues se inició como cantante y actor infantil— "ha puesto en alto el nombre de México en el mundo" (ídem). "ve con buenos ojos las fusiones musicales en el mariachi. 'Se tiene que innovar, podemos tomar algunos sonidos contemporáneos; las nuevas tendencias son porque se necesita lle-gar a otro mercado, el de los chavos de quince o dieciséis años; el trabajo por difundir nuestras tradiciones debe de estar enfocado a los niños'" (Levid Lázaro, 2005: 43).

En la última década dos cantantes, hijos de artistas famosos dentro del género vernáculo, han puesto de moda la balada ranchera. Pepe Agui-lar (hijo de Antonio Aguilar y Flor Silvestre) reconoce su afición por el rock, pero también su vocación por la canción mexicana y la charrería. "Un día tocaba en Rockotitlán y al otro día cantaba con mi papá en Toluca vestido de charro" (ápud Morales-Casas, 2006: 46). "La música mexicana de mariachi es muy noble para fusionarla. Los jóvenes hablamos de diferente manera, le guste a quien le guste y le pese a quien le pese. Las ciudades son los principales núcleos de población y casi ya no hay vida rural [en Méxi-co] y se tiene que hablar de la realidad que se vive" (ápud Cruz Bárcenas, 2001: 11a).

Pepe Aguilar, en busca de originalidad, le agregó sintetizadores al mariachi y exploró los cambios en la armonización para lograr un estilo pop con "un tono romántico y de nostalgia" (Morales-Casas, 2006: 45); su primer *hit* en esta vertiente fue *Por mujeres como tú* (1998). No obstante, se ha apoyado en éxitos de los ídolos de antaño, interpretándolos, por ejemplo en el CD *Lo grande de los grandes,* aunque aclare que no "pretende usurpar el lugar de esos inmortales" (ápud Cruz Bárcenas, 2000b: 13a).

Alejandro Fernández se ha presentado en conciertos con su padre, Vicente Fernández, pero como figura propia ha llegado a ser "uno de los cantantes de música mexicana de mayor proyección internacional" (Yriva-rren, 2005: 32). En 2005 tuvo el honor de suplir "de emergencia" a Luciano

Pavaroti e integrar el "trío de tenores" al lado de Plácido Domingo y José Carreras, en un controvertido concierto de Monterrey, Nuevo León. Su actual éxito discográfico es *México-Madrid en directo y sin escalas*.

Recientemente, Luis Miguel, cantante exitoso desde su infancia, ha lanzado el CD *México en la piel* (2004), acompañado por el Mariachi Vargas de Tecalitlán, en el que interpreta boleros, huapangos y baladas en la vertiente del mariachi moderno, pero adecuados a su estilo personal, de tal forma que se sacrifica la emoción e intensidad caracteríticas del género mariachístico.

En los últimos 25 años, los mariachis de elite han logrado realizar exhibiciones, en las que ellos son los protagonistas en el escenario, esto es, se presentan sin un cantante y, por lo tanto, ellos como conjunto son el solista que interpreta las canciones. Esta tendencia fue iniciada por el Mariachi México de Pepe Villa.

> El Mariachi Vargas tenía que hacer un número […] como solista… ¿Por qué tenía que estar acompañando atrás del artista? Tantos cantantes que el Mariachi Vargas ha acompañado. Y cuando tuviéramos que acompañar a [Lola Beltrán, Vicente Fernández o Lucha Villa], ¿por qué no? Pero siempre y cuando le dieran al Vargas dos números como solista. Ésa era mi condición con Raúl Velasco [en el programa televisivo Siempre en Domingo] y con todos ellos. Y si vas a acompañar… ¡Pues, cotízate bien! ¡Que no se lleve la tajada el grande! ¡Que le dejen algo al chico! Porque ellos (los cantantes), al fin y al cabo, sin el mariachi… ¡no son nada! (Mendoza, 1997: 15-16).

Sin embargo, los mariachis populares no pueden reclamar fácilmente este logro, debido a su condición de grupos efímeros que no permanecen juntos el tiempo suficiente para ensayar una escenificación especial para un espectáculo; por otro lado, no cuentan con los recursos económicos para adquirir un traje elegante.

Los mariachis "solistas" se ven obligados a seleccionar a músicos que, además de ser buenos ejecutantes de su instrumento, dispongan de una voz excepcional, ya que cada músico sin cantar representa una desventaja ante la competencia. Asimismo, la condición de solistas ha provocado que los mariachis abandonen la postura y actitud estáticas, para realizar desplazamientos coreográficos por el escenario, diseñados con el fin de motivar la atención del público. En este sentido, algunos mariachis han llegado a incluir movimientos seudodancísticos y gesticulaciones que se alejan de la imagen de músicos briosos, lo cual ha motivado fuertes reclamos:

> ¡Eso nunca! Yo siempre seré enemigo de que [los mariachis] bailen. Nosotros no bailamos [como las parejas de charro y china o como los ballets folclóricos], nosotros vacilamos bailando. Nosotros bailamos de relajo, y eso es una parodia del baile (Rodríguez de Híjar, 1997a: 7). Por favor, señores, se han vuelto mariachis bailarines y locos, parecen changos bailando, se ven grotescos. Respeten el traje de charro y el sombrero (Pepe Jara, 1997: 70).

Como contraparte, y acorde con el reclamo de las mujeres por igualdad en las condiciones de trabajo, son cada vez más frecuentes las damas que aparecen como integrantes de mariachis conformados mayoritariamente por varones. La inclusión de mujeres exige al conjunto evitar presentarse en

Mariachi 2000 de Cutberto Pérez, 1990. Mariachi Las Morenas, 2006.

En las últimas décadas del siglo XX se estableció la vigencia de mariachis femeninos, que compiten con los usuales integrados por varones. Si bien la tendencia internacional apunta hacia los mariachis mixtos.

situaciones donde no las puedan proteger de una clientela impertinente o prescindir de ellas en tales ocasiones, lo que conduce a que las mariacheras se lleguen a sentir privilegiadas de tal manera que esto pueda sembrar discordia en el grupo.

Asimismo, en las últimas dos décadas se han afianzado los mariachis femeniles. En esta categoría también existen tanto conjuntos de elite (preparados para trabajar en escenarios), en los que se busca incluir a mujeres que se acercan al modelo de la belleza occidental, como grupos populares, en los que las integrantes no se arredran a pesar de luchar contra la ideología racista imperante en México, por su apariencia próxima al tipo indígena.

La solución, equilibrada y eficiente para las presentaciones espectaculares, parece ser la de los mariachis mixtos, ya que así se logra la complementación de las voces masculinas y femeninas, el que se reproduzcan *covers* de cantantes famosos de uno y otro género y que los eventuales movimientos rítmicos de coquetería estén a cargo de las mariacheras; aunque estos dos últimos aspectos no son aceptados por los grupos de estilo conservador.

Los mariachis de corte espectacular —los que establecen los patrones a través de los discos— se han preocupado por lograr innovaciones musicales (melódicas, armónicas y rítmicas), pero pasaron por alto el aspecto de los temas y las letras; dos claros ejemplos de este fenómeno son los éxitos *La Bikina* y *El mariachi loco*. Se descuidaron así dos especialidades del mariachi tradicional de amplia incidencia discursiva para reseñar hechos históricos contemporáneos —la valona y sobre todo el corrido—, quizá por considerar que sus referentes musicales eran sencillos y reiterativos.

En los inicios de la década de los setenta se le impone al Estado mexicano una legislación que vuelve ilícitos ciertos enervantes y comienza en México la era del narcotráfico. Una década después, se finca en nuestro país la política neoliberal favorecedora del gran capital; ésta ha producido un desempleo tremendo, la disminución del poder adquisitivo de los salarios y la pauperización de multitudes. El público requería que los trovadores de su tiempo abordaran los problemas del momento y, de alguna manera, le plantearan soluciones al menos imaginarias. Los líderes del género mariachístico permanecieron en las nubes de sus exquisiteces musicales, en el limbo del estrellato; José Alfredo Jiménez había fallecido en 1973 y sus corridos se habían desviado hacia la intemporalidad, el estereotipo o la ficción total *(El caballo blanco, El perro negro, María la bandida, Sonaron cuatro balazos* y *Llegó borracho el borracho)*. Su remplazo como compositor, Juan Gabriel, abordará temas juguetones o amorosos, tratados estos últimos a partir de letras ambivalentes susceptibles de una doble lectura genérica en el marco de la ejecución peculiar del autor (Rodrigo Laguarda, ápud Olivares, 2002: 26a).

El nicho de los problemas sociales de la gente marginada comenzó a ser llenado por el estereotipo de un conjunto ranchero norteño reducido (de cuatro a seis elementos), con la melodía a cargo del acordeón y un timbre de voz nasal que se especializó en el tratamiento de las nuevas preocupaciones, esto es, el narcotráfico, la migración a los Estados Unidos, las grandes tragedias o catástrofes (incendios, terremotos, huracanes) y la omnipresente corrupción política y económica del Estado mexicano; no se han omitido las letras referentes a las traiciones amorosas y familiares, así como los casos de amor pleno. Se trata, en lo fundamental, de una crónica-denuncia o crítica social y no faltan las canciones de protesta *(Somos más americanos)*.

Este neogénero tiene como compositores especializados a Paulino Vargas, Teodoro Bello y Jesse Armenta y, como conjunto emblemático, a Los Tigres del Norte, quienes presumen de que "Cantamos lo que vive el pueblo; decimos los problemas como son" (ápud Cruz Bárcenas, 2007: 17a). "La llama viviente es la realidad y no hay de otra" (ápud Cruz Bárcenas, 2002b: 6a).

El narcocorrido ha merecido tanto prohibiciones oficiales en ciertos estados de la república mexicana como reflexiones académicas. Sus detractores han destacado los ejemplos de "morbosidad" y "acorrientamiento" del léxico. Pero según Arturo Pérez Reverte "es el corrido clásico, pero adaptado a la nueva realidad social" (ápud Tejeda, 2002: 14a). Y para Joaquín Sabina "los narcocorridos mexicanos son absolutamente necesarios e inevitables, pues son una foto de lo que sucede y de cómo lo ve la gente de abajo" (ápud Cornejo, 2002: 17a).

> Aunque [el mariachi] se sigue considerando el símbolo de lo mexicano, compite ahora con otras figuras, tales como los norteños de las bandas musicales, figuras más coherentes con la lógica de la globalización, y en las que se manifiestan las nuevas

Trío de políticos mariachis: Ernesto Zedillo Ponce de León (del Partido Revolucionario Institucional), Diego Fernández de Ceballos (del Partido Acción Nacional) y Cuauhtémoc Cárdenas Solórzano (del Partido de la Revolución Democrática). El primer debate político televisado, como imitación de los actos similares estadounidenses, entre candidatos presidenciales, tuvo lugar en México en 1994.

"Fue [originalmente] de rancho, de pueblo, de plaza. Fue luego callejero y finalmente se convirtió en parte de nuestra urbanidad. Unos dicen que es un anacronismo que se viste en vísperas del siglo XXI con ropas del siglo XIX. Otros que [su música] es atávica, descriptiva de escenas aldeanas cuando la modernidad ya superó todo eso y se brincó las trancas hacia el mundo del pavimento. Yo diría que es genuina, irredenta y eterna, pues ni se avergüenza de su estirpe ranchera, ni se engalana con modas que no le quedan, ni revela indicios de que esté por fenecer" (Chao Ebergenyi, 1995: 187).

identidades que se producen bajo su influencia: identidades más flexibles, híbridas, más móviles (Palomar Verea, 2004: 241).

La figura del mariachi, reproducido en grabaciones, que acompaña al cantante callejero se ha incrementado y este fenómeno también se presenta en algunas ciudades del interior.

En el último lustro el "ejército de músicos y cantantes callejeros" ha crecido en proporciones inimaginables. Ahora en pleno fin de siglo, en un México donde el desempleo, la delincuencia y la miseria avanzan sin cesar, [...] toda la ciudad se ha convertido en un inmenso Garibaldi. También aparecen los que cantan acompañados con pistas o tocacintas, o bien con amplificadores portátiles [las piezas del género mariachil] (Híjar Sánchez, 1998: 14).

Entre los mariachis de elite que han destacado en la segunda mitad del siglo XX, se encuentran el Perla de Occidente, de Marcelino Ortega; el Mariachi de Miguel Díaz; el Nacional, de Arcadio Elías; el América (Continental),

de Alfredo Serna; Los Mensajeros, de Isabel Paredes; Los Coyotes, de Enrique Meza; Los Charros de Ameca, de Román Palomar; el Mariachi Águilas de México, de Juan Navarrete; el Tenochtitlán, de Heriberto Aceves; Los Monarcas, de Lázaro Chávez; el Nuevo Tecalitlán, de José Martínez; el Monumental Ordaz; el Mariachi Chapala, de Alfonso López; el México 70, de Pepe López; Los Caporales, de Pancho Armenta; Los Toritos, de Alberto Ibarra; El Zarco y su Mariachi Autlán; el Mariachi de la Ciudad, de Pepe Villela; el Águilas de América, de Javier Carrillo; el México, de Pepe Villa; el Oro y Plata, de Pepe Chávez; el 2000, de Cutberto Pérez; el Gama 1000; el Mariachi de América, de Jesús Rodríguez de Híjar y, por supuesto, el Vargas, de Tecalitlán. Algunos de éstos fueron verdaderos innovadores del género mariachístico y han mantenido una trayectoria constante y de punta, mientras que otros se dieron a conocer sólo por editar algún disco, por participar en las "caravanas artísticas" o por acompañar a un cantante famoso; si bien su trascendencia es variable, han quedado grabados en el imaginario del público.

"Cuanto más el estilo renovado se aleja del punto de partida de un nuevo auge, tanto más desfigurada, borrosa y, finalmente, imperceptible quedará su fuente original, popular. Sólo cuando el estilo nacional llega a tal cristalización de sus medios expresivos, se puede hablar que ha adquirido un carácter universal" (Mayer Serra, 1941: 96).

Vicente Fernández "aguijonió" el corazón del público

"¡Y esos güeyes de Enrique y Julio Iglesias, nomás que escucharan estos coros!", gritó Vicente Fernández cuando interpretaba *Hermoso cariño*, una de las 55 canciones que se aventó la noche del viernes en el Auditorio Nacional. Varias veces, el *Jilguero de Huentitán* llegó hasta lo más profundo de ese público que casi llenó el foro de Reforma.

Vicente no dio tiempo para suspiros. Tan pronto acababa un tema decía a su mariachi: "¡Viene de ahí!". Cincuenta y cinco aguijonazos a la esquina del sentimiento bohemio. El público diverso, dominado por gente mayor, por parejas con hilos de plata en las sienes, quieren a su ídolo y lo respetan. Tan pronto se iba a alguna de las esquinas del escenario, la gente se paraba y lo saluda, agitando la mano.

Vicente se reventó una de sus *rolas* más famosas: *Mujeres divinas* ("Hablando de mujeres y canciones / se fueron consumiendo las botellas...") y otras linduras que sólo conocen los que han padecido la peor tragedia: amar sin ser amado. Y no es albur.

El temazo de Martín Urieta levantó al público de sus asientos. *Chente* rompió el momento romántico y, para sopresa de muchos, bailó chévere *No, no y no*, aquella de Los Panchos.

Pero quien ha visto al *Jilguero* sabe que lo suyo es arrancar del alma los suaves sentimientos de dolor. Iba y venía de una esquina a otra del escenario. Se tomaba algo que parecía agua. Alzó su copa y brindó por alguien. Varios aplaudieron el recuerdo, la evocación. El requinto se escuchó y comenzó *Si acaso vuelves* ("se que si me ves tienes que llorar"). ¡Ay, *cañón*! Cuando *Vicentico* cantaba más alto, más recio, el público coreó la *rola*. *Chente* calló. Alzó el micrófono. Artista y público fueron un ente. El concierto estaba en su climax. Siguió otro momento del pasado: *Mi juramento*, la inolvidable del ecuatoriano Julio Jaramillo, que *Chente* bailó. Y a reír. Si *Chente* no es pueblo-pueblo, como lo fueron Pedro y Jorge, sí es barrio-barrio.

Pasaron *Ella*, de José Alfredo; *A pesar de todo*, la que engrandeció Nelson Ned; *Rayito de luna*, de Gil; un homenaje a Juanito Záizar, *Cruz de olvido*, para muchos la canción más hermosa sobre la renuncia al amor. El público volvió a rebasar a *Chente*, quien calló una vez más para que el respetable cantara. "¿Quieren más? ¿No se han cansado?".

El Mariachi Chapala comenzó con la melodía que molestó a los profesores de biología: *La ley del monte*, por aquello de que "las pencas nuevas que al maguey le brotan vienen marcadas con nuestros nombres". ¡Jijujijuy!

Subió la ahora más bella que nunca Ana Gabriel. Hizo dueto en *Paloma negra* y *Amor de los dos*. Por poco Chente olvida que se hallaba en un auditorio. Se le acercaba a Ana cachondamente. Lujos que se dan ciertos artistas.

Se fue *Anaga* y Vicente se preparó para cerrar: *El rey, Poquita fe, Mi Viejo, Voy a navegar* (esta rola es de antes del auge de Internet) y otras, hasta que llegó la superesperada *Por tu maldito amor*. Varios se desgañitaron. "¡Quítense la pena y canten!", exigió *Chente*. Siguió *Volver, volver*. "Y el que no cante, por lo menos que puje".

Más de tres horas de concierto.
(Arturo Cruz Bárcenas, *La Jornada de enmedio*,20 de agosto de 2000a: 5a).

Mariachi Femenil Xóchitl

*"**F**uerte y alegre, que se oiga el son… Las canciones 'machistas' sólo deben verse como 'composiciones históricas'"*.

"Funcionan como *grupo-show*. Los instrumentos son los mismos: guitarra, vihuela, guitarrón, violines y trompetas, pero quienes los ejecutan no son varones dizque bragados y machos, esta vez son ocho mujeres [originarias de Guerrero, Guanajuato, Jalisco, Estado de México y Distrito Federal], que 'le hacen a la música vernácula'. Por la pura conciencia de que éso no es sólo 'cosa de hombres', sino de quien le guste… Son el Mariachi Femenil Xóchitl, de los pocos que hay de puras mujeres en nuestro país. Ramona [Madera, directora del grupo], es la única del grupo que se asume como feminista, porque admira a las mujeres que se 'atreven a estar en todas partes'."

"Algunas de ellas son casadas y tienen en promedio dos hijos, aunque aseguran que ello no ha sido obstáculo para que realicen lo que les gusta. Sin embargo, en algunos lugares les han sugerido que oculten su estado civil porque el público prefiere que sean sol-teras. Aunque no falta el prietito en el arroz, aquel que les dice que 'se vayan a la cocina, que se regresen al metate'. Ésos, dice Marisol Segura Patiño —encargada de rascarle a la guitarra— 'son gente que no se civiliza, quienes todavía no están ubicados en la realidad'."

"Les gusta cantar y tocar los sones, los zapateados, 'que se oigan fuerte, que alegren', pero también son románticas. Las canciones machistas de José Alfredo Jiménez o las que cantaba Pedro Infante y otros más, sí las interpretan porque les gustan a la gente, aunque aseguran que 'no se aplican en la actualidad' y só-lo deben verse 'como canciones históricas', porque pensar que las mujeres siguen viviendo lo que dicen esas letras, 'sería de risa'." Aleyda Aguirre, *Triple Jornada*, 48, 5 de agosto de 2002: 6)."

"Han tenido que lidiar con impertinentes en palenques y caciques de pueblo. Han tenido que convencer a sus maridos, y a veces dejarlos, para ejecutar con menos obstáculos su gusto por las rancheras. Y han hecho de tripas corazón cuando sus colegas varones les recomiendan regre-sar a sus cocinas para hacer las tortillas, en lugar de seguir en el escenario como su competencia o lo que ellos califican de grupo de 'tachuelas', por aquello de ser bajitas y usar sombrero charro. No ha sido fácil, pero el Mariachi Femenil Xóchitl lleva veinticuatro años de hacer de la música su medio de vida y alegría."

"Hasta donde sabe, Xóchitl es el único [mariachi femenil] en el Distrito Federal, aunque existen similares en Guadalajara [Las Perlitas Tapatías], Los Ángeles [Reina de Los Ángeles,] y Japón. Aseguran que han esquivado su presencia en [la Plaza] Garibaldi porque lo consideran 'un gran mercado de música', muchas veces maleado. Apartadas de él, sienten que su equipo es muy afortunado porque 'agradamos a la gente y eso lo agradecemos […], donde actuamos sentimos la buena vibra'. Con falda corta y coquetas, auxiliadas por micrófono y simpatía [… afirman que], la música [es] la amiga que nos entiende."
Angélica Abelleyra, *La Jornada Semanal*, 601, 10 de septiembre de 2006: 13.

En la actualidad, numerosos mariachis de la capital y de diferentes ciudades de provincia salen de gira al extranjero, acompañando a intérpretes de la variante ranchera o para desarrollar espectáculos por su cuenta.

Es un lugar común hablar de la crisis contemporánea de la música mexicana. En fechas recientes, los compositores y arreglistas de talento tienden a dedicarse a otros estilos. No faltan, sin embargo, "nuevos valores" que declaran su ilusión de grabar ranchero, ni cantantes conocidos que buscan una mayor popularidad incursionando en este género. Asimismo, artistas desgastados lo toman como refugio y algunos consiguen resurgir con el fondo musical del mariachi. También es frecuente que intérpretes extranjeros logren conquistar al público mexicano por esta vía. Ante este panorama, no faltan las protestas de artistas del género por convicción y no por moda coyuntural o por oportunismo: "ahora ya cualquiera se pone el traje de charro y canta ranchero" (Aída Cuevas, ápud Mendoza de Lira, 1999: 19).

La letanía de cantantes eventuales con mariachi es interminable: Alberto Vázquez, Napoleón, José José, Rigo Tovar, Los Hermanos Carrión, Pandora, Yuri, Guadalupe Pineda, Angélica María, Ana Gabriel, Lucero, Vicky Carr, Betsy Pecanins, Marco Antonio Solís (El Buki), Alejandra Guzmán, Ana Bárbara, Lorena Herrera, Alejandra Ávalos, Julio Preciado, Fernando de la Mora, Tres Tenores Mexicanos (Alberto Ángel, Humberto Cravioto y Valente Pastor), Lila Downs, Plácido Domingo y Joaquín Sabina (españoles), Óscar de León (venezolano), Manoella Torres (puertorriqueña), Maribel Guardia (costarricense), Gloria Estefan (cubano-estadounidense), Tania Libertad (peruana), Filippa Giordano (italiana), etcétera.

Pocos llegan a aceptar que es el mariachi quien "los hace lucir" en sus triunfos. Una notable excepción ha sido María Félix (1915-2002) al referirse a su CD *Enamorada:* "Mi disco tiene mucha alegría, estoy con mariachis, y con mariachi no canta mal nadie, ellos se llevan el primer lugar" (ápud Peguero, 1998: 23). Y La Doña aseguró, con su habitual aplomo, que "las nuevas tecnologías no le cambiaron la voz: 'siempre he tenido una bonita voz de hombre'" (ídem), al "estilo *chanteuse*, que consiste en casi platicar la melodía" (Peña, 2000: 86).

En general, los mariachis —como personas, como trabajadores, como músicos y como institución cultural— no han obtenido un reconocimiento social acorde con su papel de símbolo musical de México. Así, en las enciclopedias y diccionarios especializados no aparecen todavía entradas para "Concho" Andrade, Cirilo Marmolejo, Silvestre Vargas o Pepe Villa Pérez (Zapotiltic, Jalisco, 1915); menos aún para mariacheros de menor divulgación, aunque la noticia del fallecimiento de este último, en 1986, y de Cutberto Pérez Muñoz (Ojinaga, Chihuahua, 1946), en 2002, sí aparecieron en varios periódicos de la capital.

En las sucesivas remodelaciones de la Plaza Garibaldi se construyó un estacionamiento subterráneo (cuyas tarifas son excesivas para los músicos), pero nunca se tomaron en cuenta las demandas de los mariachis: el techo de la pérgola resulta inoperante en época de lluvias, no se edificó el local para la Unión, ni las instalaciones para guardar su ropa e instrumentos. Al sentir de los músicos, las modificaciones se hicieron para los turistas: luces brillantes, pisos de adoquín, menos bancas, derroche de piedras, paisajes de fantasía...

> Y siguimos poniendo los instrumentos en el suelo. Y siguimos mudándonos de ropa en los cuartitos rentados. Pero la mariachada, insatisfecha, se puso a decir: Lucharemos, de vuelta, hasta que vengan otros ingenieros, por el estilo del general Lázaro Cárdenas, más capaces d' escuchar a la gente, y de complacerla en el gusto (Yáñez Chico, ápud Gabaldón Márquez, 1981: 382).

En un tenor semejante, con la ampliación de El Tenampa en la década de los setenta, desapareció la imagen de Emiliano Zapata. Ahora el cliente aprecia una extraña historia mural acerca del mariachi que no incluye a ningún mariachero, sólo a compositores y cantantes famosos.

> Pero yo recuerdo a Concho Andrade, y digo que pa' nosotros los mariachis, Concho está siempre tocando, a'i, en el Tenampa, en la puerta, o adentro, y gritando y cantando: "Ay Jalisco, no te rajes...

me sale del alma". A'i está Concho Andrade, el que nos representa a todos… "¡querer a las malas… echar mucha bala…!". ¡Pos, sí-iii!! yo t'escucho siempre, Concho Andrade, y no pued'olvidarte (Yáñez Chico, ápud Gabaldón Márquez, 1981: 412-413).

Hoy en día, la música de mariachi tiene poca difusión en las estaciones radiofónicas mexicanas, ya que

> la gente de la radio […] ha descuidado el enaltecer el valor y el enorgullecerse del mariachi. Tal vez no seamos lo suficientemente generosos al exteriorizar nuestros pensamientos, sentimientos y agrado por la música del mariachi (Alvite, 1997b: 2-3). El mariachi puede sustituir con creces a cualquier grupo, puede tocar cualquier ritmo que se le antoje. ¡No le falta nada al mariachi…! [Pero,] como muchas cosas en México, el mariachi no está […] bien considerado, quizás porque nadie se ha preocupado en ponerlo donde la gente lo aprecie […] como artista, no como acompañante, pues […] hay extraordinarias voces en el mariachi. Propiamente ése es el valor de un músico de mariachi, que toque y cante, y pueden hacer un show (Alvite, 1997a: 2-3).

Sin embargo, han desaparecido estaciones como Estéreo Voz, en Guadalajara; Mariachi FM, en Ciudad Juárez, y Morena FM, en la ciudad de México, no por falta de audiencia, sino debido a las políticas extranjerizantes y a las presiones económicas de las compañías disqueras. Los programadores de las estaciones escogen "sus canciones en base a ciertas 'prioridades' económicas [la 'payola', esto es, la compra velada de "tiempo al aire"] con un carácter malinchista" (Pancho Pantera, ápud Jiménez Herrera, 1999: 14). Así,

> la ciudad de México, pese a tener casi el mayor número de emisoras [del país…], tiene en vías de extinción lo ranchero, pues de las 60 concesionarias sólo Bonita 590, del Grupo ACIR, y la 710, del Grupo IMER, son propiamente del género. Sólo Bonita 590, de AM, se jacta diciendo: "Con la música de mi tierra" y programando mariachi todo el día. La 710, que toca mucho mariachi, hace más bien una revisión de todos los géneros del país (Segura, 2003: 2).

Hay muchos medios que discriminan a la música mexicana. ¿Cómo es posible que la capital, el Distrito Federal, sea el peor obstáculo para la música mexicana? [...] Los dueños de la radio [...] no meten música mexicana si ésta no vende sus productos (Pepe Aguilar, ápud Cruz Bárcenas, 2001: 11a).

Es gratificante encontrar en poblados lejanos —como en El Venado, en la bocasierra de Nayarit— talleres de talabarteros-huaracheros que trabajan para gusto de sus operarios con el sistema satelital sintonizado en el canal correspondiente a la música de mariachi. Los artesanos se jactan de identificar no sólo el título de cada pieza, sino también el grupo que la ejecuta y, ante disputas al respecto, revisan la información en los subtítulos.

Para algunos cantantes y académicos, el mariachi se ha sobrevalorado de tal manera que los reivindicadores de las músicas étnicas reclaman "¿por qué considerar que lo mexicano sólo es el mariachi?" (Susana Harp, ápud Cruz Bárcenas, 2004: 21a) y los estudiosos de la "salsa mexicana" llegan a sostener: "A mí me da tristeza y coraje a la vez cuando se habla de música mexicana y se refiere exclusivamente al mariachi" (Rafael Figueroa, ápud Mac Masters, 1996: 26). Pero con justicia ya se han propuesto "Dos registros de la música [...] indígena como patrimonio nacional *[Sonidos del México profundo* y *Testimonios musicales del trabajo radiofónico]*, para que sean reconocidos por la UNESCO (en su categoría Memoria del Mundo)", (Notimex, 2007: 5a). Por otra parte, en los premios Grammy se otorgan tres diferentes distinciones para la música tropical (salsa, merengue e interpretación), en tanto que sólo hay uno para la variada categoría de la música popular mexicana comercial que incluye mariachi, norteña, grupera y banda.

El complejo musical del mariachi espectacular, promovido en gran parte por las demandas del público, hace reflexionar a los especialistas sobre sus modalidades en el futuro. Para algunos, se trata más de una orquesta que de un auténtico mariachi y esta opinión se ve confirmada con la imagen que proyectan ciertos grupos "de lujo" que presumen de estar integrados con egresados de conservatorio y algunos de sus músicos, quienes sobrellevan el apellido de mariachis, pero se sienten filarmónicos.

El mariachi perdió el gusto desde que los músicos leen nota. Todas las características de la técnica del violín mariachero se pueden escribir (sobón hacia arriba, sobón hacia abajo; nota suelta). Pero, aunque sean músicos de nota, se deben aprender de oído las piezas para que se les dé el gusto. El mariachi ya no toca el estilo mariachi porque han dejado de escribir los arreglistas de mariachi; los arreglistas que se contratan ahora son de orquestas —son buenos músicos, gente muy preparada, pero en otro estilo musical— y el sonido resulta diferente (Jesús Rodríguez de Híjar; entrevista de 2007).

En contraste, hay conjuntos populares que toleran las veleidades del cliente y, con plena conciencia del peligro que representa apartarse de las fuentes tradicionales, están volviendo a estudiar, con base en grabaciones de la época, las versiones de los sones con los que el mariachi se dio a conocer en los medios electrónicos antes de 1940.

El mariachi está un poquito ninguneado, porque no le han dado el valor que tiene como exponente de la música ranchera. Pero los ritmos nuevos como vienen se van y el mariachi ahí sigue… No así floreciendo, pero se conserva, porque tampoco vive lo que debe ser (Rigoberto Alfaro Rodríguez; entrevista de 2007).

En fin,

si hay algo que llega a todos [los mexicanos] en música popular, es el mariachi, sonido y sabor que no se agota ni deja de emocionar. Años pasan y años van y su sonido, reforzado o modificado por arreglistas en turno, sigue imponiéndose. Todos [los mariachis] guardan celosamente su sonido estremecedor […] que tanto sirve para *Las mañanitas* de un cumpleaños, como para *Las golondrinas* de un sepelio, o para rematar la fiesta quinceañera o de bodas, o *La diana* en alabanza del triunfador en algo… Siempre está ahí como escenografía invisible y sentimental de nuestro pueblo a todos los niveles. ¡El mariachi sigue presente alrededor de todos nosotros! (Garza, 1994: 2).

"Mariachi, ¡has de consolar a los dolidos, alegrar los corazones de los enamorados y enaltecer con tus sones el nombre de la bien amada patria!" (*El Informador,* 1999: 4D).

EL COLEGIO DE MICHOACÁN, A.C.

EL INSTITUTO MICHOACANO DE CULTURA

Invitan al encuentro:

REVISTA DE UNA TRADICIÓN:
DE OCCIDENTE ES EL MARIACHE...

Coordinador
Álvaro Ochoa Serrano

Viernes 27 de Agosto ´99
Auditorio

CENTRO DE ESTUDIOS DE LAS TRADICIONES
Martínez de Navarrete 505, Las Fuentes 59690, Zamora, Michoacán. México
Tel. (351) 571 00 Ext. 1505 / Fax (351) 571 00 Ext. 1502 / aochoa@colmich.edu.mx

DE LA COMARCA A LA FAMA MUNDIAL

LAS TRANSFORMACIONES DEL MARIACHI VARGAS DE TECALITLÁN DURANTE EL SIGLO XX

El mariachi organizado a finales del siglo XIX en Tecalitlán, Jalisco, por Gaspar Vargas López (1880-1969) —entonces un joven de apenas 18 años— no inauguraba un tipo de agrupación musical ni un estilo o un género, sino que congregaba de manera selectiva elementos musicales y literarios de la denominada "tradición mariachera del sur de Jalisco" o del Camino Real de Colima y áreas circunvecinas, la cual es compartida por poblaciones de los estados de Colima y Michoacán. Tanto la cuadrilla integrada por instrumentos cordófonos (dos violines, guitarra quinta de golpe y arpa de 36 cuerdas), como su repertorio (sones, jarabes, valonas, canciones, corridos, valses y polkas), forman parte de la ritualidad campesina de esa región.

Tecalitlán es un poblado "de tierra caliente" de la vertiente del Pacífico mexicano, en donde el principal cultivo ha sido la caña de azúcar, pero que tiene a la vista al volcán nevado de Colima. Nunca destacó como centro notable de la tradición mariachera, ya que no era un lugar especial de reunión de músicos o de fabricación de instrumentos, ni de trascendencia en cuanto a la composición de sones (Vázquez Valle, 1976; Franco Fernández, 1999 [1976]).

Sin embargo, en un enfoque retrospectivo, el Mariachi Vargas de Tecalitlán ha sido el grupo que ha influido de manera más constante y decisiva en la conformación del estilo comercial-urbano del mariachi. En esta agrupación se llegó a depurar el aspecto agreste de la música de esa comarca (Gaspar Vargas) junto con la manera fina y culta de la música letrada de la elite regional (Rubén Fuentes), mediados por un músico de origen campirano que buscó la trascendencia en el mundo globalizado de los medios de comunicación masiva (Silvestre Vargas).

La continuidad de un nombre y la pregonada conservación de un estilo han sido los principales motivos por los que se considera que el

PÁGINA ANTERIOR: Mariachi Vargas en el ingenio La Purísima de Tecalitlán, Jalisco, en 1925. "[Los típicos e inconfundibles mariachis] tienen sonoridad Los músicos se visten pobremente. No saben nada de tecnicismos de arte, ni se dan cuenta de la admiración que producen los sones que ejecutan. Su vida la pasan en fiestas y verbenas de los pueblos. Para producir [las melodías] el jefe del grupo inicia los primeros compases en su instrumento, a fin de precisar el son que van a llevar a los espectadores, que siempre los rodean: mujeres con niños en los brazos, mozos y hombres del pueblo humilde, y uno que otro 'catrín' que gusta de tan original música. ¡Y con qué entusiasmo la escucha el auditorio!" (Montes de Oca, 1925: 21).

Mariachi Vargas de Tecalitlán corresponde a una tradición ininterrumpida que mantiene inalterables ciertos valores musicales y que tan sólo se ha adaptado de manera progresiva a los nuevos ambientes y modas. Ante esta apreciación de corte publicitario, se impone un análisis puntual acerca de la pretendida permanencia de una microtradición musical "jalisciense", de la que este conjunto sería el portador por excelencia a lo largo de más de una centuria. No se debe olvidar que "El son del sur de Jalisco […] ha sido manipulado [por los medios de comunicación masiva] como ningún otro género regional en nuestro país" (Vázquez Valle, 1976: 33).

En un intento analítico, proponemos distinguir cuatro etapas contrastantes en la historia del Mariachi Vargas. En cada límite que marcan los puntos de cambio —establecidos a partir de un criterio tentativo— se entremezclan géneros, músicos y personajes, en especial los protagonistas centrales, lo cual propicia cierta ilusión de inalterabilidad.

Primera etapa: 1898-1930

El Mariachi Vargas es un conjunto local y comarcano de músicos de tiempo parcial. Su residencia es Tecalitlán y sus integrantes son nativos de la región del sur de Jalisco.

El mariachi agrupado por Gaspar Vargas López en 1898 es en parte heredero de la tradición musical de su tío materno, Plácido Rebolledo, quien ya tenía un mariachi en Tecalitlán en 1840, y de su padre, Amado Vargas (1846-¿?), quien se inició como mariachero alrededor de 1865.

> Gaspar Vargas, ya desde niño contó con el apoyo de su tío, don Plácido Rebolledo, quien hizo que Gaspar y su primo Refugio Hernández aprendieran a tocar la guitarra. Como don Plácido tenía su propio mariachi, siempre avisaba a los muchachos los sitios donde había "fandango" y, terminado su trabajo en el campo, los chicos corrían para deleitarse viendo la actuación del mariachi de su tío (Orfeón Videovox, s. f. [1963]: 1).

El cuarteto tenía ya tiempo ensayando, pero:

> Para que un grupo musical tuviera algún acceso [a las fiestas de entonces], o lo tomaran en cuenta, necesitaba del apoyo de las auto-

ridades locales y muy especialmente de su "visto bueno". Muchos de los grupos musicales perdían el interés por la actividad ante la ausencia de estímulos y del buen trato [pues sufrían el menosprecio de las clases acomodadas] (Cervantes Ayala, 1973: 1).

De tal manera que la que se maneja como fecha oficial de la fundación del Mariachi Vargas corresponde al 15 de septiembre de 1898, cuando el presidente municipal de Tecalitlán, Trinidad de la Mora, otorgó la aprobación oficial al permitirles tocar en la celebración local de las Fiestas Patrias: "empezaron a tocar desde las 16 horas y terminaron más allá de realizada la ceremonia del Grito en la plaza principal y como premio a los fundadores del Mariachi Vargas de Tecalitlán —Gaspar Vargas, Manuel Mendoza, Lino Quintero y Refugio Hernández Vargas— les entregó el señor de la Mora un peso a cada uno, eran 'pesos fuertes'" (ibídem: 1-2).

Llevar serenatas, tocar para el rico que acostumbraba recorrer el pueblo para demostrar su "alegría" seguido por el mariachi, ir a las ferias locales, a los pueblos circunvecinos, a distancias limitadas y cuando más lejos a Colima, era el viacrucis de los músicos de ese entonces, porque las bandas y la orquesta eran lo mejor, quedaba el mariachi para el pueblo (ibídem: 2).

Pronto la fama del mariachi de los Vargas corrió por todos los contornos. Primero en las poblaciones vecinas a Tecalitlán, después por todo el estado de Jalisco y de Colima (Silvestre Vargas, ápud Orfeón Videovox, s. f. [1963]: 1).

De vez en cuando había duelos musicales en los que

> se enfrentaban entre sí, cuando un rico hacendado y otro de igual categoría apostaban por la supremacía musical de dos mariachis, en la competencia se apostaba mucho dinero, aunque el sueldo seguía exiguo [para los músicos]; pero eso sí, el grupo que perdía tenía que desaparecer del lugar por una larga temporada y el ganador se ponía de moda, recibía […] invitaciones a todas las fiestas… (Cervantes Ayala, 1973: 2).

El Mariachi Vargas ganó en 1905 un concurso en Pihuamo, Jalisco, contra el mariachi de Los Trillos. En 1913, Gaspar Vargas incorpora como músico eventual a un ejecutante de cornetín.

> Resulta que mi padre ayudaba a cuanto ser viviente veía en necesidad. Así, en 1913 llegó a Tecalitlán un hombre que venía huyendo de la justicia, pues en una reyerta había matado a uno de sus agresores. Como era diestro en tocar la trompeta, mi padre le llevaba para que acompañara al mariachi. Y en realidad el hombre aquel, de Amacueca o de Atoyac, no recuerdo bien, no lo hacía del todo mal, pero a la gente no le gustaba. De manera que cuando contrataban al mariachi le decían a mi padre: "Y por favor, no traiga usted al del pito ese" (Silvestre Vargas, ápud Orfeón Videovox, s. f. [1963]: 1).

> Ya en 1914 Silvestre ensayaba a tocar las canciones mexicanas más en boga en su primer violín, un instrumento de los llamados "de carrizo". "Algunos sones"… ¡aquéllas sí eran canciones…! "La primera canción que toqué —nos dice Silvestre— fue *El limoncito*… ¡y cómo recuerdo *La Adelita, Joaquinita, La cucaracha, La Valentina, Cuando salgo a los campos me acuerdo, Oyes, María…!* Pronto dominé el violín y mi padre me incorporó al mariachi" (Silvestre Vargas, ápud Orfeón Videovox, s. f. [1963]: 4).

"Muy por separado de su padre lo enseñaba [en el estilo mariachero del violín] el maestro Albino Torres, quien también le enseñó la profesión de sastre" (Cervantes Ayala, 1973: 2). Silvestre también le pidió instrucción musical al violinero Santiago Alcaraz, quien se incorporaba eventualmente al Mariachi Vargas a principios del siglo XX. "Silvestre era sastre y le decía a mi papá: 'Enséñame, Greñas', ése era el apodo de mi padre!" (Manuel Alcaraz Figueroa, entrevista de 2007).

Por fin, en 1921, Silvestre Vargas Vázquez (1901-1985) se integra como violinero al mariachi de su padre, quien todavía era músico de tiempo parcial, ya que su ocupación principal era la de campesino.

Las preferencias eran siempre para el Mariachi Vargas de Tecalitlán, porque se suscitaban fuertes controversias sobre el estilo de Tecalitlán y el de Cocula. "Naturalmente ganábamos —nos dice Silvestre Vargas—, pues nuestro ritmo siempre fue más alegre y le llegaba más a la gente. Además, el arpa, y tocada por aquel inmenso arpista [Manuel Mendoza], no tenía rival" (Orfeón Videovox, s. f. [1963]: 1).

Mariachi Vargas, 1922. "El mejor mariachi de Tecalitlán era el de Gaspar Vargas. Cuando yo los conocí, eran cuatro. Manuel Mendoza, arpa; Gaspar Vargas, guitarra de golpe; Silvestre Vargas, primer violín; y Trinidad Olivera, segundo violín. Ellos tocaban de todo: polkas, valses, corridos, canciones de la época, y sin faltar, aquellos sones que tocaban magistralmente. Su estilo de tocar de Gaspar Vargas y Manuel Mendoza causó admiración de todo el pueblo" (Nicolás Torres Vázquez, ápud Clark y Carciacano, editores, 1991: 3).

Eran de verse aquellas fiestas, en los grandes patios abajeños. Se barría y se regaba perfectamente y las sillas y bancas se alineaban en derredor del gran patio. En uno de los sitios más visibles se colocaba el mariachi. Y a una señal del dueño de la casa, el mariachi atacaba una obertura. Sí, oyó usted bien, una obertura, el mariachi tenía las suyas... sus propias oberturas, es decir, sones abajeños más complicados, que requieren un verdadero virtuosismo en los ejecutantes. Así tienen ustedes sones-oberturas tan hermosos y difíciles como *El son del cuatro, Las noches de luna, El reventaesquinas, El pasajero, Los arrieros* y muchos más…

Tras la obertura venía propiamente el baile. El baile era auténticamente popular, pues el mariachi fue siempre para alegrar las fiestas de los pobres, de los humildes. Bodas, bautizos, santos, y cuanta ocasión tenían las buenas gentes de la tierra abajeña para celebrar un "fandango" corrían por cuenta del mariachi. El mariachi lo era todo: tocaba, cantaban sus componentes. Lo único que no ponía el mariachi eran los bailarines, para eso estaban los de la fiesta. Sentados en las sillas o bancas alrededor del patio, esperaban la primera pieza para bailar y corrían como desesperados hacia la muchacha que más les agradaba, a fin de que nadie se les adelantara. La invitaban cortésmente y pasaban al patio para zapatear los sones […] porque entonces era diferente […] no se bailaba abrazados […] las costumbres no lo permitían, de suerte que el orgullo de cualquier galán consistía en escoger a la mejor bailarina y con ella repiquetear el jarabe ranchero. La competencia era dura y se inventaban pasos con qué asombrar a la concurrencia y dejar atónitas a las muchachas. Había que ver aquel jarabe típico de *La costilla*. Se alineaban en el suelo tres, cuatro, diez sombreros. La mujer se colocaba en un extremo de aquella fila de sombreros y el hombre en el otro, y empezaban a tejer sus pasos entre los sombreros de anchas alas. Aquello era hermoso, señor, aquello era hermoso. Había muchos otros bailes: *La botella,* que se ha hecho internacionalmente famoso.

Nuestra vida —continúa Silvestre Vargas— era tranquila y feliz, dedicados como estábamos a alegrar las fiestas de la comarca. Para entonces nuestra fama ya cundía por todo el estado. "Nadie como los de Tecalitlán", decían los entendidos cuando se hablaba de mariachis (Silvestre Vargas, ápud Orfeón Videovox, s. f. [1963]: 1 y 4).

La versión musical y literaria de la primera etapa del mariachi Vargas era tan sólo una adecuación de la tradición regional del mariachi "del sur de Jalisco", tanto en lo referente a la melodía y el ritmo como a las letras de las piezas. Por la ubicación de Tecalitlán, esta microtradición era compartida en buena medida por músicos de los vecinos estados de Colima y Michoacán. La designación de jalisciense para esa música corresponde a una arbitrariedad respecto a los límites de las entidades políticas, los cuales han variado a través de la historia. De hecho, la nueva población de Nuestra Señora de Guadalupe de Tecalitlán había sido fundada en el último cuarto del siglo XVIII, como dependiente de la Alcaldía Mayor de la Provincia de Colima (Pérez Ponce de León, 1979 [1777]: 184-186 y 207).

> Los fenómenos colectivos, denominados folclóricos, evolucionan en un plano autónomo que es independiente de la geografía, de la organización política, de la organización diocesana, de la diferenciación económica, del dialecto; dichos fenómenos obedecen leyes que, de manera sumaria, se pueden llamar sin duda sociológicas, pero matizadas de manera singular (Van Gennep, 2001 (1933): 137-138).

Segunda etapa: 1930-1954

Corresponde a la transición del mariachi hacia músicos de tiempo completo, dedicados a las giras y asociados luego a los medios de comunicación masiva. Pronto establecen su residencia en la ciudad de México, aunque sus integrantes regresaban periódicamente a su región de origen. Nunca fue parte de la tradición de la Plaza Garibaldi, pues buscó manejarse en ambientes elitistas. Acompaña a cantantes afamados o incluye por su cuenta a un cantante solista. Entre sus integrantes se cuentan cada vez más músicos no originarios de Tecalitlán; todavía Gaspar Vargas, el fundador, aparece como guitarrero, aunque es retirado del conjunto en 1953. Es una etapa compleja en que se sucede una serie de cambios que conducen progresivamente al Mariachi Vargas desde el campo del mariachi tradicional al ámbito del mariachi moderno.

> En los años 1928 a 1930 íbamos a [las] ciudades cercanas de Tuxpan, Tamazula, Ciudad Guzmán, y a la capital de Colima. Cuando se

terminaban las fiestas religiosas en [Ciudad] Guzmán en seguida eran las de Colima. Así pasaron dos o tres años (Nicolás Torres Vázquez, ápud Clark y Garciacano, editores, 1991: 3).

Llegó la oportunidad de que trabajaran en 1930 en [la ciudad de] México, por orden del general Vicente González, Jefe de Operaciones en Colima, quien los contrató para representar al mencionado estado en una fiesta que se hizo en el ya desaparecido islote del Lago de Balbuena, donde ahora está el Deportivo Venustiano Carranza. Fue para un banquete de gran fiesta que se le ofreció al general Plutarco Elías Calles a su regreso de un viaje por Europa. La fiesta que se ofreció al general Calles tuvo la representación del folclore de [los] 27 estados de la república mexicana, la ofreció el entonces presidente [...] Pascual Ortis (sic) Rubio. Lo más típico y más localista de cada lugar de la república estuvo presente (Cervantes Ayala, 1973: 3).

El ingeniero Francisco Yáñez, de la RCA Victor, les ofreció apoyo para que realizaran grabaciones. "Pero esto no sucedió [...] y volvió el grupo al salario de los cincuenta centavos en Tecalitlán" (ídem: 3).

En 1931, deciden ir a la aventura a Tijuana, contratados por un empresario. "Manuel Mendoza no quiso ir porque ya estaba de edad avanzada. Es por eso que se invitó a Francisco Álvarez, un arpero de Tamazula" (Nicolás Torres Vázquez, ápud Clark y Garciacano, editores, 1991: 3).

Primero irían a Manzanillo y de ahí un barco los transportaría a cumplir su contrato. El barco, cuyo nombre era El Zauzal [...], era un barco de carga propiedad del general Abelardo L. Rodríguez [1889-1967], y capeó tal tormenta que tuvieron que ir a parar a la Isla de Cedros antes de llegar a su destino (Cervantes Ayala, 1973: 3). Llegando al puerto de Ensenada, seguimos por tierra a Tijuana (Nicolás Torres Vázquez, ápud Clark y Garciacano, editores, 1991: 4).

Esa ciudad fronteriza vivía en aquella época un auge turístico, propiciado por la "ley seca" vigente (de 1920 a 1933) en los Estados Unidos, que prohibía la elaboración, transporte, venta y consumo de bebidas alcohólicas. Allá, el grupo de cinco músicos (tres violines, guitarra quinta de golpe y arpa) se presentó con un traje de manta, sombrero de soyate, paliacate en el cuello

PÁGINA SIGUIENTE:
El Mariachi Vargas colocado al frente de la Orquesta Típica Lerdo de Tejada, en el Hemiciclo a Juárez, 1935. "El mariachi era 'lírico', es decir, sus miembros no habían cursado música, sino que tocaban 'de oido'. '…recuerdo —nos dice Silvestre Vargas— que en una ocasión ensayábamos *La del pañuelo rojo*. Como la base era el arpa, los demás le decían que afinara en la 'mí'. Habían oído que en ese tono estaba la composición, pero no tenían idea de qué cosa era esa 'mí' de que se hablaba'" (Silvestre Vargas, ápud Orfeón Videovox, s. f. [1963]: 4). Hubo una gran tolerancia por parte del maestro Lerdo de Tejada y un gran esfuerzo por parte de los mariacheros con el fin de compartir el escenario.

Orquesta Típica de Policia de México D.F. —
junio de 1935.—

"Y todos nosotros —miles de ejecutantes de la trompeta mariachera— tocamos de la manera que lo hacemos debido a sus grabaciones, al estilo que usted desarrolló tan al principio como la década de 1940. ¿Por qué toca usted así la música de mariachi?" (Nevin, 2002: 51-52). —"Yo toco con el corazón... El mariachi es una música que debes sentir, dentro de tu pecho, debes sentir la música para poder tocarla bien. Tienes que tocar [la trompeta] con el ritmo y sentimiento de la vihuela y el guitarrón, cuidando su fraseo y al mismo tiempo uniendo el sonido de tu trompeta con el violín" (Miguel Martínez Domínguez, ápud Nevin, 2002: 52 y 54).

al momento como un *jazzista* (Rigoberto Alfaro Rodríguez, entrevista de 2007).

Gaspar Vargas pertenecía a otra época. El tipo de mariachi donde él se forjó interpretaba relativamente pocos géneros y no requería saber de muchos tonos ni tonalidades. Principalmente, él sabía lo que le llaman vulgarmente los acordes de "primera, segunda y tercera," y éstos únicamente en las tonalidades más comunes para el arpa. ¡Un bolero ha de haber sido una pesadilla para él! Aunque tenía muchísima sofisticación rítmica, su vocabulario armónico era sumamente primitivo. Esta limitación fue un factor determinante en su eventual salida del grupo [en 1953] (Jonathan Clark, entrevista de 2007).

Gaspar Vargas era bueno pa' tocar [la guitarra] quinta, ese señor era muy bueno pa' tocar los sones. Pero ese señor era muy chistoso, cargaba una daga. 'Ai en Sayula hay una fábrica donde hacen esas dagas. Lo sacaron del Mariachi Vargas porque los elementos que traían eran buenos pa' tocar [lo nuevo]. Él era un señor de esos rancheros; él era, pues, de antigüedad. A los elementos ésos no les gustaba lo que hacía el señor: iban a trabajar a las casas y el señor tocaba con una dagota, le salía la cacha de la cintura y ahí recargaba el pescuezo de la guitarra quinta (José Refugio Hermosillo, entrevista de 2007).

La situación era que ya los elementos del Mariachi Vargas tenían que esmerarse; el comportamiento era con educación. Pero el señor era rebelde; el deseo de Rubén Fuentes era que el mariachi se puliera y don Gaspar no quería aceptarlo. Él quería conservar las formas en que él estaba acostumbrado; era tajante en sus ideas, era una persona cerrada y con falta de preparación; en lo musical, él era de los sones, canciones rancheras y polkas. Pero entonces la situación del Mariachi Vargas era sobresalir, dar una impresión de preparación y de pulcritud (Juan Linares Olivares, entrevista de 2007).

Al arpero Arturo Mendoza le tocó darle las gracias. A don Gaspar hasta le temblaba el bigote de coraje, cuando se lo dijo. Le reclamó, airado, a Mendoza que él antes le había prestado dinero (Jonathan Clark, entrevista de 2007).

Era muy violento don Gaspar, era muy pelionero. Llegó a sacarles la daga a varios de los músicos del Vargas. Él tocaba siempre apartado, en una orilla del grupo, no se ponía junto a la vihuela y la guitarra, como se acostumbra. Don Gaspar tenía mucha amistad con Miguel Díaz, también hizo amistad con Marcelino Ortega, del Mariachi Perla de Occidente; ellos lo llevaban a trabajar de vez en cuando, pero sobre todo llevaban a don Gaspar para que les dijera los sones. También se lo llevaban a trabajar con el Mariachi de Arcadio Elías (Jesús Rodríguez de Híjar, entrevista de 2007).

Entonces [...] don Gaspar hizo su grupo, "juntó su bola", metió jóvenes y gente que ya sobresalía en el mariachi. Llegó a trabajar en un restaurant que se llamaba Cocula, en Ribera de San Cosme. Se

PÁGINA ANTERIOR:
Mariachi Vargas, circa 1942. El conocido verso de la canción Cocula (1941), en el que se afirma que "de Tecalitlán [son originarios] los sones" es un testimonio del éxito que, a principios de la década de 1940, estaba logrando el Mariachi Vargas en la ciudad de México. También es una referencia regional a la tradición del mariachi, ya que —de manera idealizada— en la misma octava se indica que el mariachi es de Cocula y el cantar de San Pedro Tlaquepaque. Sin embargo, el efecto de su difusión ha conducido a que autores colimenses repliquen: "Atendiendo al dicho de [que] 'Jalisco nunca pierde y cuando pierde arrebata' [...], gracias a los medios de comunicación [electrónica], Jalisco se quedó con todos los créditos de la aparición y existencia del mariachi y, además, de nuestros sones regionales" (Rodríguez López, 2001: 95).

metió en restaurantes y trabajos particulares (Juan Linares Olivares, entrevista de 2007).

Le pasaba trabajos Silvestre, le ofrecía centros nocturnos. Nos llevaba a películas que le pasaba don Silvestre. Estuvimos en el restaurant Cocula y luego en El Abajeño (Eliseo Pantoja Razo, entrevista de 2007).

A raíz de esa situación, don Gaspar es invitado por su hijo a tocar eventualmente con el Mariachi Vargas y, ya octogenario, de vez en cuando asistía a los ensayos del conjunto. Según Baqueiro Foster, a mediados de la década de los sesenta: "El fundador, don Gaspar, que ya va para los 90, todavía está atento a las últimas evoluciones [del mariachi que dirige con mucho éxito su hijo,

Silvestre], aunque sigue fiel a las formas que él conoció en sus tiempos" (1965b: 33).

Un notable testimonio musical de esta segunda época se puede encontrar en el disco compacto *Mariachi Vargas de Tecalitlán. First Recordings: 1937-1947*, (Mexico's Pioneer Mariachis, 3),Arhoolie Productions CD 7015, El Cerrito, California, 1992.

Tercera etapa: 1954-1975

Corresponde al mariachi diseñado a partir de los requerimientos de los medios de comunicación masiva, influido por la técnica musical letrada, pero que conserva un arraigo mariachero principalmente a través de los sones y el sentido lírico de sus integrantes. Se mantiene una oriundez jalisciense en la mayoría de ellos, pero el remplazo de los músicos se realiza omitiendo las consideraciones familiares o de amistad. Debido a su avanzada artritis, Silvestre Vargas se vio obligado a retirarse paulatinamente como ejecutante a finales de la década de 1950. Permaneció como emblema de su mariachi y, en las grabaciones para los discos, sólo se encargaba de "echar los gritos"; si bien siguió activo en el grupo en labores de administración y promoción.

> Silvestre Vargas y Rubén Fuentes tocaban la misma "cuerda", la parte correspondiente al primer violín, la que normalmente es la más aguda. Ya que Rubén empezaba a acomodar la repartición de las cuerdas dentro del conjunto (había violín primero, segundo y tercero), solía acomodar el primer violín en una tesitura más alta que la acostumbrada. Como Silvestre no tenía una base técnica sólida para ejecutar el violín en ese registro, le fallaba la afinación de manera notoria en los pasajes altos. Dándose cuenta él mismo de ese problema,Vargas ejecutaba las partes agudas una octava debajo de Rubén, en las posiciones del violín donde tenía más seguridad. Por supuesto, hubiera sido preferible que ejecutara todo en la misma tesitura que Rubén, pero Silvestre hacía lo mejor que podía dentro de sus limitaciones, y las partes octavadas que echaba no estorbaban (Jonathan Clark, entrevista de 2007).

En 1954 Rubén Fuentes se retira como ejecutante del Mariachi Vargas,ya que su fulgurante éxito como compositor y arreglista lo había promocionado

PÁGINA ANTERIOR: Mariachi de Gaspar Vargas, 1955. "Acompañábamos a La Torcacita en el Riverol. Por cierto que el mariachi traía trompeta, entonces se usaba nomás una trompeta. Pero don Gaspar no sabía nada de música [moderna]; yo le preguntaba luego de los boleros que salieron con Pedro Infante y él me decía 'Échale primera y segunda'. Lo despedimos en 1957, porque el grupo ingresó al Ballet Folklórico Nacional de Amalia Hernández, entonces ya con el nombre de Mariachi Anáhuac, bajo la dirección de Cuco Gómez" (Eliseo Pantoja Razo, entrevista de 2007).

como director artístico de la compañía disquera RCA Victor. Temporalmente toma la dirección José Contreras Méndez (Tamazula, 1922-1990). Proveniente del Mariachi Perla de Occidente, Jesús Rodríguez de Híjar, nacido en Tequila en 1929, ingresó en 1954 al Mariachi Vargas como violinista y ascendió a director musical en 1955. Pero él ya había tocado con el Vargas desde 1948, invitado como violinista suplente de Rubén Fuentes en determinados servicios, en tanto músicos de la Policía del Distrito Federal o como refuerzo del grupo para las grabaciones.

Es manifiesta en el mismo Silvestre Vargas la contradicción entre los recuerdos de la tradición original del mariachi en Tecalitlán y el repertorio que su mariachi "monumental" ejecutaba por aquellas épocas.

> Ahora algunos mariachis se meten a interpretar oberturas clásicas, invadiendo un terreno que no les corresponde. Porque para eso, para las oberturas clásicas, están las orquestas. El mariachi, sobre todo el auténtico mariachi, que respeta sus más puras esencias, ése no toca sino sus propias "oberturas", es decir, sones abajeños más complicados, que requieren un verdadero virtuosismo en los ejecutantes (Silvestre Vargas, ápud Orfeón Videovox, s. f. [1963]: 1).

Debido a sus compromisos de exclusividad con ciertas disqueras, el Mariachi Vargas tuvo que aparecer con otros nombres (Mariachi Guadalajara, Mariachi Jalisciense de Rubén Fuentes o Mariachi Los Mamertos, entre otros seudónimos) para tener la posibilidad legal de grabar con otras firmas. En determinado momento, el Mariachi Guadalajara se independizó de Silvestre Vargas y cambió su nombre a Mariachi América de Alfredo Serna.

En esta tercera etapa el Mariachi Vargas, bajo la conducción de Rubén Fuentes, prosiguió la depuración de las versiones de los sones y estableció un prototipo estandarizado, una forma fija del inventario comercial del "son jalisciense contemporáneo". Fogelquist (1975: 166-300) presenta las transcripciones analíticas de 35 sones, de los cuales 30 corresponden a los arreglos del Mariachi Vargas; por su parte, Clark (2002) ha editado las transcripciones de doce sones con los arreglos de dicho conjunto, tanto en la partitura del director, como desglosados para cada instrumento.

> El Consejo Nacional de Turismo les llevó en la promoción en pro de la Olimpiada registrada en México [en 1968] y también en pro del Campeonato Mundial de Futbol de 1970, [en] un extenso

PÁGINA ANTERIOR:
El Mariachi Vargas participó de manera intermitente en las giras de la Caravana Corona por el territorio mexicano, que iniciaron en 1956 y concluyeron en 1982. En esas presentaciones le tocó compartir el programa con "uno o dos de las máximas figuras, gente ya consargrada, cotizada al máximo, querida y por eso requerida por el pueblo. Se sumaban dos o tres jóvenes valores; le seguían tal vez un par de cantantes de ambos sexos a quienes ya se les habían pasado los mejores tiempos, pero que aún estaban vigentes y eran recordados con agrado; un trío de polendas; un cómico al menos, o un ventrílocuo o mago; un conjunto musical que podía ser una banda de *swing*, un conjunto de *rock* o una sonora" (Chao Ebergenyi, 1995: 24). En 1972 le correspondió escenificar una confrontación musical —por supuesto pactada— con la moda del emergente "Conjunto norteño", uno de cuyos distintivos es el acordeón; la función se programó para la Plaza de Toros El Progreso de Guadalajara.

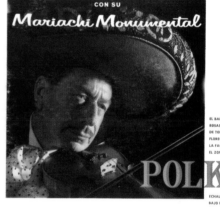

recorrido [...] desde Marruecos hasta Japón, Hong Kong, Bangkok y Singapur. Pero la reacción en favor del Vargas de Tecalitlán recibida en Indonesia es lo más sensacional que haya ocurrido. Bastaron los primeros acordes de *La Negra,* cuando apareció el mariachi en el enorme estadio donde se realizaron las competencias internaciones de la GANEFO: 150 mil personas gritaron de entusiasmo y más adelante hicieron coro de *Cucurrucucú, paloma* (Cervantes Ayala, 1973: 8).

Con la supervisión de Rubén Fuentes y la colaboración de Rigoberto Alfaro, Rodríguez de Híjar incorpora al repertorio del Mariachi Vargas piezas de "música clásica", y prepara el disco *La nueva dimensión* (1968), en el que experimenta combinaciones rítmicas de Sudamérica (principalmente de Venezuela) junto con variantes de los sones jaliscienses y huastecos, de tal manera que logra presentar como novedad ritmos sintéticos; asimismo, incorpora composiciones de los integrantes del conjunto y la pieza *La Bikina,* que había llegado a rivalizar con el son de *La Negra,* en tanto pieza emblemática del mariachi. De hecho, a partir de esta novedad, los acordes se volvieron más complejos y se presagiaron varias tendencias musicales que se verían con mayor frecuencia en el mariachi.

En 1968, ante un "mano a mano" musical con Los Camperos, en el teatro Million Dollar de Los Ángeles, los integrantes del Mariachi Vargas son preparados por Ricardo Luna, coreógrafo del Teatro Blanquita, para desarrollar un espectáculo con desplazamientos en el escenario; de ese programa se derivó el disco *Fiesta en Jalisco* (1970).

Hacia 1973, "la mayoría de los elementos [del Mariachi Vargas de Tecalitlán] leen música a primera vista en el papel pautado" (Cervantes Ayala, 1973: 6). Sin embargo, su director se esforzaba en que su conjunto mantuviera el sentimiento lírico: "Los sones se deben tocar sin leer nota, cuando empezamos a leer nota perdemos un poco el entusiasmo, el sentimiento. Ya no se tiene el mismo gusto" (Jesús Rodríguez de Híjar, entrevista de 2007).

En esta tercera etapa, los géneros mariacheros (sones-jarabes) constituyen todavía casi la mitad del repertorio del Mariachi Vargas, aunque la otra mitad de música que difunde este grupo ya no corresponde a la tradición del occidente de México.

A contracorriente, Silvestre Vargas proclamaba de manera enfática en 1965 que:

PÁGINA ANTERIOR:
"El Mariachi Vargas de Tecalitlán es el más celebrado del mundo. Ha realizado cientos de grabaciones [de larga duración] a lo largo de su historia, tanto de sus propias producciones como de sus colaboraciones como acompañante de numerosos cantantes. Las piezas de ningún otro mariachi se tocan con tanta frecuencia por otros grupos [...] y ningún estilo mariachero es imitado a tal grado. Ningún otro mariachi se puede jactar de que tal cantidad de su música original se convierta tan rápida y frecuentemente en parte del repertorio estándar" (Nevin, 2002: 151-152 y 159).

Los conjuntos de mariachis deben tocar aquella música que les es propia, como los sones jaliscienses, y no oberturas o *twist*. En algunos lugares de los Estados Unidos se presenta al mariachi mexicano tocando *Poeta y campesino* o *La boda de Luis Alonso,* e incluso el Saint Louis Blues. Esto hace que se vaya perdiendo el concepto original de lo que es la música de mariachi (ápud Baqueiro Foster, 1965b: 34).

El día que comenzamos a grabar *Poeta y campesino* [en 1967], Silvestre se fue enojado; él nunca quiso tocar nada de lo que había difundido el mariachi de Román Palomar. Yo quise hacer del Vargas el mejor mariachi, por eso modernicé su repertorio; pero nunca lo quité de tocar sones, porque ésa es la música auténtica del mariachi. Yo ensayé y toqué los sones por más de 20 años con Silvestre Vargas, él fue quien me los enseñó directamente en el violín (Jesús Rodríguez de Híjar, entrevista de 2007).

Entonces, en aquel tiempo [1958-1970], nos conjuntamos elementos con un nivel de talento que logramos hacer lo que no se había hecho antes ni después se ha hecho. Era tocar uno no con el afán de ganar dinero, sin ostentación; era una conjunción de elementos que nos entendíamos bien. No se tenían notas para cuadrar todo, aquella época era tocar con el corazón, no con la técnica y la cultura musical que hoy se tiene. El mariachi tiene un sabor y hay que respetarlo. Lo que siente uno mejor es cuando no se están viendo las notas, cuando se toca con talento y se improvisa (Rigoberto Alfaro Rodríguez, entrevista de 2007).

Cuarta etapa: a partir de 1975

En 1965, Silvestre Vargas se retiró como músico activo, aunque siguió gravitando en el conjunto hasta su fallecimiento en 1985, y Rubén Fuentes quedó como conductor indiscutible del Mariachi Vargas espectacular.

José Martínez Barajas (Tecalitlán, 1941), proveniente del Mariachi Nuevo Tecalitlán, ingresó como relevo de Rodríguez de Híjar en 1975, en tanto violinista y director musical del Mariachi Vargas. El grupo se ha convertido en una "marca" comercial. "Es un mariachi que funciona en todos los niveles:

el musical, el administrativo, el comercial, de disciplina, de elección de nuevos elementos y de aceptación por parte del público, es conocido mundialmente y representa a México" (José Martínez Barajas, entrevista de 2007).

La tendencia técnica de grabación escalonada que inició a finales de la década de los sesenta, ya estaba plenamente establecida en esta última etapa: el mariachi no toca ahora en los estudios de las disqueras como agrupación —y menos junto con el cantante—, sino que cada sección de instrumentos o varias juntas ejecutan su parte por separado y luego se reúnen las distintas pistas para mezclarlas, agregar la voz del cantante y producir el disco. Esa constricción técnica ha agudizado la exigencia de que cada músico toque su parte de manera precisa y puntual y a determinado que los ejecutantes deben ser músicos de nota.

> Pero el estilo, el sabor, ya está establecido; ya cada quien sabe lo que se quiere. Además yo siempre estoy en las grabaciones y dirijo a cada sección, a las voces, también la mezcla final y la masterización —el acabado completo— del disco. Cuando grabamos sí tocamos leyendo, pero en las presentaciones siempre se toca de memoria todo. Se tocan sones y se tocan bien, el sabor de los violines es tocar "de manera cantada", con vibratos que salen de adentro del corazón (José Martínez Barajas, entrevista de 2007).

Hacia 1977 el Mariachi Vargas editó tres elepés de música venezolana, que sólo salieron a la venta en aquel país sudamericano. A raíz de los encuentros de mariachi (*mariachi conferences*), iniciados en San Antonio (Texas) en 1979, se conforma un gran movimiento en los Estados Unidos para la difusión del mariachi. En una versión subsecuente, el Mariachi Vargas tocó por primera vez junto con la Orquesta Sinfónica de San Antonio. El Mariachi Vargas diseñó y estableció las piezas mariacheras del tipo popurrí —que había iniciado en el encuentro con Los Camperos (1968)—, en las que se sintetizan fragmentos de diversas tradiciones musicales de las regiones de México, junto con éxitos latinoamericanos y renombradas piezas internacionales. Los popurrís se presentaban originalmente durante su actuación en los festivales, pero cuando ya otros mariachis y los alumnos los habían integrado en su repertorio, se llegaron a tocar como piezas de clausura. Se vuelve costumbre una interpretación en la que, además de los desplazamientos coreográficos en el escenario (que también datan de *Fiesta en Jalisco,* 1970), se incluyen por parte de los músicos ciertos movimientos corporales.

Los músicos del Mariachi Vargas tocaban con seriedad, no se movían, tocaban como soldados, parados, ni siquiera pestañeaban; los cantantes eran los que se movían, el mariachi nomás acompañaba. Yo ya traía un estilo de que los músicos se comenzaran a mover; ya traía yo una alegría natural con el fin de agradar. Ahora nos movemos pa' un lado y pa'l otro, se nota un ambiente suelto y bullicioso (José Martínez Barajas, entrevista de 2007).

En 1982 preparan el disco *Latinoamérica y su música;* en 1986 estrenan en el festival de Tucson *Violín huapango* y en 1989 sale el disco *En concierto,* con piezas clásicas. En 1991, graban el CD *Los sones reyes, Los reyes de los sones* y en la producción de *Amores, penas y desengaños* (2004) incluyen el *Son de la loba.* Entre sus últimas producciones están *La quinta generación* (2002), *Por ti cantaré y volaré* (2005) y *Para los amigos* (2006).

Necesariamente, el Mariachi Vargas tiene que iniciar su espectáculo con un popurrí de sones. En cuanto terminan los sones, la gente pide huapangos, boleros, rancheras y lo que el Vargas está grabando ahora, sin faltar el *Huapango* de Moncayo y *La boda de Luis Alonso.* Ahora ya rara vez acompañamos a un artista; nuestros músicos cantan con escuela (José Martínez Barajas, entrevista de 2007).

En el caso del Mariachi Vargas de Tecalitlán, el repertorio se renueva anualmente y, en esa actualización, la mayoría de los temas son los que están en boga dentro de los gustos románticos, y uno que otro que incite al baile (Sánchez, 2004: 7D).

Uno de los secretos y de las cosas más naturales en un grupo como éste, es que exista una selección de elementos […], siendo uno de los requisitos para los aspirantes, además del dominio del instrumento y buena voz, que sea un buen lector de solfeo (José Martínez Barajas, ápud Contreras, 2001: 4D).

Evolución del Mariachi Vargas de Tecalitlán durante el siglo XX

PRIMERA ETAPA:	SEGUNDA ETAPA:	TERCERA ETAPA:	CUARTA ETAPA:
1898-1930	1930–1954	1954–1975	a partir de 1975
mariachi tradicional	mariachi de transición y mariachi moderno	prototipo del mariachi moderno	mariachi espectacular y sinfónico
director: Gaspar Vargas	*directores:* Silvestre Vargas y Rubén Fuentes	*directores:* Rubén Fuentes, Silvestre Vargas y Jesús Rodríguez de Híjar	*directores:* Rubén Fuentes y José Martínez
músicos de Tecalitlán y del sur de Jalisco	músicos de Tecalitlán y del sur de Jalisco	músicos de Jalisco, Michoacán y de Tecalitlán	músicos de Jalisco, Michoacán Baja California, Coahuila y del Distrito Federal
músicos líricos	músicos líricos y músicos de nota	músicos de nota y músicos líricos	músicos de nota
cuatro elementos	comenzó con cinco elementos y llegó a ocho; eventualmente se amplió a diez	diez elementos	doce elementos
80% de sones en su repertorio	60% de sones en su repertorio	40% de sones en su repertorio	10% de sones en su repertorio

El porcentaje de los sones es tan sólo un cálculo aproximado. Para la primera etapa está basado en los testimonios de mariacheros de varias subtradiciones de Nayarit y Jalisco de la primera mitad del siglo XX, bajo el supuesto de que toda la macrotradición operaba en términos similares. En el caso de las tres siguientes etapas, está propuesto a partir del testimonio de Miguel Martínez Domínguez, Jesús Rodríguez de Híjar y José Martínez Barajas, respectivamente; en los tres casos las entrevistas son de 2007.

En la actualidad, la mayoría (ocho) de sus músicos son jaliscienses, dos son del Distrito Federal, pero con raíces en Jalisco, uno es de Michoacán, otro de Tijuana y uno más de Saltillo. Aunque su director es oriundo de Tecalitlán, hace varias décadas que el Mariachi Vargas está totalmente separado de la vida ritual y manifiesta desapego con respecto al pueblo cuyo nombre ostenta.

Nicolás Torres Vázquez (1910-1992) me contó alrededor de 1980 que hacía unos diez años había llegado un equipo de la televisión italiana a Tecalitlán, buscando al Mariachi Vargas para filmar un documental. Llegaron sin anunciarse, preguntando por el grupo en la presidencia municipal, donde se decepcionaron al saber que hacía muchas décadas que ese mariachi ya no radicaba ahí. Entonces los llevaron con don Nicolás, el único ex miembro del Mariachi Vargas que vivía en el pueblo, y lo entrevistaron. Finalmente, filmaron un mariachi que Nicolás les consiguió en [el vecino pueblo de] Tuxpan y entrevistaron en Zapotiltic al arpista José Mendoza Cortés (1903-1990), quien también había pertenecido al Vargas. Aparentemente se retiraron contentos y ya no fueron a la capital. Debe existir en Italia ese documental (Jonathan Clark; entrevista de 2007).

Hoy en día, en Tecalitlán sólo hay un modesto mariachi que toca de fijo, Los Halcones, al que los lugareños se refieren despectivamente como "mariachito"; consideran al de la vecina población de El Aserradero como el mejor mariachi de su microrregión. Todavía sobreviven algunos ancianos mariacheros en la cabecera municipal; de hecho, el conjunto de don Jesús Torres Ramírez (1929-2004) editó en 2002 un par de discos compactos (*Mariachi tradicional de arpa grande de Tecalitlán, Jalisco,* volúmenes I y II, Ediciones Pentagrama). En la ranchería de Las Maravillas permanece un mariachi tradicional integrado por dos violines, dos vihuelas, una guitarra de golpe y un guitarrón.

Sólo a partir de un análisis etnomusicológico puntual y detallado puede ser esclarecido si, a pesar de todas las mutaciones instrumentales (en especial el añadido canónico de la trompeta), melódicas, rítmicas, de interpretación vocal y de géneros involucrados —no se diga de número de integrantes y de imagen visual—, permanece algo —y en qué medida— de la gran tradición original del "mariachi del sur de Jalisco" en el actual "estilo del Vargas".

Los pocos mariachis estelares —consagrados por la televisión y, en los últimos años, por los Encuentros Internacionales del Mariachi de Guadalajara, con el Vargas a la cabeza— pregonan como uno de sus grandes triunfos el haber llegado a tocar ensamblados con orquestas sinfónicas. Sin embargo, en la capital tapatía, en su sección "Bemol y sostenido" del periódico *Público*, el musicólogo Sergio Padilla ha aclarado:

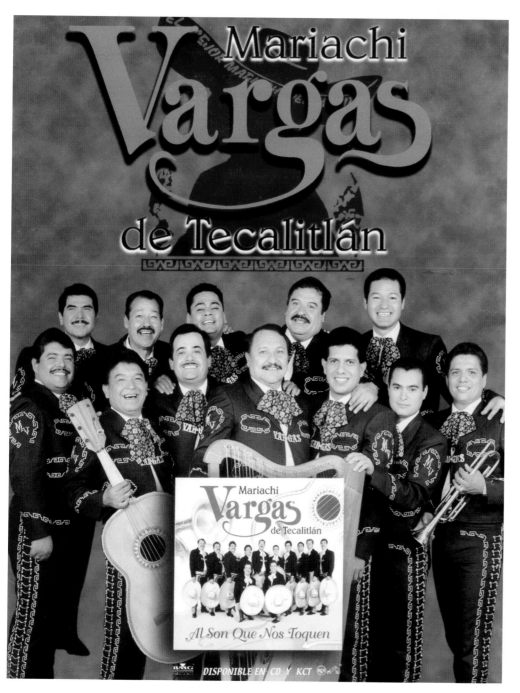

El Mariachi Vargas en la actualidad combina su sonido tradicional con composiciones modernas; por un lado mantiene su "estética revisionista" (que retoma materiales preexistentes para conformar una música original, que todavía es representativa de las raíces tradicionales del mariachi) y, por otro, continúa con la línea vanguardista –experimentalista– de la música *pop* del mariachi (Nevin, 2002: 152, 159 y 175).

Los festivales de mariachi "mantienen la imagen de un mariachi ostentoso [...] en donde [...] entre más costoso es el atuendo del [grupo] más aceptación tiene en su *performance*. La 'gala del mariachi' se ha convertido en una forma de empresa del espectáculo, en donde la significación tiende a dirigirse hacia lo 'exótico' más que apelar a 'la tradición'. La insistencia en 'gala' en oposición a 'campesino', o bien 'gala' como evocación de opulencia [corresponde a] un producto cultural en el ámbito del mercado global de gran demanda en el mercado internacional" (Chamorro, 2006: 369-370 y 372).

Estoy de acuerdo en que las "galas del mariachi" son eventos "exitosos", desde el punto de vista de la cantidad de gente que llena cada noche el teatro Degollado. Sin embargo, tales galas tienen más de comercial que de artístico, ya que el concepto de mariachi moderno —protagonistas de las galas, junto con cantantes de diversas calidades— ha sido el resultado de criterios de ventas de las casas discográficas y la industria del espectáculo. [...] Así pues, sigo sin estar de acuerdo en que la Orquesta Filarmónica de Jalisco participe en un evento que no es auténtico, que es puramente comercial y donde su participación no pasa de simple comparsa (2005: 43).

Con un indudable contenido discriminatorio y como excusa para que la Orquesta Filarmónica de Jalisco colabore en dicho espectáculo, "algunos de los músicos de la OFJ [...] han dicho que cualquier orquesta del mundo participa en eventos que en el argot se llaman 'huesos', lo que además les genera un ingreso extra" (ídem).

Desde una perspectiva histórica de "larga duración", éste es el punto central a reflexionar sobre estos grandiosos "mariachis sinfónicos". En 1907, disfrazada con modesto traje de charro, La Mariachi —integrada por dos grupos tradicionales de diferentes regiones de Jalisco— ostentó con éxito en la capital mexicana el título de orquesta típica, en la que se consideró la fiesta más importante realizada hasta el momento en las dos Américas (*The Mexican Herald*, 3 de octubre de 1907: 1). Un siglo después, el ciclo ha concluido en un retorno a la inversa, ya que en la actualidad los mariachis de elite, con el Vargas como prototipo, son quizá una nueva versión de la orquesta típica, ya que comparten varias características del modelo de esta agrupación: están integrados por músicos de nota, se visten con el traje de charro, interpretan música vernácula de diferentes regiones de México, se exhiben como representantes de la música nacional, tienen como uno de sus géneros principales a los popurrís y sus presentaciones son en escenarios para una audiencia congregada con el fin de escucharlos. Mantienen, sin embargo, la costumbre mariachera de tocar de pie, su director es parte de los ejecutantes y su principal peculiaridad instrumental es haber omitido el salterio —asociado de manera sonora e icónica a la época porfiriana— e incorporado el estilo peculiar de las trompetas... que no es originario de Jalisco, sino de México, Distrito Federal.

松任市国際交流協会設立記念事業／メキシコ民族音楽舞踊公演

［100年の歴史を誇る 世界一のマリアッチ］

マリアッチ・バルガス・デ・テカリトラン

¡Primer Centenario Del Mejor Mariachi Del Mundo!

【演奏曲目】シエリト・リンド／ラ・マラゲーニャ／ラ・ネグラ／グアダラハラ　他

1998 11月28日(土) ［開場PM5:30 開演PM6:30］

松任市民会館ホール

JR松任駅下車徒歩3分 ☎076-276-5611

【入場料 ¥3,500(全席自由)】前売り券 ¥3,000

お問い合わせ／チケット取扱い
- ■松任市民会館 ☎076・276・5611
- ■最寄りのプレイガイド
- ■松任市国際交流協会事務局
（市役所都市交流課）☎076・274・9515

共演　グアダラハラ民族舞踊団
BALLET FOLKLORICO DE GUADALAJARA

●主催:松任市国際交流協会、松任市民会館友の会●後援:メキシコ大使館、松任市、松任市教育委員会、あさがおテレビ●特別協力:北國新聞社●協力:日本ラテンアメリカ文化交流協会

2do ENCUENTRO INTERNACIONAL DEL MARIACHI

El Mariachi Suena y el Mundo Canta

El Mariachi de tu tierra canta en la tierra del Mariachi

CÁMARA DE COMERCIO DE GUADALAJARA

Para mayor información, favor de comunicarse a la Cámara de Comercio de Guadalajara con el Comité Organizador. Tels (3) 122 90 20 ext 317 y 320

GUADALAJARA '95

"COMO GOTA DE AGUA QUE SE VUELVE AL MAR…"

DE MÉXICO PARA EL MUNDO

En el momento en que el mariachi moderno se afirmaba como símbolo musical de México, la folclorista tucumana Ana [Schneider de] Cabrera (1897-1970) llegó a la conclusión de que el mariachi tradicional era una modalidad de la música mestiza de la América hispánica, la cual se desarrolló como resultado de un complejo proceso colonial desde Argentina hasta la meseta mexicana; de hecho, hasta la Alta California, el Nuevo México y Texas.

Si bien "cada región tiene sus tipismos y sus características propias" (Cabrera, 1941: 144), la música y la danza mestizas campesinas comparten la instrumentación (el complejo arpa-violín-guitarra), el ritmo, la forma de resolver la parte melódica y la armonización; "se combinan de igual manera las partes cantadas" (ibídem: 141) con las instrumentales, "donde el zapateo entra en danza" (ídem); es semejante también "el bailar enfrentados", o sea "la forma de danzar sin enlazamiento [o contacto] alguno [entre la pareja]" (ibídem: 131); la sustitución del tambor por parte de la caja del arpa o del cajón se encuentra tanto en la costa del Pacífico mexicano como en Sudamérica (ibídem: 144). "Las letrillas o coplas que ilustran canciones y danzas son a menudo de origen absolutamente hispano. Por eso se cantan idénticas en toda nuestra América. Algunas sin variantes, otras experimentan modificaciones de acuerdo con el gusto e idiosincrasia locales" (ibídem: 142).

Así, los huapangos, los sones del mariachi, la chacarera, la cueca, la zamacueca, la samba, la chilena, la marinera y el tondero peruano manifiestan un aire de familia y "ostentan igual genealogía" (ibídem: 133). Dentro de la "esfinge americana", en cada amalgama cultural sobresale —como consecuencia de la mayor o menor preponderancia de uno u otro elemento— la porción hispánica, el aporte africano que conlleva sensualidad, o la nota autóctona, pero "toda nuestra América se expresa danzando y can-

PÁGINA ANTERIOR:
Al Encuentro Internacional del Mariachi en Guadalajara han acudido mariachis de Estados Unidos, Canadá, Cuba, Costa Rica, El Salvador, Panamá, Aruba, Venezuela, Colombia, Perú, Bolivia, Chile, Argentina, Italia, Holanda, Bélgica, Croacia, Eslovenia, Australia y Japón. También se presentan mariachis mexicanos, pero el impacto del Encuentro ha sido menos relevante en los conjuntos nacionales e, incluso, tapatíos.

tando de un modo que entendemos como muy cercano a nuestro corazón" (ídem).

Éste fue el suelo fértil en que echó raíces la música del mariachi moderno, difundida desde mediados del siglo XX por los discos, las radiodifusoras, las películas y las giras de famosos cantantes acompañados de mariachis charros y también las presentaciones de mariachis populares que viajaron por su cuenta. En varios países se despertó así el interés "por conformar mariachis y cantar las canciones mexicanas [...] a través de pistas" (Salas, 1994: 15D).

El mosaico mariachístico latinoamericano es sorprendente. Destaca, por su afinidad y mutua simpatía musical, el caso de la Perla de las Antillas:

Oriente es una región montañosa de Cuba poblada de pinos y lomas. En esa apartada zona de la isla, muy distante de La Habana, tal vez más cerca de México, se localiza un típico sitio [un restaurante, en Ciudad Oriente], donde la nota principal corre por cuenta de un singular mariachi, tan original y propio como el más pintado de México. En verdad no hay diferencia alguna, quizás con la única excepción de que todos son de piel negra. "Cantan, tocan y se visten

igual que los mariachis mexicanos", nos confió [Francisco Tamayo, un veterano revolucionario que ya ronda en los setenta y siete abriles, fundador y director musical del grupo]. En efecto, sus negros músicos ejecutan los instrumentos originales del mariachi. Generalmente, el mariachi negro Los Pinares de Mayari interpreta las canciones de Miguel Aceves Mejía, Pedro Infante, Javier Solís y ahora, recientemente, de Vicente Fernández. "Para nuestro repertorio contamos con una gran colección de discos mexicanos de música de mariachi", comentó con voz entrecortada Pancho Tamayo (Ochoa Rincón, 1991: 8).

A finales del año 2002, con motivo del trigésimo aniversario de su desaparición física, se develó en La Habana una placa en honor del compositor originario de Dolores Hidalgo, Guanajuato. "En un auténtico homenaje a José Alfredo Jiménez no podía faltar la música ranchera, la cual estuvo a cargo del Mariachi Real de Jalisco, integrado por músicos oriundos en su mayoría de Santiago de Cuba" (Petinaud Martínez, 2003: 9). "En las emisoras de las provincias y pueblos cubanos están programados espacios de música mexicana. Especialmente en los pueblos de campo, es muy escuchada" (Lam, 2004: 8).

Luis Rey Palmero, intérprete de la música ranchera mexicana y conocido como El Charro Negro,

> considera que el Encuentro Nacional de Mariachis, [llevado a cabo] todos los años en [la ciudad oriental de] Bayamo, contribuye a revitalizar el cancionero azteca en Cuba. En la provincia de Granma, donde reside, tiene asiento el Mariachi Tierra Brava y están en formación otras doce agrupaciones similares con lo cual se completará próximamente una para cada municipio (Mora, 2006: 10).

En Guatemala, la proximidad con nuestro país y el recuerdo de las disputas territoriales decimonónicas han motivado un sentimiento especial de amor-odio hacia lo mexicano. Se han expedido disposiciones administrativas que prohíben el uso del traje de charro y exigen que los abundantes mariachis locales se vistan con el nacional "traje de chapín", que constituye una variante de la vestimenta del jinete mexicano.

La aceptación del mariachi se presenta de manera más armónica en los demás países de Centroamérica:

Mariachi Internacional Los Ticos, Cartago, Costa Rica. "El mariachi en Costa Rica es una tradición casi nuestra, desde la gente popular hasta la gente culta. Es un ritual fijo para serenatas, fiestas grandes, cortejar a una chica, una boda, etcétera. Hay mariachis de distintos niveles y precios, unos más sofisticados y otros más sencillos, aunque todos con trajes e instrumentos [característicos]. Son músicos ticos y algunos nicaragüenses —que es una migración fuerte—, pero sobre todo costarricenses" (Cortés, 2007).

"En Costa Rica la música mexicana tiene mucha influencia, especialmente en la zona rural con nuestros campesinos" […], expresa Gerardo Pineda Vargas del Mariachi Romanense. "La identificación con las letras, el sentimiento que trasmite, la algarabía que puede producir, han hecho de la música mexicana del mariachi una música internacional", comenta Manolo, integrante del Grupo Hermanos Calderón de Costa Rica (Salas, 1994: 15D).

"En Costa Rica, un mariachi que no toque 'grabé en la penca' [La ley del monte] no es mariachi, porque es increíble, pero es como nuestro himno", narran emocionados mariacheros de ese país [integrantes del Mariachi Los Ticos] (Salas y Álvarez, 1994: 6D).

El mariachi llegó a Honduras para quedarse. No se precisa, con exactitud, la fecha en la que hizo su entrada la tradicional música

mexicana. Sólo se sabe que fue a través de un locutor mexicano, desconocido allá, venerado acá. Arturo Gómez Mojica [llegado a Honduras hacia 1950 y fallecido en 1991, a quien] se le reconoce como el impulsor del mariachi en este país.

En la actualidad, la avenida Siete Calle [de San Pedro Sula] está convertida en el Garibaldi de México. Cuando usted quiere festejar el cumpleaños de su familiar más querido, acude a esa calle. Se arregla con el mariachi y éste acude a su domicilio (Ochoa Rincón, 1996: 3).

En Nicaragua, la radio también ha sido de importancia para la difusión del mariachi:

> Con el fin de promover un intercambio musical entre México y Nicaragua, se encuentra en nuestro país Hugo Hernández Oviedo, actor y locutor en dicho país centroamericano, quien además tiene a su cargo en Managua el programa de radio "La mera mera" [que siempre le rinde homenaje a los intérpretes de los temas vernáculos más importantes de México y cuya señal cubre toda Managua y se escucha en 44 estaciones de todo el país]. Asimismo, indicó que reúne material para incrementar el acervo musical de secciones como "La hora del bolero ranchero" y "Cancionero mexicano" *(El Universal,* 1995: 5).

En Sudamérica, la identificación con el mariachi ha llegado a ser sorprendente:

> Los anuncios de mariachis invaden la página de los "avisos económicos" de los periódicos de Caracas. Aunque lejos todavía de Bogotá, donde el mariachi es "el rey", la fiebre de la música mexicana en Venezuela ya no es una moda, es algo que llegó hace tiempo, y para quedarse. Casi cuarenta grupos existen en esta metrópoli caribeña […], donde la música mexicana parece haber encontrado un lugar bajo el sol. La mayoría de sus componentes no han estado nunca en México, ni conocen la Plaza Garibaldi o Tlaquepaque, pero se sienten enormemente orgullosos de ser charros (Millet, 1994a: 5).

Según Franklin Istúriz, caraqueño que dirige el Mariachi Alfa, "mayoritaria-mente quienes han contribuido a proliferar la música mexicana han sido los colombianos. Por un charro mexicano hay tres colombianos. Llegan casi a ser más aceptados" (ápud Millet, 1994a: 5).

Pero, ¿cómo es la música mexicana que se escucha en Caracas? ¿Un mariachi a ritmo de salsa moviendo la cintura, un corrido con aire tropical? "Nosotros nos preocupamos en que la música mexicana no sea interpretada, pues caeríamos en el ridículo. Hay algo propio que es el acento mexicano y nosotros no podemos imitarlo. Con nuestro estilo totalmente venezolano tratamos de hacer música me-xicana" (Millet, 1994a: 5).

El gran centro del mariachi en Sudamérica es Colombia. "Cuco Sánchez ase-gura que en Colombia hay más mariachis que en México" (Flores, 1993: 2A). Sobre el ambiente mariachil andino, se calculaba que hacia 1994 había en Bogotá 120 grupos de mariachis (ápud Millet, 1994b: 5).

El desempleo en Colombia, uno de los más altos del hemisferio con un nivel de 11.8 por ciento, ha llevado a la proliferación de "toda una industria" [de tomas fotográficas y filmación de videos, discos compactos, venta de flores] alrededor de la música mexicana y los grupos de mariachi.

Sólo en Bogotá han surgido unos 200 grupos que interpretan música mexicana, la cual tiene gran arraigo en la sociedad colombiana. En la ciudad de Medellín se calcula que existen unos cincuenta grupos. "A los colombianos les encantan los corridos mexicanos porque sus temas se asemejan mucho a la vida cotidiana y eso ha contribuido a que exista una gran demanda en el mercado", sostuvo John Bejarano (Notimex, 2005: 41).

En 1994, la televisora más importante de México había declarado la muerte del mariachi en sus programas, porque ya no era un recurso para sus ventas; de hecho, se negó a participar en el Primer Encuentro Internacional del Mariachi, realizado en Guadalajara ese año. Pero en 1995 el público mexicano quedó cautivado y sorprendido al darse cuenta de que la música de mariachi también era un rasgo cultural colombiano. La telenovela *Café con aroma de mujer*, retransmitida por la competencia, demostró que en aquel país había una sólida y fresca tradición mariachera, fincada en músicos, compositores, arreglistas y cantantes. La Gaviota, Margarita Rosa de Francisco, se mostró como una estupenda cantante de ranchero.

En las zonas australes de América:

Los mariachis "mexicanos" se han adueñado prácticamente del mercado musical paraguayo al acaparar las presentaciones en vivo, incluso las tradicionales serenatas, que eran una especie de patrimonio exclusivo de los cultores de la música local.

Lo que para algunos artistas paraguayos comenzó hace algunos cinco años como una aventura artística o como una ampliación casi natural de su repertorio, hoy se ha convertido en una importante y segura fuente de ingresos.

La expansión de la canción mexicana de la mano de los "charros" paraguayos va más allá de las serenatas, fiestas de boda o de "15 años" (debú de doncellas), en las que casi siempre participan para realizar el acontecimiento, y ahora se los puede ver, incluso, en festivales de países vecinos.

Mariachi Chapala, Pereyra, Colombia.

"Es tan cercano a los colombianos el mariachi, que sufrí un traumatismo patriótico cuando me enteré de que estos grupos habían nacido en México y no en Bogotá. Prácticamente no hay ciudad de Colombia que no tenga varios conjuntos de charros, en los cuales sólo excepcionalmente trabaja algún mexicano. Hay ciertos barrios en la capital donde el varón despechado o los amigos contentos acuden a contratar conjuntos que muy bien podrían estar cantando bajo la luz de la luna en la Plaza Garibaldi. No son pocos los restaurantes y clubes nocturnos donde es posible acudir a alegrarse con el inevitable son de *La Negra*, y luego a llorar las rancheras de José Alfredo Jiménez. Los colombianos alquilamos mariachis para serenatas, bodas, fiestas y aun entierros. Este amor es explicable, pues la cultura popular mexicana echó raíces en la nuestra desde hace mucho tiempo" (Samper, 2007).

Mariachis en Argentina

En el año 2006, mi esposa y yo presenciamos un casamiento en la catedral de Posadas, en la provincia de Misiones, a unos 1500 kilómetros al norte de Buenos Aires. Era la noche del día en que falleció Juan Pablo II y por tanto una jornada de duelo nacional. Si bien en Argentina, y particularmente en el interior, es improbable que un casamiento por la Iglesia se cancele por esa circunstancia, nos llamó la atención que el saludo en el atrio incluyera canto de mariachis, tal vez lo último que cabía esperar en una ocasión semejante. En este país la música de mariachis es, por implícita definición, festiva, muy festiva, apenas un poco por debajo del trenecito humano que se arma cuando suenan las tarantelas. Aun en Posadas, una ciudad de mediano porte, hay al menos un conjunto de mariachis, significativamente llamado Tequila. Y aquí es donde empiezan a hacerse manifiestas las paradojas de la percepción y la imaginería intercultural: si hiciéramos una comparación entre los nombres de las bandas argentinas y los de las bandas originales, aquéllas sonarían más arquetípicamente mexicanas por varios órdenes de magnitud.

Tal parece entonces que los mariachis son globales. Aunque las generaciones más jóvenes de Argentina casi no oyeron hablar del asunto, una amplia porción de la clase media nacional da por sentado que la fase de saludo de la ceremonia de casamiento, o con más frecuencia la fiesta ulterior, puede incluir mariachis como parte de una parafernalia ritual que ha permanecido bastante estable a lo largo del último medio siglo y que declina, en todo caso, quizá más lentamente que el tango. El hecho es que en ciertos círculos sociales que habría que delimitar mejor, que haya música de mariachis en un casamiento (o más raramente en una reconciliación, una serenata, una convención, un cumpleaños o un pedido de mano) no es algo que suceda todos los días, pero tampoco es un suceso que llame escandalosamente la atención.

Es inimaginable, además, que los mariachis locales toquen vestidos de civil, o que frecuenten un repertorio alejado del estereotipo. Hay ropa de charros y música que hace juego con ella. Lo que el imaginario colectivo establece por defecto es que el ámbito funcional estándar de los mariachis de Argentina es la fiesta nupcial. Hay un rumor en la tradición oral que dice, además, que el lexema *mariachi* deriva del término yanqui *marriage* y que es una institución de frontera (aunque la imaginación localiza el fenómeno en Acapulco antes que en Tijuana, pues se supone que es allí donde los estadounidenses van de luna de miel). Casi nadie vincula la palabra con el francés *mariage*, porque no se conoce la historia de Maximiliano, las intervenciones francesas y todo eso.

Aunque la música es apreciada, algunos de los que se han excedido con los libros o los canales de divulgación, sospechan, un poco indignados, que se trata de un artefacto cultural artificioso, una falsificación construida sólo para atender a la demanda turística, y que los mexicanos verdaderos hacen otra música, ya sea más rara o más normal, pero no ésa. Esto lo creen, lo admito, unos pocos argentinos dados a la filología, ya que el común de la gente no se plantea estos dilemas de la etnología *folk* y acepta a los mariachis tal como vienen. Muchos de los conjuntos nacionales se promocionan como auténticos, o llevan esa expresión en su nombre: "auténticos mariachis", con eso alcanza. En algún momento sucedió algo parecido con la cumbia colombiana.

La organología de la música de mariachis en Argentina no difiere mucho del caso mexicano, aunque está más cristalizada, es tímbricamente más impersonal y en ocasiones echa mano de instrumentos suplentes: contrabajo o bajo eléctrico en lugar de guitarrón, guitarra en vez de vihuela. Excepcionalmente aparecen arpas, cuyos intérpretes suelen ser paraguayos dadas las circunstancias. Trompetas y violines se usan con regularidad, pero sólo en las fiestas de gente de mayor poder adquisitivo; si el trompetista es aceptable, hay que esperar a que se arriesgue con el Jarabe tapatío, al que se debe acompañar de alaridos, que es lo que se supone hacen los mexicanos cuando no están durmiendo la siesta apoyados en cactus.

Para un oído no entrenado, la ejecución de una banda argentina no difiere mucho de una mexicana, aunque el repertorio se percibe más estrecho, congelado en el tiempo y estereotípico. Ninguna de las canciones que se cantan ahora se sale del repertorio de, digamos, 1950. *México lindo y querido* se usa como marca de legitimidad; *La cucaracha* se canta con letra censurada, con *las dos patitas de atrás* en lugar de "marihuana que fumar"; *Allá en el Rancho Grande* se entona transgresoramente, como si calzones fuera una mala palabra; *La Malagueña* se incluye para que el solista luzca la voz en los calderones y *Cielito lindo* porque es inevitable cuando de México se trata. Los modelos de los vocalistas siguen siendo Jorge Negrete o Pedro Infante, de quienes sólo los más viejos hemos oído hablar.

Una banda completa de tamaño medio puede contratarse por unos 300 pesos (unos 100 dólares) en la capital o la provincia de Buenos Aires, y por algo menos en el interior. El recital estándar de mariachi dura una media hora o cuarenta minutos, aunque hay planes modulares para todos los bolsillos. Las bandas incluyen desde un mínimo de cuatro hasta un máximo de trece músicos.

A ojo de buen cubero, yo diría que la casi totalidad de los músicos que tocan música de mariachi en Argentina son o bien nativos de diversas regiones del país, o bien extranjeros del litoral pacífico de América del Sur, desde Perú a Colombia. Sólo los grupos más importantes, algunos de ellos premiados en los Encuentros Internacionales del Mariachi y la Charrería de México, suelen convocar músicos de origen o descendencia mexicana cuando hacen *castings*. La verdad es que no hay muchos mexicanos nativos por estas tierras, pues ellos nunca retribuyeron con mano de obra útil los innumerables psicoanalistas que enviamos desde aquí. En las bandas de nivel más modesto es improbable que haya algún mexicano genuino, aunque quien hace de maestro de ceremonias finja serlo, sin demasiado sacrificio por cierto.

La construcción de la identidad mexicana es un suceso de orden verbal, y para un lingüista es un espectáculo aparte. Cuando uno de los mariachis argentinos habla al público, invariablemente vestido con un atuendo reminiscente de Cisco Kid, alarga la última vocal de cada frase, como se supone es de rigor en el idioma mexicano genérico; pero no es inusual que conserve una delatora "ye" rioplatense y que maneje el "tú" con cierta precariedad. La locución mexicana más frecuente entre las pocas que se usan es, de lejos, "manito", claramente sucedáneo de nuestro "che". Aunque la mexicanidad de los intérpretes pueda ser dudosa y nadie en sus cabales la crea realmente, además de la ropa y la música algún gesto de autenticidad tiene que haber.

(Carlos Reynoso, Universidad de Buenos Aires).

Para muchos artistas de Asunción, la dedicación a las canciones de Jalisco es una cuestión de supervivencia. "A mí me duele hacer música extranjera, siendo paraguayo y después de haber cantado quince años temas de mi país, pero ¿qué se puede hacer? Hay que comer y mantener una familia", dijo [...] Leonardo Sánchez, líder del mariachi Los Ángeles de México. Los integrantes de este grupo visten en sus actuaciones la indumentaria de los "charros", al igual que los demás conjuntos locales de su tipo, que siempre llevan nombres muy relacionados con México, como "Acapulco", "Guanajuato" y "Monterrey" (Báez, 1995: 2).

Walter Basaldúa, del mariachi paraguayo Los de Garibaldi, "Destacó que el canto popular mexicano goza de preferencia porque tiene mensajes que emocionan fácilmente. 'Le entra muy dentro a uno —acotó—, y en este sentido hemos visto al público llorar en algunas ocasiones'" (EFE, 1995: 6D).

En Chile, los mariachis también son parte del paisaje musical:

La Municipalidad de San Miguel [en Santiago de Chile] y el Consejo Local de Deportes realizará este fin de semana el Primer Encuentro "México como en México". La actividad se realizará en el gimnasio El Llano e incluirá [...] un show artístico en el que participarán exponentes chilenos de la música mexicana, [como] el Mariachi Mexico Lindo, Las Palomitas y Los Alegres del Tenampa. La animación [...] estará a cargo del conductor [...] de radio Nuevo Mundo, Luis Aravena (Notimex, 1995: 10).

En ciertos países latinoamericanos se compone, usualmente de manera lírica, música de mariachi. En Colombia se ha desarrollado un sector comercial del género mariachero para telenovelas y discos e, incluso, las FARC (Fuerzas Armadas Revolucionarias, la guerrilla más importante del país) tienen un mariachi que difunde sus gestas por vía de los corridos. En la isla de Aruba —donde hay grupos mariacheros con más de 40 años de permanencia— predominan las adaptaciones de las piezas famosas a temas locales, cantados en papiamento, y también se componen himnos religiosos para el culto en los templos.

En Europa se distinguen sucesivas oleadas de difusión del mariachi. Su auge en el último cuarto de siglo es consecuencia, en parte, de la moda previa de la música folclórica sudamericana que se impuso desde 1968 hasta principios de la década de 1980. A diferencia de la "música andina", asociada con gente de izquierda y de talante intelectual, la música de mariachi se acepta en la actualidad como música para divertirse:

> En el mejor de los casos, existe la inquietud por conocer tradiciones de México. El mariachi representa para el europeo el descubrimiento de lo étnico —pero no de lo exótico—, un acercamiento verdadero a un pueblo y sus tradiciones.

El gusto por el mariachi en Europa ha sido propiciado también por efecto de la globalización, ya que ahora hay más facilidad de viajar, así como más información disponible por Internet. Escuchar un mariachi abre y da acceso a fronteras culturales. En los últimos años se ha favorecido hasta cierto punto la aceptación de la diversidad cultural en Europa, ya que los inmigrantes extracomunitarios

Mariachi Tierra Caliente, 1996. Este grupo fue fundado en Amsterdam en 1986. En la actualidad sus integrantes son músicos holandeses, mexicanos, estadounidenses, finlandeses, húngaros, chilenos y cubanos. "Esta variedad cultural enriquece el sabor de la música y permite un cruzamiento de estilos. El Mariachi Tierra Caliente no tiene fronteras musicales, de tal manera que la improvisación se presenta como una segunda naturaleza dentro del sonido tradicional" (http://www.mariachitierracaliente.com/tierra/tierra.html).

no se consideran en algunos ámbitos como elemento negativo, sino como un enriquecimiento humano.

Los grandes consumidores de mariachis, además de los mexicanos residentes en Europa, son los emigrantes europeos, quienes después de vivir por años en países de América Latina, regresan a su patria con el corazón dividido. El mariachi representa la imagen musical, bella y nostálgica de los países donde fueron acogidos en su exilio. Este gusto incontenible por el mariachi por parte de estos europeos —tanto ancianos como jóvenes—, antiguos transterrados en tierras americanas, lo acarrearon principalmente de Venezuela, Colombia y Argentina. El mariachi llegó a esos lugares en los años de oro del cine mexicano. Es como un trampolín del gusto por el mariachi, que desde México llegó a Sudamérica, arraigándose allí en los migrantes europeos. Luego, al regresar a Europa, ellos se trajeron el gusto por oír el *Cielito lindo* tocado por un auténtico mariachi. Éste es el mejor público para un mariachi en Europa (Hernández, 2006).

Aunque las iniciativas serias de formar grupos en aquellos países generalmente las han tomado músicos europeos, la mayoría de los integrantes de mariachis son latinoamericanos (venezolanos, costarricenses, ecuatorianos, guatemaltecos, peruanos y, sobre todo, colombianos). "Allá la presencia de músicos mexicanos le da legitimidad al mariachi, ya que es más creíble para el público. Lo contrario de lo que sucede en el Encuentro Internacional de Guadalajara, donde el grupo es más valorado por el mayor número de extranjeros" (Hernández, 2006).

Hay pocos grupos estables que duren años. Las formaciones son efímeras y, en su mayoría, giran alrededor de una o dos personas que mantienen la actividad echando mano de los músicos disponibles ocasión por ocasión, tocada por tocada. Se trata de músicos mariachis que "huesean". Casi no existen mariacheros de tiempo completo. Los músicos profesionales vienen de la formación clásica o igual tocan otros géneros, como el flamenco o la salsa, y viven a partir de otros trabajos. En Europa no se compone música nueva para mariachi, sino que se reproducen los éxitos consagrados y rara vez se interpretan piezas sofisticadas. "La presencia del mariachi y el número de sus conjuntos en los países europeos es proporcional al grado de vinculación histórica de México con cada país. No es casual que el número más consistente de grupos se concentre en España" (Hernández, 2006).

En España se había continuado con la costumbre —iniciada en la década de 1940— de contratar mariachis originarios de México que, cuando requerían remplazos, eran traídos desde el suelo azteca. A partir de 1975, las giras de los grupos mexicanos declinaron, bajó el número de integrantes (de doce a seis o siete) y su paga disminuyó porque comenzaron a existir mariachis locales. En la actualidad, se encuentran mariachis desde Barcelona hasta Sevilla y Córdoba, así como Bilbao y San Sebastián, pasando, por supuesto, por Madrid.

La simiente musical de Jorge Negrete y el Trío Calaveras sigue viva, ya que hay algunos españoles que han sido mariacheros de convicción por décadas:

> Soy palentino de nacimiento, madrileño de adopción y mexicano de corazón. Toda mi vida me ha gustado este género y es lo que hago: toco la vihuela y canto (soy el "falsetero"). Al menos por los aplausos y por los resultados, no lo debo de hacer del todo mal (Enrique Rodríguez Tundidor, entrevista de 2006).

Rocío Dúrcal mantuvo un aire sevillano y destacó por el manejo expresivo de los brazos y manos, y sus desplazamientos "gitanos" en el escenario. Prefirió no vestir con atuendo mexicano y los arreglistas acomodaron los mariachis a su manera de cantar. Su calidad vocal y su versatilidad (desde la ternura hasta el despecho airado) al interpretar los temas de Juan Gabriel le ganaron el título de "la más mexicana de las españolas".

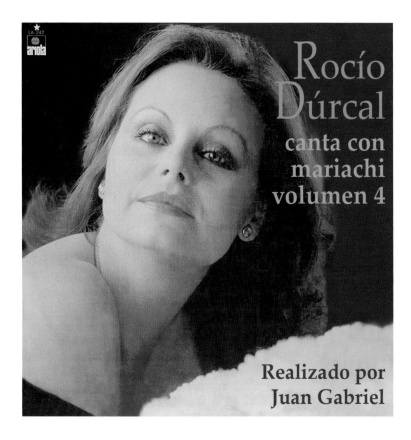

LA-242
ariola

Rocío Dúrcal
canta con mariachi volumen 4

Realizado por Juan Gabriel

Los trajes se tienen que importar de México y, en ocasiones, los músicos se presentan con imitaciones graciosas:

> Nosotros siempre hemos traído los trajes de México; no es aconsejable hacerlos aquí. Se mandan las medidas a México y se reciben los trajes hechos. Yo he intentado que los hagan aquí [en Madrid] con sastres que hay que pagarlos muy caros y que no se comprometen. Concretamente, un sastre que se dedica a hacer uniformes militares —y que yo creo que hasta al rey le hace vestiduras— y, sin embargo, no se atrevió a hacerme un traje de charro, poniéndole otro auténtico hecho en México como muestra (ídem).

En los restaurantes mexicanos de España, la tendencia es contratar mariachis reducidos —"minimariachis"—, cuyos instrumentos fundamentales son vihuela, guitarrón y trompeta. Suelen tocar con sombrero, elemento determinante de la imagen de los mariachis en la península; dicha prenda le es prestada luego al público para que se tome la foto. Además de los éxitos de Rocío Dúrcal y de las películas famosas, se solicitan temas de gusto internacional como *El rey, Volver, volver* y *Cielito lindo*. Para los españoles, se ejecutan piezas de Jorge Negrete, como *Ay Jalisco, no te rajes;* para los latinoamericanos, boleros de Javier Solís, música romántica y los éxitos de Alejandro Fernández; para los mexicanos, el repertorio es más complejo, pues solicitan las canciones "más lloronas", como *Cucurrucucú Paloma, Cielo rojo* y *La malagueña*.

En la Semana Negra, organizada en Gijón, "los mariachis que han venido de Barcelona y cuya formación es bastante heterodoxa —guitarras eléctricas, saxofón, trombón y batería— contagian con su alegría a quienes apenas están aprendiendo sus primeros pasos en el arte del zapateado" (Mendoza, 1994: 4). En ocasiones el mariachi comparte el escenario con agrupaciones contestatarias y se incorpora en actos de tinte político alternativo:

> El grupo francés Mano Negra y el Mariachi Mezcal de Bernadino Barrera, se unieron musicalmente la noche del jueves en [...] la Puerta del Sol [de Madrid], para gritar vivas al zapatismo [... en un] acto, organizado por la madrileña Plataforma de Solidaridad con Chiapas (Valdés Conte, 1995: 25).

En Francia:

> El arzobispado de París autorizó [hace décadas] la instalación en una
> de las capillas laterales [la quinta entrando a la izquierda, de la aus-
> tera catedral gótica de Nuestra Señora de París] de un mosaico con
> la Virgen de Guadalupe. [Todos los 12 de diciembre desde hace 18
> años] se da una misa especial; al llegar los noventa del siglo [XX] el
> sacerdote tendría que aceptar también la integración de los maria-
> chis. El acto termina en procesión tras los mariachis, hasta la capilla
> de la Guadalupana, donde se le cantan *Las mañanitas,* seguidas de
> *México lindo y querido* y otras (Iturriaga, 1999: 60).

"En París existe media docena de mariachis. Lo que llama la atención es que en
raras ocasiones algún mexicano forma parte del conjunto. A menudo los mariachis están compuestos por franceses y músicos latinoamericanos" (Olmos,
2006: 7). Los mariachis parisienses "adaptan su repertorio de acuerdo con los
éxitos asociados con las músicas llamadas de manera estereotipada como 'lati-
nas'. Así […] las piezas que han sido presentadas en las películas de Almodó-
var han pasado a formar parte obligada del repertorio del mariachi" (ídem).

En Italia, el Mariachi Romatitlán fue formado en la Ciudad Eterna en
1983 y en 1994 se contó entre los concurrentes al primer Encuentro Internacional del Mariachi en Guadalajara. En dicho acto fue seleccionado, junto
con el mariachi indígena de la etnia cora, para tocar en la clausura del primer "Simposio sobre el mariachi" en los jardines de la casona del Colegio de
Jalisco en Zapopan. Llamaba la atención que los bailes fueran bien ejecuta-
dos por un charro panameño de tez negra y una "china poblana" griega.

Al igual que en otros países, la legación diplomática en Roma ha
contribuido a consolidar la participación del mariachi en las celebraciones
que involucran a los paisanos:

> La Embajada de México en Italia celebrará hoy el Día de la Indepen-
> dencia con mariachis romanos y una fiesta para mil 200 invitados.
> Además de ayudar a mantener la identidad de los emigrantes mexi-
> canos, la celebración estrecha los vínculos con académicos y em-
> presarios, algo que fuentes diplomáticas describieron como una
> rentabilidad indirecta. La fiesta será amenizada por el Mariachi Ro-
> matitlán, un grupo que lleva 20 años cantando sones y folclor me-
> xicano en Italia y otras partes de Europa. La Comunidad Católica

"En los conciertos formales o 'de gala' del Mariachi Romatitlán presentamos el programa de Veracruz, huapangos huastecos, el amplio mosaico de los sones 'clásicos' de mariachi y últimamente también sones tradicionales de Nayarit. La inquietud es mostrar no sólo el mariachi comercial —que aquí en Europa es muy apreciado—, sino también música y bailes no conocidos por estos rumbos, para contrarrestar los estereotipos de México en el imaginario colectivo del europeo medio" (Hernández, 2006).

Mexicana festejó anticipadamente ayer en el Instituto salesiano Teresa Gerini del norte de Roma con una misa, un almuerzo típico y un grupo de mariachis (Israel, 2003: 13A).

Este mariachi es muy solicitado en Roma para cuestiones religiosas en donde se congregan los compatriotas, como beatificaciones y declaraciones de nuevos santos mexicanos. En esta ciudad se encuentran varias universidades católicas y las casas "madre" de varias órdenes religiosas, en las cuales se preparan muchos mexicanos, y el mariachi toca en las ordenaciones de sacerdotes y en las "tomas de hábito" de monjas. Tiene un amplio espectro de presentaciones, desde funerales, inauguración de centros comerciales, promoción de productos con tema mexicano y conciertos en el contexto de música étnica. En la ciudad de Pescara, en el mar Adriático, una empresa que organiza matrimonios propone siempre al mariachi como parte de los servicios. El pintor colombiano Fernando Botero es cliente asiduo cuando desea amenizar sus fiestas en aquellas latitudes.

Ha tocado en algunas bases militares estadounidenses establecidas en territorio europeo, en las que abundan soldados de origen mexicano. Ha realizado giras artísticas por la cuenca mediterránea, Medio Oriente y los países de Europa central. Una de sus múltiples anécdotas recuerda a "Los argelinos del norte de África en un concierto del año 2000; simplemente enloquecieron de alegría. Fue impresionante ver que musulmanes estaban completamente embelesados con el mariachi" (Hernández, 2006: 4).

En 2004, Anita Pelagi presentó una tesis de licenciatura en etnomusicología, en la Universidad de Roma "La Sapienza", sobre "Musica messicana a Roma: il grupo *mariachi* Romatitlán".

En la región flamenca:

Tomas Peeters nació en Bélgica y es trompetista. Cuenta el mariachero belga [cómo] se encontró con la música de los sones jaliscienses: "Yo era trompetista formal y un día me invitaron a participar en este grupo, en el que todos somos belgas, y me encantó la música. Me enamoré de México por su música. Es muy interesante tocar esta música en Europa, porque allá no la conocen y nosotros la estamos tratando de dar a conocer a toda la gente. Somos como un puente entre nuestros países". En el repertorio de este mariachi belga hay entre 50 o 60 piezas. De la música, Peeters asegura que es maravillosa, pero de la letra asegura que "No entiendo nada, no hablo español y no sé qué dicen las canciones. En Europa, lo que verdaderamente nos gusta del mariachi es la música" (Dorantes, 1996: 4).

El Mariachi Los Morenos, integrado por músicos belgas y un holandés —y cuyas presentaciones fluctúan entre Amberes y Amsterdam—, ha iniciado la adecuación de algunas melodías tradicionales belgas. Pero, como se trata de músicos letrados, éstas se tienen que desarrollar primero en partituras:

Gracias al patrocinio del príncipe Bernardo de Holanda, el mariachi holandés Tierra Caliente [fundado en 1988] pudo hacer el viaje hasta Guadalajara, para inaugurar con su música, dentro del programa del Tercer Encuentro Internacional del Mariachi [...] la exposición "El arte y el mariachi", en el Museo Regional de Guadalajara. Un auténtico combinado multinacional presentaron los del grupo denominado Tierra Caliente: tres violinistas holandesas, con estilo de concertistas de música clásica, vestidas de mariachi [con falda larga recta]; un guitarrista brasileño, quien por momentos se emocionaba con el ritmo y bailaba una interesante mezcla de zamba con jarabe; un trompetista, también holandés, quien hacía coros aunque no sabía hablar español, y tres mexicanos con apariencia, postura y temperamento acordes a los cánones tradicionales. El público asistente, luego de digerir la fractura visual de auténtica "dimensión desconocida" […], se fue poco a poco acostumbrando a lo que percibía el oído. *Ojitos traidores, Guadalajara, Michoacán* y *Mentira,* se escucharon auténticamente mexicanas, sin adulteraciones, aunque eso sí, con las limitaciones armónicas naturales de un grupo reducido (Menéndez, 1996:3).

En Alemania:

En la actualidad, el mariachi berlinés Los Dorados, [iniciado en 1994] cuenta con cinco integrantes, de los cuales dos son mexicanos, una ucraniana, un judio [sic] y una alemana. Víctor Ibáñez, el fundador del grupo, sonríe y confiesa que formar el mariachi significó un choque cultural.

Según Ramón García, guitarronero [procedente de] la Plaza de los Mariachis de Guadalajara, la gente que estudió música clásica toca la música del mariachi de una manera distinta. A decir de Alla Bortnaya, violinista clásica, "Nosotros ya aceptamos que el mariachi tiene su propio sistema de aprendizaje". Simjon Barlas, la única trompeta del conjunto, asegura preferir la música del mariachi a la clásica, pues "cuando trabajo con una orquesta existen pausas que duran hasta cien compases. Aquí el trabajo es más intenso".

Hay mucho trabajo con el mariachi. Desde compromisos oficiales en las embajadas de los países latinoamericanos en Berlín, conciertos, eventos multiculturales, fiestas particulares, hasta borracheras privadas de mexicanos nostálgicos que llaman "exigiendo su tequila y su canción" (Tapia, 2001: C).

"¿Mariachi en Croacia? ¡Sí, señor! El conocido [dicho] según el cual el mariachi es la única cosa que nos hace pensar en México más que el tequila no se debe tomar sólo como una cita inevitable de una guía de turistas superficial sobre el folclor de este gran país al sur del Río Bravo" (http://www.los-caballeros.com/naslovna.htm).

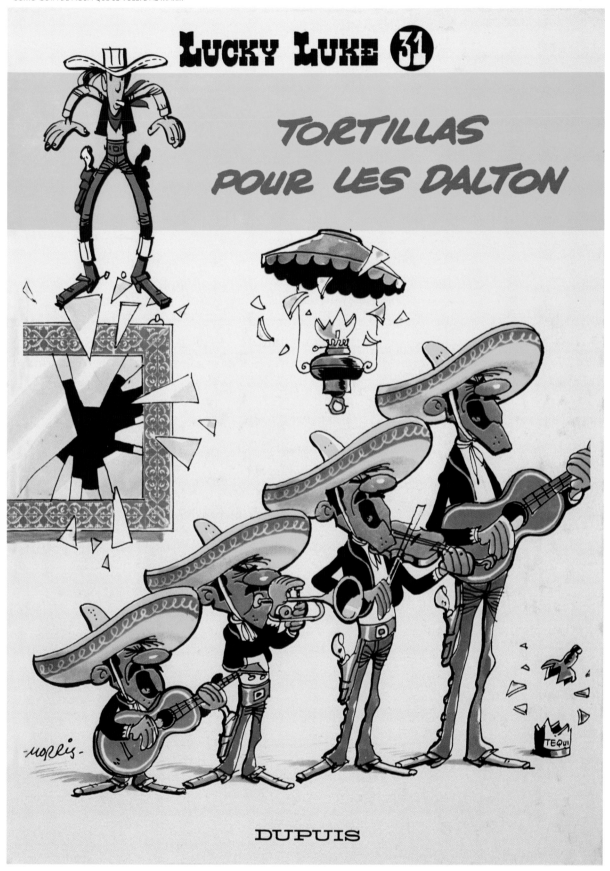

Los Caballeros es un mariachi croata fundado en 1997 en la ex Yugoslavia, que se presenta no sólo en su país, sino en Austria, Alemania, Italia, Eslovenia y Hungría. Ha editado el disco *Fiesta mexicana* con piezas clásicas del repertorio mariachístico y un CD en el que combinan el sonido del mariachi con aires colombianos y caribeños.

El mariachi en Canadá corresponde al modelo de la Europa del norte, tanto por la época de su conformación como por las nacionalidades de sus integrantes. Así, el mariachi México Amigo

se destaca por mantener viva la música mexicana antigua. Piezas como *Jesusita en Chihuahua, Las coronelas* y sones como el de *La Negra, El jarabe tapatío* y *La culebra.* Aunque están de acuerdo con la evolución del mariachi —que ahora ya hace bailar a la gente con canciones como *El mariachi loco, Macarena* y piezas de lo que se conoce como cumbia ranchera—, es importante mantener la tradición, la médula de esta música, como los sones y las canciones que interpretaban personajes como Jorge Negrete y

Pedro Infante y composiciones del que consideran el pilar de la música de mariachi: Rubén Fuentes.

México Amigo es un grupo integrado por ocho músicos que se dividen en guitarra, vihuela, violines, guitarrón y trompetas. En su haber cuentan con intérpretes de países como Inglaterra, Canadá y Rusia, quienes aunque no hablan español se han enamorado de este género de música y la interpretan como el que más.

Comenzaron su trayectoria cuando Jorge López llegó a Canadá y se dio cuenta de que en un país tan multicultural no existía una representación de la música mexicana propiamente dicha. Así que decidió comprar un guitarrón y una vihuela y ponerse a estudiar, porque aunque él es guitarrista clásico, no tenía mucho conocimiento de la música mexicana. Poco a poco se fueron integrando elementos al grupo —músicos de jazz y rock—, a los que fueron introduciendo a la música mexicana por medio de grabaciones (Sotelo, 1999: 2C).

En Asia, el mariachi se hace presente de manera constante por medio de giras artísticas en diversos países o de invitaciones para inaugurar restaurantes en China o la India. En el país del sol naciente, sin embargo, sí se han consolidado grupos.

Hasta el lejano Japón, Los Panchos llegaron para inspirar a Mariquita, la representante y voz primera del Mariachi Amigo Nipon, que desde hace 20 años comenzó a buscar músicos para integrar un mariachi. [Asociada con Sam Moreno], junto con otros tres japoneses, […] integra [este singular mariachi], que además de trompeta y guitarra, cuenta con maracas y sintetizador, debido a la dificultad de aprender a tocar guitarrón sin maestro en su país (Salas, 1994: 15D).

Varias bandas de mariachi […] pululan en las tierras del sol naciente. La música tiene cuna, pero no patria, o bien su patria es el mundo (Miguel, 2007: 52).

PÁGINA ANTERIOR:
Los Volcanes es el "único mariachi eslovaco. 'No nos comparamos en la calidad que hay en México, pero lo que tocamos, que es sencillo, suena bonito y se parece mucho a lo que hacen los mariachis mexicanos'.
El ensamble musical está conformado por dos guapas jovencitas, Marta Hornyak y Marketa Plichtova; Rolando Cruz [oaxaqueño], Iván Carrera (panameño), Martín Lacko, Marek Mader, Jarolav Olicek y Matej Kovak.
El vocalista es Martín, no habla español, pero se aprende las canciones y grita como lo hacen los cantantes de ranchero"
(Público, 2006: D).

La difusión del mariachi moderno en Estados Unidos es un caso especial, ya que ha tenido como primer fundamento el que las regiones del suroeste fueran territorios mexicanos hasta mediados del siglo XIX. Tras la anexión de Texas, en 1845, y su pérdida definitiva en 1847, y luego del Tratado de Guadalupe Hidalgo en 1848, por el que se cedían los territorios de Nuevo México y California, es de suma importancia "la resistencia de los que se quedaron de aquel lado, quienes pasaron a ser inquilinos sometidos en su antigua casa" (Villela, 1994: 15). A pesar de la dominación política y social por parte de la expansión angloamericana, la población "hispana" mantuvo una tradición cultural cuya vertiente musical era cercana a la del mariachi tradicional. Es indudable que allá abundan los modismos y existen elementos propios, formas prohijadas localmente y temas particulares, pero el sistema de música, canto, danza y teatro popular de la tradición hispana del suroeste de Estados Unidos es una transformación de las variantes mexicanas y, en particular, es muy próximo al de las regiones del mariachi tradicional (Bancroft, 1888 XXXIV: 406-436; Mendoza y Rodríguez, 1986 [1946] y 1952; Jáuregui, 1987 [1984]; ápud Loza, 1993: 5-7). Se caracteriza por una división mayor entre el ámbito religioso y el secular y, en el segundo, los fandangos populares, acompañados por conjuntos cordófonos, contrastaban con los bailes de las elites, los cuales se esmeraban en distinguirse por medio de géneros musicales y patrones coreográficos novedosos, como los valses y las cuadrillas.

El distanciamiento de ciertos sectores chicanos y méxico-americanas con respecto a "lo mexicano" puede estar justificado en términos de una postura política y de un rechazo al gobierno mexicano. Sin embargo, la pretensión de una herencia directa de España no pasa de ser una fantasía inventada por ciertos "anglo-románticos" (Peña, 1989: 66). "Los californios nativos [de 1769 a 1848] estaban dentro de la esfera de influencia de las corrientes que emanaban de México" (ídem). De tal manera que "la difusión musical desde el Gran México ejerció su influencia sobre la música de los californios durante el siglo XIX, a pesar del supuesto aislamiento de dicha provincia" (ídem).

En los hechos, la tradición cultural es compartida, nos guste o no la historia. Sus principales vías de contacto fueron, desde el siglo XVII, el "camino real de tierra adentro", que vinculaba la ciudad de México-Querétaro-Zacatecas-Durango-Parral-Chihuahua-El Paso del Norte hasta Santa Fe; había un ramal oriental —"el camino real de los Texas"— desde Zacatecas-Saltillo-Monclova hasta San Antonio de Béjar. Por otra parte, desde el siglo XVIII se estableció la ruta marítima occidental de San Blas (actualmente Nayarit, que en realidad arrancaba desde Guadalajara y Tepic) a la Nueva California (de San Diego hasta la bahía de San Francisco).

La población hispanohablante se fue incrementando por la migración ininterrumpida. A principios del siglo XX, "Casi 900 000 mexicanos entraron legalmente a Estados Unidos para huir de la violencia de la Revolución" (Bowden, 2007: 9). En California a estos nuevos inmigrantes les correspondió reinventar la tradición musical mexicana, que había sido "aplastada por la invasión masiva de los anglos" (Peña, 1989: 65).

Porcentaje de la población hispana en Estados Unidos

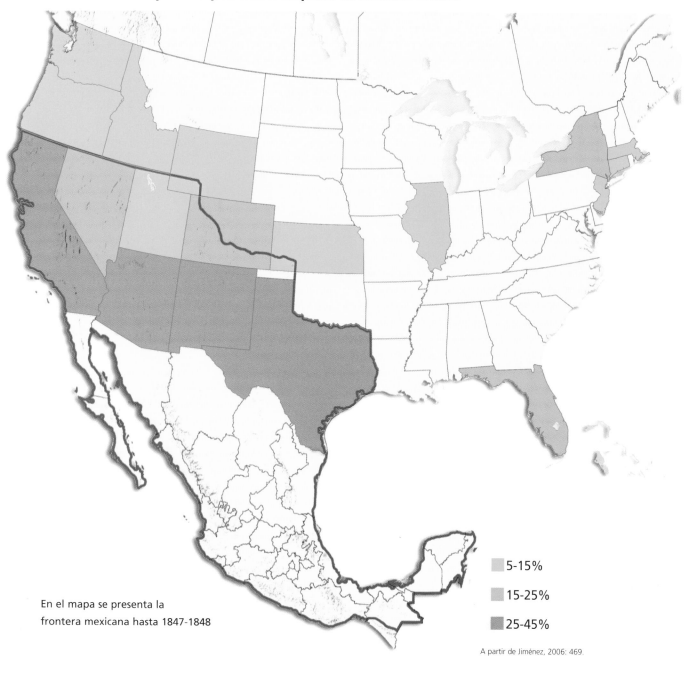

En el mapa se presenta la frontera mexicana hasta 1847-1848

5-15%

15-25%

25-45%

A partir de Jiménez, 2006: 469.

La música antigua de Nuevo México
(1946)

A mediados de la década de 1940, el folclorista Vicente T. Mendoza, investigador de la Universidad Nacional Autónoma de México, fue invitado junto con su esposa, Virginia Rodríguez Rivera (1894-1968), a Albuquerque para analizar "todo el material de música popular [...] reunido hasta entonces, [...] a fin de obtener una idea lo más exacta posible de la naturaleza y carácter de la música tradicional de Nuevo México" (Mendoza y Rodríguez Rivera, 1984 [1946]: 7); "nos propusimos limitar nuestra investigación a los documentos [colecciones de textos literarios y transcripciones musicales, así como series de discos grabados] encuadrados en el marco de la cultura hispánica tradicional, excluyendo sistemáticamente tanto la música indígena como la anglosajona" (ibídem: 7-8).

Los materiales consistían en las colecciones de John Donald Robb, Leonora Curtin, Lolita Pooler, Arthur L. Campa, Thomas M. Pearce, Rubén Cobos y Aurelio M. Espinosa, más algunos ejemplos recogidos directamente por el propio Mendoza; "las personas que hicieron las diversas recolecciones [...] habían encontrado

que esta música venía a ser la mejor expresión de la cultura hispana existente en Nuevo México" (ibídem: 12).

La clasificación del acervo de 324 ejemplos musicales derivó en quince categorías: música religiosa, romance tradicional, relaciones y juegos infantiles, coplas, décimas, trovos, géneros teatrales (tonadilla y zarzuela), corridos, inditas, sones, jarabes, canciones sentimentales y románticas, danzas cantadas, bailes con canto adaptado (vals, polka, mazurka, chotis, barcarola y marcha) y canciones españolas actuales.

En este conjunto se encuentran versiones de alabados y alabanzas parecidos a los mexicanos, alabanzas a la virgen de Guadalupe (asociada con Juan Diego), cantos de pastores en los que aparecen los mismos personajes de las

pastorelas del noroccidente de México (Gila, el Hermitaño y Bartolo), posadas, mañanitas y serenatas. Destacan el romance de Delgadina, los corridos de *Modesta Ayala*, *Rosita Alvirez* y *El hijo desobediente*; también se encuentran versiones de las canciones *El muchacho alegre*, *Ya se va la embarcación*, *Zenaida*, *La mancornadora* y las del canto infantil sobre *El casamiento del piojo y la liendre*.

Si bien hay "ejemplos de más acendrado sabor y de procedencia más directa de la Península" (ibídem: 216), se encuentran "cantares que, aunque conservan estrofas tradicionalmente hispánicas, en la melodía, el ritmo y el estilo de cantar han perdido energía y sobriedad, adoptando líneas más suaves e impulsos más vehementes que hacen que dichos cantos [hayan] adquirido caracteres regionales, ya sea de los estados del sur de México: Michoacán, Jalisco, Guanajuato; de la costa del Pacífico, como Sinaloa, o de los estados fronterizos: Coahuila y Chihuahua. Asimismo, al pasar a Nuevo México y mediante una larga permanencia en esta tierra, han adquirido inflexiones propias, acentos característicos y lineamientos particulares" (ídem). "Podemos decir que existe un intercambio entre las coplas recolectadas en Nuevo México [...] con temas similares y aún idénticas melodías que se cantan en los estados del norte, centro y sur de la República Mexicana" (ibídem: 217).

De hecho, "esta música ha penetrado en Nuevo México viniendo principalmente de sur a norte, muy poco por el oeste, procedente de Arizona y California; las aportaciones de Texas no tienen importancia, pues son las mismas enraizadas en Nuevo México" (ibídem: 19).

De esta manera, "llegan a Nuevo México, a fines [del siglo XVIII] las primeras manifestaciones de la tonadilla [escénica] en labios de viajeros venidos del sur que [...] se conectan con Chihuahua y El Paso" (ibídem: 19). "los jarabes, venidos del sur, [...] son los mismos [...] del centro y del sur de la República Mexicana: *El gato, La botella, Los panaderos* y otros de gran popularidad que aún perduran desde el primer cuarto del siglo XIX" (ibídem: 18). "Por lo que toca al jarabe, Nuevo México viene a ser una prolongación de aquellos rasgos que dieron vida, forma y color a la sociedad mexicana de principios del siglo XIX" (ibídem: 523). "Este género de canto y baile principió siendo prolongación de su congénere mexicano; pero llegó a adquirir personalidad propia a través del sentimiento de los habitantes de esta región" (ibídem: 524).

"El género son [...] es propio de México, y puede decirse que también lo es de Nuevo México por las múltiples combinaciones rítmicas que ha logrado. La forma musical más fielmente conservada [...] es el son de *La Severiana*. Sólo este ejemplo basta para que Nuevo México pueda vanagloriarse de poseer en su acervo folklórico esta forma musical" (ibídem. 505).

Los cantos son "derivados de la copla castellana y andaluza y las canciones que con una forma nueva, original y propia de México, desde mediados del siglo XIX, se extendieron por todo el país y por el sudoeste de los Estados Unidos" (ibídem: 18).

Mendoza aclara: "He puesto en [este trabajo] mi más grande entusiasmo, mi mejor voluntad y la más aquilatada probidad científica. En la utilización de los materiales que me fueron confiados puse todo mi empeño en proceder objetivamente buscando en los hechos mismos el fundamento de mis juicios" (ibídem: 13). Sin embargo, manifiesta que su libro no "pretende sentar premisas o formular conclusiones definitivas, ya que el material disponible no es bastante para suministrar una visión completa de la música hispánica que pervive en esta región" (ibídem: 7). "Para trabajos ulteriores se hace precisa la colaboración de multitud de personas que, movidas por el mismo amor por la cultura tradicional del estado, continúen recolectando gran copia de materiales cuidadosamente acotados y con datos absolutamente fidedignos, los cuales [...] permitirán distinguir nuevos aspectos y nuevos detalles en el camino hacia una clasificación más rigurosa y exacta" (ibídem: 13). "Cuando se haya explorado sistemáticamente todo el estado y se inicien los trabajos del mapa folklórico de Nuevo México, se podrá seguir las rutas de cada uno de los cantos y determinar mejor su recorrido" (ibídem: 19).

En el periodo de entreguerras y durante la Segunda Guerra Mundial, el medio mexicano —gente, ya sea nativa o llegada, cuya ascendencia cultural procedía de la matriz mexicana— residente en Estados Unidos fue un mercado ávido para el éxito de los discos y las películas mariacheras; los paisanos fueron clientes seguros de las presentaciones de Lucha Reyes, Tito Guízar y Jorge Negrete. Se desarrollaron conjuntos que reproducían la imagen y el estilo comercial, como el Mariachi Barranqueño de Los Ángeles, en 1941, en el que se presenta la conjunción del clarinete y la trompeta (Sheehy, 2006: 20), aerófonos que por algunos años disputaron su preponderancia en la dotación del mariachi moderno. El Mariachi Arellano destacó por esas fechas en Santa Fe, Nuevo México (Romero, 2001: 172).

Los mariachis cordófonos, vestidos con versiones particulares del traje de charro, habían llegado de gira hasta Santa Fe, en vísperas de la Segunda Guerra Mundial. *The National Geographic Magazine,* en el artículo "New Mexico Melodrama", hace referencia a las fiestas del mes de septiembre, en las que se conmemora el regreso de los colonizadores, comandados por Diego de Vargas Zapata en 1692, tras la masacre perpetrada por los indígenas en 1680. Informa que durante la reactualización de la gesta histórica —en un entorno de hilaridad hedonística:

En la noche, desde la terraza de La Fonda, cantantes de ópera y baladistas llenan con sus melodías el ambiente iluminado por medio de focos eléctricos, y un "mariache" de Guadalajara —con diseños de caballos blancos en sus llamativos uniformes y sombreros de tres pies de ancho— toca de oído en violines fabricados [artesanalmente en sus pueblos], contrabajos [violones] y guitarras gigantescas [guitarrones] (Simpich, 1938: 569).

Años más tarde, la confrontación entre el mariachi moderno, promovido desde México, y los conjuntos cordófonos locales también tuvo como escenario el suroeste de Estados Unidos:

Después de la Segunda Guerra Mundial se empezaron a oír mariachis en las cantinas y restaurantes. Algunos de los hispanos de la cultura vieja de Nuevo México y Colorado, los "manitos", frecuentaban estos restaurantes y cantinas, y les gustaba la música, pero muchos se separaban de los mexicanos. La dotación de la música de mariachis era más complicada que la de los "manitos", quienes

usaban solamente violín y guitarra y aunque les gustaba la música de mariachi, no entendían culturalmente una música con rasgos de culturas […] africanas (Romero, 2001: 172).

Una nueva base contemporánea para la expansión del mariachi ha sido el constante y creciente desplazamiento de compatriotas hacia aquellas tierras:

> El flujo de migrantes ilegales aumentó notablemente luego de la aprobación del Tratado de Libre Comercio de América del Norte, suscrito a principios de la década de 1990, acuerdo que supuestamente terminaría con la migración ilegal, pero acabó dislocando a millones de campesinos mexicanos y a muchos trabajadores industriales (Bowden, 2007: 9).

Las zonas hispanas tradicionales y aquellas en donde han llegado a residir los emigrantes mexicanos son, de hecho, una extensión natural de la cultura mexicana. Se trata de un caso prototípico en el que la barrera correspondiente a la frontera política es incapaz de impedir la continuidad cultural.

Desde hace medio siglo, en Estados Unidos se ha concatenado una serie de procesos que han conducido al desarrollo de un combativo y complejo alter ego cultural de México y a que haya surgido un gran movimiento en favor del mariachi. De manera sorprendente, el mariachi se siente ahora más cómodo allá que en su casa original.

En 1962, el mariachi ingresó a la universidad, ya que Donn Borchardt inició una clase de ejecución de música mariachera en el Instituto de Etnomusicología de la Universidad de California en Los Ángeles.

> Hacia 1970, el grupo estudiantil [que se logró conformar] se autonombró Mariachi Uclatlán (una nahuatlización de "tierra de UCLA") y tocaba de manera profesional por Los Ángeles. A mediados de la década de 1970, el Mariachi Uclatlán [en el que ya tocaban universitarios junto con mariacheros mexicanos] se había convertido en uno de los mariachis más prominentes del sur de California. El hecho de que la Universidad de California haya auspiciado la música de mariachi constituyó una importante declaración social acerca del valor de esta música (Sheehy, 2006: 83).

Además, a partir de esa experiencia de la Universidad de California, se formaron los primeros académicos que abordarían el estudio del mariachi, cuyas características fueron no proceder de una herencia latina familiar y haber sido también ejecutantes de esa música. Donn Borchardt dejó inconclusa, por su muerte intempestiva durante un trabajo de campo en Jalisco, su tesis de maestría sobre "The Mariachi Sones. The Rhythmic Pattern as a Principle of Melodic Organization" (1965); Mark Fogelquist presentó su tesis de maestría sobre "Rhythm and Form in the Contemporary Son Jalisciense" (1975); James Koetting publicó un artículo sobre "The Son Jalisciense. Structural Variety in Relation to a Mexican Mestizo Forme Fixe" (1977); Laura Ann Garcia presentó la tesis de licenciatura sobre "The Mariachi Violin Style Technique" (1981); Stephen Ray Pearlman dio a conocer el artículo "Standarization and Innovation in Mariachi Music Performance in Los Angeles" (1984); Daniel Sheehy ha publicado "Mexican Mariachi Music: Made in the USA" (1997) y, recientemente, "Mariachi Music in America" (2006); en tanto, Jonathan Clark se ha constituido en uno de los especialistas más importantes del mariachi urbano, ya que realizó un prolongado "trabajo de campo" como guitarronero en la Plaza Garibaldi, por más de una década, y es el principal conocedor de la trayectoria del Mariachi Vargas. Los estudiosos universitarios del mariachi en Estados Unidos no sólo se han adelantado, sino que han sobrepasado a los mexicanos en ciertos aspectos.

De manera paralela, en 1966, Belle Ortiz (entonces Isabel San Miguel, quien transformó su nombre luego de su nuevo matrimonio con el mariachero Juan Ortiz) inició los programas escolares para enseñar música de mariachi en una escuela primaria de San Antonio. En 1970, comenzó la formación de conjuntos de mariachi en las escuelas secundarias y, cinco años más tarde, ante el éxito obtenido, el modelo se expandió por Texas. En 1979, James Gordon Bennett, de manera visionaria, presentó en la Universidad Estatal del Norte de Texas su tesis doctoral sobre "A Guide for the Performance of Trumpet Mariachi Music in Schools". "En la actualidad hay cientos de programas escolares de mariachi en los Estados Unidos, diseminados principalmente en el suroeste, pero también en Chicago, la ciudad de Nueva York, el estado de Washington y otros lugares" (Sheehy, 2006: 84).

Simultáneamente, la introducción de la misa con mariachi fue otro factor para que ciertos sectores de la Iglesia católica colaboraran a que la imagen de este conjunto se transformara de manera positiva.

Mariachi Uclatlán. Varios de sus integrantes se convirtieron en investigadores académicos, defensores/promotores y educadores en el "mundo del mariachi" en Estados Unidos: "estos músicos fueron capaces de incorporar el estudio del mariachi al espacio universitario. Influenciaron a una nueva generación de practicantes que ha impactado en la institucionalización y canonización del mariachi en Estados Unidos" (Rodríguez, 2006: 166-167).

Mark Stephen Fogelquist impartiendo su clase de mariachi. "Lo importante de estas prácticas de instrucción [en los programas curriculares de mariachi] es la manera como se han enfocado en habilidades que se consideran legítimas por el sistema escolar estadounidense. La literalidad musical, la técnica apropiada y la precisión rítmica se han convertido en el énfasis de estos cursos" (Rodríguez, 2006: 68). En México en la actualidad no se imparten clases curriculares de mariachi moderno en las escuelas, bachilleratos y universidades.

Patricio Flores Fernández —nacido en Ganado, Texas, en 1929— fue consagrado en 1970, tras una designación histórica y célebre, como el primer obispo católico de ascendencia mexicana en Estados Unidos, entre los 285 que había en funciones. A la postre sería conocido como el "obispo mariachi", entre otras razones porque nunca renegó de sus raíces de campesino mexicano-estadounidense y porque fue el primer sacerdote en promover la misa con mariachis en Houston, durante su servicio entre 1967 y 1970:

En 1974 [cuando colaboraba como uno de los principales recabadores de fondos para el Mexican-American Cultural Center de San Antonio] sorprendió a todo el mundo cuando grabó un álbum con diez canciones, titulado *The singing bishop*. Cinco de estas piezas eran himnos religiosos y las otras eran canciones tradicionales mexicanas, reminiscencia de sus días de juventud cuando [para apoyar sus estudios en el seminario] él cantaba en las cantinas de Pasadena y el sur de Houston (McMurtrey, 1987: 83).

En 1979 fue promovido como titular de la arquidiócesis de San Antonio, Texas, una de las sedes episcopales católicas de mayor abolengo en el suroeste de Estados Unidos. Sin embargo, él mantuvo su apego a las tradiciones mexicanas; "ahora, cuando [...] toma la guitarra de los mariachis [...] la multitud que aplaude aclama: '¡Arzobispo, cante!'" (ibídem: 24):

> La Misa Panamericana se tocó por primera vez [...] en 1968 en la iglesia de San José en el centro de Los Ángeles, el 12 de diciembre, en la fiesta de Nuestra Señora de Guadalupe. El Mariachi Imperial, de Gabriel Leyva, estuvo a cargo de la música. En [la iglesia de La Placita en la calle Olvera], en 1984, una misa en la fiesta [de la Guadalupana] fue acompañada por más de cincuenta grupos de mariachis. Muchas otras parroquias locales también continúan ofreciendo misas de mariachis para la población hispanohablante (Loza, 1993: 92).

Así, el mariachi superó su estigma cantinero, y de los lugares de mala reputación pasó a ser uno de los actores importantes del culto en los templos católicos. Su nuevo estatus fue un estímulo para la participación de las mujeres como músicos en activo.

Rebeca González, alumna de Mark Fogelquist en el San José City College, fue la primera mujer que ingresó a un mariachi de elite en Estados Unidos en la época moderna. En 1974, formó parte del Mariachi Uclatlán y luego pasó a Los Camperos. En tanto, Laura Sobrino, alumna de David Kilpatrick, fue aceptada en el Mariachi Los Galleros de Los Ángeles. Mónica Treviño, proveniente de Tucson, remplazó a González en Los Camperos. El impacto de estas mariacheras condujo a la formación de conjuntos de mujeres. "José Hernández reclutó algunos de los talentos femeninos surgidos recientemente para crear el Mariachi Reyna de Los Ángeles en 1994" (Sheehy, 2006: 89). Esta moda ha tenido gran éxito en el público del suroeste de Estados Unidos, de tal manera que han surgido, entre otras, Las Adelitas, Mariachi Mujer Dos Mil y Las Alondras.

Los festivales de mariachi fueron una consecuencia lógica del avance de los programas escolares. La primera International Mariachi Conference tuvo lugar en San Antonio en 1979 e incluía conferencias temáticas, talleres de enseñanza instrumental y conciertos; "había nacido a partir del deseo de proporcionar a los estudiantes una experiencia educativa superior y culturalmente resonante" (Fogelquist, 1996: 20). El modelo fue reproducido en

"La música de mariachi ya no puede ser considerada solamente como una expresión de México. El mariachi tiene que ser entendido como un producto transnacional, que se mueve hacia atrás y hacia adelante a través de la frontera de Estados Unidos y México —con o sin visa—, en la forma de grabaciones, tradiciones, prácticas y gente" (Rodríguez, 2006: 32).

"Quizás nosotros [quienes no crecimos con el mariachi como un asunto cotidiano] nunca seremos capaces de experimentar una vinculación verdadera con el pueblo mexicano" (Nevin, 2002: 21). Pero "el estilo se ha depurado a tal grado y definido tan bien por los mariachis virtuosos [de elite] que cualquiera que desee poner una atención íntima a esta música y esté dispuesto a ampliar sus paradigmas musicales puede ingresar legítimamente al mundo del mariachi" (ibídem, 2002: 20).

1983 en Tucson, Arizona, y en Fresno, California; luego, en 1991, en Albuquerque, Nuevo México. El festival Mariachi USA, iniciado en 1990 en Los Ángeles, constituye la variante exclusiva de concierto:

La conferencia típica [de mariachi] también incluye interpretaciones por conjuntos de estudiantes e invariablemente culmina con un concierto en el que se incorporan varios grupos profesionales con un gran final en el que los músicos estudiantes se suman a los

profesionales para conformar una enorme orquesta que presenta de forma multitudinaria una o dos piezas. Muchos festivales también incluyen la ejecución de una misa con mariachi, el domingo por la mañana (Fogelquist, 1996: 21).

En la actualidad se lleva a cabo alrededor de una veintena de estos encuentros en territorio estadounidense, algunos de ellos de incidencia reducida —local o regional—, de tal manera que: "La asistencia anual a los festivales de mariachi en los Estados Unidos sin duda sobrepasa las 100 000 personas" (Sheehy, 2006: 89).

"La conferencia de Tucson fue el punto de lanzamiento para la sorprendente carrera de Linda Ronstadt como cantante ranchera, que llevó la música de mariachi a una vasta y nueva audiencia, la cual incluía a muchos no mexicanos" (Fogelquist, 1996: 22). El éxito de Ronstadt con su disco *Canciones de mi padre* (1987) fue "una anomalía y un hito en la industria de la música. El elepé recibió en 1989 el premio Grammy en la categoría mexicano-americana" (Loza, 1993: 92). Se constituyó, además, en otra promoción importante para la música de mariachi; por cierto, los arreglos que esta cantante solicitó son sencillos, sin sofisticaciones, al estilo de los años cincuenta del siglo XX. Según Nati Cano, "Ronstadt ha hecho más que revivir la tradición del mariachi tanto para audiencias viejas como nuevas; ella ha conseguido para el estilo mariachi un nivel internacional todavía mayor de reconocimiento y difusión comerciales" (ápud Loza, 1993: 93). La contribución de este álbum fue que la música de mariachi dejaba de ser marginal y se incorporaba a la corriente principal de la música popular estadounidense; asimismo, superaba la etiqueta de "pasada de moda" y adquiría el estatuto de "contemporánea" (Sheehy, 2006: 54-55).

Como un efecto bumerán, la primera gran influencia del movimiento mariachístico de Estados Unidos hacia México fue la inspiración que la exitosa Tucson Mariachi Conference proporcionó para que se iniciara, en 1994, el Primer Encuentro Internacional del Mariachi en Guadalajara. A pesar de que ya no quedaban argumentos para desconocer que el mariachi era un asunto cultural de rango internacional, todavía se proclamó que se buscaba congregar en La Perla Tapatía a los mariachis del mundo por ser "la meritita tierra del mariachi".

El sentimiento de orgullo identitario que el mariachi ha llegado a provocar entre la población hispanohablante de Estados Unidos es, en buena medida, consecuencia de la incidencia del movimiento chicano, del mo-

Este disco tomó el título y una inspiración general en la recopilación de las canciones del sonorense Federico Ronstadt y Redondo (1868-1954), preparada por su hija, Luisa Espinel —tía paterna de Linda Ronstadt— y editada por la Universidad de Arizona en 1946. "Muchas de las canciones de este disco llegaron a mí a través de mi padre [Gilbert Ronstadt (1911-1995)], y otras las he aprendido gracias a mi continuo interés por las grandes tradiciones vocales de México. Ellas resumen la tradición de mi familia, y la de un país que ha hecho profundas contribuciones al mundo de la música. Son canciones que constituyen una memoria viviente de una experiencia muy sentida en el alma" (Ronstadt, 1987). Sin embargo, Ronstadt no logró nuevas contribuciones a las líneas músicales del mariachi, pues su disco "incluyó rancheras, huapangos y sones estándar, que ya habían sido establecidos en el repertorio del mariachi" (Rodríguez, 2002: 75).

vimiento por la legalización de los inmigrantes y del movimiento de liberación de la mujer; pero no se debe menospreciar la lucha de los propios mariacheros por dignificar su profesión en aquellos territorios:

> La música de mariachi tiene [en Estados Unidos] una vida social compleja, llena de diferentes tonalidades de significación, tanto para quienes la practican como para quienes la aprecian. Para algunos, la música [mariachera] es una fuente de enraizamiento social. Para otros, es un agente de cambio social y una vía para afirmar su presencia en una sociedad multicultural. O ambas cosas (Sheehy, 2006: 61).

La variedad de contextos de presentación parece corresponderse con la red social de los músicos de mariachi y su clientela. El estilo "al talón" se encuentra por lo regular entre mariachis [de conformación efímera] que tocan en numerosos restaurantes pequeños y

cantinas en áreas con gran densidad de poblaciones mexicanas. Los mariachis con una base "de planta" [grupos más permanentes] se pueden encontrar en hoteles importantes, parques de diversión y en restaurantes y bares que atienden clientela predominantemente latina. Los mariachis con base en un solo restaurante [conjuntos duraderos] son menos numerosos y más comercializados; tocan para una clientela diversa que fluctúa desde la población general mexicana y sus descendientes en segunda y tercera generación hasta una gran cantidad de no-mexicanos y turistas (Loza, 1993: 277).

En la Unión Americana destacan en la actualidad cuatro mariachis emblemáticos: Los Camperos de Los Ángeles, grupo fundado en 1961 por Natividad Cano (Ahuisculco, Jalisco, 1931), se han constituido como una alternativa a los mariachis espectaculares de México en el contexto estadounidense. Este grupo tocó en el teatro Million Dollar de Los Ángeles y luego realizó presentaciones por temporadas en cabarets de Las Vegas, Nevada. A partir de

Los Camperos ha sido un grupo pionero en la lucha por que el mariachi supere la subordinación a los artistas-cantantes, con quienes queda relegado al segundo plano. Uno de sus objetivos es que el mariachi recupere su posición como centro de atracción, desarrolle sus actuaciones de manera independiente y se presente como artista por sí mismo.

1969, estableció La Fonda como el primer restaurante en el que dicho mariachi ofrecía audiciones cotidianas en el espectáculo para la cena, "alcanzando una nueva audiencia de clase media altamente asimilada, inmigrantes urbanos y sus descendientes" (Fogelquist, 1996: 20). Uno de sus logros ha sido que, tras sus presentaciones en los teatros más importantes de Estados Unidos e incluso en compañía de reconocidas orquestas sinfónicas, "el mariachi haya sido aceptado como una tradición musical que merece ser considerada música para escuchar, más allá de la mentalidad fiestera que valora el mariachi por sus ritmos vivaces y su extroversión emocional" (Sheehy, 2005: 18). La serie Smithsonian Folkways Recordings ha incluido dos CDs de este conjunto: *¡Viva el Mariachi!* (2002) y ¡Llegaron *Los Camperos!* (2005). Cano mereció el National Heritage Award en 1990 y ha sido elegido entre los 2006 United States Artists Rockefeller Fellows.

El Mariachi Cobre, fundado en Tucson en 1971, es el primer mariachi de mexicoamericano que logró destacarse; desde 1982 toca de fijo en el Mexican Pavillion del Walt Disney World de Orlando, Florida. Se considera un baluarte del nicho clásico del mariachi moderno, inspirado en el estilo de la época de oro del Mariachi Vargas. Es un grupo pionero de los encuentros de mariachis, en los que participa como artista y sus integrantes como profesores.

Por su parte, José Hernández, director del grupo Sol de México, estima que el mariachi es un vehículo musical que se debe adecuar a la corriente musical estadounidense, por lo que ha propiciado la innovación del repertorio y de los arreglos y ha producido álbumes con éxitos de Glenn Miller (1996) y los Beach Boys (1997). Uno de sus orgullos es que, cuando su mariachi toca con una orquesta sinfónica, él toma la batuta, ya que él mismo ha preparado la orquestación correspondiente (Sheehy, 2006: 53).

Campanas de América —de San Antonio, Texas— es un conjunto híbrido, ya que incluye batería, acordeón, trombón y tumbadora (bongó); así, ha llegado a fusionar los estilos regional texano y tropical con el del mariachi. En Colorado, otros grupos han derivado en el tecno-mariachi:

> La cultura del mariachi está cambiando. Se debe esperar que la cultura del mariachi —tanto en su aspecto musical como en su significación para la gente en la sociedad—, una vez trasplantada a los Estados Unidos, debe transformarse todavía más rápido que en México (Sheehy, 2006: 79).

"El interés por la música de mariachi ha crecido de manera exponencial" (Sheehy, 2006: 89) y se "ha intensificado la significación de la música del mariachi como símbolo cultural y como un recurso de orgullo cultural y resistencia" (ibídem: 49). Uno de los resultados ha sido que en aquel país los mariachis hayan llegado a gozar de mayor reconocimiento social que en México, ya que tanto los mexicanos como los mexicoamericanos valoran la conexión de esta música con su herencia cultural en un medio dominado por la animadversión:

> En la sociedad multicultural norteamericana, donde las conexiones entre "raza" [tipo físico], etnicidad y jerarquía social conducen a la alienación social sentida por los mexicanos y los mexicano-americanos, la música de mariachi asume una dimensión de valor necesariamente distinta que en la sociedad mexicana (ibídem: 54).

El Mariachi Cobre, fundado en Tucson, Arizona, en 1978, "Probablemente [son] los mejores intérpretes del son jalisciense en la actualidad" (Raymond E. Rojas, ápud Rodríguez, 2002: 59). "Combinan lo supremo de instrumentalistas, vocalistas y arreglos para lograr hoy lo mejor de lo mejor en el mundo de la música de mariachi" (Ron Ribble, ápud Rodríguez, 2002: 61). "Para muchos practicantes y aficionados de la música de mariachi, el género del son es la representación central de [esta] tradición" (Rodríguez, 2006: 59).

"Ahora que el mariachi se ha incorporado a instituciones educativas y culturales en los Estados Unidos, se implementan nuevas maneras de transmisión, práctica y ejecución, que se encuadran en discursos que abogan porque la sociedad estadounidense más amplia reconozca la música de mariachi como una forma legítima" (Rodríguez, 2006: 260). "Los músicos del ámbito laboral en raras ocasiones asisten a estos eventos [las conferencias de mariachi] y menos aún se inscriben en los talleres" (ibídem: 71).

"Es la bandera, hermano. En realidad lo es, donde nos presentamos, es como ondear la bandera mexicana. El mariachi es casi una fuerza mayor que la bandera mexicana" (José Hernández, ápud Sheehy, 2006: 54). Qué contraste con la situación en México: "Multa de 50 millones [de pesos] a la empresa de El Toreo. La impuso [la Secretaría de] Gobernación por entonar el himno nacional con mariachis [en la función en que Julio César Chávez defendió su título]" (Hernández, 1992: 35).

"Ser mexicano aquí [en Estados Unidos] ya es un acto de desafío. Hablar en español otro tanto. El simple hecho de venir del sur es un acto político" (Guillermo Gómez Peña, ápud Güemes, 2002: 48). Los inmigrantes

indocumentados mexicanos y latinos son considerados por los estadounidenses de "espíritu nativista" como "invasores de piel oscura, [...] un Godzilla con sombrero de mariachi" (Gómez Peña, 1997: 8). En este contexto, el mariachi ha contribuido a "la posibilidad de recuperar una ciudadanía que nos negaron los dos gobiernos [el de México y el de Estados Unidos]" (Guillermo Gómez Peña, ápud Güemes, 2002: 48). Cuestionado por un espíritu de pluralidad:

> El Ku Klux Klan [grupo supremacista blanco identificado como el más racista en Estados Unidos] debió enfrentar una manifestación en Wheaton, Illinois [...]: un conjunto de mariachis cantando *[La bamba]* y niños y adultos de todas las razas bailando y aplaudiendo al compás de la música mexicana (Cason y Brooks, 1995: 53).

En el contexto cultural estadounidense, el esplendor actual del mariachi fluctúa entre la contestación y la asimilación, pues —sin ser una música marginal y aunque sus letras no se refieran al radicalismo social— se mantiene en amplios sectores como un recurso para la resistencia étnica. En 1998 se inauguró la Plaza del Mariachi en Los Ángeles, construida con toneladas de cantera importada de Jalisco. El mariachi ha sido invitado a la entrega del premio cinematográfico Oscar, en Hollywood; ameniza los intermedios de juegos importantes de la liga profesional de futbol americano, deporte emblemático de los estadounidenses; en la Embajada de Estados Unidos, en la ciudad de México, hace tiempo que se acostumbra celebrar con mariachis el Día de la Independencia de aquel país; más aún, Vicente Fernández dio el grito en la Casa Blanca el 15 de septiembre de 2005 y cantó acompañado de mariachis; en el año 2000, George W. Bush llegó como candidato presidencial a la convención republicana de Filadelfia enmarcado por las melodías de los mariachis. Tanto el Partido Republicano como el Demócrata se acusan mutuamente de practicar una "política mariachi" (Cason y Brooks, 2002: 2); es decir, de manipular las expectativas de los votantes de habla hispana, la primera gran minoría étnica de Estados Unidos.

El hecho es que, en la actualidad, la música de mariachi es una opción curricular en muchas escuelas de Estados Unidos. Desde 2006, existe una nueva sección dentro de la importante National Association for Music Education (MENC), dedicada a facilitar el trabajo de los profesores de mariachi en todos los niveles de la enseñanza. En marzo de ese año inició la publicación por Internet de la revista *Mariachi Newsletter,* en cuyo número inicial se ofrecía una adaptación para mariachi del himno nacional estadounidense, preparada por Yamil Yunes González. Los artículos incluidos son espléndidos: "Starting a Mariachi Program" (Noé Sánchez, agosto de 2006), "Starting the Year" (Noé Sánchez, septiembre de 2006), "Choosing Appropiate Repertoire" (Mark Fogelquist, octubre de 2006), "Preparing for a Performance" (Sergio Alonso, noviembre de 2006), "Five Tips for Better Vocal Practice" (Pamela B. Gaston, diciembre de 2006), "Teaching the Armonías Class" (William J. Grandante, enero de 2007), "Teaching the Mariachi Violin Section" (Mack Ruiz, febrero de 2007), "Teaching Vocal Technique to Mariachi Students" (Noé Sánchez, marzo de 2007), "Teaching the Mariachi Harp" (Sergio Alonso, mayo de 2007) y "Teaching Beginning Guitarrón" (John Vela, agosto de 2007).

La revitalización del mariachi en Estados Unidos en el último cuarto de siglo ha sido espectacular. Así: "Independientemente de la dirección que tome el movimiento del mariachi en el futuro, en la actualidad está enraizado de manera firme en el suroeste de los Estados Unidos" (Fogelquist, 1996: 23). Y, sin duda, puede cantar con orgullo: "Yo soy mexicano, de acá de este lado".

Para algunos conocedores, a los mariachis extranjeros les hace falta tocar los sones adecuadamente y carecen del sentimiento característico, de tal manera que requieren del aporte de músicos mexicanos para adquirir el estilo típico del mariachi. No obstante, "nacen extranjeros, pero muy mariachis" (López, 1999: 1D). De acuerdo con ciertos mariacheros, los conjuntos de otros países, en el Encuentro Internacional de Guadalajara, "vinieron a enseñarnos que a veces se olvida apreciar lo que se tiene" (Jorge Nerú Padilla, ápud Salas, 1994: 15D). La música del mariachi ha llegado a ser "luz de la calle y oscuridad de la casa", ya que "increíble pero cierto: en el extranjero se venden más discos con música de mariachi que aquí en México" (Jesús López, ápud Morales Martínez, 1995: 1). "Somos ídolos fuera de nuestro país, es verdad, y esto es doloroso porque [aquí en México] las personas miran a un mariachi como músicos de barriada" (Jesús Rodríguez de Híjar, ápud de León, 1993: 3D).

El paso del mariachi del contexto regional al nacional tuvo como marco una etapa de profundo nacionalismo. El mariachi había surgido en el siglo XVIII combinando rasgos de diferentes procedencias culturales y, como toda institución propiamente folclórica, constituyó una tradición abierta, que fue adaptando novedades y desechando elementos no funcionales. Su transformación de conjunto de cuerdas y percusiones a conjunto de cuerdas y alientos no fue un proceso espontáneo, sino el resultado de su apropiación por parte de la cultura masiva. Hoy en día su tradición original —que concentra elementos musicales forjados durante el mestizaje colonial y decimonónico— se encuentra dividida, pero vigente: los pocos mariachis que reproducen la usanza original persistirán como tradicionales en tanto sigan tocando minuetes, y los cientos de conjuntos modernos no dejarán de ser mariachis en tanto sigan tocando sones. A través del son "jalisciense" es posible comprender por qué el mariachi se ha sostenido a pesar de las modas musicales y permanece como la más fuerte de las tradiciones nacionales.

El estilo mariachi es claramente distintivo, pues —una vez "depurada" la conjunción de ciertos elementos musicales— expresa de manera más concentrada, balanceada y enfática los rasgos dispersos en las demás regiones mestizas de América Latina. El encanto del mariachi ha podido trascender, así, los grupos étnicos y las fronteras nacionales. Hay mariachis originales, conjuntos combinados o adaptaciones locales en gran parte del mundo,

Mariachi Mujer 2000. "Con la incorporación de la música de mariachi en Estados Unidos, el desarrollo de programas escolares, conferencias y festivales de mariachi ha permitido el acceso a aquellos que no encajan en el tipo normativo clasificado como 'una masculinidad mexicana de la clase trabajadora'. Esta transformación de los participantes [...] incluye hombres y mujeres no-mexicanos de estatus sociales diversos" (Rodríguez, 2006: 258-259).

"La comunidad mexicoamericana, al reconocer al mariachi como una expresión culturalmente viable que ha ganado la atención de la sociedad más amplia, se ha comprometido con ella y se la ha reapropiado —tomando su control dentro de la corriente principal estadounidense—, por medio de conferencias, conciertos y festivales en los que se representa al mariachi de una manera diferente, opuesta a las personificaciones estereotipadas de desaliñado, alcohólico y mujeriego" (Rodríguez, 2006: 49).

PÁGINA SIGUIENTE:

"La exploración del mariachi [...] es un campo joven abierto a muchas posibilidades. Se requiere una investigación rigurosa. El mariachi [...] ofrece una gran variedad de temas y tópicos que contribuirán a discusiones más amplias sobre la cultura expresiva, la música en la cultura, el 'Greater Mexico', el género, el trabajo y la migración, los cuales conciernen a disciplinas como la antropología, sociología, [historia, economía], etnomusicología, estudios chicanos, latinoamericanos y 'latinos'" (Rodríguez, 2006: 263).

como prueba de la condición universal de su música, dada su fuerte asimilación en otros pueblos y su sabor fácilmente permeable a otras culturas. Para los chicanos, mexicano-estadounidenses, latinoamericanos, peninsulares y mediterráneos, su música es motivo de identificación por la confluencia cultural mestiza, mientras que para los estadounidenses, canadienses, europeos del norte y asiáticos constituye una interesante manifestación de sabor exótico o de raigambre étnica. El mariachi en la actualidad es un género clásico de la música internacional.

En la dinámica cultural contemporánea —dominada por la moderna comunicación electrónica— se debaten los particularismos regionales frente a una cultura mundial homogeneizante. Mientras una sociedad acepta los aportes foráneos, fundamenta su identidad en la permanencia de los valores, las formas y los ritmos que las generaciones precedentes establecieron como propios. El mariachi continuará como el símbolo musical de los mexicanos en la medida en que conservemos nuestro carácter nacional. "El día en que no haya mariachi en México, y no exista canción ranchera… Es que no existe México. ¡El mariachi es el alma de México!" (Aceves Mejía, 1998: 25).

En otras tierras, el mariachi será reconocido como una síntesis particular y bien lograda de rasgos melódicos, rítmicos y vocales del patrimonio de la humanidad, en tanto mantenga de alguna manera el toque de autenticidad étnica que le permitió ser difundido como exponente de lo mexicano.

¡Mariachi Spectacular!

6th Annual ♪ Albuquerque, New Mexico ♪ July 10-14, 1996

BIBLIOGRAFÍA

Abelleyra, Angélica, "Mujeres insumisas. Mariachi Femenil Xóchitl: la música, una amiga que nos entiende", *La Jornada Semanal,* México, 601, 10 de septiembre de 2006: 13.

Aceves Mejía, Miguel, "Una plática con […]", *El mariachi suena,* México, año 1, número 6, 1998: 19-25.

Aedo, Ángel, "La región más oscura del universo: el complejo mítico de los huicholes asociado al Kieri", tesis de licenciatura en antropología social, Escuela Nacional de Antropología e Historia, México, 2001.

Aguilar, Ignacio, *Apuntes biográficos del Sr. Canónigo Don* [...], Tipografía de la Escuela de Artes y Oficios, Zamora, Michoacán, s. f. (circa 1909).

Aguirre, Aleyda, "Fuerte y alegre que se oiga el son… Las canciones 'machistas' sólo deben verse como 'composiciones históricas': Mariachi Xóchitl", *Triple Jornada,* México, 48, 5 de agosto de 2002: 6.

Alba, Víctor, "Fiestas y costumbres", ápud Doré Ogrizek, *México. América Central. Antillas,* Ediciones Castilla, Madrid, 1958: 109-128.

Álbum de oro de la canción, México, IV, 47, 1952.

Almada, Francisco R., *Diccionario de historia, geografía y biografía sonorenses,* Talleres Arrendatarios de Impresora Ruiz Sandoval, Chihuahua, 1952.

Alonso, Amado, director, *El español en México, los Estados Unidos y América Central* (Biblioteca de Dialectología Hispanoamericana, IV), Universidad de Buenos Aires, Buenos Aires, 1938.

Alpuche, Héctor, "El mariachi: baluarte de nuestra tradición musical", *Melodías mexicanas. La revista de los éxitos musicales,* México, 31, 1950: 4-5.

Altamirano, Ignacio Manuel, *El Zarco. Episodios de la vida mexicana en 1861-1863,* Establecimiento Editorial de J. Ballescá y Compañía Sucesor, Barcelona, 1901 (1888).

Alvarado, Neira, *Oralidad y ritual. "El dar parte" en el xuravet de San Pedro Jicoras, Durango,* Universidad Michoacana de San Nicolás de Hidalgo, Morelia, 1996.

Álvarez, Eduardo, "Figuras de actualidad. Don Alfonso Reyes, Ministro de Méjico en la Argentina", *Caras y caretas,* Buenos Aires, año XXX, número 1460, 16 de julio de 1927: portada.

Alvite, Gustavo, "Entrevista con […]. Primera parte", *El mariachi suena,* México, año I, Número 3, 1997a: 2-4.

———, "Entrevista con […]. Segunda parte", *El mariachi suena,* México, año I, Número 4, 1997b: 2-3.

Anda Pedroza, Gustavo de, "De Cocula a México… Cuándo llegó el mariachi", *El Heraldo de México,* México, 25 de julio de 1995: 9A.

Anderson, Benedict, *Comunidades imaginadas. Reflexiones sobre el origen y difusión del nacionalismo* (Colección Popular, 498), Fondo de Cultura Económica, México, 1993 (1991 [1983]).

André, M. E., "América equinoccial (Colombia–Ecuador)", *América pintoresca. Descripción de viajes al nuevo continente*, Montaner y Simon Editores, Barcelona, 1888: 477-859.

Anesagasti y Llamas, Jaime, *Introducción histórica. Tonalá ayer y hoy,* Dirección de Cutura del H. Ayuntamiento de Tonalá, Guadalajara, 1993 (1892).

———, *Brevísimas notas de la historia antigua y moderna de Tonalá para uso de los alumnos de la*

Escuela de esta Villa y especialmente de los párvulos del Asilo del Sagrado Corazón de Jesús, Casa Editorial Jaime, Guadalajara, 1938 (1899).

Arana, Federico, *La música dizque folclórica* (Colección Duda Semanal, 210), Editorial Posada, México, 1976.

———, *Son. Antología del son en México,* Fondo Nacional para el Fomento de las Artesanías–Fondo Nacional para Actividades Sociales, México, 1981.

Argente, Héctor, "Amos de la mujer mexicana", *Somos uno. 3 tipos de cuidado,* México, año 12, número 213, 2001: 38-57.

Ávila, Ana *et alii,* "Juanga, la leyenda", *Quién,* México, 6, 114, 2006: 56-138.

Avilés, Jaime, *"El violín", La Jornada* (Política, Desfiladero), México, 12 de mayo de 2007: 4.

Aviña, Rafael y Alejandro Salazar, "Ahijados de la muerte", *Somos uno. 3 tipos de cuidado,* México, año 12, número 213, 2001: 74-79.

Ayala, Roberto, *Musicosas. Manual del comentarista de radio y televisión,* Editorial Selecciones Musicales, México, 1962.

Ayala, Roberto, editor, "El mariachi", *Cancionero mexicano. Éxitos de mariachis,* México, 39, 1956: 21.

Ayala Blanco, Jorge, *La aventura del cine mexicano* (Cine club Era), Ediciones Era, México, 1968.

———, *La búsqueda del cine mexicano (1968-1972)* (Cuadernos de cine, 22), Universidad Nacional Autónoma de México, México, 1974, I.

———, *La condición del cine mexicano (1973-1985),* Editorial Posada, México, 1986.

———, *La disolvencia del cine mexicano. Entre lo popular y lo exquisito,* Editorial Grijalbo, México, 1991.

Báez, Luis, "Los mariachis conquistan Paraguay. Se adueñaron prácticamente del mercado musical al acaparar presentaciones en vivo… ¡Y hasta serenatas!", *El Universal,* México, 27 de junio de 1995: 2.

Baines, Anthony C., "Shawn", *The New Grove Dictionary of Music and Musicians* (Stanley Sadie, editor), MacMillan Publishers Limited, Hong Kong, 1994: 237-243.

Bancroft, Hubert Howe, "Amusements", *The Works of […], volume XXXIV, Pastoral. 1769-1848,* The History Company Publishers, San Francisco, 1888: 406-436.

Bandelier, Adolph, *Final Report of Investigations Among the Indians of the Southwestern United States, Carried on Mainly in the Years from 1880 to 1885* (Papers of the Archeological Institute of America, American Series, 3), John Wilson and Son – University Press, Cambridge, 1890, I.

———, *The Southwestern Journals of […] 1883-1884* (Charles Lange y Carroll L. Riley, editores), The University of New Mexico Press, Albuquerque, 1970.

Baqueiro Foster, Gerónimo, "La vida musical en México. Las bandas militares de música y su función en la vida social", *Suplemento de El Nacional,* México, 392, 3 de octubre de 1954: 14.

———, *Historia de la música en México, III. La música en el periodo independiente,* Instituto Nacional de Bellas Artes–Secretaría de Educación Pública, México, 1964.

———, "El Cuarteto Coculense y el origen de la palabra 'mariachi'", *Suplemento cultural de El Nacional,* México, 948, 30 de mayo de 1965a: 13.

———, "El mariachi", *Tiempo. Semanario de la vida y la verdad,* México, volumen XLVI, número 1198, 1965b: 32-34.

Barrios de los Ríos, Enrique, *Paisajes de Occidente,* Imprenta de la Biblioteca Estarsiana, Sombrerete, Zacatecas, 1908 (circa 1892).

Barrister, A., *A Trip to Mexico or Recollections of a Ten-Months' Ramble in 1849-1850,* Smith, Elder and Company Cornhill, Londres, 1851.

Bartók, Béla, "La influencia de la música campesina sobre la música culta moderna", *Escritos sobre música popular,* Siglo XXI Editores, México, 1979 (1931): 90-96.

Basilio, Tomás, *Arte de la lengua Cahita, conforme a las Reglas de muchos Peritos en ella. Compuesto por un Padre de la Compañía de Jesús. Misionero de más de treinta años en la Provincia de Cynaloa. Esta la saca a luz, y humilde lo consagra al grande Apóstol de la India Oriental y primer Apóstol del Japón San Francisco Javier. Año 1737. Con licencia* de los Superiores. En México, en la Imprenta de D. Francisco Javier Sánchez, en el Puente de Palacio.

Beals, Ralph Leon, "Sonoran Fantasy or Coming of Age", *American Anthropologist,* 80, 2, 1978: 355-362.

Becerra, Sebastián M., "Ay Jalisco, tierra mía", *Guadalajara. Revista de turismo,* Guadalajara, I. 1, 1939: 24.

Beltrán, Lola (María Lucila Beltrán Ruiz), "Por qué canto…", *Somos uno. Lola, Reina de las rancheras* (Edición especial, 4), Televisa, México, 1996 (1955): 8-9.

Bennett, James Gordon, "A Guide for the Performance of Trumpet Mariachi Music in Schools", tesis doctoral, North Texas State University, Denton, Texas, 1979.

Blasio, José Luis, *Maximiliano íntimo. El Emperador Maximiliano y su corte. Memorias de su secretario particular,* Librería de la Viuda de Bouret, París, 1905.

Blok, Anton, *The Mafia of a Sicilian Village, 1860-1960: a Study of Violent Peasant Enterpreneurs,* Blackwell, Oxford, 1974.

———, "Rams and Billy-Goats: A Key to the Mediterranean Code of Honour", *Man. The Journal of the Royal Anthropological Institute,* Londres, 16, 3, 1981: 427-440.

Bonfil, Carlos, "El violín", *La Jornada,* México, 31 de diciembre de 2006: 7a.

Borchardt, Donn, "The Mariachi Sones: The Rythmic Pattern as a Principle of Melodic Organization", tesis de maestría, University of California at Los Angeles, Los Ángeles, 1965, borrador.

Bourdieu, Pierre, "El sentimiento de honor en la sociedad de Cabilia", *El concepto de honor en la sociedad mediterránea* (J. G. Peristiany, editor) (Nueva Colección Labor, 89), Editorial Labor, Barcelona, 1968 (1965): 175-224.

Bowden, Charles, "Nuestro muro", *National Geographic en español,* México, volumen 20, número 5, mayo de 2007: 2-25.

Brody, Jerry J., *Anazazi. La civilización de los antiguos indios pueblo,* Lumwerg Editores, Barcelona, 1990.

Brooks, David y Jim Cason, "Vicente Fernández impregnó de aroma mexicano a Nueva York", *La Jornada* (Espectáculos), México, lunes 25 de octubre de 2004: 8a.

Buelna, Eustaquio, *Peregrinación de los aztecas y nombres geográficos indígenas de Sinaloa,* segunda edición, Imprenta del Sagrado Corazón de Jesús, México, 1892.

Bugarín, José Antonio, *Visita de las misiones del Nayarit 1768-1769* (Jean Meyer, editor), Centro de Estudios Mexicanos y Centroamericanos–Instituto Nacional Indigenista, México, 1993 (1768-1769).

Cabello Madariaga, Lérida, "Claroscuro de la música mexicana. Regresa Pedro Fernández al cine; da los toques a su nuevo álbum *Aventurero", El Universal* (Espectáculos), México, 15 de septiembre de 1998: 1 y 22.

Cabrera [de Schneider], Ana, *Rutas de América,* Ediciones Peuser, Buenos Aires, 1941.

Calvo, Vicente, *Descripción política, física, moral y comercial del Departamento de Sonora en la República Mexicana por […] en 1843* (Eduardo Flores Clair y Edgar O. Gutiérrez López, compiladores) (Regiones), Instituto Nacional de Antropología e Historia, México, 2006 (1843).

Camarena, Amelia, "Andanzas de un muchacho alegre", *Somos uno. Tres tipos de cuidado,* Editorial Televisa, año 12, número 213, México, 2001: 18-27.

Camarena, Amelia y Alejandro Salazar, "Tiempos de gloria en voz de un trovador", *Somos uno,* Editorial Televisa, México, año 11, número 201, 2000: 66-75.

Campbell, John K., *Honour, Family and Patronage: a Study of Institutions and Moral Values in a Greek Mountain Community,* Clarendon Press, Oxford, 1964.

Campbell, Leon, "The Spanish Presidio in Alta California during the Mission Period, 1769-1784", *Journal of the West,* 16, 1977: 63-77.

Campos, Rubén María, *El folklore y la música mexicana. Investigación acerca de la cultura musical en México (1525-1925),* Secretaría de Educación Pública–Talleres Gráficos de la Nación, México, 1928.

Campos Alatorre, Cipriano, "El matón de Tonalá", *Revista de revistas. El semanario nacional, Excélsior,* México, año XXII, número 1138, 1932: 30-33.

Canal y Castillo Negrete, Manuel de la y Florencio Guerrero, *Noticias Estadísticas comprensivas al Distrito de Tepic Año de 1839. Noticias Estadísticas que el prefecto del distrito de Tepic remite al Sup.[eri]or Gobierno del Departamento en cumplimiento dela Circular dela materia de 28 de mayo del presente año, y segun los informes que p.[ar]a el efecto han ministrado las autoridades Respectivas,* Tepic, noviembre 30 de 1839 (Manuscrito 1134 del Fondo Reservado de la Biblioteca Nacional de México).

Canal y Castillo Negrete, Manuel de la y José Nazario Luzarraga, *Año de 1842. Estadistica del Distrito de Tepic Formada en esta Prefectura de orden del Supremo Gobierno del Departamento. Con arreglo alas noticias que Dieron los Pueblos de su comprension. Tepic, Año de 1842,* Tepic, 1842a (Manuscrito 1134 del Fondo Reservado de la Biblioteca Nacional de México.

———, *Oficinas que eccisten en todo el Distrito* [de Tepic], Tepic, 1842b (Manuscrito 1134 del Fondo Reservado de la Biblioteca Nacional de México).

———, *Nombres de las Haciendas y ranchos comprendidos en este Distrito con esprecion del numero de habitantes que cadauno tiene. [...] Tepic Octe. 1° de 1842,* Tepic, 1842c (Manuscrito 1134 del Fondo Reservado de la Biblioteca Nacional de México).

———, *Noticia que manifiestan las Parroquias á que pertenecen las Poblaciones de las municipalidades del distrito de Tepic, en aquellas donde hay dos ó mas [...] Tepic Nobre. 5 de 1842,* Tepic, 1842d (Manuscrito 1134 del Fondo Reservado de la Biblioteca Nacional de México).

Cancionero mexicano, "Álbum de oro de la canción. La vida de Jorge Negrete", *Cancionero mexicano,* México, 12, s. f.

Canger, Una, *Mexicanero de la sierra Madre Occidental* (Archivo de las lenguas indígenas de México), El Colegio de México, México, 2001.

Caro Baroja, Julio, *De la superstición al ateísmo. Meditaciones antropológicas* (Ensayistas, 115), Taurus Ediciones, Madrid, 1974.

Carranza, Armando, "Un sencillo método de composición", ápud Yolanda Moreno Rivas, *Historia ilustrada de la música popular mexicana. Capítulo X. Música de rock: ídolos rocanroleros,* Promexa, México, 1979: 10.

Carrasco, Pedro, "Dictamen de la tesis doctoral de Jesús Jáuregui, 'El mariachi. Símbolo musical de México'", Nueva York, 1995, mecanografiado.

Cason, Jim y David Brooks, "Mariachis, trompetas y *La Bamba* contra el Ku Klux Klan, en Illinois. Inusual y alegre contramanifestación antirracista. 'Queríamos ofrecer una alternativa a los gritos y las peleas': Consejo Hispánico", *La Jornada* (El mundo), México, 7 de junio de 1995: 53.

———, "Microscopio desde Washington. El mundo político", *Masiosare. Política y sociedad. La Jornada,* México, año 5, número 252, 2002: 2.

Castañeda, Daniel, "La música y la revolución mexicana", *Boletín latinoamericano de música,* Montevideo, 5, 1945 (1941): 437-448.

Castellanos, Pablo, *El nacionalismo musical en México,* Editorial Libros de México, México, 1969.

Castillo Farreras, Víctor M., "La Matrícula de tributos", *Matrícula de tributos. Nuevos estudios* (Ramón Galindo, editor), Secretaría de Hacienda y Crédito Público, México, 1997 (1991): 19-102.

Castillo Romero, Pedro, "El mariachi mexicano", *Santiago Ixcuintla, Nayarit, cuna del mariachi mexicano,* Bartolomeu Costa Amic Editor, México, 1973: 163-183.

Cervantes Ayala, Raúl, "El Mariachi Vargas de Tecalitlán. LXXV Aniversario. Septiembre 15 de 1973", P. H. A. M., México, 1973, mecanografiado.

———, "Nuestros grandes músicos. María de Lourdes", *Lo mejor de nuestra música. Nuestras canciones más queridas y sus grandes intérpretes,* Altaya, Barcelona, 2, 2001a: 9-16.

———, "Nuestros grandes músicos. Vicente Fernández", *Lo mejor de nuestra música. Nuestras canciones más queridas y sus grandes intérpretes,* Altaya, Barcelona, 4, 2001b: 21-24.

Cervantes Ramírez, José, "El mariachi es jalisciense (pertinente aclaración)", *México en guardia,* México, XIV, 163, 1962: 32.

Chao Ebergenyi, Guillermo, coordinador, *La caravana Corona. Cuna del espectáculo en México,* Imprenta Madero, México, 1995.

Chamorro, Arturo, *Mariachi antiguo, jarabe y son. Símbolos compartidos y tradición musical en las identidades jaliscienses,* El Colegio de Jalisco, Zapopan, 2000.

———, "El conjunto mariachi a partir de su apariencia sígnica", *De occidente es el mariachi… Revista de una tradición* (Álvaro Ochoa, editor), El Colegio de Michoacán–Secretaría de Cultura del Estado de Jalisco, Zamora, 2001: 17-30.

———, "El mariachi global: entre la identidad y la mercadotecnia", *Música sin fronteras. Ensayos sobre migración, música e identidad* (Fernando Híjar Sánchez, coordinador), Dirección General de Culturas Populares, Consejo Nacional para la Cultura y las Artes, México, 2006: 355-374.

Clark, Jonathan, "Mariachi Vargas", *Mariachi Vargas de Tecalitlán. First Recordings: 1937-1947* (Mexico's Pioneer Mariachis, 3), Arhoolie Productions, El Cerrito, California, 1992.

———, "Cuarteto Coculense", *Mariachi Coculense "Rodríguez" de Cirilo Marmolejo 1926-1936* (Mexico's Pioneer Mariachis, 1), Arhoolie Productions, El Cerrito, California, 1993: 8-12.

———, "Mariachi Tapatío de José Marmolejo, *'El auténtico'"* (Mexico's Pioneer Mariachis, 2), Arhoolie Productions, El Cerrito, California, 1994.

———, "Introduction", *Cuarteto Coculense. The Very First Mariachi Recordings, 1908-1909. Sones Abajeños* (Mexico's Pioneer Mariachis, 4), Arhoolie Productions, El Cerrito, California, 1998: 2.

Clark, Jonathan, editor, *Sones from Jalisco as played by the world's greatest mariachi. Transcriptions authorized by Rubén Fuentes and revised by members of Mariachi Vargas de Tecalitlán,* San José State University Mariachi Workshop, San José State University, San José, California, 2002, volúmenes II-X.

Clark, Jonathan y Laura Garcíacano, editores, *Mis recuerdos del Mariachi Vargas de Tecalitlán (1926-1939). Fragmentos de mi autobiografía. Nicolás Torres Vázquez,* The Salinas-Monterey Mariachi Festival, Carmel, California, 1991.

Contreras, Guillermo, "La Tierra Caliente, su música y los Tavira", *Hermanos Tavira. 150 años de tradición. Música de la Tierra Caliente,* El Angelito Editor, México, 2006: 1-3.

Contreras, Héctor, "La escuela mundial del mariachi. Tiene más de cien años El Vargas de Tecalitlán de formar músicos orgullosos de su oficio", *Mural* (Espectáculos), Guadalajara, 8 de septiembre de 2001: 4D).

Cornejo, Jorge Alberto, "Los *narcocorridos* son absolutamente necesarios e inevitables: Joaquín Sabina", *La Jornada* (Cartelera), México, 26 de octubre de 2002: 17a.

Coromina, Amador, *Recopilación de Leyes, Decretos, Reglamentos y Circulares que se han expedido en el Estado de Michoacán. Formada y anotada por […], Director del Archivo General y Público del Estado, Tomo XXXVI, del 29 de septiembre de 1900 a 30 de agosto de 1902,* Talleres de la Escuela Industrial Militar "Porfirio Díaz", Morelia, 1903.

Corona Núñez, José, "Ceremonias del Día de Muertos entre los coras de Rosarito, Nayarit", *Estudios antropológicos en el occidente de México* (Memoria de la Escuela de Antropología, 1), Facultad de Humanidades, Universidad Veracruzana, Xalapa, 1972 (1952): 63-73.

Corral Rigal, José, "Mexicanerías. Al margen de las canciones mexicanas", *El Universal Ilustrado,* México, V, 229, 22 de septiembre de 1921: 26-27.

Correa González, Armando, *Zacatecas. Danzas y bailes,* s. e., Zacatecas. 1996.

Cortés, María de Lourdes, "Una nota sobre el mariachi en Costa Rica", 2007, mecanografiado.

Cortés y Zedeño, Gerónimo Thomás de Aquino, *Arte, vocabulario y confessionario en el idioma mexicano, como se usa en el Obispado de Guadalaxara, compuestos por el Br. D. […], Clerigo, Presbytero y Domiciliario en el Obispado de Guadalaxara, Descendiente de los Conquistadores de la Nueva-España, Cathedratico interino, que fue del Real, y Pontificio Colegio del Sr. S. Joseph de la misma Ciudad de Guadalaxara, y actual sustituto de dicha cathedra, y Examinador Synodal de dicho Idioma en el mismo Obispado. Quien afectuoso lo dedica al Señor Mayorazgo D. Buenaventura Guadalupe Villa-Señor, Ortega, Solórzano, y Arriola, De la ilustre Casa de Aragón, Y Descendiente de los Conquistadores de Jaén, y Murcia, a cuyas expensas se imprime.* Con las licencias necesarias. En la Imprenta del Colegio

Real de San Ignacio de la Puebla de los Angeles. Año de 1765.

Cruz, Efraín de la, *El origen del mariachi coculense. Una cultura con mariachi, charros y tequila*, Asociación Fray Miguel de Bolonia, Guadalajara, 1996.

Cruz Bárcenas, Arturo, "Vicente Fernández *aguijonió* el corazón del público. Interpretó 55 canciones en el concierto que ofreció en el Auditorio Nacional", *La jornada de enmedio*, México, 20 de agosto de 2000a: 5a.

———, "Pepe Aguilar rinde homenaje a seis grandes. Rechaza que pretenda usurpar el lugar de esos inmortales", *La Jornada* (Cartelera), México, 24 de agosto de 2000b: 13a.

———, "La música mexicana está en crisis profunda, afirma Pepe Aguilar", *La Jornada* (Espectáculos), México, 12 de julio de 2001: 11a.

———, "En México, 30 mil mariachis; necesario, un sindicato nacional: Chucho López", *La Jornada* (Espectáculos), México, 18 de junio de 2002a: 17a.

———, "La llama viviente es la realidad y no hay de otra: Los Tigres del Norte", *La Jornada* (Espectáculos), México, 31 de octubre de 2002b: 6a.

———, "En México no toda la música es de mariachis: Susana Harp", *La Jornada* (Cartelera), México, 26 de agosto de 2004: 21a.

———, "Cantamos lo que vive el pueblo; decimos los problemas como son: Los Tigres del Norte", *La Jornada* (Espectáculos), México, 5 de marzo de 2007: 17a.

Cuéllar, Alfredo B., *Charrerías*, Imprenta Azteca, México, 1928.

Cumplido, Ignacio, *Décimo séptimo calendario de [...] para el año bisiesto de 1852*, Imprenta del Autor, México, 1852.

Dávila Garibi, José Ignacio, *El pequeño cacicazgo de Cocollan*, Junta Auxiliar Jalisciense de la Sociedad de Geografía y Estadística, Guadalajara, 1918 (1914).

———, "Recopilación de datos acerca del idioma coca y de su posible influencia en el lenguaje folklórico de Jalisco", *Investigaciones lingüísticas. Órgano del Instituto de Investigaciones Lingüísticas*, México, III, 5-6, 1935: 248-302.

———, "¿Un interesante manuscrito en una de las lenguas indígenas desaparecidas de Jalisco?", *Vigesimoséptimo Congreso Internacional de Americanistas. Actas de la primera sesión celebrada en la ciudad de México en 1939*, Instituto Nacional de Antropología e Historia, México, 1942a: 337-358.

———, "Algunas afinidades entre las lenguas coca y cahita", *El México antiguo. Revista internacional de arqueología, etnología, folklore, prehistoria, historia antigua y lingüística mexicanas*, Sociedad Alemana Mexicanista, México, 4, 1-3, 1942b: 47-60.

Decorme S. J., Gerard, *La obra de los jesuitas mexicanos durante la época colonial 1572-1767 (Compendio histórico). Tomo II Misiones*, Antigua Librería Robredo de José Porrúa e hijos, México, 1941.

Dollero, Adolfo, "El territorio de Tepic", *México al día (Impresiones y notas de viaje)*, Librería de la Viuda de Charles Bouret, París, 1911 (1910): 403-418.

Domínguez, Francisco, "Informe sobre la investigación folklórico-musical realizada en San Juan de los Lagos, estado de Jalisco, en febrero de 1934", *Investigación folklórica en México. Materiales volumen 1*, Instituto Nacional de Bellas Artes, Secretaría de Educación Pública, México, 1962 (1934): 227-257.

Dorantes, David, "Mariachi belga. El mariachi suena con alegre son", *Siglo XXI* (Vida y cultura, Música), Guadalajara, 1 de septiembre de 1996: 4.

Duverger, Christian, "El plano de Senticpac e Yscuintla (Nueva Galicia), un mapa indígena mexicano del siglo XVIII", *Estudios del hombre*, Universidad de Guadalajara–ORSTOM, Guadalajara, 3, 1996 (1989): 249-273.

Edersberg, Carl Martin, "Maximiliano", *La charrería a principios de siglo*, Club de Banqueros de México-Instituto Nacional de Bellas Artes, México, 1997: 25.

EFE, "Los 'mariachis' [paraguayos] pululan 'por cuestiones de sobrevivencia'. Imitan y sustituyen a los mexicanos", *El Heraldo de México*, México, 27 de junio de 1995: 6D.

Eggers, Baron Henrik, *Memorias de México* (Walter Astié-Burgos, editor), Miguel Ángel Porrúa, México, 2005 (1869).

El Imparcial, México, XXIII, 4010, 3 de octubre de 1907: 6.

El Informador, "Gala de mariachis. La magia de los orígenes", *El Informador* (Deportes), Guadalajara, 1 de septiembre de 1999: 4D.

El Litigante. Periódico de Legislación, Jurisprudencia y Variedades, Guadalajara, V, 1, 10 de enero de 1888: 8.

El Litigante. Revista de Legislación, Jurisprudencia y Variedades, Guadalajara, VIII, 2, 15 de noviembre de 1896: 20.

El Mundo Ilustrado, México, XIV, II, 14, 6 de octubre de 1907.

El País. Diario católico, 3 de octubre de 1907: 1.

El Progresista, Morelia, IV, 363, 23 de noviembre de 1874: 4.

El Universal, México, VI, XIX, 1649, 24 de abril de 1921: 5.

El Universal, México, IX, XXXVII, 3198, 27 de julio de 1925: 4.

El Universal, México, IX, XXXVII, 9 de agosto de 1925, Sección extra: 1.

El Universal, "El maestro Miguel Lerdo de Tejada, que en breve partirá para el extranjero, con su orquesta típica", *El Universal. El gran diario de México,* año IX, tomo XXVII, número 3193, domingo 26 de julio de 1925: 6.

El Universal, "La música ranchera rumbo a Nicaragua. Hugo Hernández quiere fomentar el intercambio musical con México", *El Universal,* 9 de octubre de 1995: 5.

El Universal Ilustrado, México, V, 228, 15 de septiembre de 1921: 20.

El Universal Ilustrado, México, V, 229, 22 de septiembre de 1921: 21.

Encyclopaedia Britannica, "Mariachi", *The New Encyclopaedia Britannica, Micropaedia,* VI, The University of Chicago, Chicago, 1979: 616.

Enciclopedia de México, "Mariachi", *Enciclopedia de México,* VIII, México, 1974: 274/547.

Excélsior, México, 4 de agosto de 1925; 4.

Escorza, Juan José, "Apuntes sobre el jarabe mexicano", *Jarabes y fandanguitos. Imagen y música del baile popular,* Museo Nacional de Arte-Consejo Nacional para la Cultura y las Artes-Instituto Nacional de Bellas Artes, México, 1990: 6-23.

———, "Vejamen y encomio del mariachi", *III Encuentro Nacional de Mariachi Tradicional,* Secretaría de Cultura del Gobierno de Jalisco-Dirección de Culturas Populares e Indígenas, Conaculta, Guadalajara, 2004.

Espinel, Luisa, "Canciones de mi padre: don Federico Ronstadt y Redondo", *Universtiy of Arizona Bulletin,* Tucson, XVII, 1, 1946.

Fenley, Linda Joy, "La música de Tierra Caliente: una viajera que llegó para quedarse", *Música sin fronteras. Ensayos sobre migración, música e identidad* (Fernando Híjar Sánchez, coordinador), Dirección General de Culturas Populares, Consejo Nacional para la Cultura y las Artes, México, 2006: 341-351.

Figuerez, José, "¿Cómo nació en Costa Rica la palabra 'mariachis'?", *Así nacen las palabras y los cuentos,* Editorial Costa Rica, San José, 1977: 15-21.

Fikes, Jay C., Phil C. Weigand y Acelia García de Weigand, editores, *La mitología de los huicholes,* El Colegio de Michoacán-El Colegio de Jalisco-Secretaría de Cultura de Jalisco, Guadalajara, 1998.

Flores, Bertha Alicia, "Colombia tiene más mariachis que México", *Ovaciones,* México, 21 de septiembre de 1993: 1A-2A.

Flores, Salvador (Chava), "Los Huicholes Musicales", *Álbum de oro de la canción,* México, III, 30, 31 de marzo de 1951a: 171.

———, "Mariachi Perla de Occidente", *Álbum de oro de la canción,* México, III, 30, 31 de marzo de 1951b: 183.

Flores Gastélum, Manuel, *Historia de la música popular en Sinaloa* (Serie Rescate y Divulgación), Dirección de Investigación y Fomento de Cultura Regional, Gobierno del Estado de Sinaloa, Culiacán, s. f. (circa 1980).

Flores y Escalante, Jesús y Pablo Dueñas, *Cirilo Marmolejo. Historia del mariachi en la ciudad de México,* Asociación Mexicana de Estudios Fonográficos–Dirección General de Culturas Populares, México, 1994.

———, "Lola Beltrán a voz en pecho", *Somos uno. Lola, Reina de las rancheras* (Edición especial, 4), Televisa, México, 1996: 38-44.

———, "Voy de gallo con mariachis y tequila", *Somos uno. Luis Aguilar, el gallo más giro del cine nacional*, México, año 10, número 184, 1 de junio de 1999: 78-81.

———, "De romántico catrín a cantante de pueblo", *Somos uno. Una vida de corrido. Antonio Aguilar,* Editorial Televisa, México, año 11, número 195, 2000a: 24-35.

———, "Latin lover de la canción vernácula", *Somos uno. Tito Guízar. Pareja inmortal de Rancho Grande,* Editorial Televisa, año 11, número 201, 2000b: 88-95.

———, "Embajadora de la canción mexicana", *Somos uno. Lucha Villa. La voz sensual de la canción mexicana,* Editorial Televisa, México, 13, 223, 2002: 32-43.

Flores y Escalante, Jesús, Pablo Dueñas y Alejandro Salazar, "El hombre que nació para cantar", *Somos uno. Miguel Aceves Mejía. El Rey del Falsete,* Editorial Televisa, año 13, número 220, México, 2002: 18-27.

Florescano, Enrique, *Imágenes de la patria a través de los siglos* (Taurus historia), Taurus–Secretaría de Cultura del Gobierno de Michoacán, México, 2005.

Fogelquist, Mark Stephen, "Rythm and Form in the Contemporary *'Son Jalisciense'*," tesis de maestría, University of California at Los Angeles, Los Ángeles, 1975.

———, "Mariachi Conferences and Festivals in the United States" *The Changing Faces of Tradition. A Report on the Folk and Traditional Arts in the United States,* (Elizabeth Peterson, editora) (Research Division Report, 38), National Endowment for the Arts, Washington, D.C., 1996: 18-23.

Forbes, Alexander, California: *A History of Upper and Lower California from their First Discovery to the Present Time, Comprising an Account of Climate, Soil, Natural Productions, Agriculture, Commerce, etcetera. A Full View of the Missionary Establishments and Condition of the Free and Domes-* *ticated Indians, with an Appendix Relating to Steam Navigations in the Pacific,* Smith, Elder and Company, Londres, 1839.

Forbes, Jack D., "Hispano-Mexican Pioneers of the San Francisco Bay Region: An Analysis of Racial Origins", *Aztlan,* 14, 1, 1983: 175-189.

Franco Fernández, "Testimonios", *Los mariachis de mi tierra… Noticias, cuentos, testimonios y conjeturas: 1925-1994* (Jesús Jáuregui, compilador), Consejo Nacional para la Cultura y las Artes, México, 1999 (1976): 289-304.

Gabaldón Márquez, Edgar, *Historias escogidas del mariachi Francisco Yáñez Chico, según los apuntes de […]. El libro de los apéndices* (Colección Varia), J. M. Castañón Editor, México, 1981.

Galindo, Miguel, *Nociones de historia de la música mejicana, Primera parte. Desde sus orígenes hasta la creación del himno nacional,* Tipografía de El Dragón, Colima, 1933.

Galindo, Blas, "El Mariachi", *Boletín del Departamento de Música de la Secretaría de Educación Pública,* México, I, 1946: 3-8.

Gallegos, Aníbal, "Irma Vila", *Nosotros los mexicanos… Ensayos psicopáticos,* Bartolomeu Costa Amic Editor, México, 1965: 243-245.

García, José María, *Divicion del Distrito de Tepic en dos Partidos […]. Tepic Enero 27 1837,* Tepic, 1837 (Manuscrito 1134 del Fondo Reservado de la Biblioteca Nacional de México).

García, Laura Ann, "The Mariachi Violin Style Technique", Bachelor of Arts in Performance Practices in Traditional Musics, University of California at Santa Cruz, Santa Cruz, 1981.

García Cubas, Antonio, *The Republic of Mexico in 1876. A Political and Ethnographical Division of the Population, Character, Habits, Costumes and Vocations of its Inhabitants. Written in Spanish by […]. Translated by George F. Henderson,* La Enseñanza Printing Office, México, 1876.

———, *Atlas pintoresco e histórico de los Estados Unidos Mexicanos,* Debray Sucesores, México, 1885.

———, *Diccionario geográfico, histórico y biográfico de los Estados Unidos Mexicanos,* Oficina Tipográfica de la Secretaría de Fomento, México, 1890, IV.

———, *El libro de mis recuerdos. Narraciones históricas, anecdóticas y de costumbres mexicanas anteriores al actual estado social. Primera parte. Los monasterios. Segunda parte. Cuadros de costumbres. Tercera parte. Asuntos históricos y descriptivos,* Imprenta de Arturo García Cubas, Hermanos sucesores, México, 1904.

García Franco, Ileana, "Cuco Sánchez. 'Vivo, pese al malinchismo'", *El Financiero* (Fulgores), México, 20 de febrero de 1993: 29.

García Riera, Emilio, *Historia documental del cine mexicano. Época Sonora,* I, 1926-1940, Editorial Era, México, 1969.

———, *Historia documental del cine mexicano, 1, 1929-1937,* Universidad de Guadalajara-Consejo Nacional para la Cultura y las Artes-Secretaría de Cultura del Gobierno de Jalisco-Instituto Mexicano de Cinematografía, Guadalajara, 1992a.

———, *Historia documental del cine mexicano, 2, 1938-1942,* Universidad de Guadalajara-Consejo Nacional para la Cultura y las Artes-Secretaría de Cultura del Gobierno de Jalisco-Instituto Mexicano de Cinematografía, Guadalajara, 1992b.

García Rivas, Heriberto, "Alma de México: el jarabe tapatío y el mariachi", *Dádivas de México al mundo, Excélsior,* México, 1965: 141-142.

Garmabella, José Ramón, *Pedro Vargas. "Una vez nada más",* Ediciones de Comunicación, México, 1985.

Garrido, Juan S., *Historia de la música popular en México* (Colección ediciones especiales), Editorial Extemporáneos, México, 1981.

Garza, Ramiro, "El mariachi sigue siendo indispensable en la radio", *El Universal* (Espectáculos), México, 24 de septiembre de 1994: 2.

Gaspar, María Esther y Jorge Amós Martínez, "Por el camino real de Colima…", *De occidente es el mariache y de México… Revista de una tradición* (Álvaro Ochoa, editor), El Colegio de Michoacán-Secretaría de Cultura del Estado de Jalisco, Zamora, 2001: 73-93.

Génin, Auguste, *Les français au Mexique du XVIe siècle a nos jours,* Nouvelles Éditions Argo, París, 1933.

Gibbons, Roy W., *The CCFCS Collection of Musical Instruments: Volume One. Aerophones* (Canadian Centre for Folk Culture Studies, 43), Musée National de l'Homme, Collection Mercure, National Museum of Canada, Otawa, 1982.

Gibson, James R., "California in 1824 by Dmitry Zavalishin", *Southern California Quaterly,* Historical Society of Southern California-California State University/Northridge, Los Ángeles, LV, 1973: 368-412.

Gómez, Camilo, *Noticias estadísticas del Distrito de Tepic,* Tepic, 1837 (Manuscrito 1134 del Fondo Reservado de la Biblioteca Nacional de México).

Gómez Ugarte, José (EL Abate Benigno), "El jarabe", *El pan nuestro de cada día,* Talleres Tipográficos Herrero Hermanos Sucesores, México, 1920: 191-196.

Gómez Peña, Guillermo, "Atrás de la cortina de la tortilla", *La Jornada Semanal,* México, Nueva época 109, 1997: 8-9.

González, Raúl Eduardo, "De la colonia a 'la conquista': una trayectoria de la valona", *De occidente es el mariache y de México… Revista de una tradición* (Álvaro Ochoa, editor), El Colegio de Michoacán-Secretaría de Cultura del Estado de Jalisco, Zamora, 2001a: 123-134.

———, "Un relámpago en el viento: la música tradicional planeca", *La Tierra Caliente de Michoacán* (José Eduardo Zárate, coordinador), Gobierno del Estado de Michoacán-El Colegio de Michoacán, Morelia y Zamora, 2001b: 387-417.

González Dávila, Amado, *Diccionario geográfico, histórico, biográfico y estadístico del estado de Sinaloa,* Gobierno del Estado de Sinaloa - H. Ayuntamiento de Mazatlán, México, 1982 (1959).

Gould, Stephen Jay, *La sonrisa del flamenco,* (Biblioteca de divulgación "Muy interesante"), Crítica, Barcelona, 1995 (1985).

Gruening, Ernest, *Mexico and its Heritage,* D. Appleton-Century Company, Nueva York, 1942 (1928).

Güemes, Sergio, "Performancero mexicano desafía a EU. 'Mi país ha olvidado a chicanos por ignorancia o desprecio': Gómez Peña", *La Jornada,* México, 9 de agosto de 2002: 48-1a y 3a.

Guerra O. F. M., Joan, *Arte de la Lengua Mexicana según la acostumbran hablar los indios en todo el Obispado de Guadalaxara, parte del de Guadiana y del de Michoacán. Dispuesto por orden y mandato de N. M. R. P. Fr. Joseph de Alcaras, Predicador, Padre de la Santa Provincia de Zacatecas, y Ministro Provincial de esta Santa Provincia de Santiago de Xalisco, y por el Reverendo y Venerable Difinitorio de ella en Capítulo Intermedio. Dedicado a la Santa Provincia de Santiago de Xalisco. Por el R. P. Fr. […], Predicador y Difinidor actual de dicha Provincia.* Con licencia en México, por la Viuda de Francisco Rodríguez Lupercio, en la Puente de Palacio, año de 1692.

Guiart, Jean, *Arte de Oceanía, Región del Sepik (Nueva Guinea)* (UNESCO-Hermes, Bolsilibros de arte, 30), Editorial Hermes, Milán, s. f. (1968).

Gutiérrez, Arturo, *La peregrinación a Wirikuta. El gran rito de paso de los huicholes* (Etnografía de los pueblos indígenas de México, Estudios monográficos), Instituto Nacional de Antropología e Historia-Universidad de Guadalajara, México, 2002 (1998).

Gutiérrez, Ramón A. y Richard J. Orsi, editores, *Contested Eden. California Before Gold Rush,* University of California, Berkeley y Los Ángeles, 1998.

Gutiérrez Sánchez, Adalberto, "La tambora en la región de Cuquío y pueblos aledaños", *Estudios históricos. Órgano del Centro de Estudios Históricos Fray Antonio Tello,* Guadalajara, IV época, 49, 1992: 718-736.

Guzmán, Adriana, *Mitote y universo cora* (Etnografía de los pueblos indígenas de México, Estudios monográficos), Instituto Nacional de Antropología e Historia-Universidad de Guadalajara, México, 2002 (1997).

Guzmán, José Antonio, "La música instrumental en el virreinato de la Nueva España", *La música de México. I. Historia. 2. Periodo virreinal (1530 a 1810)* (Julio Estrada, editor), Universidad Nacional Autónoma de México, México, 1986: 75-145.

Guzmán Betancourt, Ignacio, "Mariachi: en busca del étimo perdido", *Estudios Jaliscienses,* El Colegio de Jalisco, Guadalajara, 9, 1992: 36-52.

Hardy, Robert William Hale, *Viajes por el interior de México en 1825, 1826, 1827 y 1828* (Linterna mágica, 23), Editorial Trillas, México, 1997 (1829).

Heau de Giménez, Catalina, *Así cantaban la revolución* (Los noventa), Consejo Nacional para la Cultura y las Artes-Grijalbo, México, 1991.

Hernández, Carlos, "Multa de 50 millones a la empresa de El Toreo", *La Jornada,* México, 16 de abril de 1992: 35.

Hernández, Fernando, "Breves comentarios sobre el mariachi en Europa", 2006, mecanografiado.

Hernández, Néstor, "Noticias sobre la administración pública de la Prefectura de Acaponeta, correspondientes al mes de enero próximo pasado", *Periódico Oficial. Órgano de Gobierno del Territorio de Tepic,* Tipografía de la Viuda de Legaspi, Tepic, IX, 20, 24 de marzo de 1892: 2.

Hinton, Thomas Benjamin, "A Survey of Indian Assimilation in Eastern Sonora", *Anthropological Papers of the University of Arizona,* Tucson, 4, 1959.

———, "Southern Periphery: West", *Handbook of North American Indians* (William Sturtevant, editor general; Alfonso Ortiz, editor del volumen), Smithsonian Institution, Washington, 1983: 315-328.

Híjar Sánchez, Fernando, "Música ambulante. Un inmenso Garibaldi", *La Jornada Semanal* (El curioso impertinente), México, número 154, 15 de febrero de 1998: 14.

———, "Mariachi: largo y sinuoso camino", *Cuarto Encuentro Nacional de Mariachi Tradicional,* Secretaría de Cultura del Gobierno de Jalisco-Dirección de Culturas Populares e Indígenas, Conaculta-Asociación Nacional de Mariachis Tradicionales, Guadalajara, 2005.

Hobsbawm, Eric, "Introducción: la invención de la tradición", *La invención de la tradición* (Eric Hobsbawm y Terence Ranger, editores) (Libros de historia), Editorial Crítica, Barcelona, 2002 [1983]: 7-21.

Hobsbawm, Eric y Terence Ranger, editores *La invención de la tradición* (Libros de historia), Editorial Crítica, Barcelona, 2002 [1983].

Hrdlička, Aleš, "Cora Dances", *American Anthropologist,* 6, 1904, 744-745.

Hurtado González, Nabor, *Sones, canciones y corridos de Nayarit. Recopilados por […] Prof[eso]r. de Misión Cultural. Dep[artamen]to. de Enseñanza*

Agrícola y Normal Rural. S.[ecretaría] de Educación Pública. 1935, Secretaría de Educación Pública, México, 1935, mimeografiado.

Inclán, Luis G., "Reglas con que un colegial pueda colear y lazar", *La charrería. Selección de obras. Edición conmemorativa 50 aniversario,* Federación Nacional de Charros, México, 1983 (1860): 23-86.

———, *Astucia, el jefe de los hermanos de la hoja, o los charros contrabandistas de la rama,* Imprenta de Inclán, México, 1865.

Inglis, Frances Eskine (Marquesa Calderón de la Barca), *La vida en México durante una residencia de dos años en ese país* (Sepan cuantos, 74), Editorial Porrúa, México, 1990 (1843).

Islas Carmona, Roberto, "La indumentaria", *Artes de México. El arte de la charrería,* México, Segunda época, XIV, 99, 1967: 24-38.

Islas Escárcega, Leovigildo, "Mariachi", *Vocabulario campesino nacional,* Casa Editorial de Beatriz Silva, México, 1945: 217-218.

Israel, Esteban, "Mariachis romanos", *Mural* (Reportaje), Guadalajara, 15 de septiembre de 2003: 13A.

Iturriaga, Yuriria, "Mañanitas a la Virgen en la catedral de Notre Dame. Fiesta vuelta tradición en París desde hace por lo menos 20 años", *La Jornada* (La capital), México, 13 de diciembre de 1999: 60.

Iturrioz Leza, José Luis, "Toponomástica huichola", *Estudios Jaliscienses,* El Colegio de Jalisco, Zapopan, 19, 1995: 5-23.

Jara, Pepe, "El trovador solitario", *Proceso,* México, 1101, 1997: 70.

Jáuregui, Jesús, "El mariachi como elemento de un sistema folklórico", *Palabras devueltas: homenaje a Claude Lévi-Strauss,* (Jesús Jáuregui e Yves Marie Gourio, editores), Instituto Nacional de Antropología e Historia–Centro de Estudios Mexicanos y Centroamericanos–Instituto Francés de América Latina, México, 1987 [1984]: 93-126.

———, "Mariachi tradicional y mariachi moderno", *Jornadas de antropología* (Ricardo Ávila Palafox, compilador) (Colección Fundamentos. Laboratorio de Antropología), Editorial Universidad de Guadalajara, Guadalajara, 1989: 273-287.

———, *Tres mariachis jaliscienses olvidados en su tierra,* (Cuadernos de Estudios Jaliscienses, 9), El Colegio de Jalisco–Instituto Nacional de Antropología e Historia, Zapopan, 1992.

———, "Cómo los huicholes se hicieron mariacheros: el mito y la historia", *Cultura y comunicación. Edmund Leach* in memoriam (Jesús Jáuregui, María Eugenia Olavarría y Víctor Franco, editores), Instituto Nacional de Antropología e Historia–Universidad Autónoma Metropolitana, Unidad Iztapalapa, México, 1996: 307-341.

———, "Una subtradición mariachera nayarita: la de Xalisco", *De occidente es el mariache y de México… Revista de una tradición* (Álvaro Ochoa, editor), El Colegio de Michoacán–Secretaría de Cultura del Estado de Jalisco, Zamora, 2001: 33-62.

———, "Consideraciones históricas adicionales acerca del origen de los mexicaneros (hablantes del náhuatl) de la sierra Madre Occidental", Instituto Nacional de Antropología e Historia, México, 2004a, mecanografiado.

———, "Los cantos de las Pachitas como elemento diagnóstico para el origen de los mexicaneros (hablantes del náhuatl) de la sierra Madre Occidental", Instituto Nacional de Antropología e Historia, México, 2004b, mecanografiado.

———, "El mariachi tradicional en contexto: la fiesta cora del 'equinoccio de otoño' en Santa Teresa (Kueimarutse'e)", *Antropología. Boletín oficial del Instituto Nacional de Antropología e Historia,* Instituto Nacional de Antropología e Historia, Nueva época, 77, México, 2005 (1999): 57-74.

———, *La plegaria musical del mariachi. Velada de minuetes en la catedral de Guadalajara (1994)* (Testimonio musical de México, 47), Instituto Nacional de Antropología e Historia, México, 2006.

Jáuregui, Jesús, compilador, *Los mariachis de mi tierra… Noticias, cuentos, testimonios y conjeturas (1925-1995)* (Culturas populares de México), Consejo Nacional para la Cultura y las Artes, México, 1999.

———, *De esta tierra del mariachi… Documentos, melodías, remembranzas y decretos (1722-1935),* Instituto Nacional de Antropología e Historia, México, 2004 (1996) (mecanografiado).

Jáuregui, Jesús y Laura Magriñá, "Estudio etnohistórico acerca del origen de los mexicaneros (hablantes del náhuatl) de la sierra Madre Occidental", *Dimensión antropológica,* Instituto Nacional de Antropología e Historia, México, IX, 26, 2002: 27-81.

Jiménez, Alfredo, *El Gran Norte de México. Una frontera imperial en la Nueva España (1540-1820),* Editorial Tébar, Madrid, 2006.

Jiménez Herrera, Óscar, "El mariachi, aunque se sienta artista, no lo es: Pancho Pantera (Ángel Riojano Jiménez)", *El mariachi suena,* México, Nueva época, año II, número 1, 1999: 14.

Johnson, Jean B., *El idioma yaqui,* Instituto Nacional de Antropología e Historia, México, 1962.

Jueves de Excélsior. El semanario del éxito, México, 752, 26 de noviembre de 1936: 3.

Koetting, James "'The Son Jalisciense': Structural Variety in Relation to a Mexican Mestizo Forme Fixe", *Essays for a Humanist. An Offering to Klaus Wachsmann,* The Town House Press, Nueva York, 1977: 162-188.

Lam, Rafael, "La música mexicana en Cuba", *Orbe. Quincenario editado por Prensa Latina,* año 3, número 63, México, del 15 al 28 de mayo de 2004: 8.

Lavalle, Josefina, *El jarabe… El jarabe ranchero o jarabe de Jalisco,* Centro de Investigación, Documentación e Información de la Danza "José Limón", Institiuto Nacional de Bellas Artes, México, 1988.

Laviada, Laura D. B. de, editora, *Somos uno. Jorge Negrete: un charro de leyenda,* Editorial Televisa, México, 88, 1994.

Lavín, Mónica, "Música popular. Canto entre mareas", *Memoria de papel. Crónicas de la cultura en México,* Consejo Nacional para la Cultura y las Artes, México, año 4, número 11, 1994: 63-90.

———, "El mariachi suena", *El Universal* (Cultura. La voz invitada), México, 5 de noviembre de 1998: 1-2.

Ledón, José María *et alii, Libro 2° de casamientos [comienza el año de 1817 y termina el año de 1837],* Archivo de la Parroquia del Señor de la Ascensión de Santiago Ixcuintla.

———, *Libro de Govierno de esta Favrica de la Ig[le]si[a de Santiago As.[¿?]da Principio el 1 de enero del año de 1827* [y termina en el mes de diciembre de 1859], Archivo de la Parroquia del Señor de la Ascensión de Santiago Ixcuintla.

———, *Libro quinto de Bautismos junio de 1830-febrero de 1835,* Archivo de la Parroquia del Señor de la Ascensión de Santiago Ixcuintla.

———, *Libro Tercero en que secientan las partidas de Entierros que comenzó el 2[8] de Julio de 1830* [y terminó el 19 de junio de 1836], Archivo de la Parroquia del Señor de la Ascensión de Santiago Ixcuintla.

———, *Libro [Cuarto] en que se asientan las partidas de entierro. Mes de Julio de 1836* [al mes de septiembre de 1843], Archivo de la Parroquia del Señor de la Ascensión de Santiago Ixcuintla.

———, *Libro [sexto] de Bautismos* [comenzó en el mes de julio de 1835 y terminó en el mes de diciembre de 1843], Archivo de la Parroquia del Señor de la Ascensión de Santiago Ixcuintla.

León, Angélica de, "Grabará disco el Mariachi América. Prepara Jesús Rodríguez la historia del mariachi", *Reforma* (Gente), México, 20 de diciembre de 1993: 3D.

León Arteaga, José de Jesús de, "Breve noticia biográfica del padre Cosme Santa Anna", Archivo Histórico de la Arquidiócesis de Guadalajara, Guadalajara, 1990, mecanografiado.

León de Abeua, Joseph Miguel *[El pueblo de San Ignacio] Piaxtla. M. S. encontrados y coleccionados por F. del Paso y Troncoso en los archivos de la Real Academia de Historia de Madrid y del Archivo de Indias de Sevilla* (Biblioteca de historiadores mexicanos, 2), Editor Vargas Rea, México, 1950 (1777).

León Osorio, Adolfo, *Cosas de mi tierra,* Talleres gráficos de la Nación, México, 1937.

Levid Lázaro, Juan, "La fiesta del mariachi reconoce a otro Fernández", *Público* (Cultura), Guadalajara, 6 de septiembre de 2005: 43.

Lévi-Strauss, Claude, "Finale", *Mitológicas IV. El hombre desnudo,* Siglo XXI Editores, México, 1976 (1971): 565-628.

———, "Carta dirigida a los participantes en el Simposio 'Palabras devueltas', 28, 29 y 30 de noviembre de 1984", *Palabras devueltas. Homenaje a Claude Lévi-Strauss* (Jesús Jáuregui e Yves-Marie Gourio, editores), Instituto Nacional de Antropología e Historia–Instituto Francés de América Latina–Centre d'Études Mexicaines et Centraméricaines, México, 1987 (1984): 25-27.

Lewis, Oscar, *Los hijos de Sánchez. Autobiografía de una familia mexicana,* Fondo de Cultura Económica, México, 1964 (1961).

Linares, Manuel G., "Una bella manifestación de arte popular mexicano", *El Universal,* sección extra, México, tomo XXXVII, año IX, 9 de agosto de 1925: 1.

Lionnet, Andrés, *Un idioma extinto de Sonora: el eudeve* (Instituto de Investigaciones Antropológicas, Lingüística, Serie Antropológica, 60), Universidad Nacional Autónoma de México, México, 1986.

Lombardo, Natal, *Arte de la Lengua Taquima, vulgarmente llamada Opata. Compuesto por el P. [...] de la Compañía de Jesús, y Misionero de más de veinte y seis años en la Provincia de Sonora. Lo dedica al General D. Juan Fernández de la Puente, Capitán Vitalicio de el Real Presidio de San Phelipe, y Santiago de Janos y Theniente de Capitán General en aquellas fronteras por su Majestad.* Con licencia. En México, por Miguel de Ribera, Impresor y Mercader de libros. Año de 1702.

López, Isabel, "Nacen extranjeros, pero muy mariachis. Festival del mariachi", *Mural* (Gente), Guadalajara, 1 de septiembre de 1999: 1D.

López Alonso, David, *Manuel M. Ponce. Ensayo biográfico,* Cooperativa de los Talleres Gráficos de la Nación, México, 1950.

López Cotilla, Manuel, *Noticias geográficas y estadísticas del Departamento de Jalisco, reunidas y coordinadas de orden del Gobierno del mismo, por la Junta de Seguridad,* Imprenta del Gobierno, Guadalajara, 1843 (1842).

López de Osaba, Pablo, "Presentación", *Historia de la música española. 7. El folklore musical,* (Alianza música, 7), Alianza Editorial, Madrid, 1983: i-ii.

López Jiménez, Juan y Antonio Calderón Quijano, editores, *Cartografía histórica de la Nueva Galicia,* Universidad de Guadalajara-Escuela de Estudios Hispano-Americanos de Sevilla, Guadalajara, 1984.

Lora, Cruz, "S[eñ]or cura Párroco de este Pueblo. Juzg[a-d]o de Rosamorada. Abril 10 de 1852", Archivo Histórico de la Arquidiócesis de Guadalajara, Gobierno, Parroquia de Rosamorada.

Loza, Steven, *Barrio Rhythm. Mexican American Music in Los Angeles* (Music in American Life), University of Illinois Press, Chicago, 1993.

Lucifer, Tepic, VIII, 279, 29 de enero de 1893: 2.

Lucifer, Tepic, VIII, 293, 7 de mayo de 1893: 2.

Lumholtz, Carl, *El México desconocido (edición facsimilar)* (Clásicos de la antropología, 11), Instituto Nacional Indigenista, México, 1981 (1904 [1902]), I y II.

Luna, Xilonen, *Música y cantos para la luz y la oscuridad. Música y cantos huicholes grabados por Carl Lumholtz* (100 años de testimonios de los pueblos indígenas), Comisión Nacional para el Desarrollo de los Pueblos Indígenas-American Museum of Natural History, México, 2005.

Lyon, George Francis, *Residencia en México, 1826. Diario de una gira con estancia en la república de México* (Sección de Obras de Historia), Fondo de Cultura Económica, México, 1984 (1828).

Machorro Malja, Patricia, "Del meritito Jalisco. Vicente Fernández: 'Soy un hombre así, ¡a secas'", *Somos uno,* Editorial Televisa, México, 3, 58, 1992: 42-47.

Macías Cardone, Luis, "Crisis en el folklore de México. Habla el folklorista José Raúl Hellmer", *México en guardia,* México, XIV, 161, 1962: 22.

Mac Masters, Merry, "'La música mexicana no es sólo el mariachi': Rafael Figueroa", *La Jornada* (Cultura), 2 de diciembre de 1996: 26.

Maria y Campos, Armando de, *La revolución mexicana a través de los corridos populares* (Biblioteca del Instituto Nacional de Estudios Históricos de la Revolución Mexicana), Talleres Gráficos de la Nación, México, 1962, I y II.

Martínez, Ignacio, *Recuerdos de un viaje en América, Europa y Africa,* Librería de P. Bregi, París, 1884.

Martínez Ayala, Jorge Amós, "¡Voy polla! El fandango en el Balsas", *La tierra caliente de Michoacán* (José Eduardo Zárate Hernández, coordinador), El Colegio de Michoacán-Gobierno del Estado de Michoacán, Morelia, 2001: 363-385.

Mata Torres, Ramón, "El mariachi multinaciente", *Estudios Jaliscienses,* Guadalajara, 9, 1992: 25-35

Mayer Serra, Otto, *Panorama de la música mexicana. Desde la Independencia hasta la actualidad,* El Colegio de México, México, 1941.

———, *Notas al disco "Galindo: Sones de mariachi; Moncayo: Huapango; Revueltas: Homenaje a García Lorca; Ayala: Tribu",* Musart, MCD-3007, México, 1956.

McMurtrey, Martin, *Mariachi Bishop. The Life Story of Partrick Flores,* Corona Publishing Company, San Antonio, Texas, 1987.

Mejía Sánchez, Ernesto, editor, "Introducción", *Antología de Alfonso Reyes* (Colección Clásicos de la Literatura Mexicana), Promexa Editores, México, 1979: VII-XXII.

Menchaca, Martha, *Recovering History. Constructing Race: The Indian, Black, and White Roots of Mexican Americans,* University of Texas Press, Austin, 2001.

Méndez Moreno, Rafael, "Su música", *Apuntes sobre el pasado de mi tierra,* Bartolomeu Costa Amic Editor, México, 1961: 127-140.

[Méndez Rodríguez,] Hermes Rafael, *Origen e historia del mariachi* (Serie regional, 1), Editorial Katún, México, 1982.

———, *Algunas disquisiciones relativas al mariachi,* Trabajo recepcional en la Sociedad Mexicana de Geografía y Estadística, México, 18 de mayo de 1988, mecanografiado.

———, *Evolución musical en el género del marichi,* Conferencia en la Sociedad Mexicana de Geografía y Estadística, México, 1989, mecanografiado.

———, *Los primeros mariachis en la ciudad de México. Guía para el investigador* (Pesadilla de fondo), s.e., México, 1999.

———, "El Cuarteto Coculense", *Cancionero del Cuarteto Coculense,* Secretaría de Cultura del Gobierno de Jalisco–Centro Nacional de Investigación, Documentación e Información Musical Carlos Chávez, Instituto Nacional de Bellas Artes, México, 2004: XIII-XVI.

Mendoza, Arturo, "Entrevista con …", *El mariachi suena,* México, año 1, número 5, 1997: 14-16.

Mendoza, Leo Eduardo, "Crónica negrera. Un mariachi heterodoxo y una polémica que jamás termina", *El Universal* (Cultural), México, 12 de julio de 1994: 1 y 4.

Mendoza, Vicente T., "El grupo musical mexicano llamado 'mariachi'", *Revista Universitaria de la Asociación de Post-Graduados y Ex alumnos de la Universidad Autónoma de Guadalajara,* Guadalajara, I, 2, 1943: 87-89.

———, *Panorama de la música tradicional en México* (Instituto de Investigaciones Estéticas, Estudios y Fuentes del Arte en México, VII), Universidad Nacional Autónoma de México, 1984 (1956).

———, *El corrido de la revolución mexicana* (Biblioteca del Instituto Nacional de Estudios Históricos de la Revolucón Mexicana), Talleres Gráficos de la Nación, México, 1956.

Mendoza, Vicente T. y Virginia Rodríguez Rivera, *Folklore de San Pedro Piedra Gorda, Zacatecas* (Contribución a la Primera Sección del Congreso Mexicano de Historia), Instituto Nacional de Bellas Artes, Secretaría de Educación Pública, México, 1952.

———, *Estudio y clasificación de la música tradicional hispánica de Nuevo México* (Instituto de Investigaciones Estéticas, Estudios de folklore, 5), Universidad Nacional Autónoma de México, México, 1986 (1946).

Mendoza de Lira, Alejandra, "Aída Cuevas se define como cantante de ranchero por convicción y no por moda", *El Universal* (Espectáculos), 10 de enero de 1999: 19.

Menéndez, Antonio, "Arte, bandolones y trompetas. Con un listón cortado por el alcalde Sergio Coll Carabias, al son de guitarras, violines y voces bravías, se inaugura 'El arte del mariachi'", *Siglo XXI* (Suplemento Minerva), Guadalajara, 7 de septiembre de 1996: 3.

Meyer, Jean, "El origen del mariachi", *Vuelta,* México, 59, 1981: 41-44.

———, *Esperando a Lozada,* El Colegio de Michoacán–Consejo Nacional de Ciencia y Tecnología, Zamora, 1984.

———, *La tierra de Manuel Lozada,* (Colección de documentos para la historia de Nayarit, IV), Universidad de Guadalajara–Centre d'Études Mexicaines et Centraméricaines, México, 1989.

Michelena, Margarita, "¿Qué pasa allí? Fiestas chafas", *Excélsior,* México, 27 de julio de 1992: 7A.

Miguel, Pedro, "Navegaciones. Japoneses, mariachis y jarochos", *La Jornada* (Sociedad y justicia), México, 20 de septiembre de 2007: 52.

Miller, Wick R., "A Note on Extinct Languages of Nortwest Mexico of Supposed Uto-Aztecan Affiliation", *International Journal of American Linguistics,* Chicago, 49, 3, 1983a: 328-347.

———, "Uto-Aztecan Languages", *Handbook of North American Indians, Volume 10, Southwest* (William C. Sturtevart, editor general; Alfonso Ortiz, editor del volumen), Smithsonian Institution, Washington, 1983b: 113-124.

———, "The Classification of the Uto-Aztecan Languages Based on Lexical Evidence", *International Journal of American Linguistics,* Chicago, 50. 1, 1984: 1-24.

Millet, Carlos, "Los charros del sur [Primera parte]", *Siglo XXI,* (Cultura y espectáculos), Guadalajara, 27 de febrero de 1994a: 5.

Millet, Carlos, "Los charros del sur [Segunda parte]", *Siglo XXI,* (Cultura y espectáculos), Guadalajara, 28 de febrero de 1994b: 5.

Monsivais, Carlos, *Amor perdido,* Ediciones Era, México, 1977.

Montes de Oca, José Guadalupe, "Los mariachis de Colima", *El Universal Ilustrado,* México, año X, número 434, 3 de septiembre de 1925: 21 y 47.

———, "El jarabe tapatío", *Quetzalcóatl. Órgano de la Sociedad de Antropología y Etnología de México,* México, tomo I, año I, número 2, 1929: 10-14.

Mora, Pedro, "El Charro Negro es cubano", *Orbe. Quincenario editado por Prensa Latina,* año 4, número 112, México, del 20 de mayo al 2 de junio de 2006: 10.

Mora-Torres, Gregorio, *Californio Voices. The Oral Memoirs of José María Amador and Lorenzo Asisara* (Al Filo: Mexican American Studies Series, 3), University of North Texas Press, Denton, 2005.

Morales, Salvador, *La música mexicana,* Editorial Universo, México, 1981.

Morales, Vicente y Manuel Caballero, *El Señor Root en México. Crónica de la visita hecha en octubre de 1907 al pueblo y al gobierno de la República Mexicana, por su Excelencia el Honorable Señor Elihu Root, Secretario de Estado del Gobierno de los Estados Unidos de América,* Talleres de Imprenta y Fotograbado de "Arte y Letras", México, 1908.

Morales-Casas, Gabriella, "Pepe Aguilar. El rockero que canta rancheras", *Día siete,* México, año 7, número 319, 2006: 44-51.

Morales Martínez, Felipe, "Nadie es profeta… México no es un mercado amplio para los mariachis", *El Universal* (Espectáculos), México, 31 de enero de 1995: 1-2.

Moreno Rivas, Yolanda, *Historia ilustrada de la música popular mexicana. I La música de tiempos de don Porfirio: el esplendor del vals,* Promexa, México, 1979.

———, *Historia de la música popular mexicana* (Los noventa), Alianza Editorial Mexicana–Consejo Nacional para la Cultura y las Artes, México, 1989a (1979).

———, *Rostros del nacionalismo en la música mexicana. Un ensayo de interpretación,* Fondo de Cultura Económica, México, 1989b.

Moreno Villa, José, "Xochimilco", *Cornucopia de México,* La Casa de España–Fondo de Cultura Económica, México, 1940: 75-77.

Morris (Maurice de Bevere) y René Goscinny, *Tortillas pour le Dalton,* Dupuis, 1967.

———, *Los Dalton van a México. Una aventura de Lucky Luke,* Grijalbo/Dargaut, Barcelona, 1990 (1982 [1967]).

Mulholland, Mary-Lee, "Mariachi and the Longing for a Mexican Nation", *National Identities* (Paul Spoonley y John Biles, editores), Massey University, Auckland, Nueva Zelanda, 2005, en prensa.

Muriá, José María, director, "Antecedentes y secuelas de la Constitución de 1917" y "La pugna interna por el poder", *Historia de Jalisco. Tomo IV. Desde la consolidación del porfiriato hasta mediados del siglo XX,* Unidad Editorial del Gobierno del Estado de Jalisco, Guadalajara, 1982: 265-314.

Muriá, José María y Pedro López González, compiladores, "Cantón y Departamento del estado de Jalisco", *Nayarit: del séptimo cantón al estado libre y soberano,* Universidad de Guadalajara–Instituto de Investigaciones Dr. José María Luis Mora, México, 1990, I: 109-120.

Murillo, Gerardo (Dr. Atl), *Las artes populares en México*, II ("Cultura"), Librería México, México, 1921.

Narvaez, José María, *Carta Corografica de los Estados de Jalisco. Zacatecas y Territorio de Colima con parte de los Estados limitrofes, construida por las mejores noticias y manuscritos que se han tenido presente y con precisa sujecion alas Latitudes y Longitudes determinadas Astronómicamente en los principales Pueblos del Estado de Jalisco y sus costas. Por el Teniente de Navío D. [...] Año de 1824,* Colección Orozco y Berra, Número de Control 250, Sección de Parciales (723), Mapoteca Manuel Orozco y Berra, Dirección General de Estadística, Subsecretaría de Planeación, Secretaría de Agricultura y Recursos Hidráulicos, México.

Nava, María del Carmen, *Los abajo firmantes. Cartas a los presidentes 1934-1946* (Libros del rincón), Editorial Patria–Secretaría de Educación Pública, México, 1994.

Navarro García, José Luis, "El fandango", *Semillas de ébano. El elemento negro y afroamericano en el baile flamenco* (Biblioteca flamenca, 4), Portada Editorial, Sevilla, 1998: 199-216.

Negrete, Diana, *Jorge Negrete. Biografía autorizada,* Editorial Diana, México, 1987.

Negus, Keith, *Los géneros musicales y la cultura de las transnacionales* (Comunicación, 164), Paidós, Barcelona, 2005 (1999).

Nervo, Amado, "Pascual Aguilera (1892). Costumbres regionales", *Otras vidas. Novelas cortas,* J. Ballescá y Compañía, Barcelona, s.f. (circa 1892).

———, "Elevación", *Poesías completas. Edición, estudios y notas de Alfonso Méndez Plancarte. Tomo II,* Espasa-Calpe Argentina, Buenos Aires, 1943 (1916), II: 267-336.

Neurath, Johannes, *Las Fiestas de la Casa Grande. Procesos rituales, cosmovisión y estructura social en una comunidad huichola* (Etnografía de los pueblos indígenas de México, Estudios monográficos), Instituto Nacional de Antropología e Historia–Universidad de Guadalajara, México, 2002 (1998).

Nevin, Jeff, *Virtuoso Mariachi,* University Press of America, Lanham, Maryland, 2002.

Noriega, Cecilia, "La sociedad mexicana", *Historia de México* (Josefina Zoraida Vázquez, coordinadora del volumen), Salvat Editores, México, 1974, 7: 165-198.

Noriega, Eugenio, "Henry Martin y sus acuarelas sobre Tepic, Acapulco y Mazatlán", *Boletín INAH,* Instituto Nacional de Antropología e Historia, México, 35, 1969: 47-54.

Notimex, "Mariachis chilenos en Primer Encuentro 'México como en México'", *Ovaciones* (Espectáculos), 19 de enero de 1995: 10.

———, "Crean en Colombia 'industria' alrededor del mariachi", *El nuevo siglo* (Cultura), Guadalajara, 3 de septiembre de 2005: 41.

———, "Dos registros de música indígena serán propuestos como patrimonio nacional. *Sonidos del México profundo* y *Testimonios musicales del trabajo radiofónico*", *La Jornada* (Cultura), México, 20 de mayo de 2007: 5a.

Novo, Salvador, *Jalisco Michoacán. 12 días,* Imprenta Mundial, México, 1933.

———, "Teoría del mariachi", *Novedades,* México, 20 de enero de 1964: 4.

Núñez y Domínguez, José de Jesús, "El mariachi", *Calendario cívico mexicano, 1930,* Departamento del Distrito Federal–Talleres Gráficos de la Nación, México, 1929.

Ochoa, Álvaro, "Mitote, fandango y mariachi en Jal-Mich", *Relaciones. Estudios de historia y sociedad,* El Colegio de Michoacán, Zamora, 21, 1985: 71-83.

———, *Mitote, fandango y mariacheros,* El Colegio de Michoacán–El Colegio de Jalisco, Zamora, 2000 (1994).

———, "Mariache, mariacumbetze y charros", *De occidente es el mariache y de México... Revista de una tradición* (Álvaro Ochoa, editor), El Colegio de Michoacán–Secretaría de Cultura del Estado de Jalisco, Zamora, 2001: 137-143.

Ochoa Rincón, Raúl, "Mariachis que nada le piden a los mexicanos, con una sola diferencia: todos son negritos", *El Universal* (Deportes), México, 7 de agosto de 1991: 8.

———,"México visto por Honduras. ¡Saben todo de nosotros!", *El Universal* (Deportes), México, 22 de septiembre de 1996: 3.

Oficina de Estadística y Estudios Económicos, *Memoria del Departamento del Distrito Federal del 1º. de septiembre de 1940 al 31 de agosto de 1941*, Talleres Gráficos de la Penitenciaría del D. F., México, 1941.

Olavarría y Ferrari, Enrique de, *Reseña histórica del teatro en México*, Imprenta, Encuadernación y Papelería "La Europea", México, 1895, I.

Olivares, Juan José, "Juan Gabriel, héroe popular 'debido a su homosexualidad', según historiador. Analizan el éxito del cantante en congreso del Cenart", *La Jornada* (Cartelera), México, 5 de abril de 2002: 26a.

Olmos, Miguel, "La frontera entre las músicas mediáticas y las músicas de tradición oral", Foro internacional "Música tradicional y procesos de globalización", Instiituto Nacional de Antropología e Historia, 2006 (mecanografiado).

Orfeón Videovox, *Mariachi Monumental de Silvestre Vargas, el mejor mariachi de México*, Discos Orfeón, México, s.f. (1963).

Orta, Manuel, "La tristeza del mariachi", *Revista de revistas*, México, año XVII, número 858, 17 de octubre de 1926: 17.

———, *Ponciano Díaz (Silueta de un torero de ayer)*, Imprenta Aldina, Robledo y Rosell, México, 1943.

Ortega S.J., Joseph Antonio de, *Vocabulario en lengua castellana y cora, dispuesto por el P. [...], de la Compañia de Jesus, Missionero en los pueblos del Rio de Jesus María, y Joseph, de la provincia del Señor San Joseph del Nayaerit, y Visitador de la mesma Provincia. Y lo dedica al Illmo. Señor Doctor Don Nicolas Carlos de Cervantes, Dignissimo Obispo, que fuera de Goatemala, y aora de la Nueva-Galicia, del Consejo de su Magestad.* Con licencia. En Mexico: Por los Herederos de la Viuda de Francisco Rodríguez Lupercio, en la Puente de Palacio. Año de 1732.

———, "Libro I. Maravillosa reduccion, y Conquista de la Provincia de San Joseph del Gran Nayar, nuevo Reino de Toledo", *Apostólicos afanes de la Compañia de Jesús en su Provincia de México (edición facsimilar)* (Francisco Javier Fluviá, editor), Centro Francés de Estudios Mexicanos y Centroamericanos–Instituto Nacional Indigenista, México, 1996 (1754): 1-223.

Ortiz, Fernando, *Glosario de afronegrismos*, Imprenta El Siglo XX, La Habana, 1924.

Osorio, Juan José y José Islas Ocadiz, "Problemas del uso inmoderado de las reproducciones mecánicas de música", *Congreso Nacional de Música*, Instituto Nacional de Bellas Artes–Sindicato Nacional de Trabajadores de la Música de la República Mexicana, México, 1956: 142-147.

Padilla, Sergio, "Mariachi filarmónico", *Público* (Cultura, "Bemol y sostenido"), Guadalajara, 6 de septiembre de 2005: 43.

Palomar Verea, Cristina, *En cada charro, un hermano. La charrería en el estado de Jalisco* (Culturas populares de Jalisco), Secretaría de Cultura del Gobierno del Estado de Jalisco, Guadalajara, 2004.

Payno, Manuel, *Los bandidos de Río Frío. Novela naturalista, humorística, de costumbres, de crímenes, de horrores, por un ingenio de la corte*, J. F. Farrés y Compañía Editores, Barcelona, 1891, I.

Pearlman, Steven Ray, "Standarization and Innovation in Mariachi Music Perfomance in Los Angeles", *Pacific Review of Ethnomusicology*, University of California at Los Angeles, Los Ángeles, 1, 1984: 1-12.

———, "Mariachi Music in Los Angeles", tesis doctoral, University of California at Los Angeles, Los Ángeles, 1988.

Peguero, Raquel, "Del mito de Lucha Reyes, una certeza: su punzante voz", *La Jornada* (Cultura), México, 18 de julio de 1994a: 21.

———, "Lucha Reyes, voz de colores que todas imitaban. Testimonio de Nancy Torres, La Potranquita", *La Jornada* (Cultura), México, 20 de julio de 1994b: 26-27.

———, "María Félix: con mariachi cualquiera canta bien", *La Jornada* (Espectáculos), México, 18 de diciembre de 1998: 23.

Pelagi, Anita, "Musica messicana a Roma: il grupo *mariachi* 'Romatitlán'", tesis de licenciatura en etnomusicología, Universitá di Roma La Sapienza, Roma, 2004.

Penningon, Campbell W, editor, *Arte y vocabulario de la lengua dohema, heve o eudeva. Anónimo (siglo XVIII),* Instituto de Investigaciones Filológicas, Universidad Nacional Autónoma de México, México, 1981.

Peña, Manuel, "Notes Toward an Interpretive History of California-Mexican Music", *From Inside Out: Perspectives on Mexican and Mexican American Folk Art* (Karana Hattersley-Drayton, Joyce M. Bishop y Tomás Ybarra-Frausto, editores), The Mexican Museum, San Francisco, 1989 (1987): 64-76.

Peña, Mauricio, "La Doña le canta a María", *Somos uno. María Félix. El mito más bello del cine,* Editorial Televisa, México, año 10, número 191, 2000: 86-87.

Peñafiel, Antonio, *Nombres geográficos de México. Catálogo alfabético de los nombres de lugar pertenecientes al idioma "nahuatl". Estudio jeroglífico de la Matrícula de los Tributos del Códice Mendocino por el Sr. [...]. Dibujos de las "Antigüedades mexicanas" de Lord Kingsborough por el Sr. Domingo Carral y grabados por el Sr. Antonio H. Galaviz,* Oficina Tipográfica de la Secretaría de Fomento, México, 1885.

———, *Nomenclatura geográfica de México. Etimologías de los nombres de lugar correspondientes a los principales idiomas que se hablan en la República. Primera parte. Segunda parte. Diccionario,* Oficina Tipográfica de la Secretaría de Fomento, México, 1897 (1895), II.

———, *División territorial de la República Mexicana. Estados del Pacífico,* Imprenta y Fototipia de la Secretaría de Fomento, México, 1907 (1900).

Pérez Fernández, Rolando Antonio, *La música afromestiza mexicana* (Biblioteca Universidad Veracruzana), Universidad Veracruzana, Xalapa, 1990 (1986).

———, "El son jarocho como expresión musical afromestiza", *Musical Cultures of Latin America: Global Effects, Past and Present* (Selected Reports in Ethnomusicology, XI) (Steven Loza, coordinador), University of California at Los Angeles, Los Ángeles, 2003: 39-56.

———, "Breve comentario sobre el mariachi en Cuba", México, 2007, mecanografiado.

Pérez González, Julio, "Datos Geográficos y Estadísticos del Territorio de Tepic, coleccionados y ampliados por el Sr. Don [...]", *Periódico Oficial. Órgano de Gobierno del Territorio de Tepic,* Tipografía de la Viuda de Legaspi, Tepic, VIII, 42, 23 de agosto de 1891: 2.

———, "Datos Geográficos y Estadísticos del Territorio de tepic, coleccionados y ampliados por el Sr. Don [...]", *Periódico Oficial. Órgano de Gobierno del Territorio de Tepic,* Tepic, Tipografía de la Viuda de Legaspi, X 57, 30 de julio de 1893: 3-4.

Pérez Monfort, Ricardo, *Estampas de nacionalismo popular mexicano. Ensayos sobre cultura popular y nacionalismo* (Colección Miguel Othón de Mendizábal), Centro de Investigaciones y Estudios Superiores en Antropología Social, México, 1994.

———, *Avatares del nacionalismo cultural. Cinco ensayos* (Colección historias), Centro de Investigaciones y estudios Superiores en Antropología Social–Centro de Investigación y Docencia en Humanidades del Estado de Morelos, México, 2000.

Pérez Ponce de León, Miguel José, "Descripción del Distrito de Colima y del corregimiento agregado de San Miguel de Xilotlán. 1776-1777", *Documentos para la historia del estado de Colima, siglos XVI-XIX* (José Antonio Calderón Quijano, coordinador), (Colección Peña Colorada), Consorcio Minero Benito Juárez, Peña Colorada, Naucalpan de Juárez, 1979 (1777): 171-207.

Petinaud Martínez, Jorge, "Cuba rinde homenaje a José Alfredo Jiménez", *Orbe. Quincenario editado por Prensa Latina,* año 2, número 32, México, del 22 de febrero al 7 de marzo de 2003: 9.

Pinart, Alphonse, *Vocabulario del dialecto hehué de la lengua ópata,* Bancroft Library, Universidad de California, Berkeley, 1878-1879, manuscrito.

Pitt-Rivers, Julian, *Los hombres de la sierra. Ensayo sociológico sobre un pueblo andaluz* (Dimensiones hispánicas, 2), Ediciones Grijalbo, Barcelona, 1971 (1961).

———, "El análisis del contexto y el 'locus' del modelo", *Tres ensayos de antropología estructural* (Cuadernos Anagrama, 50), Editorial Anagrama, Barcelona, 1973 (1967): 13-48.

———, *Antropología del honor o política de los sexos. Ensayos de antropología mediterránea,* Editorial Crítica, Barcelona, 1979 (1977).

Ponce, Manuel M., "Escritos y composiciones musicales", *Cultura,* México, tomo IV, número 4, 1917: I-VI y 1-48.

———, *Nuevos escritos musicales,* Editorial Stylo, México, 1948.

Poniatowska, Elena (en colaboración con Alberto Beltrán), "La Plaza Garibaldi", *Todo empezó el domingo,* Fondo de Cultura Económica, México, 1963: 168-171.

Prieto, Guillermo, *Memorias de mis tiempos. I, 1828 a 1840* (Nicolás León, editor), Librería de la Viuda de Bouret, México, 1906.

———, *Memorias de mis tiempos. II, 1840 a 1853* (Nicolás León, editor), Librería de la Viuda de Bouret, México, 1906.

Preuss, Konrad Theodor, *Die Nayarit-Expedition. Textaufnahmen und Beobachtungen unter mexikanischen Indianern. I. Die Religion der Cora-Indianer in Texten nebst Wörterbuch Cora-Deustch* [La expedición al Nayarit. Registros de textos y observaciones entre indígenas mexicanos. I. La religión de los coras según sus textos. Con diccionario cora-alemán], G. B. Teubner, Leipzig, 1912.

———, *Fiesta, literatura y magia en el Nayarit. Ensayos sobre coras, huicholes y mexicaneros* (Jesús Jáuregui y Johannes Neurath, compiladores), Instituto Nacional Indigenista–Centro Francés de Estudios Mexicanos y Centroamericanos, México, 1998 (1906-1931).

———, "Grammatik der Cora Sprache" [Gramática del idioma cora], *International Journal of American Linguistics,* Nueva York, 7, 1932: 1-84.

———, "Wörterbuch Deutsch-Cora" [Diccionario alemán-cora], *International Journal of American Linguistics,* Nueva York, 8, 1934: 81-102.

Público, "Un mariachi eslovaco con la música mexicana en el alma", *Público* (Gente), Guadalajara, 7 de septiembre de 2006. D.

Quevedo y Zubieta, Salvador, "El ranchero", *México. Recuerdos de un emigrado,* Estudio Tipográfico de los Sucesores de Rivadeneyra, Impresores de la Casa Real, Madrid, 1884: 183-211.

Rábago, Jorge Federico, *¡Allá tú si me olvidas!* (Cultura para el tercer milenio), Ediciones La Rana–Instituto Estatal para la Cultura y las Artes, Guanajuato, 1999.

Ramírez, Luis Enrique, "Lucha Reyes: el vértigo de una voz", *La Jornada* (Cultura), México, 16 de julio de 1994a: 21.

———, "Derrumbe y partida final de Lucha Reyes", *La Jornada* (Cultura), México, 17 de julio de 1994b: 23.

———, "No sufro tanto como creen, pero sí vivo lo que canto: La Tariácuri", *La Jornada* (Cultura), México, lunes 13 de mayo de 1996: 25.

Ramírez de Aguilar, Fernando (Jacobo Dalevuelta), *Estampas de México,* s.e., México, 1930.

———, *El charro-símbolo. Monografía. Primer premio en el concurso La Prensa-El Buen Tono,* s.e., México, 1932.

Ramos i Duarte, Feliz, *Diccionario de Mejicanismos,* Imprenta de Eduardo Dublán, Méjico, 1895.

———, *Diccionario de mejicanismos, Segunda edición,* Herrero Hermanos Editores, Méjico, 1898.

Real Academia Española, *Diccionario de autoridades,* Edición facsimil. Tomo II: D-Ñ, Gredos, Madrid, 1979 (1732).

Real Academia de la Lengua, "Mariache, mariachi, mariachis", *Diccionario de la lengua española, Vigésima edición,* II, Editorial Espasa Calpe, Madrid, 1984: 877.

Rejano, Juan, "Los mariachis", *La esfinge mestiza, Crónica menor de México* (Colección Carabela), Editorial Leyenda, México, 1945: 130-132.

Remington de Willett, Elizabeth Ann, "El sistema dual de festivales de los tepehuanes del sureste de Durango", *Anales de Antropología,* Instituto de Investigaciones Antropológicas, Universidad Nacional Autónoma de México, México, 29, 1995: 341-359.

Retes, Miguel, "Apuntes de un viage. Santiago Ixcuintla (Departamento de Jalisco)", *El museo mexicano,* Segunda época, Imprenta litografía de Cumplido, México, 1845: 1-6.

Revilla, Domingo, "Costumbres y trages nacionales. Los rancheros", *El museo mexicano o miscelánea pintoresca de amenidades curiosas e instructivas,* Ignacio Cumplido, México, III, 1844: 551-559.

Reyes, Alfonso, *Berkeleyana (1941)* (Archivo de Alfonso Reyes, Serie A, Reliquias, 2), Gráfica Panamericana, México, 1953.

———, *Nuestra lengua,* Secretaría de Educación Pública, México, 1959.

Reyes, Jorge Antonio, *Los que están benditos: el mitote comunal de los tepehuanes de Santa María de Ocotán, Durango* (Etnografía de los Pueblos Indígenas de México, Colección Estudios Monográficos), Instituto Nacional de Antropología e Historia, México, 2006 (2001).

Reyes, Aurelio de los, "La música para el cine mudo en México", *La música en México. I. Historia. 4. Periodo nacionalista (1910 a 1958)* (Julio Estrada, editor), Universidad Nacional Autónoma de México, México, 1984: 83-117.

Reynoso Solórzano, Ignacio, "De Cocula es el mariachi", ápud Méndez Rodríguez, 1999 (circa 1960): 82-86.

Riesgo, Juan M. y Antonio J. Valdés, *Memoria estadística del Estado de Occidente,* Imprenta a cargo del C. E. Alatorre, Guadalajara, 1828.

Ríos, Lorena, "Una flor de belleza silvestre", *Somos uno. Una vida de corrido. Antonio Aguilar,* Editorial Televisa, año 11, número 195, México, 2000: 54-61.

———, "Rey del bolero ranchero", *Somos uno. Tres tipos de cuidado,* Editorial Televisa, año 12, número 213, México, 2001: 28-37.

Rivera, José María, "El ranchero", *Los mexicanos pintados por sí mismos. Tipos y costumbres nacionales,* Imprenta de M. Murguía y Compañía, México, 1854: 191-207.

Rivera, José, "Bandidos. La banda de El Charro", *Guía de forasteros. Estanquillo literario para los años de 1827-1828,* Instituto Nacional de Bellas Artes, año III, volumen IV, número 9 (57), 1986: 5.

Roa, Victoriano, *Estadística del Estado Libre de Jalisco formada de orden del Supremo Gobierno del mismo Estado con presencia de las noticias que dieron los pueblos de su comprensión en los años de 1821 y 1822 por el C. [...],* Imprenta del C. Urbano Sanromán, Guadalajara, 1825.

Robinson, Alfred, *Life in California During a Residence of Several Years in that Territory, Comprising a Description of the Country and the Missionary Establishments, with Incidents, Observations, etcetera [...]. To which is Annexed a Historical Account of the Origin, Customs, and Traditions of the Indians of Alta California, Translated from the Original Spanish Manuscript [of Fray Geronimo Boscara],* Wiley and Putnam, Nueva York, 1846.

Rodríguez, Mayra, "El costumbre de los elotes en Santa Cruz de Güejolota", México, Instituto Nacional de Antropología e Historia, 1997, mecanografiado.

Rodríguez, Russel C., "Cultural production, Legitimation, and the Politics of Aesthetics: Mariachi Transmission, Practice, and Performance in the United States", tesis doctoral, University of California at Santa Cruz, Santa Cruz, 2006.

Rodríguez de Híjar, Jesús, "Honor a quien honor merece. Entrevista a [...]", *El mariachi suena,* México, año 1, número 1, 1997a: 6-7.

———, "El estilo mariachi", *El mariachi suena,* México, año 1, número 5, 1997b: 18.

Rodríguez López, Víctor Hugo, "El mariachi en Colima: una tradición familiar", *De occidente es el mariachi y de México... Revista de una tradición* (Álvaro Ochoa, editor), El Colegio de Michoacán–Secretaría de Cultura del Estado de Jalisco, Zamora, 2001: 95-106.

Roldán, Dolores, "El mariachi coculense", *Teonanacatl (Carnita Divina). Cuentos antropológicos,* Editorial Orión, México, 1975: 111-117.

Romero, Brenda, "La creciente popularidad del mariachi en los Estados Unidos a final del siglo XX", *De occidente es el mariachi y de México... Revista de una tradición* (Álvaro Ochoa, editor), El Colegio de Michoacán–Secretaría de Cultura del Estado de Jalisco, Zamora, 2001: 171-180.

Ronstadt, Linda, *Canciones de mi padre,* Elektra/Asylum Records, Los Ángeles, 1987: contraportada.

Rojas, H., Año de 1838. *Estadística general del Departamento de Jalisco (Le falta á este escrito lo relativo al Distrito de Sayula)* Sria. de la E. J. Departamental, Guadalajara, 1838 (Manuscrito 1127 del Fondo Reservado de la Biblioteca Nacional de México).

Rosado, Enrique, "Luis Aguilar. Introducción", *Somos uno. Luis Aguilar, el gallo más giro del cine nacional,* Editorial Televisa, México, año 10, número 184,

1 de junio de 1999: 5.

———, "Introducción", *Somos uno. Tres tipos de cuidado,* Editorial Televisa, año 12, número 213, México, 2001: 4.

———, "Introducción", Somos uno. *Miguel Aceves Mejía, El Rey del Falsete,* Editorial Televisa, año 13, número 220, México, 2002a: 4-5.

———, "Introducción", *Somos uno. Lucha Villa. La voz sensual de la canción mexicana,* Televisa, México, año 13, número 223, 2002b: 5.

Rosas, Rubén S., "La hija de Lozada", *El Nayar. Número gráfico extraordinario,* Tepic, 1 de diciembre de 1949: 49.

Rubio, Darío, *La anarquía del lenguaje en la América española. Estudios lexicográficos,* Confederación Regional Obrera Campesina, México, 1925, I.

Saavedra, A., "En tierra de tarascos. Viaje rápido por el estado de Michoacán", *Magazine de geografía nacional,* México, I, 2, 1925: 1-33.

Sala Verdaguer, Ramón, "Irma Vila y sus 'mariachis'", *Cancionero,* Editorial Alas, Barcelona, VIII época, año XXV, número 32, 1950: 3-4.

Salas, Irma, "… Y se han convertido en mariachis", *Reforma* (Cultura), México, 19 de septiembre de 1994: 15D.

Salas, Irma y Mónica Álvarez, "Primer Festival Internacional del Mariachi. ¡Ay Jalisco no te rajes!", *Reforma* (Cultura), México, 13 de septiembre de 1994: 6D.

Saldívar, Gabriel, *Historia de la música en México (Épocas precortesiana y colonial),* Departamento de Bellas Artes, Secretaría de Educación Pública, México, 1934.

———, "El jarabe. Baile popular mexicano", *Anales del Museo Nacional de Arqueología, Historia y Etnografía,* Secretaría de Educación Pública, Departamento de Monumentos-Talleres Gráficos del Museo Nacional de Arqueología, Historia y Etnografía, México, Quinta época, II, 1935: 305-326.

———, "El origen de los sones", *Hoy,* México, 45, 1 de enero de 1938: 26-27.

Samper, Daniel, "El mariachi en Colombia", 2007, mecanografiado.

Sánchez, Lulú, "Le faltan compositores a la música ranchera. Ha disminuido el número de canciones creadas para mariachis", *Mural* (Gente), Guadalajara, 13 de septiembre de 2004: 7D.

Sánchez Flores, Francisco, "Chimalhuacán legendario: cuna, infancia y plenitud del mariachi. Nueva Galicia: crisol de músicos de una época", *Educación Revista Jalisco,* Guadalajara, IV, 13, 1981: 9-18.

Santoscoy, Alberto, "Cuestión histórica ¿En qué lugar murió el caudillo insurgente, D. Francisco Guzmán", *Obras completas,* tomo II, Unidad Editorial del Gobierno del Estado de Jalisco, Guadalajara, 1986 (1896): 493-498.

Sauer, Carl, "La distribución de las tribus y las lenguas aborígenes del noroeste de México", *Aztatlán* (Serie Los Once Ríos), Siglo XXI Editores México, 1998 (1934): 95-198.

Sauer, Carl y Donald Brand, "Aztatlán: frontera prehispánica mesoamericana en la costa del Pacífico", *Aztatlán* (Serie Los Once Ríos), Siglo XXI Editores, México, 1998 (1932): 1-94.

Schneider, Luis Mario, "Alfonso Reyes: las ocurrencias de un rostro", *Alfonso Reyes en caricatura,* Instituto de Investigaciones Bibliográficas, Universidad Nacional Autónoma de México, México, 1989: [9-13].

Segura, Claudia, "La ventana ciega. ¡El mariachi loco quiere bailar!", *Nayarit opina* (¡Hey!), Tepic, 10 de septiembre de 2003: 2.

Selecciones musicales, "XEW aniversario de plata. Programa oficial", *25 años de canciones. Álbum de XEW con todas las estrellas del radio. Programas, artistas, orquestas, locutores,* México, 1955: 12, 40, 49, 56 y 63.

Serna, Enrique, *Jorge, el bueno. La vida de Jorge Negrete,* I (Serie Tres Gallos. Negrete, Solís, Infante), Editorial Clío-Espejo de Obsidiana, México, 1993a.

———, *Jorge, el bueno. La vida de Jorge Negrete,* III (Serie Tres Gallos. Negrete, Solís, Infante), Editorial Clío-Espejo de Obsidiana, México, 1993b.

———, "El charro cantor", Mitos mexicanos (Enrique Florescano, coordinador) (Nuevo Siglo), Santillana, México, 1995, 189-193.

Serrano, Irma y Elisa Robledo, *Sin pelos en la lengua,* Impresora y editora de libros y revistas, México, 1979.

Serrano, Xavier, "La trompeta de mariachi", Conferencia en el "Primer Encuentro de Trompeta 2007 'Rafael Méndez'", Sindicato Único de Trabajadores de la Música y el Espectáculo, México, 13 de marzo de 2007.

Sheehy, Daniel, "Mexican Mariachi Music: Made in the USA", *Music of Multicultural America* (Kip Lornell y Anne K. Rasmusen, editores), Schirmer Books, Nueva York, 1997: 131-154.

⸺, "Mariachi Los Camperos de Nati Cano", *¡Viva el mariachi! Nati Cano's Mariachi Los Camperos,* Smithsonian Folkways Recordings SF 40459, Smithsonian Institution, Washington, D.C., 2002.

⸺, "¡Llegaron Los camperos! Concert Favorites of Nati Cano's Mariachi Los Camperos", Smithsonian Folkways Recordings SFW CD 40517, Smithsonian Institution, Washington, D.C., 2005.

⸺, *Mariachi Music in America. Experiencing Music, Expressing Culture,* Oxford University Press, Nueva York, 2006.

Shiving, Julius, *Impresiones de un zuavo. México 1857,* Librería de Manuel Porrúa, México, 1961.

Silva Maia, António da, *Diocionário complementar portugues-kimbundu-kikongo,* Edicioes Cucujaes, Luanda, 1961.

Simpich, Frederick, "New Mexico Melodrama", *National Geographic Magazine,* XIII, 5, 1938: 529-569.

Smith, Franklin G., "Form and Function of Mariachis", *The Kiva,* The Arizona Archaelogical and Historical Society, Tucson, 16, 1-2, 1950: 19-26.

Sordo Sodi, Carmen, "Curti, Carlos", *Diccionario de la música española e hispanoamericana* (Emilio Cásares Rodicio, coordinador general), Sociedad General de Autores y Editores, Madrid, 1999, IV: 330.

Sotelo, Beatriz, "Exitosa presentación del mariachi México Amigo en Santo Coyote. La audición fue en el marco del Sexto Encuentro Internacional del Mariachi y la Charrería", *8 Columnas* (Sociedad), Guadalajara, 6 de septiembre de 1999: 2C.

Stanford, Thomas, *El son mexicano* (Sep 80, 59), Fondo de Cultura Económica, México, 1984.

Strachwitz, Chris, "The Recordings of the Mariachi de la Sierra del Nayar in 1994", El Cerrito, California, 2005, mecanografiado.

Su, Margo, "Canta tú, ruiseñor", *La Jornada* (Cultura), México, 17 de julio de 1994 (1990): 23-24.

Talavera, Mario, "Lucha Reyes. Apuntes biográficos", *En recuerdo de Lucha Reyes,* Sociedad de Autores y Compositores–Casa Madero, S. A., México, 1951: 3-9.

Tapia, Andrés, "Une a las naciones mariachi berlinés. Cautiva El Dorado a los germanos", *Reforma* (Cultura), México, 14 de julio de 2001: C.

Tejeda, Armando G., "Arturo Pérez Reverte pone de moda el *narcocorrido* en España", *La Jornada* (Cultura), México, 9 de junio de 2002: 14a).

Terán, Luis, "Jorge Negrete, una figura de talla internacional", *Somos uno. Jorge Negrete: un charro de leyenda,* Editorial Televisa, México, 88, 1994: 30-37.

The Mexican Herald, México, XXV, 33, 3 de octubre de 1907: 1.

Tibón, Gutierre, "Los mariachis", *Mensaje a los nayaritas,* Editorial Posada, México, 1979: XVIII.

T'Serstevens, A., *Mexique. Pays a troi étages,* Artaud, Rennes, 1955.

Turino, Thomas, "Nationalism and Latin American Music: Selected Case Studies and Theoretical Considerations", *Revista de música latinoamericana. Latin American Music Review,* University of Texas Press, Austin, 2003: 169-209.

Urrutia de Vázquez, Cristina y Martha C. Saldaña, *Origen y evolución del mariachi,* Guías Voluntarias de la Sociedad de Amigos del Museo Regional de Guadalajara, Guadalajara, 1984.

Valdés Conte, Miguel, "En la Puerta del Sol, Mano Negra, mensajes y vivas a los zapatistas. Plataforma de solidaridad con Chiapas", *La Jornada* (Cultura), México, 16 de enero de 1995: 25-26.

Valiñas, Leopoldo, "Lo que la lingüística yutoazteca podría aportar en la reconstrucción histórica del Norte de México", *Nómadas y sedentarios en el Norte de México. Homenaje a Beatriz Braniff* (Marie-Areti Hers, José Luis Mirafuentes, Dolores Soto y Miguel Vallebueno, editores), Universidad Nacional Autónoma de México, México, 2000: 175-205.

Vanderwood, Paul J., *Los rurales mexicanos,* Fondo de Cultura Económica, México, 1982.

Van Gennep, Arnold, "15 août 1933", *Chroniques de folklore d'Arnold Van Gennep. Recueil de textes parus dans le Mercure de France 1905-1948* (Jean-Marie Privat, editor) (Collection Réferences de l'ethnographie), Éditions du Comité des Travaux Historiques et Scientifiques, Ministère de l'Éducation Nationale, de la Recherche et de la Technologie, París, 2001 (1933): 136-139.

Vargas, Ángel, "Falleció Juan Reynoso, el Paganini de Tierrra Caliente", *La Jornada,* México, 19 de enero de 2007: 5a.

Vargas Silvestre, "El mensaje de […]: 'muero feliz, porque el mariachi llegó del pueblo al mundo entero', Entrevista de Carlos Henze", *Magazine Dominical. Excélsior,* México, 20 de abril de 1980: s.p.

Vázques Santana, Higinio, *Canciones, cantares y corridos mexicanos,* Ediciones León Sánchez, s.f. (1925), I.

———, *Canciones, cantares y corridos mexicanos,* s.e., México, 1925, II.

———, *Historia de la canción mexicana. Canciones, cantares y corridos,* Talleres Gráficos de la Nación, México, 1931, III.

Vázquez Valle, Irene, *El son del sur de Jalisco,* Departamento de Bellas Artes del Estado de Jalisco–Instituto Nacional de Antropología e Historia, Guadalajara, 1976.

Velázquez Andrade, Manuel, *Remembranzas de Colima 1895-1901* ("Páginas del Siglo XX"), Ars, México, 1949.

Verdugo Fuentes, Waldemar, "Entrevista con Plácido Domingo", *Vogue-México,* México, marzo, 1982: 64-66.

Verissimo, Erico, "El Tenampa", *México. Historia de un viaje,* Compañía Editorial Continental, México, 1959 (1957): 84-92.

V.I.C., "Mariachis a todo trapo", *Revista de revistas. El semanario nacional,* México, XXXIII, 1653, 1 de febrero de 1942: 6-7.

Vigil, José María y Juan Bautista Híjar y Haro, *Ensayo histórico del Ejército de Occidente,* Imprenta de Ignacio Cumplido, México, 1874.

Vigneaux, Ernest, "Voyage au Mexique par M. […], 1854-1855. Texte inédit", *Le tour du monde. Nouveau journal des voyages publié sous la direction de M. Eduard Charton et illustré par nos plus célèbres artistes. 1862, Premier semestre,* Librairie de L. Hachette et Cie., París, 1862: 241-304.

———, *Souvenirs d'un prisonnier de guerre au Mexique 1854-1855,* Librairie de L. Hachette et Cie., París, 1863.

———, *Viaje a Méjico,* Ediciones del Banco Industrial de Jalisco, Guadalajara, 1950 (1862).

———, "Memorias de un prisionero de guerra en México (Fragmentos)", *Un folletín realizado: la aventura del conde De Raousset-Boulbon en Sonora* (Edición y prólogo de Margo Glantz) (Sep-Setentas, 75), Secretaría de Educación Pública, México, 1973 (1863): 100-125.

Villacis, Antonio y Francisco Francillard, *De Cocula es el mariachi 1545-1995. 450 años de música coculense* (Colección Voz de la Tierra), Secretaría de Cultura del Gobierno de Jalisco, Guadalajara, 1995.

Villaseñor Bordes, Rubén, "Opinión sobre el mariache", *Estudios históricos. Órgano del Centro de Estudios Históricos "Fray Antonio Tello",* Guadalajara, III época, 42, 1987: 368-373.

Villela, Samuel, "Del grasoso al mariachi", *La Jornada Semanal,* México, 275, 1994: 14-15.

Weinstock, Herbert, *Mexican Music. Concerts Arranged by Carlos Chávez as Part of the Exhibition: Twenty Centuries of Mexican Art,* The Museum of Modern Art, Nueva York, 1940.

Whitt, E. Brondo, *Chihuahuenses y tapatíos (De Ciudad Guerrero a Guadalajara),* Editorial Lumen, México, 1939.

Wrángel, Ferdinand Petróvich, *De Sitka a San Petersburgo al través de México. Diario de una expedición (13-X-1835 – 22-V-1836)* (Sep-Setentas, 183), Secretaría de Educación Pública, México, 1975 (1836).

Wyllys, Rufus Kay, *Los franceses en Sonora (1850-1854). Historia de los aventureros franceses que pasaron de California a México* (Biblioteca Porrúa, 49), Editorial Porrúa, México, 1971 (1932).

Yáñez, Agustín, *Flor de juegos antiguos,* Ediciones de la Universidad de Guadalajara, Guadalajara, 1941.

Yrivarren, Ingrid, "Alejandro Fernández", *Actual,* México, año 13, número 146, 2005: 24-32.

Yurchenko, Henrietta "The Most Popular Forms of Mexican Mestizo Music", *The American Record Guide,* 1959: 540-542.

———, "Investigación folklórico-musical en Nayarit y Jalisco. Grupos indígenas coras y huicholes", *Música y danzas del Gran Nayar* (Jesús Jáuregui, editor), Centro de Estudios Mexicanos y Centroamericanos–Instituto Nacional Indigenista, México, 1993 (1963): 141-170.

Zamacois, Niceto de, *El jarabe. Obra de costumbres mexicanas, jocosa, simpática, burlesca, satírica y de carcajadas, escrita para desterrar el mal humor, herencia que nos legó nuestro padre Adán. Por un necio antojo que quiso satisfacer su autor. Segunda edición aumentada notablemente y adornada con amenas litografías,* Imprenta de Luis Inclán, Méjico, 1861.

Zamora, Francisco, "Pequeñas reflexiones sobre la vida campestre. A propósito de la Mariachi Zamora", *El Universal Ilustrado,* México, IV, 208, 28 de abril de 1921: 29.

Zamora Plowes, Leopoldo, "El litoral del Pacífico. Puerto Las Peñas o Vallarta", *Magazine Nacional de Geografía,* México, I, 1, 1925: 46-54.

Zavalishin, Dmitry Irinarkhovisch, "California in 1824" *Southern California Quarterly,* Historical Society of California, Los Ángeles, volumen LV, número 4, 1973: 367-412.

Zavalishin, Dmitri Irinarjovich, *California en 1824,* (Traducción y prólogo de Rina Ortiz), Breve fondo editorial, México, 1996 (1865 [1824]).

Zingg, Robert Mowry, *Huichol Footage, 1933-1934,* Human Studies Film Archives, Smithsonian Institution, Washington, D.C., 1934.

———, *Los huicholes. Una tribu de artistas* (Clásicos de la antropología, 12), Instituto Nacional Indigenista, México, 1982 (1938), I y II.

ELENCO DE ENTREVISTADOS

Martín Aguirre Díaz (Xuite), huichol; aprendiz de *mara'akame* (sacerdote nativo) y campesino. Nació en San Pablo, El Nayar, alrededor de 1945 y reside en Colorado de la Mora (Kwarumayeme), Tepic. Tradición de la región serrana de Nayarit.

Manuel Alcaraz Figueroa, nació en 1920 en Jilotlán de los Dolores. Aprendió el oficio de violinero de mariachi de su padre. Reside en Tecalitlán, Jalisco. Tradición del "sur de Jalisco".

Rigoberto Alfaro Rodríguez, nació en Yurécuaro, Michoacán, en 1934. Se inició como mariachero en el conjunto de su padre, ya emigrado a la ciudad de México. A los 18 años empezó estudios de solfeo, teoría musical e instrumentación en la Escuela Libre de Música. Fue integrante del Mariachi [Avandence], el Mariachi Tepatitlán, el Mariachi Los Mensajeros, el Mariachi de Miguel Días y el Nacional de Arcadio Elías. Luego formó parte del Mariachi Vargas de Tecalitlán de 1958 a 1970. Desde entonces se ha dedicado a realizar arreglos de música ranchera –aspecto que había iniciado desde antes– y a producir discos para José Alfredo Jiménez (de cuyas composiciones es el principal arreglista), Lola Beltrán, María de Lourdes, Vicente Fernández, Aída Cuevas, Rocío Dúrcal, Pedro Fernández, Rosenda Bernal, Ana Gabriel, Pepe Aguilar y Alejandro Fernández, entre otros muchos cantantes.

Epigmenio Alonso Pineda, mariachero tradicional (violinero), campesino y comerciante. Nació en El Pichón, Tepic, en 1933. Hijo de Sabás Alonso Flores. Falleció en 2005. Tradición del altiplano nayarita.

Sabás Alonso Flores, mariachero (violín primero y guitarra) y campesino. Nació en El Pichón, Tepic, en 1895 y falleció en esa misma población en 1984. Tradición del altiplano nayarita.

Graciano Amparo Díaz, mariachero tradicional (violinero), campesino y pescador. Nació en Santa Cruz (Zona de las Haciendas), Santiago Ixcuintla, en 1928. Tradición de la costa norte de Nayarit.

Arnulfo Andrade Sánchez, mariachero (violín primero), ensayador de danzas y pastorelas y empleado municipal. Nació en la hacienda de La Costilla, Compostela, en 1906 ; se trasladó a Tepic a finales de la década de 1930 y falleció en dicha ciudad en 1982. Tradición del altiplano nayarita.

Fermín Bautista Martínez, violinero, campesino y policía municipal. Nació en Tepizuac, Chimaltitán, Jalisco, en 1909. Aprendió el oficio de mariachero de sus tíos y de su abuelo. Emigró en la década de 1930 a la región serrana de Nayarit y conformó varios grupos de mariachi en Playa Golondrinas, El Carrizo, San Rafael y, una vez avecindado en Tepic, tanto en el Convento de la Cruz de Zacate como en la Colonia Venceremos. Falleció en 2003. Tradición del norte de Jalisco y de la región serrana de Nayarit.

Juan Manuel Biurquis Isiana, nació en León, Guanajuato, en 1947. Durante su adolescencia se inició como músico en mariachis populares de su ciudad natal. En 1962 emigró a la ciudad de México y trabajó como mariachero en la Plaza Garibaldi. Estudió solfeo y armonía en la Escuela Libre de Música y luego técnica de violín con el maestro Roberto Vaska, en el Sindicato Único de Trabajadores de la Música. En 1966 inicia su colaboración eventual para grabaciones con el Mariachi Vargas de Tecalitlán y en 1968 ingresa como miembro fijo;

permanece en esa agrupación, con algunos periodos de separación, hasta 1995. En la actualidad colabora con el Mariachi de la Ciudad de Pepe Villela.

Ramón Carrillo, mariachero y músico de conjunto ranchero norteño (acordeón).

Alberto Castañeda Ávila, mariachero (guitarra) y campesino. Nació en el rancho de Las Lajas, Tepic, en 1901; falleció en la ciudad de Tepic en 2004. Tradición del altiplano nayarita.

Jonathan Clark Miller, nació en San Gabriel, condado de Los Ángeles, en 1952. Obtuvo el Bachelor of Arts en música y en español, en la Universidad Estatal de San José. Trabajó de 1977 a 1988 y luego en 1990 como guitarronero en la Plaza Garibaldi y en diferentes centros nocturnos de la Ciudad de México. Trabajó durante dos años, entre 1988 y 1990, como mariachero en Puerto Rico. Dirigió el taller de música de mariachi en la San Jose State University de 1992 a 2000. En la actualidad se dedica a a tocar como integrante de mariachis y a la investigación del mariachi moderno, en especial a la historia del Mariachi Vargas de Tecalitlán.

María Luisa Cota González, nació en El Aguaje, El Fuerte, Sinaloa, en 1944. Maestra de lengua y literatura española. Coordinadora del Consejo de Cultura del Municipio de El Fuerte, Sinaloa.

Primitivo de la Cruz Díaz, huichol; mariachero (violinero, guitarrero, vihuelero y violonero) y campesino. Nació en Huaynamota, El Nayar, en 1969 y allí continúa residiendo. Tradición de la región serrana de Nayarit.

Avelino Curiel Gómez, campesino, ejidatario y mariachero (violín, vihuela, guitarrón y trompeta). Nació en Ahuacatlán, Nayarit en 1916; a finales de la década de 1930 se trasladó a Tepic, desde donde hacía viajes hacia Sonora para trabajar como músico. Por décadas formó parte de varios mariachis de Tepic. Falleció en 1997. Tradición del altiplano de Nayarit.

Silviano Elías Zepeda, nació en Cocula, Jalisco, en 1920; a partir de 1938 pasó a residir a Tepic. Mariachero (vihuela y guitarrón); empleado municipal. Falleció en la capital nayarita en 1985. Tradición del poniente de Jalisco.

Juan Estrada Serrano, mariachero tradicional (guitarronero) y campesino. Nació en El Pichón, Tepic, Nayarit, en 1932, en donde continúa residiendo. Tradición del altiplano nayarita.

Lázaro García Silva, mariachero (violín primero) y campesino. Nació en el rancho del El Carrizal, La Yesca, en 1906. Fundó su familia en El Juanacaxtle, La Yesca, y a partir de 1967 pasó a residir a Ixtlán del Río, en donde falleció en 1984. Tradición de la región serrana de Nayarit.

Refugio Gómez Quirino, ama de casa; hija de la mariachera Rosa Quirino (1891-1969). Nació en la hacienda de La Escondida, Tepic, en 1907 y falleció en esa localidad en 1986. Tradición del altiplano nayarita.

Everardo Guardado Monreal, cantante del Mariachi Son de Oriente. Nació en 1928 en Ciénega Grande, Asientos, Aguascalientes. Tradición de la región oriental de Aguascalientes.

José Refugio Hermosillo Ortega, nació en 1923 en El Guayabo, La Puerta del Zapatero, Mazamitla, Jalisco. Se formó como mariachero tradicional con su padre. Emigró a la ciudad de México en 1942. Trabajó como vihuelero en el Mariachi Metepec, el Mariachi Vargas, el Mariachi México y el mariachi de Román Palomar, entre otros. Acompañó a Javier Solís y a Vicente Fernández. En el ambiente de la capital fue apodado El Perro. Se regresó a su región de origen y reside en Ciudad Guzmán desde 1975, en donde vive trabajando como laudero especializado en la fabricación de vihuelas y guitarrones.

Domingo Hernández Jiménez, campesino, ejidatario y mariachero (violín primero). Nació en Las Peñitas, Tuxpan, Nayarit en 1918. "Aquí he vivido toda mi vida, aquí me he hecho viejo". Tradición de la costa norte de Nayarit.

Francisco Hernández Nande, nació en Cocula, Jalisco, en 1947; desde 1966 reside en la ciudad de Guadalajara. Hijo del mariachero Merced Hernández Cabrera (1901-1969) y descendiente por línea materna del mariachero Jesús Salinas Hernández (1885-1986). Tradición de la región central de Jalisco.

Hilario Herrera, mariachero (violín primero) y campesino. Nació en el rancho de Amajac, Ixtlán del Río, en

1902 y residió por varias décadas en La Higuerita, Ixtlán del Río. Falleció en 2001. Tradición de la región serrana de Nayarit.

Marcial Jiménez, mariachero tradicional (violinero) y campesino. Nació en Arroyo del Agua, Mezquitic, Jalisco, en 1921; durante la Cristiada su familia emigró a la región serrana de Nayarit. Aprendió el oficio de mariachero de su cuñado, Fermín Bautista Martínez. Desde hace décadas reside en el ejido de Laguna del Mar, Ruiz, Nayarit. Tradición de la región serrana de Nayarit.

Juan Linares Olivares, nació en Cortázar, Guanajuato en 1935. Creció en la ciudad de México y desde niño se incorporó en grupos mariacheros. Después de trabajar en varios conjuntos populares, en su juventud ingresó en el Mariachi Continental de Juan Sánchez. En la actualidad como guitarrero forma parte del Mariachi Arriba Juárez de Oswaldo Vázquez.

Manuel Lira Marrón, nació en Guadalajara, Jalisco, en 1933. Se avecindó en El Fuerte, Sinaloa, en 1954, a donde llegó a ejercer el oficio de sastre. Maestro de talleres en la Escuela Secundaria Federal y profesor del Colegio de Bachilleres. Integrante de la corresponsalía del Seminario de Cultura Mexicana y Cronista de la ciudad de El Fuerte.

Eziquio Magallanes López, mariachero (violín primero), ensayador de danza y campesino. Nació en El Ahuacate, Ixtlán del Río, en 1905; por décadas residió en El Juanacaxtle, La Yesca; actualmente reside en El Ahuacate y sigue activo como violinero de Danza de Arco. Tradición de la región serrana de Nayarit.

José Martínez Barajas, nació en Tecalitlán en 1941. Se inició en la música con su padre, el arpero Blas Martínez Panduro (1913). A los 13 años era integrante del Mariachi Los Charros de Jalisco, auspiciado por el ejército mexicano. El general Bonifacio Salinas lo becó para que realizara estudios de violín con el profesor Ignacio Camarena, de armonía con Higinio Velázquez y de solfeo con Luis H. Rivera. Fundó el Mariachi Los Tigres de Jalisco en Guadalajara, después se incorporó al Mariachi de Metepec, Puebla, de ahí pasó al Mariachi Perla de Occidente en la ciudad de México. En 1961 fundó el Mariachi Los Tecolotes en Guadalajara y luego se integró al Mariachi Águila en California. En 1966 fundó el Mariachi Nuevo Tecalitlán en Guadalajara y en 1975 se incorporó al Mariachi Vargas de Tecalitlán como violinista y director musical.

Miguel Martínez Domínguez, nació en Celaya, Guanajuato en 1921. Creció en la ciudad de México y, como trompetista, se incorporó en 1936 a mariachis populares en la Plaza Garibaldi y fue integrante eventual del Mariachi de Concho Andrade. Luego fue el primer trompetista del Mariachi Vargas; ingresó al grupo en 1940 y fue partícipe en la mayoría de las grabaciones de este mariachi en su "época de oro"; se retiró de él en 1965. Ha tocado y grabado, desde entonces, con otros conjuntos y en las últimas décadas ha sido profesor en las conferencias y festivales de mariachi en los Estados Unidos.

Lidia Morfín Oliveros, nació en Las Placitas, Tecalitlán, Jalisco, en 1932. Desde 1972 reside en Tecalitlán. Viuda del mariachero Jesús Torres Ramírez.

Margarito Murillo Ibarra, campesino. Nació en La Isla de los Caballos, San Blas, en 1890. Desde su juventud pasó a residir a El Ciruelo (Laureles y Góngora), San Blas, en donde falleció en 1986. Tradición de la costa norte de Nayarit.

Eugenio Navarro Barajas, mariachero tradicional (ejecutante del violón) y campesino. Nació en El Tacote, Xalisco, en 1918. Reside en Cofradía de Chocolón, Xalisco. Tradición del altiplano nayarita.

Félix Navarro Barajas, mariachero (violín primero). Nació en El Tacote, Xalisco, en 1922. Aprendió de su padre el oficio de mariachero. Durante las décadas de 1960 a 1990 tocó por periodos en diferentes mariachis comerciales en la ciudad de Tepic. Desde 1942 residió en Cofradía de Chocolón, Xalisco. Falleció en 2000. Tradición del altiplano nayarita.

Ignacio Orozco Camarena, coleccionista de música en discos de 78 revoluciones y estudioso del mariachi. Nació en Arandas, Jalisco, en 1936 y desde 1962 reside en la ciudad de Guadalajara. Fue empleado por 30 años de Almacenes Nacionales de Depósito y de la Compañía Nacional de Subsistencias Populares. Integrante del Consejo Académico del Primer Encuentro Internacional del Mariachi de Guadalajara en 1994.

Refugio Orozco Ibarra, mariachero (violín primero), campesino y artesano. Nació en Santa María del Oro en 1894 y falleció en San Luis de Lozada, Tepic, en 1985. Tradiciones del altiplano y de la región serrana de Nayarit.

Luis Pacheco Ramírez, mariachero (violín primero) y campesino. Nació en Huajimic, La Yesca, en 1902. Aprendió el oficio de mariachero en Tepic y en la costa nayarita. Luego regresó a la región serrana, donde ejerció el oficio musical por más de medio siglo. Residió sus últimos años en Atonalisco, Tepic, en donde falleció en 1997.

Eliseo Pantoja Razo, nació en Pénjamo, Guanajuato, en 1930. Se inició como mariachero en su pueblo natal en 1943 y emigró a la Ciudad de México en 1955. Ese año ingresó al Mariachi de Gaspar Vargas. Durante 25 años tocó guitarra quinta de golpe; últimamente toca vihuela y guitarra sexta. En la actualidad trabaja como músico "maromero" en la Plaza Garibaldi.

Daniel Pulido Escareño, mariachero (violín primero) y campesino. Nació en Jalcocotán, San Blas, Nayarit en 1896. Participó como villista en la Revolución y posteriormente fundó el ejido de La Labor. Su mariachi fue de los más famosos en Nayarit. En los últimos años formó parte del mariachi del Instituto Cultural y Artístico de Nayarit en Tepic. Falleció en la capital de Nayarit en 1996. Tradición del altiplano nayarita.

Antonio Reza, huichol; mariachero tradicional (violinero) y campesino. Nació en El Colorín, El Nayar, Nayarit, en 1953. Aprendió el oficio de mariachero de su tío, Catarino Ríos Medrano. Reside en su localidad de origen.

Catarino Ríos Medrano (Xuturi Temay), huichol; mariachero (violín primero), *mara'akame* (sacerdote aborigen) y campesino. Nació en Carretones de Cerritos, Tepic, en 1940. Por años residió en El Colorín, El Nayar, y Las Blancas-Carretones de Cerritos, Tepic. Actualmente vive en la nueva ranchería riyereña de la Presa de Aguamilpa El Ciruelar (Kuerupa'ata), El Nayar.

Juan Ríos Martínez (Tauxi Tumuani), huichol; violinero, campesino y artista de *niérikate* (tablas de estambre). Nació en Carretones de Cerritos, Tepic, en 1930. Después de "arriar el destino" como mariachero en la región serrana, emigró al altiplano nayarita. Formó parte de mariachis modernos en Compostela y fue uno de

los pilares del mariachi del Instituto Cultural y Artístico de Nayarit. Ha grabado varios discos en los que ha plasmado la tradición del Mariachi de los Ríos, en particular el correspondiente al programa folclorizante de "Nayarit mestizo". Falleció en la colonia huichola de Sitakua, Tepic, en 1996.

Rufino Ríos Díaz (Haka Temay), huichol; mariachero tradicional (violinero) y campesino. Nació en Rancho Viejo, El Nayar, en 1928 y creció en Carretones de Cerritos. Fue fundador en 1971 del ejido huichol de Salvador Allende, Tepic, en donde reside.

René Rivial Gauthier, nació en Francia en 1905. Emigrado a México durante la segunda mitad de la década de 1920, trabajó como representante de casas comerciales en el sur de Jalisco y Colima; allí conoció y fotografió a mariachis tradicionales. Falleció en Guadalajara en 1991. Su testimonio fue obtenido de su hijo, René Rivial León, en 1994, cuando era Presidente de la Cámara de Comercio de Guadalajara y se estableció el Encuentro Internacional del Mariachi de Guadalajara.

Enrique Rodríguez Tundidor, nació en Palencia, Castilla, España en 1939. Emigró a Madrid. Ha formado tríos desde la década de 1950 y mariachis a partir de la década de 1990. Toca la vihuela y la guitarra.

Jesús Rodríguez (Virnés) de Híjar, nació en Tequila, Jalisco, en 1929. Emigró hacia 1937 a la ciudad de México y, acompañando a su tío materno, Antonio de Híjar, quien tocaba entonces con el Mariachi Tapatío de José Marmolejo, aprendió los rudimentos de la vihuela mariachera. En 1943 se regresó a Tequila a prepararse ante los retos que le exigían las nuevas condiciones del mariachi moderno. Estudió solfeo con el director de la banda de Tequila, quien era su padrino, y con el cantor de la iglesia local. Fue becado para estudiar por tres años técnica de violín en Guadalajara en la academia de un maestro que era miembro de la Orquesta Sinfónica de Jalisco. A los 19 años se incorporó en la ciudad de México al Mariachi Tequila, que tocaba en El Tenampa de la Plaza Garibaldi. Luego entró al Mariachi los Mensajeros de Isabel Paredes, después a Los Diablos Rojos, que se cambió el nombre a Perla de Occidente. Ingresó al Mariachi Vargas de Tecalitlán en 1954 como violinista y un año después se hizo cargo de la dirección musical del grupo. Salió de ese conjunto en 1975 y fundó el Mariachi de América, que dirige hasta la actualidad.

Francisco Sánchez Flores, médico, folclorista (especializado en mariachi tradicional) y pintor. Nació en Tlajomulco en 1910. Pasó a residir a Guadalajara en su juventud y allí falleció en 1989. Entre sus obras destacan *Danzas fundamentales de Jalisco* (s. f. [circa 1976]) y *La muerte entre los tlajomulcas* (1956).

Juan Solís Mariles, campesino. Nació en Lo de Lamedo, Tepic, en 1938 y allí continúa residiendo. Tradición del altiplano nayarita.

Rubén Villa Zavala, nació en la ciudad de México en 1935; hijo del mariachero Ernesto Villa Pérez. Colaboró en labores administrativas en el Mariachi México en la dédada de 1950. Trabajó como policía motociclista en el Departamento de Tránsito del Distrito Federal durante 35 años.

Francisco Yáñez Chico, campesino y mariachero (guitarrero). Nació en el Cerrito de la Villa, Apaseo el Bajo, Guanajuato, en 1908. Desde 1938 hasta 1973 fue integrante de mariachis en la ciudad de México, en especial en la Plaza Garibaldi. Dictó su biografía al investigador venezolano Edgar Gabaldón Márquez, la cual se publicó en 1981. Falleció en 1992.

EL PERSONAJE DE LA PORTADA

Ernesto Villa Pérez, nació en el rancho de El Cerrito de El Gallo, La Manzanilla, Jalisco, en 1913. Aprendió a tocar el arpa en Zapotiltic —donde su padre, Melesio Villa Torres, era mariachero de guitarra de golpe—; allí se inició en el destino de la música con grupos de mariachi tradicional. En 1934, fue invitado a incorporarse al Mariachi Vargas de Tecalitlán, que se había asentado recientemente en la ciudad de México. Junto con algunos músicos que dejaron el grupo de Silvestre Vargas, fundó en 1939 el mariachi Los Charros de Atotonilco y después ingresó al Mariachi Pulido que, en 1953, se transformó en el Mariachi México, con la dirección de su hermano José (Pepe) Villa Pérez. Luego pasaría a integrarse al Mariachi Jalisco, que era un grupo alternativo del Mariachi México, y terminó su carrera de mariachero en 1966 con el Mariachi Santana. Su principal instrumento fue el arpa, que tocaba "a la zurda", es decir, ejecutando los "bordones" (bajos) con la mano derecha y la armonía con la izquierda. De manera eventual, también se desempeñó con la guitarra de golpe y la vihuela. Falleció en la ciudad de México en 1975.

Procedencia de las imágenes

ABASCAL, GLADIS (COLECCIÓN)
Niña difunta con su muñeca, p. 274 (fotografía).

ARCHIVO DE LA PARROQUIA DEL SEÑOR DE LA ASCENSIÓN DE SANTIAGO IXCUINTLA
Foja 120 y 121 del Libro quinto de Bautismos de la Parroquia de Santiago Ixcuintla, p. 182-183 (libro parroquial).

ARCHIVO DE LA UNIÓN MEXICANA DE MARIACHIS
Padrón de la Unión Mexicana de Mariachis, p. 164 (documento).

ARCHIVO GENERAL DE INDIAS DE SEVILLA
Mapa de Senticpac e Yscuintla, p. 179.

ARCHIVO GENERAL DE LA NACIÓN
Cirilo Marmolejo con Lázaro Cárdenas, p. 88 (fotografía).

ARCHIVO HISTÓRICO DE LA ARQUIDIÓCESIS DE GUADA-LAJARA
Carta de Rosamorada, p. 168 (documento).

ARTEAGA, ESAÚL (COLECCIÓN)
Jaraberos de Nochistlán, p. 268 (fotografía).

BALDERAS SÁNCHEZ, RAMÓN (COLECCIÓN)
Mariachi Tierra Caliente, p. 363 (fotografía).

BIBLIOTECA ALFONSINA
"Don Alfonso Reyes. Ministro de Méjico en la Argentina", p. 32 (caricatura de Eduardo Álvarez).

BIBLIOTECA ELISA OSORIO BOLIO DE SALDÍVAR
Mariachi Fandango, p. 37 (portada de partitura).

BIBLIOTECA NACIONAL DE ANTROPOLOGÍA E HISTORIA
Boda indígena, p. 47 (carta etnográfica).
General Manuel Lozada, p. 39 (grabado).
Herradero en una hacienda ganadera, p. 50 (carta ganadera).
Jeroglífico de Cocula, Guerrero, p. 192 (fragmento de códice).
Mapa de Centicpac y Yscuintla, p. 179 (libro).
Mariachi de Concho Andrade, p. 73 (revista).
Mariachi de trovadores callejeros, p.10 (fotografía).
Orquesta Típica Jalisciense, p. 58 (dibujo).
Universal El. El gran diario de México, p. 69 (anuncio de periódico).

BIBLIOTECA NACIONAL DE MÉXICO
Listado de ranchos de la municipalidad de Santiago Ixcuintla, fragmentos de la portada, de la foja 20 recto y 43 vuelta (fondo reservado, 1134), p. 185 (documento).

BOLETÍN DEL INAH
Jinete tepiqueño, p. 150 (fotografía).

CARRILLO, RANDY M. (COLECCIÓN)
Mariachi Cobre, p. 389 (fotografía).

CENTRO DE ESTUDIOS DE HISTORIA DE MÉXICO, CARSO
Baile de bambuco, p. 234 (grabado).
Lazada de un novillo, p. 225 (grabado).
Panorama hacia el sureste desde el cerro de Santiago Ixcuintla, p. 186 (grabado).
Puerto de San Francisco, p. 221 (grabado).
Rancheros, p. 236 (grabado).

CENTRO NACIONAL DE LAS ARTES (COLECCIÓN)
Mañanitas, Las, p. 266 (cromo de Eduardo Cataño).

CINETECA NACIONAL
Así es mi tierra, p. 110 (fotograma).
El peñón de las ánimas, p. 116-117 (fotograma).

CLARK, JONATHAN (COLECCIÓN)
Mariachi Vargas en el ingenio La Purísima de Tecalitlán, p. 320 (fotografía).
Miguel Martínez, p. 335 (fotografía).

COORDINACIÓN NACIONAL DE RESTAURACIÓN, INAH
Mural *El jaripeo* de La Moreña, La Barca, Jalisco, p. 174 (fotografía).

COVARRUBIAS, ANTONIO (COLECCIÓN)
Tarjetas de presentación de diversos mariachis, guardas.

CRISTÓBAL, AGUSTÍN (COLECCIÓN)
Maximiliano, p. 238 (pintura al óleo de Carl Martin Edersberg).

DÁVILA GARIBI DE ANAYA, ELENA (COLECCIÓN)
José Ignacio Dávila Garibi, p. 192 (fotografía).

DELGADO, MARÍA TERESA (COLECCIÓN)
Mariachi con acordeón, p. 254 (fotografía).

FOGELQUIST, MARK STEPHEN (COLECCIÓN)
Mariachi Uclatlán, p. 381 (fotografía).

FONOTECA DEL INAH (COLECCIÓN)
Fandango en Tixtla, p. 252 (portada de disco).
Grupo Alfonso Salgado Vol. 4, p. 252 (portada de disco).
Mariachi de arpa grande, p. 244 (fotografía de Raúl Hellmer).
Música guerrerense, p. 253 (portada de disco).
Vicente T. Mendoza con su esposa y un informante, p. 204 (fotografía).

FOTOTECA DEL INAH
Conjunto de chirimía, p. 207 (fotografía).
Jarabe tapatío, El, p. 95 (fotografía).
Mariachi en birriería, p. 93 (fotografía).
Mariachi en cantina, p. 144 (fotografía).
Mariacheros en la Villa de Guadalupe, p. 85 (fotografía).
Mariachi michoacano en el mercado de Indianilla, p. 91 (fotografía).
Orquesta Mariachi en Chapultepec, p. 55 (fotografía).

GALINDO, BLAS (COLECCIÓN)
Sones de mariachi, p. 134 (partitura).
Blas Galindo dirigiendo Sones de mariachi, p. 205 (fotografía).

GUTIÉRREZ CONTRERAS, SALVADOR (COLECCIÓN)
Periódico *Lucifer,* p. 46 (logotipo del periódico).
San Blas, p. 46 (anuncio).
Santa María del Oro, p. 46 (anuncio).

HERRÁN, JOSÉ DE LA (COLECCIÓN)
Mariachi Vargas con Rubén Fuentes, p. 130 (fotografía).

HERNÁNDEZ, LIDIA (COLECCIÓN)
Angelito con su madrina, p. 275 (fotografía).

HERNÁNDEZ MONCADA, MIGUEL (COLECCIÓN)
Misa Panamericana, p. 299 (portada de disco).

IBIKE.ORG (COLECCIÓN)
Mariachi cubano, p. 354 (fotografía).

IVEN, LUDWING (COLECCIÓN)
Jarabe, El, p. 60-61 (pintura al pastel de Ernesto García Cabral).

JÁUREGUI, JESÚS (COLECCIÓN)
Abajeños y sones de la fiesta purépecha, p. 253 (portada de disco).
Álbum de oro de la canción, p. 98 (revista).
Almanaque nacional, 1940, p. 97 (libro).
"Al son que nos toquen" con el Mariachi Vargas de Tecalitlán, p. 349 (cartel).
75 Aniversario de Silvestre Vargas, el primer mariachi del mundo, p. 346 (portada de disco).
Antología del son, p. 253 (portada de disco).
Arcángeles entre valses, chotes y menuetes, p. 252 (portada de disco).
¡Ay, Jalisco, no te rajes!, p.167 (cartel de mano).
¡Ay, pena, penita, pena!, p. 294 (fotograma).
Bailadores de jarabe, p. 223 (grabado).
Bajo el cielo de México, p. 293 (fotograma).
Boda tepiqueña, p. 49 (grabado).
Boleros bailables con mariachi con el Mariachi América, p. 281 (portada de disco).
Calaca dirigiendo a un mariachi tradicional colgado en el tendedero, p. 259 (pintura al pastel de Emilio Ortiz).
Calendario cívico mexicano, 1930, p. 79 (grabado).

Edersberg; colección de Agustín Critóbal).
Mejores danzones con Mariachi con el Mariachi Michoacano de Rafael Ortega, p. 281 (portada de disco).
Miguel Prieto, p. 129 (dibujo).
Michoacán. Sones de tierra caliente, 7, p. 253 (portada de disco).
Música bravía, La. Los inmortales de la canción ranchera, vol. VI, disco 11, p. 280 (portada de disco).
Música bravía. La, Los inmortales de la canción ranchera, vol. VI, disco 12, p. 280 (portada de disco).
Música campesina de los Altos de Jalisco, p. 253 (portada de disco).
Música internacional con mariachi. Mariachi Monumental Ordaz, p. 281 (portada de disco).
Música de Vicam, p. 63 (fotografía).
Nayarit, p. 253 (portada de disco).
Nazareno de Huaynamota, El, p. 21 (fotografía).
Nuestra Lengua, p. 170 (folleto).
Orquesta Típica Esparza Oteo en Chicago, p. 90 (fotografía).
Orquesta Típica Jalisciense, p 53 (fotografía).
Orquesta Típica Jalisciense, p 58 (dibujo).
Ortografía castellana, p. 239 (libro).
Pareja bailando abrazados, p. 327 (almanaque).
Pareja bailando jarabe, p. 327 (grabado de J. G. Posada).
Pareja dándole gusto a la abuela, p. 250 (pintura al pastel del Chato Álvarez)
Pasodobles con mariachi. Mariachi México de Pepe Villa, vol. VIII, p. 281 (portada de disco).
Pedro Infante y Libertad Lamarque en *Escuela de Música,* p. 139 (fotografía).
Polkas. Mariachi México de Pepe Villa, p. 281 (portada de disco).
Por tu maldito amor, p. 276 (cartel).
Programa de las fiestas patrias, 1959, p. 158 (cartel de José Renau Berenguer).
¡Qué viva Jalisco!, p. 149 (cromo de Eduardo Cataño).
Reinas del jaripeo, Las, p. 278 (cromo de Eduardo Cataño).
"Revista de una tradición: de Occidente es el Mariache…", p. 319 (cartel).
Rocío Dúrcal canta con mariachi, p. 365 (portada de disco).
Romatitlán, p. 368 (cartel-programa).
Rosa Quirino, p. 19 (fotografía).
Sangre latina, p. 34 (portada de partitura).
Santiago Ixcuintla, p. 211 (fotografía).
Santiago Ixcuintla, visto desde La Presa, p. 188 (fotografía).
"Segundo Encuentro Internacional del Mariachi", p. 352 (cartel).
Silvestre Vargas con su Mariachi Monumental, p. 342

(portada de disco).
Siempre!, p. 309 (portada de Carreño).
Son del sur de Jalisco, El, p. 252 (portada de disco).
Sones, canciones y corridos de Nayarit, p. 84 (folleto).
Sones de mariachi favoritos, p. 280 (portada de disco).
Sones jaliscienses. Con el Mariachi Azteca de Rafael Arredondo, vol. II, p. 280 (portada de disco).
Súper Del Norte. El Mariachi, p. 201 (cartel).
Tarima de San Juan Bautista, p. 208 (fotografía).
Tarima de tablas ensambladas con clavos, p. 258 (fotografía).
Tarjetas de presentación de diversos mariachis, guardas.
Tito Guizar con Gloria Marín en la película *¡Qué lindo Michoacán!,* p. 113 (fotografía).
Tocador de *túnama,* p. 195 (dibujo).
Toril de El Juanacaxtle, p. 245 (fotografía).
Trío Calaveras, p. 137 (portada de disco).
"Viva el Mariachi. Festival 2000", p. 384 (cartel).
Yo maté a Rosita Alvirez, p. 292 (fotograma).
"Yo nomás pretendí ser un güen mariachi", p. 287 (dibujo a lápiz).
Yo y mi mariachi, p. 300 (fotograma).

LAMAS, MARTA (COLECCIÓN)
El Puerto de San Blas, p. 42-43 (mapa).

MARMOLEJO, JOSÉSANTOS (COLECCIÓN)
Mariachi Tapatío de José Marmolejo en el Tenampa, p. 105 (fotografía).

MENDEZ RODRÍGUEZ, HERMES RAFAEL (COLECCIÓN)
Cocula, Jalisco, p. 209 (fotografía).

MERCADO, JUAN (COLECCIÓN)
Mariachi Vargas, p. 336 (fotografía).

MORFÍN OLIVEROS LILIA (COLECCIÓN)
Mariachi de El Ahuijullo, p. 163 (fotografía).

MUÑOZ, JAVIER GUILLERMO (COLECCIÓN)
Mariachi Chapala, p. 358 (fotografía).

MUSEO NACIONAL DE HISTORIA, INAH (COLECCIÓN)
Almohadilla, p. 220 (pintura policromada).

MUSEO REGIONAL DE GUADALAJARA, INAH (COLECCIÓN)
Feria en El Platanar, p. 24-25 (pintura de Víctor Campos).

MUSEO REGIONAL DE TEPIC, INAH (COLECCIÓN)
Tarima, p. 44 (instrumento musical).

NORIEGA, EUGENIO (COLECCIÓN)
Retrato del conde Raousset-Boulbon, p. 175 (grabado).
Vigneaux es hecho prisionero en Sonora, p. 176 (grabado).
Fandango en tierra caliente, p. 202 (grabado).

NOYOLA ALVARADO, CECILIA (COLECCIÓN)
Huicholes musicales, p. 151 (fotografía).

OCCIDENTAL, EL (COLECCIÓN)
Mariachi Los Volcanes, p. 372 (fotografía).

PACHECO, MARCO ANTONIO (COLECCIÓN)
Cartel de la RCA Victor, p. 311 (libro).
Jorge Negrete, p. 115 (fotografía).

PANTOJA RAZO, ELISEO (COLECCIÓN)
Mariachi de Gaspar Vargas, p. 338 (fotografía).

PÉREZ MORA, YOLANDA (COLECCIÓN)
Mariachi Las Morenas, p. 307 (fotografía).

PERUJO, EMILIO (COLECCIÓN)
Mariachi Charanda, p. 269 (fotografía).

PROVINCIA MEXICANA DE LA COMPAÑÍA DE JESÚS
(ACERVO)
Misioneros jesuitas, pp. 218-219 (pintura al óleo de Gonzalo
Carrasco S. J.).

QUEZADA, ABEL
"Disputa por el traje de charro, La", p. 152 (caricatura).

RIVIAL LEÓN, RENÉ (COLECCIÓN)
Mariachi en Zapotiltic, p. 16 (fotografía de René Rivial Gauthier).

ROBLE CAHERO, JOSÉ ANTONIO (COLECCIÓN)
Mariachis populares, p. 284 (exvoto).

SANTIAGO MARISCAL, ENRIQUE DE (COLECCIÓN)
Gira por Japón con motivo del centenario del Mariachi
Vargas de Tecalitlán, p. 351 (cartel).
SEGURA, FELIPE (COLECCIÓN)
Ana Pavlova en *Fantasía mexicana,* p. 67 (fotografía).

SHEEHY, DANIEL (COLECCIÓN)
Mark Stephen Fogelquist, p. 382 (fotografía).

SMITHSONIAN FOLKWAYS RECORDINGS (COLECCIÓN)
Mariachi Los Camperos, p. 387 (fotografía).

SOBRINO, LAURA (COLECCIÓN)
Mariachi Mujer 2000, p. 393 (fotografía).

SOLANO, JOSÉ LUIS (COLECCIÓN)
Mariachi Internacional Los Ticos, p. 356 (fotografía).

STRACHWITZ, CHRIS (COLECCIÓN)
Cuarteto Coculense, p. 56 (catálogo).

VALLEJO, JOSÉ ALFREDO (COLECCIÓN)
Caravana Corona, Ciudad Victoria, Tamaulipas, p. 298 (cartel).
Caravana Corona, Dolores Hidalgo, Guanajuato, p. 340 (cartel).
Caravana Corona, Guadalajara, Jalisco, p. 340 (cartel).
Mariachi Vargas, p. 325 (fotografía).

VARGAS QUEVEDO, FRANCISCO
Violín, El, p. 273 (cartel).

VILLA (hijo), PEPE (COLECCIÓN)
Cinema Theatre, p. 379 (cartel).
Mariachi México de Pepe Villa, p. 132 (fotografía).
Mariachi Vargas en el Castillo de Chapultepec, p. 332
(fotografía).
Pepe Villa en Lecumberri, p. 162 (fotografía).
TV guaseando, p. 314 (revista).
Viva el Mariachi. Festival 2000, p. 384 (cartel-programa).
"Viva la tradición. Mitotl Fandango Mariachi", p. 390
(cartel de Emmanuel Catarino Montoya).

CRÉDITOS FOTOGRÁFICOS

(FOTOGRAFÍA Y REPROGRAFÍA)

BODEK, ADRIÁN
Mariachi Charanda, p. 269 (fotografía).

CASTILLO, A.
Mariachi Vargas en el Castillo de Chapultepec, p. 332 (fotografía).

CLARK, JONATHAN
Cuarteto Coculense, p. 56 (reprografía).
Mariachi Vargas en el ingenio La Purísima de Tecalitlán, p. 320 (reprografía).
Mariachi de El Ahuijullo, p. 163 (reprografía).

ESCOBAR, A.
Mariachi Vargas colocado al frente de la Orquesta Típica Lerdo de Tejada, pp. 330-331 (fotografía).

ESTRADA, HÉCTOR DANIEL
Cocula, Jalisco, p. 209 (fotografía).

GROTH, IRMGARD
Fragmento del mural *El jaripeo* de la Moreña, La Barca, Jalisco, p. 174 (fotografía).

GUTIÉRREZ DEL ÁNGEL, ARTURO
Mariachi cora de Jesús María (Chísete'e), p. 14 (fotografía).
Mariachi multiétnico (coras, huicholes y mestizos) de Rosarito, p. 265 (fotografía).

HELLMER, RAÚL
Mariachi de arpa grande, p. 244 (fotografía).

ISUNZA
Huicholes musicales, p. 151 (fotografía).
Mariachi Perla de Occidente, p. 291 (fotografía).

KIRK, NEIL
Mariachi Potosino, p. 31 (fotografía).

MAGRIÑÁ, LAURA
Jesús Jáuregui, contraportada de la camisa (fotografía).
Mariachi de huicholes de La Palmita, p. 263 (fotografía).
Mariachi de San Juan Peyotán, p. 246 (fotografía).
Tarima de tablas ensambladas con clavos, p. 258 (fotografía).
Tarima en San Juan Bautista, p. 208 (fotografía).

MALAR, JOSÉ LUIS
Misioneros jesuitas, pp. 218-219 (reprografía).

MEDINA CÁRDENAS, JAVIER
Retrato de Juan Ríos Martínez, p. 23 (fotografía).

PACHECO, MARCO ANTONIO
Almohadilla, p. 220 (fotografía).
Bailadores de jarabe, p. 223 (reprografía).
Caricatura de Facha, seudónimo de Ángel Zamarripa, p. 127 (reprografía).
Cartel "Al son que nos toquen" con el Mariachi Vargas de Tecalitlán, p. 349 (reprografía).
Cartel del Cinema Theatre, p. 379 (reprografía).
Cartel de la gira por Japón con motivo del centenario del Mariachi Vargas de Tecalitlán, p. 351 (reprografía).
Cartel "Revista de una tradición: de Occidente es el Mariache…", p. 319 (reprografía).

Cartel del Segundo Encuentro Internacional del Mariachi, p. 352 (reprografía).

Cartel del supermercado de El Mariachi, p. 201 (reprografía).

Cartel "Viva el Mariachi. Festival 2000", p. 384 (reprografía).

Cirilo Marmolejo con Lázaro Cárdenas, p. 88 (reprografía).

Cocula, Jalisco, p. 209 (reprografía).

Danza de bambuco, p. 234 (reprografía).

Dibujo de Miguel Prieto, p. 129 (reprografía).

Diligencia atravesando de sur a norte el Río Grande de Santiago, p. 187 (reprografía).

Disco, 75 Aniversario de Silvestre Vargas, el primer Mariachi del mundo, p. 346 (reprografía).

Disputa por el traje de charro, caricatura de Quezada, p. 152 (reprografía).

Dora María, p. 304 (reprografía).

Fandango en Tierra Caliente, p. 172 (reprografía).

Fandango en una hacienda, p. 323 (reprografía).

Fandango en trajinera por las chinampas de Santa Anita, p. 230 (reprografía).

¡Feliz Navidad!, p. 394 (reprografía).

Fragmento del mural *El jaripeo* de la Moreña, La Barca, Jalisco, p. 174 (reprografía).

Huicholes musicales, p. 151 (reprografía).

Javier Solís, p. 140 (reprografía).

Jeroglífico de Cocula, Guerrero, p. 192 (reprografía).

Jinete tepiqueño, p. 150 (reprografía).

Jorge Negrete, p. 115 (reprografía).

Jorge Negrete "el malencarado", p. 133 (reprografía).

José Alfredo Jiménez, p. 156 (reprografía).

Lazada de un novillo, p. 225 (reprografía).

Lázaro Cárdenas del Río en traje de charro, p. 136 (reprografía).

Lucky Luke 31. "Tortillas pour les Dalton", p. 371 (reprografía).

Mañanitas, Las, p. 266 (reprografía).

Mapa de Centicpac e Yscuintla, p. 179 (reprografía).

Mariachi Coculense Rodríguez de Cirilo Marmolejo, p. 77 (reprografía).

Mariachi de El Ahuijullo, p. 163 (reprografía).

Mariachi de arpa grande, p. 244 (reprografía).

Mariachi de arpa y guitarra, p. 65 (reprografía).

Mariachi de Gaspar Vargas, p. 338 (reprografía).

Mariachi de Miguel Díaz, p. 283 (reprografía).

Mariachi de Zapotiltic, p. 16 (reprografía).

Mariachi Los Coyotes, p. 310 (reprografía).

Mariachi México de Pepe Villa, p. 132 (reprografía).

Mariachi Perla de Occidente, p. 291 (reprografía).

Mariachi Potosino, p. 31 (reprografía).

Mariachi Pulido, p. 289 (reprografía).

Mariachi Vargas, p. 336 (reprografía).

Mariachi Vargas en el Castillo de Chapultepec, p. 332 (reprografía).

Maximiliano, p. 238 (reprografía).

Miguel Martínez, p. 335 (reprografía).

Misa panamericana, p. 299 (reprografía).

Panorama hacia el sureste desde el cerro de Santiago Ixcuintla, p. 186 (reprografía).

Pareja bailando abrazados, p. 327 (reprografía).

Pareja bailando jarabe, p. 327 (reprografía).

Pepe Villa en Lecumberri, p. 162 (reprografía).

Portada del libro *El jarabe,* p. 223 (reprografía).

Portada del libro *Nuestra lengua,* p. 170 (reprografía).

Portada del libro *Ortografía castellana,* p. 239 (reprografía).

Puerto de San Francisco, p. 221 (reprografía).

Rancheros, p. 236 (reprografía).

Revista de una tradición, p. 319 (reprografía).

Rocío Dúrcal canta con mariachi, p. 365 (reprografía).

Romatitlán, programa, p. 368 (reprografía).

Santiago Ixcuintla, visto desde La Presa, p. 188 (reprografía).

Son del sur de Jalisco, El, p. 252 (reprografía).

Tocador de *túnama,* p. 195 (reprografía).

TV guaseando, p. 314 (reprografía).

Vicente T. Mendoza, p. 204 (reprografía).

Viva la tradición. Mitotl, fandango, mariachi, p. 390 (reprografía).

PORTILLA, E.

Mariachi Vargas de Tecalitlán con Lázaro Cárdenas, p. 107 (fotografía).

RIOS, ALBERTO

Álbum de oro de la canción, p. 98 (reprografía).

Almanaque Nacional, 1940, p. 97 (reprografía).

Ana Pavlova en *Fantasía mexicana,* p. 67 (reprografía).

Angelito con su madrina, p. 275 (reprografía).

Así es mi tierra, p. 110 (reprografía).

¡Ay jalisco, no te rajes!, p. 166 (reprografía).

¡Ay, pena, penita, pena!, p. 294 (reprografía).

Bajo el cielo de México, p. 293 (reprografía).

Blas Galindo dirigiendo *Sones de Mariachi,* p. 205 (reprografía).

Boda indígena, p. 47 (reprografía).

Boda tepiqueña, p. 49 (reprografía).

Calaca dirigiendo a un mariachi tradicional colgado en el tendedero, p. 259 (reprografía).

Calendario cívico mexicano, 1930, p. 79 (reprografía).

Campanadas de salud, 1951, p. 121 (reprografía).

Cancionero Estrella, El, p. 100 (reprografía).

Cancionero de Irma Vila, p. 124 (reprografía).

Cancionero Mejoral. Lucha Reyes, p. 111 (reprografía).

Carta de Rosamorada, p. 168 (reprografía).

Cartel Caravana Corona, Ciudad Victoria, Tamaulipas, p. 298 (reprografía).

Cartel Caravana Corona, Dolores Hidalgo, Guanajuato, p. 340 (reprografía).

Cartel Caravana Corona, Guadalajara, Jalisco, p. 340 (reprografía).

Cartel "¡Mariachi Spectacular!", p. 395 (reprografía).

Cómo velé mi violín, p. 23 (reprografía).

Daniel Pulido Escareño, p. 249 (fotografía).

"Don Alfonso Reyes. Ministro de Méjico en la Argentina", p. 32 (reprografía).

"Donde las dan las toman" de Abel Quezada, p. 154 (reprografía).

Enrique Barrios de los Ríos, p. 44 (reprografía).

Estrellita (portada de partitura), p. 62 (reprografía).

Fabricante de guitarras, p. 261 (reprografía).

Fandango, El, p. 232 (reprografía).

Fandango en tierra caliente, p. 202 (reprografía).

Feria en El Platanar, pp. 24-25 (reprografía).

Foja 120 y 121 del Libro quinto de Bautismos de la Parroquia de Santiago Ixcuintla, pp. 182-183 (reprografía).

General Ignacio Martínez, p. 40 (reprografía).

General Manuel Lozada, p. 39 (reprografía).

Golondrinas, Las, p. 267 (reprografía).

Herradero en una hacienda ganadera, p. 50 (reprografía).

Jarabe, El, p. 60-61 (reprografía).

José Ignacio Dávila Garibi, p. 192 (reprografía)

José Marmolejo con su primer conjunto, p. 103 (reprografía).

Listado de ranchos de la municipalidad de Santiago Ixcuintla, fragmentos de la portada, de la foja 20 recto y 43 vuelta (fondo reservado, 1134), p. 185 (reprografía).

Mariachi con acordeón, p. 254 (reprografía).

"Mariachi cacto", p. 166 (reprografía).

Mariachi canta, El, p. 295 (reprografía).

Mariachi 2000 de Cutberto Pérez, p. 307 (fotografía).

Mariachi de afeminados, p. 153 (reprografía).

"Mariachis", caricatura de Abel Quezada, p. 119 (reprografía).

Mariachi en Chapala, p. 81 (reprografía).

Mariachi de Concho Andrade, p. 73 (reprografía).

Mariachi fandango, p. 37 (reprografía).

Mariachi en una feria popular de la ciudad de México, p. 71 (reprografía).

Mariachi de Fermín Bautista, p. 247 (fotografía).

Mariachi de Jerez, Zacatecas, p. 28 (reprografía).

Mariachi de Laguna del Mar, p. 264 (fotografía).

Mariachi en Lo de Lamedo, p. 240 (reprografía).

Mariachi del norte de Jalisco, p. 242 (reprografía).

Mariachi Obregón, p. 27 (reprografía).

Mariachi de Las Peñitas, p. 13 (reprografía).

Mariachi Tapatío de José Marmolejo en el Tenampa, p. 105 (reprografía).

¡Mariachi Spectacular!, p. 395 (reprografía).

Mariachi de trovadores callejeros, p. 10 (reprografía).

Mariachi Vargas, p. 325 (reprografía).

Mariachi Vargas colocado al frente de la Orquesta Típica Lerdo de Tejada, El, p. 330-331 (reprografía).

Mariachi Vargas con Rubén Fuentes, p. 130 (reprografía).

Mariachi Vargas de Tecalitlán con Lázaro Cárdenas, p. 107 (reprografía).

Mariachi Vargas en Tijuana, p. 87 (reprografía).

Mariachis populares (exvoto), p. 284 (reprografía).

Música de Vicam, p. 63 (reprografía).

Nazareno de Huaynamota, El, p. 21 (fotografía).

Niña difunta con su muñeca, p. 274 (reprografía).

Orquesta Típica Esparza Oteo, p. 90 (reprografía).

Orquesta Típica Jalisciense, p. 53 (reprografía).

Orquesta Típica Jalisciense, p. 58 (reprografía).

Padrón de la Unión Mexicana de Mariachis, p. 164 (reprografía).

Pareja dándole gusto a la abuela, p. 250 (reprografía).

Partitura *Sones de Mariachi,* p. 134 (reprografía).

Pedro Infante y Libertad Lamarque en *Escuela de Música,* p. 139 (reprografía).

Peñón de las ánimas, El, p. 116-117 (reprografía).

Periódico *Lucifer,* p. 46 (reprografía).

Por tu maldito amor, p. 276 (reprografía).

Portada de partitura *Sangre latina,* p. 34 (reprografía).

Programa de las fiestas patrias, 1959, p. 158 (reprografía).

Puerto de San Blas, El, p. 42-43 (reprografía).

¡Qué viva Jalisco!, p. 149 (reprografía).

Reinas del jaripeo, Las, p. 278 (reprografía).

Retrato del conde Raousset-Boulbon, p. 175 (reprografía).

Rosa Quirino, p. 19 (reprografía).

San Blas, p. 46 (reprografía).

Santa María del Oro, p. 46 (reprografía).

Santiago Ixcuintla, p. 211 (reprografía).

Siempre!, p. 309 (reprografía).

Sones, canciones y corridos de Nayarit, p. 84 (reprografía).

Tarima, p. 44 (fotografía).

Tito Guízar con Gloria Marín en la película *¡Qué lindo Michoacán!,* p. 113 (reprografía).

Universal, El. El gran diario de México, p. 69 (reprografía).

Vigneaux es hecho prisionero en Sonora, p. 176 (reprografía).

Yo maté a Rosita Alvirez, p. 292 (reprografía).

"Yo nomás pretendí ser un güen mariachi", p. 287 (reprografía).

Yo y mi mariachi, p. 300 (reprografía).

RIVIAL GAUTHIER, RENÉ
Mariachi en Zapotiltic, p. 16 (fotografía).

SCHALTMAN
Mariachi Coculense Rodríguez de Cirilo Marmolejo, p. 77
(fotografía).

SIERRA, FERNANDA
Toril de El Juanacaxtle, p. 245 (fotografía).

El Mariachi. Símbolo musical de México
se terminó de imprimir en noviembre de 2007,
en Grupo Caz, Marcos Carrillo núm.159, Col. Asturias,
C.P. 06850, México D.F.
Diseño de interiores: Luis Almeida y Ricardo Real.
Diseño de cubierta y guardas: José Francisco Ibarra Meza
y Jaime Yair Cañedo Camacho.
Composición tipográfica: Bertha Méndez.
Lecturas: Luz Evelia Campaña, Mario Enrique Figueroa y Astrid Velasco.
Digitalización de imágenes: Marco Antonio Pacheco.
Preprensa: Reproscanner, S.A. de C.V.
Cuidado de la edición: Luis Almeida, Jesús Jáuregui, Brenda Gutiérrez
y Marcela González Durán.